# 皇極經世書

역자 **노영균**
경희대 한의대 졸업
현재 대전 혜화당 한의원 원장
역서: 변증기문, 본초비록, 변증옥함, 외경강해

# 황극경세서

초판1쇄 발행 단기4335년 3월 20일
초판2쇄 발행 단기 4348년 10월 30일
발행처 / 대원출판
발행인 / 안병섭
등록번호 / 제 27 호
06336 서울 강남우체국 사서함 1775호
전 518-2532 / 팩스 549-1607

ISBN 89-7261-058-8

파본은 서점에서 바꿔드립니다.

값은 뒷표지에 있습니다.

# 皇極經世書

소강절 原著
노영균 譯

대원출판

# 目 次

역자 서문

황극경세서란 무엇인가? / 6

동양의 역철학을 깨닫는 핵심은 무엇인가? / 10

상수학(象數學)이란 무엇인가? / 14

만고의 신비
– 천지의 시종을 밝힌 원회운세와 선후천 천지 개벽이란 무엇인가? – / 20

황극경세서 · 一 / 29

찬도지요(纂圖指要) · 上 / 32

황극경세서 · 二 / 43

찬도지요(纂圖指要) · 下 / 45

황극경세서 · 三 / 109

관물내편(觀物內篇) · 1 / 111

관물내편 · 2 / 118

관물내편 · 3 / 122

관물내편 · 4 / 125

관물내편 · 5 / 134

관물내편 · 6 / 139

황극경세서 · 四 / 151
관물내편(觀物內篇) · 7 / 153
관물내편 · 8 / 159
관물내편 · 9 / 163
관물내편 · 10 / 168
관물내편 · 11 / 174
관물내편 · 12 / 177

황극경세서 · 五 / 189
관물외편(觀物外篇) · 上 / 191

황극경세서 · 六 / 257
관물외편(觀物外篇) · 下 / 259

황극경세서 · 七 - 外書篇 / 321
《魚樵問對》 / 323

황극경세서 원문 / 355

# 역자서문

**《황극경세서(皇極經世書)》란 무엇인가?**

《황극경세서》란 책이름 가운데에서 황극(皇極)은 '임금이 세상을 경영하는 글' 이란 뜻으로 풀이할 수 있다. 황극 · 경세(經世)의 의미는 나중에 설명이 다시 나오는데 저자인 소강절(邵康節)의 학문적 포부와 자긍심을 엿볼 수 있다. 소옹(邵雍: 1011~1077)의 시호는 강절(康節)이며, 자는 요부(堯夫)이다. 여러 번 관직을 제수받았으나 모두 사양하고 중국 하남성(河南省)의 교외에서 평생 학문에 정진하였다. 그의 학문은 성리학(性理學) 이론에 절대적인 영향을 주었다. 성리학을 집대성한 주자(朱子: 1130~1200)는 그의 도학(道學) 연원이 진희이(陳希夷: 871~989)에게서 유래되었다고 했는데, 소강절은 역(易)의 조종(祖宗)이요 역의 진수를 얻었다고 하였다. 주자 자신도 역시 소옹을 극히 존경하고 중요하게 여기었다고 하며, 그의 사상은 《황극경세서》를 통해 세상에 알려지게 되었고 주자에 의해 성리학의 근본이념으로 자리잡고 찬란한 빛을 발하게 되었다.

동양철학의 장점은 무엇인가? 바로 전체를 파악하는 것이다. 이른바 만상(萬象)을 포괄하는 학문인 것이다. 그리고 깨달음의 세계이다. 하늘과 땅, 그리고 만물과 인간의 역사, 이들의 상관 · 상호관계를 꿰뚫을 수 있는 것이 바로 동양의 역철학(易哲學)이다. 그것은 음양오행의 사상체계를 근간으로 하고 있고, 그 시원은 복희(伏羲) · 문왕(文王)의 팔괘(八卦), 하도(河圖), 낙서(洛書) 등으로 올라간다. 현대 고고학의 발달로 인해 상고시대의 역사가 드러남에 따라 그 실체가 사실 그대로 드러났다. 이들 음양 · 오행 · 팔괘의 사상은 수천 년을 이어오면서 연구에 발전을 거듭하였으며, 때론 의학의 이론적 체계가 되기도 하였고, 동양철학의 가장 심오한 역학(易學)의 근간이 되어 왔다. 현대는 자연과학의 시대라고 한다. 그러나 철학과 과학은 서로 배치되지 않는다.

예를 들어 서양 의학은 과학의 바탕 위에 있어 물질분석을 가함으로써 부분을 연구하다 보니 전체를 파악하는 대의를 망각하게 되는 수가 많다. 그러나 동양 의학은 예로부터 물질 이전의 이기(理氣)를 파악하여 그 형(形)의 전체를 파악하고자 하는 것으로 전체와 부분은 서로 배치되지 않는 것과 같다. 전체 속에 부분을 망각해도 잘못이요, 부분에 치우쳐 전체를 잊어도 안 되는 것이다. 전체와 부분은 서로 하나로 연결되어 있다. 서로 단절하여 보면 실질적 진실에 접근하기 어렵다. 소강절의 《황극경세서》의 사상은 동양철학의 심법(心法) 전수의 극치를 보여 준다. 바로 만상을 포괄하여 꿰뚫어 버리는, 즉 전체를 하나의 원리로 관통하고 하나를 곧 전체로 일관하는 동양철학의 정수를 보여 준다.

소강절은 《주역(周易)》에 언급만 되어 있는 천지만물의 생성원리를 수(數)를 통해 소상히 밝히고 있다. 즉, 자연계의 생성과 순환의 원리를 꿰뚫는데 이는 자연과학과 전혀 배치되지 않는다. 이는 동양철학의 장점이며 핵심이고 정수이다. 곧 하나로써 전체를 파악하고, 전체를 하나로 꿰뚫는 것이다. 소강절은 삼라만상을 '4' 라는 숫자로 아우른다. 음양(陰陽)은 사상(四象)으로, 사상은 팔괘로, 팔괘는 육십사괘(六十四卦)로 나가지만 그 근본 틀은 바로 '4' 에 있다. 이는 천지생성의 원리이며 음양의 변화모습의 틀이다. 운행의 원리로 들어가면 오운육기(五運六氣) 등으로 복잡하게 되지만 그 역시 '4' 라는 큰 틀 속에 있는 것이다. 그것은 바로 천지자연의 변화모습의 골격인 봄 · 여름 · 가을 · 겨울이며, 곧 생(生) · 장(長) · 렴(斂) · 장(藏)의 순환원리이다. 1년의 변화는 춘(春) · 하(夏) · 추(秋) · 동(冬)에 있다. 1년의 변화는 1달에 들어 있고, 다시 1일의 변화에 그대로 투영되고 있다. 봄이 오면 가을이 있는 것을 알게 되고, 여름이 있으므로 겨울이 되는 것을 짐작하여 알게 된다. 소강절 학문의 백미요 절정은 바로 봄 · 여름 · 가을 · 겨울의 순환원리로서 원(元) · 회(會) · 운(運) · 세(世)의 이치를 밝혀 天地인 하늘과 땅이 순환하여 운행하는 법도를 밝힌 것이다. 일원(一元)인 129,600년이라는 시간을 통해 천지는 봄 · 여름 · 가을 · 겨울의 '개벽'을 진행하는바, 이른바 천지개벽의 도수(度數)를 밝힌 것이다. 이 129,600년이라는 일원의 수(數)는 현대 과학의 발달로 빙하기 · 간빙기 · 해빙기 등 그 진실이 밝혀지고 있으며 천지창조, 지축의 경사, 천지운행에 대한 만고의 신비가 속속 드러나고 있으니, 이는 사실 위대한 깨달음이요 엄청난 대사건이 아닐 수 없다. 이로써 소위 불교의 억겁(億劫) 이론의 불합리에 종지부를 내리게 하였고, 우주변화의 틀을 밝혀 천지개벽의 신비를 밝힘으로써 인류 문화에 우주시대를 열게 한 것이다. 일원은 129,600년이요 12회(會)로 나누는데, 곧 10,800년마다 소개벽이 일어나고, 천지의 봄과 가을에 천지가 분열되어 성장하고 수렴되는 선 · 후천(先後天)의 대개벽이 순환하는 것을 밝혀 준다. 주자도 1,000여 년 후(즉 현재)에는 천지가 미토운(未土運)에 이른다고 지적한 것을 보면 성리학과 당시 대학자들의 심원하고 끝을 본 것 같은 학문수준에 새삼 놀라지 않을 수 없다. 이는 참으로 인문사상에서 소강절의 《황극경세서》의 지대한 공로인 것이다.

소강절은 봄 · 여름 · 가을 · 겨울의 생성 변화되는 이치를 통해 천지운행의 '원회운세(元會運世)'를 밝힘과 동시에 또한 천지 안에 있는 삼라만상의 모든 변화를 꿰뚫고 있다. 곧 동물 · 식물의 생겨남, 하늘의 일월성신(日月星辰), 그리고 낮과 밤, 한서(寒暑)의 교차, 만물의 성정형체(性情形體)의 생겨남을 설명하고, 그 생겨나는 원리와 율려(律呂)가 서로 부르고 화답하여 서로 감응하는 이치 또한 사람의 성음(聲音)도 입술이 열리고 닫히는 음양 동작, 즉 개발수폐(開發收閉)가 봄 · 여름 · 가을 · 겨울의 이치와 똑같음을 밝혀 실전된 성음의 법칙을 규명하고 있다. 또한 천지만물뿐 아니라 인사(人事)로서 인류 역사의 흥망성쇠인 치란흥패(治亂興敗)도 봄 · 여름 · 가을 · 겨울의 이치로 풀어낸다. 황제왕패(皇帝王霸)가 그것인데 황(皇)은 봄, 제(帝)는 여름, 왕(王)은 가을, 패(霸)는 겨울에 맞추어 순환 반복하는 것을 밝혀 천시(天時)와 인사(人事)가 서로 딱 들어맞는 것을 밝히고 있다. 그리고 소강절의 우주관, 역사관, 인물관 등의 주옥 같은 글들이 실려져 있다. 흔히 소강절을 이기지종(理氣之宗)이라고 표현한다. 우리나라 서경덕(徐敬德) 선생은 한평생 벼슬을 하지 않고 소강절을 사숙(私淑)하였다고 한다. 본서는 《성리대전(性理大全)》에 나와 있는 《황극경세서》를 직역한 것으로 전반부의 천지개벽의 이치를 밝힌 원회운세와 율려성음(律呂聲音) 등은 여러 학자들이 각기 주석한 것을 모아 놓았고, 이는 《황극경세서》 전체를 망라한 총론이다. 그 뒤의 〈관물(觀物)〉 1~12편이 《황극경세서》이다. 그리고 그 문인들과 담론했던 내용이 뒤에 〈관물외편(觀物外篇)〉 상 · 하로 되어 있으며, 맨 끝에 있는 《어초문대(漁樵問對)》에도 소강절의 사상이 총정리되어 있다.

동양의 학문은 깨달음의 세계이다. 사실 역철학은 쉽고 간단한 이간(易簡)의 도(道)로 어렵지 않다고 한다. 채침(蔡沈: 1167~1230)의 말대로 소강절의 역학은 이해하기 어려운 난통(難通)이라고 하지만, 비록 처음은 이해가 되지 않아도 서산선생(西山先生) 채원정(蔡元定: 1135~1198)의 말대로 앞뒤를 계속 번갈아 읽으면 하나로 쭉 관통함을 느끼고 쉽게 이해가 된다. 사실 이해하면 아주 쉽다.

## 동양의 역철학을 깨닫는 핵심은 무엇인가?

옛날 학자들은 어찌하여 천지이치를 환히 깨닫게 되었을까? 그것은 크게 두 가지로 나누어 생각할 수 있다. 첫째는 "일본지만수, 만수지일본(一本之萬殊, 萬殊之一本)"의 사상이다. 크게 이해하면 하나 속에 일만의 전체가 들어 있고, 만으로 나누어진 전체는 다시 하나라는 것이다. 이는 정이천(程伊川) 선생이 처음 이렇게 구체적으로 표시하였다고 한다. 이것은 동양철학이 천지를 비롯한 삼라만상의 변화를 이해하는 아주 중요한 관점이다. 곧 삼라만상의 어떠한 미물도 그 자신이 천지의 모든 이치와 변화를 포함하고 있다는 것이다. 하찮은 갈대 하나에도 천지의 이치가 포괄되어 있는 것이다. 사람도 역시 마찬가지이다. 사람의 압축 통일된 정수(精水) 속에는 수억의 정자(精子)인 극미인(極微人)이 활동하고 있다. 그 가운데 하나가 커서 사람이 된다. 이것은 천지가 수억의 인간을 낳는 것과 똑같다. 식물의 하나의 씨앗도 이것이 자라서 억만으로 성장하고 다시 수만의 열매(씨앗)를 생성하게 된다. 이 전체와 하나는 전체이면서 하나이고, 그 하나는 다시금 전체를 포함하고 있는 것이다.

둘째는 이 전체와 하나는 순환 반복을 계속 되풀이한다는 것이다. 순환 반복을 계속 되풀이하면서 생성과 변화를 이루는 것이다. 이 순환 반복이 되풀이되는 일정한 룰인 법칙을 파악하는 것이 동양 역철학의 요점이다. "하나는 만으로 나누어지고, 만은 다시 하나로 돌아온다(一爲萬分, 萬復歸一)." 이 순환 반복하는 리듬이 바로 음양이고, 봄 · 여름 · 가을 · 겨울의 생장염장(生長斂藏)의 모습이다. 천지도 이 변화를 되풀이하고 인사(人事)도 이것을 되풀이하고, 만상(萬象)이 이것을 모두 되풀이하는 것이다. 소강절의 역학은 바로 이것에 일관하고 있다. 이 이치로 인해 1년 12달이 4계절로 돌아가고 이것을 확대하여 천지의 일원수(一元數)인 129,600년을 찾아낸 것이다. 사람도 1분에 양호흡(陽呼吸)인 호흡을 18번, 음호흡(陰呼吸)인 맥동(脈動)이 72번으로 합계 90번의 움직임이 있는바, 1시간은 60분이요 여기에 24시간을 합하면 정확히 129,600번을 뛰게 된다. 이 숫자는 천지일원(一元)인 원회운세(元會運世)와, 그리고 사람이 감지하는 세월일시(歲月日時), 그리고 아주 작아 보이지 않는 미세(微細)세계인 분리사호(分釐絲毫)도 마찬가지이다.

그리고 이것은 인사에도 적용된다. 옛날에 삼황오제(三皇五帝) · 삼왕오패(三王五霸)의 시대가 있었다. 이것을 소강절은 춘 · 하 · 추 · 동에 비유하여 봄은 '황(皇)'의 시대, 여름은 '제(帝)'의 시대, 가을은 '왕(王)'의 시대, 겨울은 '패(霸)'의 시대로 하여 이 네 가지의 변화가 계속 반복한다는 것이다. 물론 황제왕패(皇帝王霸)의 그 시대, 그 인물이 다시 나오는 것은 아니다. 역사는 춘하추동이 되풀이되듯 황제왕패의 시대도 되풀이된다는 것이다. 또한 다시 '황'의 시대에도 황제왕패가 있고, '패'의 시대에도 다시 황제왕패가 들어 있다. 이것은 경직된 사고로는 인식할 수 없는 것이다. 모든 것은 순환 반복이다. 단순한 순환 반복이 아니고 현재는 과거를 싣고서 다시 순환 반복하는 것이다. 과거는 사라진 것이 아니고 현재에 모두 살아 있는 것이다. 소강절은 인물의 대소(大小)도 이러한 큰 틀로써 파악하고 있다. 이것을 이해하여야 소강절의 역학을 쉽게 이해할 수 있다.

동양 역철학의 핵심은 바로 이것인데, 왜 그럴까? 우주운동은 분열과 통일을 계속 반복하기 때문이다. 이 분열과 통일을 계속 반복하는 우주운동의 리듬을 무극(無極)과 태극(太極)의 운동으로 파악하고, 이 무극과 태극의 반복운동을 주재하는 것이 황극(皇極)이며, 이것을 학자들은 우주변화의 원리라고 부른다. 이것에 대한 가장 큰 깨달음을 제시한 분이 소강절인 것이다.

이 전체와 하나의 분열과 통일을 이해하지 못하면 동양 역철학은 한 발짝도 진행할 수 없다.

전체 속에 하나, 하나 속에 다시 전체, 그리고 전체는 또 다른 전체로서 하나이다. 곧 너는 나의 모습이요, 나는 또 다른 남의 모습이다. 가난한 자가 있기에 부자도 있는 것이요, 내가 부자인 것은 가난한 자가 있기 때문이다. 전체를 볼 줄 알아야 한다. 일전에 김모 씨가 TV에서 노자(老子) 강의를 하여 화제가 된 적이 있다. 그는 동양학을 강의하면서 분석적 사고의 틀을 벗어나지 못하고 과격한 표현과 언어를 사용하는 등으로 인해, 긍정적인 역할을 했음에도 불구하고 학자들의 혹독한 비판을 받았다.

동양학문은 전체적인 역철학을 이해하지 못하면 치우치게 된다. 동양철학은 또한 수행과 깨달음의 학문이다. 과격한 언사는 교만과 오만함이요, 교만과 오만은 만족을 의미한다. 만족은 진취적이고 긍정적인 인식을 말살시키게 되고 수많은 사람을 피곤하게 하는 것이다. 동양의 역철학은 겸손과 공경을 바탕으로 하고 서로 갈등하고 조화함을 그 덕으로 한다. 노자의 무위사상(無爲思想)도 사실 역철학의 물리(物理)와 역리(易理)를 밝힌 것에 불과하다. 겸손하고 공경스러우면 사람은 저절로 평상심(平常心)이 이루어지고 말을 해도 힘들지 아니하며 본원에 부합하여 저절로 편안해지고 듣는 사람도 불편하지 않고 피곤하지 않다. 겸손이 도의 본모습인 것이다. 유(儒)·불(佛)·선(仙)이 사실 모두 이 역철학에서 벗어나지 않는다.

또한 동양학문은 부분보다 전체를 파악하는 데 그 중요함이 있다. 부분적이고 분석적인 사고로는 그 제한된 범주를 벗어나지 못하여 반드시 대의를 망각하게 되는 어리석음을 범한다. 이를 소즉색(小則塞)이요, 대즉통(大則通)이라 한다. 결론적으로 말해서 우주는 분열과 통일운동을 반복한다. 하나는 만(萬)을 포함하고, 만은 다시 전체로서 하나로 된다. 이것이 건곤감리(乾坤坎離)와 육십사괘(六十四卦)의 변화인 것이며, 동양 역철학인 우주관을 보는 주요한 핵심인 것이다.

일찍이 소강절은 이르길, 수탐월굴 족답천근(手探月窟 足踏天根)이라 하였다. 천지가 별도의 천지가 따로 있다면 모르거니와 모든 것은 음양의 순환 이치로 모두 알 수 있다는 말이다. 음양오행의 이치는 무슨 학설이 아니고 천지가 운행하고 생성되는 절대법칙인 것이다.

불가에서 전하는 색즉시공 공즉시색, 즉 유형과 무형도 역시 음양의 모습일 뿐이다. 더 자세히 살피면 무형을 주장하는 건곤과 유형을 주장하는 감리, 곧 천지와 일월의 움직임으로 나타나는 것이다. 음양오행의 이치로 인해 만물이 생성되고 해와 달과 지구도 돌아가는 것이다. 왼쪽은 양이 되고 오른쪽은 음이 되며, 봄 · 여름은 양이 되고 가을 · 겨울은 음이 되며, 음은 곤(坤)이 되고 양은 건(乾)을 주장한다. 음양은 서로가 서로의 집이 되고(호장기택) 밤과 낮이 되고 생과 사가 되며 순환과 대대를 이루며 변화하는데, 천지의 모습을 그대로 형상하고 본뜬 것이 인간인 것이다. 미세와 거대를 막론하고 이 음양오행이 절대법칙이요 진리인데, 이것을 깨닫는 것이 가장 큰 깨달음 중의 하나인 것이다.

옛사람은 이렇게 표현하였다. 천지는 오로지 음양의 동정 순환하는 것일 뿐이다(天地, 陰陽 動靜 循環 而已). 봄 · 여름의 양의 시대가 지나면 가을 · 겨울의 음의 시대가 오면서 분열이 통일로 돌아가면서 대통일개벽이 일어나게 되는데, 소강절은 그 理數를 밝힌 것이다. 음양오행사상은 바로 절대의 법칙이란 것을 깊이 인식하고 접근해야만이 우주변화의 원리와 역을 이해하게 된다.

## 상수학(象數學)이란 무엇인가?

동양의 역철학은 음양오행과 그 음양오행의 변화를 파악하는 상수(象數)에 대하여 깊은 이해가 있어야 한다. 동양의 역철학은 이른바 천지를 준(準)하는 만상(萬象)을 포괄하는 체계의 학문이다. 천지의 모든 것은 그 변화의 법칙이 상(象)과 수(數)로 나타나게 되는바, 이 상 · 수로써 수많은 모습과 변화를 파악하는 것이 참으로 오묘한 점 가운데의 하나인데 이는 그 변화의 법칙성 때문이다. 이 상수학의 연원은 하도(河圖)와 낙서(洛書), 복희(伏羲) · 문왕(文王)의 팔괘(八卦)로 거슬러 올라간다. 동양의 음양오행은 춘추전국시대에 나타난 것이 아니며, 송(宋)나라 성리학자들이 자신의 학문의 정통성을 부여하기 위하여 인위적으로 조작하고 견강부회한 것이 아니라는 것이 고고학의 발달로 상고시대의 유물이 드러남에 따라, 즉 복희 · 하(夏) · 은(殷) · 주(周) 시대의 역사가 사실로 드러남에 따라 사실로 드러났다. 이들 학문은 수천 년을 내려오면서 연구에 발전을 거듭하여 온 것도 사실이다. 동양학문은 깨달음의 세계이다. 자신이 이해하지 못하였다고 하여 진리가 아닐 수 없는 것이다. 역(易)은 소강절 선생의 표현대로 천문(天文) 그 자체인 것이며, 상수학은 천지의 질서운행을 파악하는 법칙이고 그 자체가 이미 천지가 표현하고 있는 것이다.

상은 象이라고 하는데 이는 《주역》의 상수(象數)에서 나왔으며 코끼리 상(象)자이다. 코끼리는 그 덩치가 커서 멀리서도 얼핏 보면 알아볼 수 있다. 그러므로 천지자연의 모습이 나타나는 것을 상(象)이라 보면 된다. 역상(易象)이라고도 한다. 이 '상'의 변화모습이 수(數)로 나타나는데 여기에는 아주 미묘한 문제가 있다. 흔히 '상'을 '수'라 하는데 그렇지 않다. 상(象)은 천지자연의 모습으로 '짝'으로 존재하고, 수(數)는 상이 운용되는 것으로 '홀'수로 나타난다. 음양의 두 모습처럼 불가분의 관계에 있는 것이다. 곧,

상은 짝으로서 그의 배수로 나아간다. 2, 4, 8, 64, …… 4,096 ……. 그러나 수는 '홀' 수로서 1, 3, 9, 81, …… 6,561 ……로 진행하는 것이다. 상인 짝수는 바탕인 '체(體)' 가 되고, 홀인 수는 쓰임인 '용(用)' 이 된다.

사상(四象)과 오행(五行)에서 사상은 체가 되고, 오행은 용이 된다. 인체도 팔다리가 좌우 사지로 나누어지지만, 그 쓰임은 전체로 하나이며 셋으로 쓰여진다. 이를 종삼횡사(縱三橫四)라고도 한다. 수가 상이 되면 짝이 되어 난통(難通)이 되고, 《황극경세서》가 그래서 얼핏 이해가 어렵다고 한다. 또 상이 수가 되면 제로인 '0' 이 되어 무용(無用)이 되어 버린다고 한다. 곧 상수도 음양으로 나누면 상은 음이요, 수는 양이다. 상은 정(靜)이요, 수는 동(動)인 것이다. 더 자세히 살피면 수(數)는 정(靜)을 바탕으로 동(動)하는 것을 이르는 것이요, 상(象)은 동(動)을 쓰임으로 하여 정(靜)하는 것을 이르는 것이다. 이 홀수와 짝수, 즉 기수(奇數)와 우수(偶數)의 변화모습이 상수학인 것이다. 상(象)은 하도(河圖)요 복희의 팔괘이며, 수(數)는 낙서(洛書)이며 문왕의 팔괘와 연관이 있다. 소강절의 역학은 천지생성의 원리를 밝히므로 복희의 팔괘이다. 그래서 선천지학(先天之學)이라고 한다. (복희 · 문왕의 팔괘를 선 · 후천으로 보는 경우) 소강절의 역은 2, 4, 8, 64 ……로 만상을 풀이하여 낸다. 그러나 이 또한 천지운행의 법칙과도 전혀 틈이 있을 수가 없다. 체와 용의 관계라는 것을 인식하고 역학의 역상(易象)은 네 분의 성인(복희 · 문왕 · 주공 · 공자)에 의해 많이 연구 발전되어 왔으나 수철학(數哲學)은 크게 발달되지 못했었다고 채침(蔡沈)이 수(數)를 밝힌 《홍범황극(洪範皇極)》에서 언급한 바 있다. 상수학에 조예가 깊은 연구가가 나오길 바라마지 않는다.

*2, 4, 8, 64 ……(모두 2의 변화모습)

1, 3, 9, 81 ……(모두 1의 변화모습)

*1吉 9凶 2咎 8休 3祥 7災 4吝 6悔(홍범황극 中)

數往者順, 知來者逆, 是故, 易逆數也

(수왕자순, 지래자역, 시고, 역역수야)

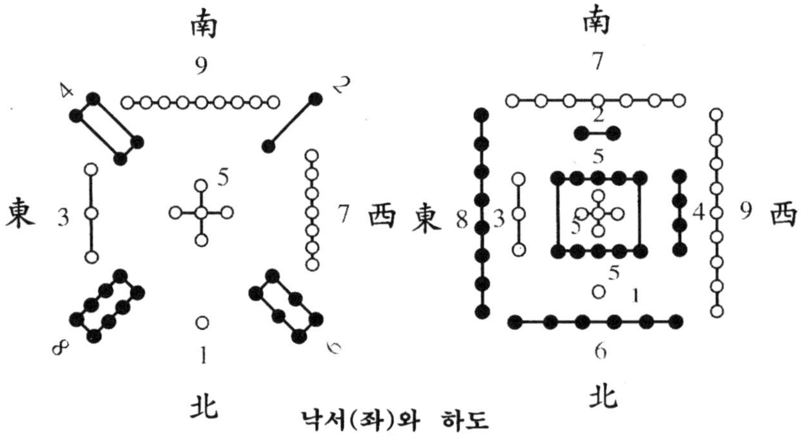


낙서(좌)와 하도

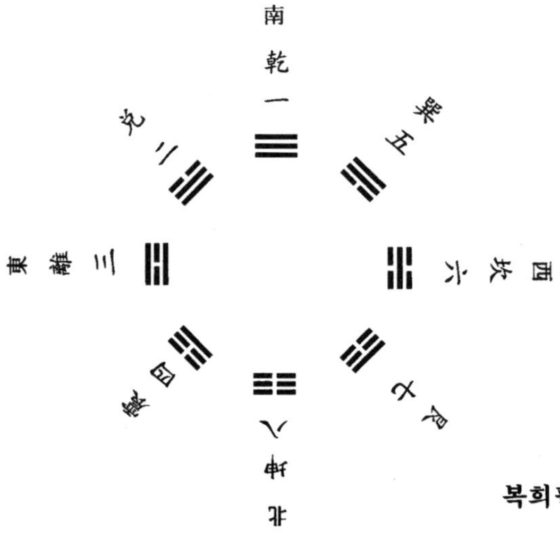


복희팔괘도

문왕팔괘도

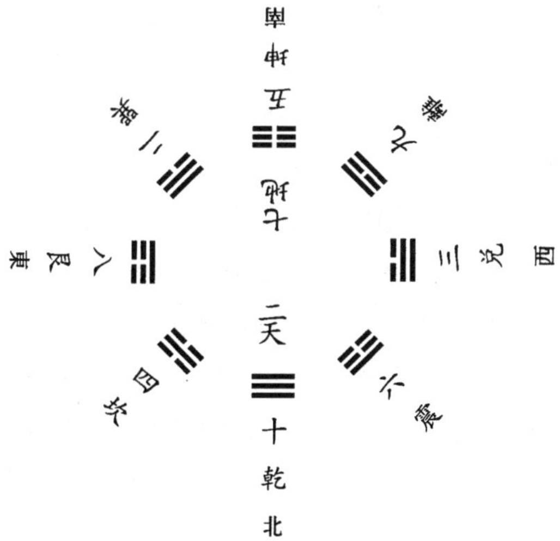


정역팔괘도

《역대전(易大傳)》에 이르길 -

천지정위(天地定位): 하늘과 땅이 위치를 확정하는 것은 건괘(乾卦)와 곤괘(坤卦)가 마주하기 때문이고,

산택통기(山澤通氣): 산과 못이 기(氣)가 통하는 것은 간괘(艮卦)와 태괘(兌卦)가 마주하기 때문이며,

뇌풍상박(雷風相薄): 우레와 바람이 서로 마주 때리는 것은 진괘(震卦)와 손괘(巽卦)가 마주하기 때문이고,

수화불상사(水火不相射): 물과 불이 서로 어울리지 못하는 것은 감괘(坎卦)와 이괘(離卦)가 마주하기 때문이다.

팔괘상착(八卦相錯): 팔괘가 서로 이리저리 뒤섞이어,

수왕자순(數往者順): 법칙에 맞게 오는 것은 순(順)이고,

지래자역(知來者逆): 앞날을 미리 아는 것은 역(逆)이다.

시고, 역역수야(是故, 易逆數也): 그러므로 역(易)은 역수(逆數)이다.

소강절이 이르기를 이것은 복희의 팔괘이다라고 하였다.

건 · 태 · 리 · 진(乾兌離震)으로 가는 것은 순(順)이요,

곤 · 간 · 감 · 손(坤艮坎巽)으로 가지 않고 손 · 감 · 간 · 곤으로 가므로 이는 역(逆)이다. 곧, 왼쪽은 순이 되고 오른쪽은 역이 된다.

소강절이 이 해석을 가한 후에 이 순역(順逆)에 대해서는 10명의 학자가 10가지의 학설이 있다고 전해진다. 글자의 뜻으로 보면 수(數)는 '센다' 는 뜻이므로 지나간 것을 세는 것은 순(順)이며 지나간 것은 금방 알 수 있다. 또한 수(數)가 가는 것, 즉 1, 2, 3, 4 …… 이렇게 가는 것은 순(順)이며 오는 일을 아는 것은 역(逆)이다. 수(數)가 1, 2, 3 …… 계속 가면 그 원인을 알 수가 없게 된다. 즉, 거꾸로 …… 4, 3, 2, 1, 0 이렇게 되면 4는 3에서 간 것이

요 3은 2에서 간 것이며 결국 0으로 오게 되므로 이것을 역(逆)이라 하며, 역(易)이란 지나간 상황보다 앞으로 일어날 일을 알고자 하는 것이니 역수(逆數)해야 한다는 것이다. 앞으로 벌어질 상황은 어떻게 전개되는가! 그것은 지나온 상황의 연속선상에서 결정되는 것이다. 지나온 상황의 결과 없이 전혀 엉뚱한 것이 생길 수는 없는 것이다. 즉 현재는 지나온 상황의 산물이라고 생각할 때 역(逆)이란 '수'를 거슬러 셈으로써 알 수 있게 된다. 채원정(蔡元定)은 우주원리에 맞춰 이렇게 풀이하고 있다.

건(乾) · 태(兌) · 리(離) · 진괘(震卦)는 모두 초괘(初卦)가 양(陽)이고,

손(巽) · 감(坎) · 간(艮) · 곤괘(坤卦)는 모두 초괘가 음(陰)이다.

즉 자중(子中)에서 오중(午中)까지는 양이고, 오중에서 자중까지는 음이다.

이는 음양이 자라고 줄어드는 수로서 진(震)에서 시작하여 곤(坤)에서 마치게 되는 것을 말한다고 하였다.

이는 복희 팔괘를 음양의 동정(動靜)하는 모습으로 파악한 것으로 먼저 양이 음에서 나와 동(動)하면 이것은 순(順)이 되고, 오중(午中)에서 음이 양에서 나와 역(逆)이 된다. 이것은 음양소식(陰陽消息)으로 '오(午)'에서 역(逆)이 일어난다는 것으로 가장 우주변화의 원리와 부합하고 있다. 양기는 자중(子中)에서 일어나 왼쪽으로 움직여 간다(좌선). 그래서 진괘(震卦)부터 시작하여 오중(午中)에서 우선(右旋)하여 역(逆)으로 내려온다. 그리고 곤괘(坤卦)에서 마친다는 음양의 분열 · 통일로 보는 것으로 복희 팔괘를 문왕 팔괘로 풀이하는 관점이다. 복희 팔괘와 문왕 팔괘는 서로 표리가 된다. 복희 팔괘는 천지의 생성모습을 나타내니 하늘은 위에 있고 땅은 아래에 있으며, 감리(坎離)인 태양과 달은 동서로 순환하는 천지의 생성모습이다. 문왕 팔괘는 실제 그 운용되는 모습에서 본 것으로 그 쓰임인 감리를 축으로 보

는 것이다.

복희 팔괘는 체가 되고 문왕 팔괘는 용이 된다. 복희 팔괘는 선천(先天)이 되고 문왕 팔괘는 후천(後天)이라고 본다. 그러나 정역 팔괘(正易八卦)가 나오면서 천지순환의 비밀이 드러나게 되었고, 복희 팔괘는 생역(生易)이요 문왕 팔괘는 장역(長易)이며 정역 팔괘가 '성(成)' 으로 천지가 완성되는 역(易)임이 드러났다. 순과 역은 우주변화의 분열과 통일운동의 두 축이다. 이 순역(順逆)은 또한 동(動)과 정(靜)의 모습이다. '동' 에서 순(順)이 되어 양이 분열하고 '정' 에서 역(逆)이 되어 통일이 일어난다. 즉 오(午)에서 역(逆)이 되고 미(未)에서 통일이 일어나는 것이다. 동(動)으로 인해서 신(神)을 자라게 하고 정(靜)에서 명(命)을 회복한다. 무한히 분열만 하는 것이 아니고 어느 한계인 그 극한에서 다시 통일운동이 일어나는 것이다. 그래서 미토(未土)를 십토(十土)라고 한다. 기토(己土) 10의 자리이며 그 힘은 20이 아니고 100이라고 한다. '미(未)' 를 무극의 자리라고 한다. 간 것은(順) 반드시 간 만큼 되돌아오는 것(逆)이다. 이것이 동양 역철학의 주요 관점이다. 단가(丹家)에서 이르길 순(順)으로 가면 인간이요, 역(逆)으로 가면 신선이 된다고 한다. 이는 우주원리를 수행에 적용한 것으로 대단히 중요하다.

### 만고의 신비
### – 천지의 시종(始終)을 밝힌 원회운세(元會運世)와 선 · 후천 천지개벽이란 무엇인가? –

소강절의 역철학 가운데 가장 절정은 바로 원회운세로서 천지개벽의 틀이요, 천지일원(一元)수인 129,600년을 밝힌 것이다. 천지운동의 시작과 끝은 변화법칙으로 항상 갑자(甲子)에서 시작하고 계해(癸亥)에서 마친다. 이는 일원(一元)뿐만이 아니고, 역학(易學)의 변화는 모두 그러하다. 천지의 시(始)와 종(終)을 간략히 알아보면 천지의 시종(始終)은 일원(一元)의 기(氣)이다. 1원은 129,600년이요, 원(元)은 12회(會)를 거느리니 1회는 10,800년이다. 회(會)가 30역(逆)을 거느리니 1운(運)은 360년이다. 역(逆)에 또 12세(世)를 거느리니 세(世)는 30년이다. 《황극경세서》에 기록된 우왕(禹王)이 즉위한 후 8년째 갑자(甲子)를 얻어 오회(午會)에 처음 들어오게 되었다.

- 일원(一元)의 기(氣)는 갑자(甲子)에서 시작하여 점점 하늘이 열리고, 일월성신이 있게 된다. 쌓이게 되면 10,800년에 가볍고 맑은 기운의 원기(元氣)가 이루어져 하늘이 되어 이 때는 자회(子會)이므로 천개어자(天開於子)라고 한다.
- 이후 점점 땅이 열리게 되는데 점점 쌓이어 10,800년이 또 지나 무겁고 흐린 것들이 모여 땅이 형성된다. 이 때를 지벽어축(地闢於丑)이라고 한다.
- 인회(寅會)로 들어와 갑자(甲子)가 시작하니 음양이 교감하여 점점 인물(人物)이 생겨 반고(盤古)가 있게 되고 천황(天皇) · 지황(地皇) · 인황씨(人皇氏)가 있게 된다〔인기어인(人起於寅)〕.

위는 소강절의 《황극경세서》의 〈찬도지요 · 하(纂圖指要 · 下)〉에 실린 것과 〈관물내편 · 10(觀物內篇 · 十)〉의 10권 가운데에서 확대하여 얻게 된 것이다. 불가(佛家)의 성주괴공(成住壞空), 곧 사겁설(四劫說)에서 13만 4천4백만 년의 종시설(終始說)이 있는데, 주자(朱子)가 이르길 이 역시 천지개벽설인데 이치에 닿지 않아 얻지 못하였다. 그런데 소강절은 어찌하여 이 천

| | | | |
|---|---|---|---|
| 一元<br><br>39,600년<br>(12會)<br><br>1會<br>0,800년 | 子會 | 復 ䷗ | 5,400년: 하늘이 열리다(天始開).<br>10,800년: 하늘이 서북으로 기울어지다. |
| | 丑會 | 臨 ䷒ | 太易 · 水, 太初 · 火, 太始 · 木, 太素 · 金, 太極 · 土<br>5,400년: 땅이 열리다.<br>21,600년: 물이 흐르고 불이 타오르며 흙이 굳어지고 해와 달이 돌아간다. 땅은 동남이 불만(不滿)이다. |
| | 寅會 | 泰 ䷊ | 5,400년: 천지의 맑은 기운이 엉기기 시작하여 사람이 생겨나기 시작한다.<br>천지의 기운이 정해지지 않다. 뱀의 몸에 비늘이 있고, 소머리에 뿔이 있고, 다리에 굽이 있는 등 인문이 없고 사람을 잡아먹는다. |
| | 卯會 | 大壯 ䷡ | 자(子)부터 – 43,200년 |
| | 辰會 | 夬 ䷪ | 54,000년 |
| | 巳會 | 乾 ䷀ | 요(堯)임금이 건괘(乾卦)의 구오(九五)에 해당<br>요(堯) 이전 64,800년, 요 이후 64,800년<br>복희에서 요까지 1,230년 |
| | 午會 | 姤 ䷫ | 75,600년:<br>殷 · 周 · 秦 · 漢 · 南北朝 · 唐 · 宋 · 元 · 明까지 684년 |
| | 未會 | 遯 ䷠ | 86,400년 |
| | 申會 | 否 ䷋ | 97,200년 |
| | 酉會 | 觀 ䷓ | 108,000년 |
| | 戌會 | 剝 ䷖ | 일월성신(日月星辰)이 운행하지 않는다. 하늘이 닫힌다. |
| | 亥會 | 坤 ䷁ | 물이 흐르지 않고 불이 타오르지 않고 땅이 응결되지 않고 돌이 단단하지 않다. 땅이 닫힌다. 이후 32,000년이 지나면 다시 사람이 생기고 다음 회(會)에 다시 생겨난다. |

지시종(始終)을 알게 됐는가! 아들인 소백온이 가로되 일원(一元)이란 크게 화(化)하는 문화(文化)의 속에 있는 것으로 이는 비유하면 1년과 같다. 또 채원정이 가로되 일원(一元)의 수는 곧 1년의 수이다. 일원에 12회 360은 4,320세가 있는 것은 1년에 12월 360일 4,320시간이 있는 것과 같다. 전반부 6회는 자라나고 후반부 6회는 사그라진다. 즉 1년에서 자(子)에서 사(巳)까지는 자라나고 오(午)에서 해(亥)까지는 줄어든다. 성(星)의 76에서 개물(開物)이 되는 것은 1년의 경칩(驚蟄)과 같다. 315에서 폐물(閉物)되는 것은 1년의 입동(立冬)과 같다. 이들은 모두 자연의 수이지 억지로 견강부회한 것이 아니다.

혹자가 이르길 1년은 366일이요 달은 354일인데, 이것을 기영삭허(氣盈朔虛)라고 한다. 《황극경세서》에서는 360을 쓰는데 왜 그런가. 가로되 이것은 그 용(用)을 감추기 때문이다. 소식영허(消息盈虛)의 법칙이 그 사이에 있게 된다. 이상은 명(明)나라 때의 《논오변증(論奧辨證)》에서 간략히 알아본 것인데(본문에 자세한 여러 학자의 주석이 나온다), 이상의 천지시종설(始終說)은 소강절 역학에서 가장 중요한 부분이며 실제 천지개벽의 큰 틀을 밝힌 것으로 과학이 또한 증명하고 있다. 그런데 여기서 가장 알기 어렵고 난해한 바가 바로 366(기영)과 354(삭허)의 문제이다. 곧 태양력인 366일(365와 1/4)과 태음력인 1년의 354일의 문제이다. 소강절의 《어초문대(漁樵問對)》에 그 설명이 나오는데 잠깐 살펴보기로 한다.

"역(易)은 역(曆)이다"라고 하듯이 역상(曆象)은 달력의 문제와 깊은 관련이 있다. 크게 366과 354일은 그 용(用)을 감춘 것이라고 소강절은 설명하고 있다. 그 용(用)을 감춘다는 것은 체(體)는 드러나지만 그 '체'를 운용하는 이치는 감추어진다는 말이다. 천(天)은 체(體)로써 기틀을 삼으나 그 기틀은 숨어 있고, 지(地)는 용(用)으로 근본을 삼으나 그 용을 감춘다는 것으로 짝수인 체는 드러나고 홀수인 용은 미묘하여 보이지 않고 알지 못한다는 말과 일맥상통한다.

소강절은 왜 366일과 354일의 태양 · 태음력이 차이가 생기는가에 대해 깊이 연구한 것 같다. 과거에 가장 중요한 것은 농사 짓는 때를 아는 것이다. 이에 대해서 이미 요임금 때 "역상일월성신 경수인시(曆象日月星辰 敬授人時)"라 하여 요임금이 일월이 운행하는 법을 알아내어 백성들이 그 은덕을 입었다고 한다. 이때 해와 달의 운행을 면밀히 관찰하여 19년에 7번의 윤달이 생겨나는 것을 밝혀 태음 · 태양력을 맞추어 왔다. 이때 군신이 함께 기뻐하며 눈물을 흘렸다고 한다. 윤달을 정확히 파악하여 추위와 더위를 피하게 하고 농사 짓는 법을 가르쳐 주는 것이 제왕의 가장 중요한 사업이었다. 역법의 이치를 바로잡고 남은 시간을 윤달에 귀속시키는 것이 과거에는 중요한 일이었다.

그 뒤에 달력을 독점함으로 인하여 어지러워져 윤달이 잘못됐음을 공자가 《춘추(春秋)》에서 기록한 바도 있다. 또한 순(舜)임금 때 우주관인 '선기옥형(璇璣玉衡)'을 알았으며 현재까지 전하고 있다. 이 잘못을 한(漢)나라 무제(武帝) 때 천문학자 낙하굉(落下閎) 등으로 하여금 혼천의(渾天儀)인 선기 옥형과 28수(二十八宿) · 일월오성(日月五星)을 계산하여 기원전 104년 전의 동월(冬月), 즉 11월 갑자일(甲子日) 야반(夜半) 삭단(朔旦)에 동지(冬至)가 관측되었고 일월오성이 한자리에 모였으며 현재의 음력인 정월(正月)의 세수(歲首)와 일치하게 된 것을 찾아내어 현재에 이르고 있고, 이로부터 기원전 104년을 태초(太初)와 똑같은 갑자(甲子)라 하여 '태초원년(太初元年)'이라고 한다.

그 뒤에 서양의 마테오 리치(Matteo Ricci) 신부가 동양에 와서 24절후(二十四節候)를 태양력에 정확히 맞춤으로써 지금까지 그 혜택을 누리고 있다. 문제는 왜 태양·태음력이 생겨나는가이다. 소강절은 음양의 소장(消長)이치로 풀이하고 있다. 여분(餘分)으로 인해 생겨난다고 한다.

소강절의 견해는 큰 음양의 틀을 밝힌 것으로 얼핏 이해가 와 닿지 않지만 이미 일원(一元)의 수인 자회(子會)에서 하늘이 서북으로 기운다고 되어 있고, 축회(丑會)에서는 땅이 동남이 불만(不滿)이라고 한 것을 보아 천축과 지축이 기울어진 것을 간파한 것으로 보인다. 현대에 와서 지축이 23.5도로 기울고 모든 천축이 다 기울어진 것을 확인하게 되었다. 이로써 음양이 고르지 못하고, 양은 항상 남고 음은 항상 부족하게 된 것이 지축의 경사로 인해 된 것이라는 것을 확연히 알게 되었다. 여기에서 바로 양은 남고 음은 부족하여 1년은 기영이 되어 360보다 더 나가고 달은 삭허가 되어 354일이 된 것이다.

문제는 천개어자(天開於子), 지벽어축(地闢於丑), 인기어인(人起於人)인 선천 개벽에서 장차 360이 되어 천지가 정원형으로 음양이 고르게 되는 후천 개벽이 일어난다는 것이다. 물론 10,800년마다 소개벽이 일어나지만 실제 후천 대개벽이 일어난다는 것을 소강절 당시로는 확연히 알지 못했을 것이다. 이는 소강절로부터 800여 년이 지난 약 100년 전 우리 한국의 김일부(金一夫) 선생께서 정역(正易)을 밝힘으로써 그 면모가 드러나게 되었다. 실로 억만 년의 신비가 풀어진 것이다. 이로써 지축변화의 신비가 모두 풀어지게 된 것이다. 복희 팔괘는 생역(生易)이요 문왕 팔괘는 장역(長易)이며 정역 팔괘는 성역(成易)임이 환하게 드러났다.

그럼 왜 지축은 경사지게 된 것이며 언제 후천 통일개벽이 일어나는 것인가! 지축이 경사지게 되므로 양이 넘치게 되고 이는 동(動)하는 양의 시대이기 때문이다. 양이 많음으로써 양이 형(形)을 기르고 육성하게 되는 것이다. 곧 인간과 만물을 길러 내는 것이다. 그리고 천지가 오(午)에 이르러 역(逆)이 일어나고 미(未)에서 통일이 되는 것이 우주원리이듯이 바로 미(未)에서 후천 통일개벽이 일어나는 것이다. 즉 음양동정(陰陽動靜)의 원리로 그 극(極)에서 음으로 되돌아오면서 통일개벽이 일어나게 된다. 주자가 이르길 1,000년 후(곧 지금의 현재이다)에는 천지가 미회(未會)로 가고 있다고 하였다. 이는 '경세일원소장도'를 보아도 확연하다. 지금 우리는 어느 시대에 살고 있는가의 중요한 문제인 것이다. 여기에 대해서는 정역 등 많은 자료가 요하므로 약술하며, 뜻있는 분의 연구를 바라며 줄인다. 바로 이 난해한 점 때문에 소강절 역학이 보편화되지 않은 것이 아닌가 생각한다. 자세한 것은 《증산도의 진리》에 상술되어 있으니 정독하시길 바란다.

# 황극경세서(皇極經世書)·一

▣ 소백온(邵伯溫)이 가로되 - 《황극경세서》는 무릇 12권이다. 권 1~2는 원회운세(元會運世)의 수(數)에 대한 총론으로 《주역(周易)》에서 이르는 천지의 수이다. 권 3~4는 회(會)로 운(運)을 헤아리는 것으로 세수(世數)와 세갑자(歲甲子)를 나열하여 제요(帝堯)부터 오대(五代)에 이르는 역사의 연표를 기술하였으며, 이로써 천하의 이합치란(離合治亂)의 자취를 보여 주어 천시(天時)가 인사(人事)에 징험되는 것을 나타내었다. 권 5~6은 운(運)으로 세(世)를 헤아리는 것으로 세수와 세갑자를 나열하여 제요부터 오대에 이르는 전적(典籍)에 적혀 있는 흥패치란(興敗治亂)과 득실사정(得失邪正)의 자취를 기술하여 인사가 천시에 징험되는 것을 나타내었다. 권 7~10은 음양강유(陰陽剛柔)의 수(數)로 율려성음(律呂聲音)의 수를 깊이 파고들었고, 율려성음의 수로 주비초목(走飛草木)의 수를 깊이 파고들었다. 이는 《주역》에서 말하는 만물의 수이다. 권 11~12는 《황극경세서》가 책이 되는 바를 논하고, 일월성신(日月星辰)과 주비초목(走飛草木)의 수를 깊이 파고들어 천지만물의 이치를 다하였다. 그리고 황(皇) · 제(帝) · 왕(王) · 패(霸)의 역사를 기술하여 대중지정(大中至正)의 도(道)를 밝혔으며, 음양의 소장(消長)과 고금의 치란을 비교하여 나타내었다. 그러므로 책을 《황극경세(皇極經世)》라 부르고 편(篇)을 〈관물(觀物)〉이라고 하였다.

邵伯溫曰皇極經世書凡十二卷. 其一之二則總元會運世之數, 易所謂天地之數也. 三之四, 以會經運列世數與歲甲子下紀帝堯至于五代歷年表, 以見天下離合治亂之迹, 以天時而驗人事者也. 五之六, 以運經世, 列世數與歲甲子下紀自帝堯至于五代書傳所載興廢治亂得失邪正之迹, 以人事而驗天時者也. 自七之十則以陰陽剛柔之數窮律呂聲音之數, 以律呂聲音之數窮草木飛走之數, 易所謂萬物之數也. 其十一之十二, 則論皇極經世之所以爲書窮日月星辰飛走草木之數以盡天地萬物之理述皇帝王覇之事以明大中至正之道. 陰陽之消長古今之治亂較然可見矣. 故書謂之皇極經世篇謂之觀物焉.

▣ 채원정(蔡元定)이 말하기를－《황극경세서》는 소강절(邵康節) 선생의 선천지학(先天之學)으로 그 도(道)는 일관되게 복희(伏羲)의 괘도(卦圖)에 근본을 두고 있다. 그러나 그 쓰여진 글자와 글귀는 스스로 일가를 이루었고 경전(經典)의 글귀를 인용한 것은 따로 하나의 견해가 되었다. 그러므로 배우는 데는 다소 의혹이 있다. 요점은 마땅히 소강절의 책을 되풀이하여 음미하고 비슷한 것을 꼼꼼하게 익힌 뒤에 맥락이 통하니 그러한 뒤에 얻을 수 있다. 대략 그 중요한 요점은 정명도(程明道) 선생의 가일배법(加一倍法)이다. 그러므로 용(用)에서 체(體)로 가면 1에서 2로, 2에서 4로, 4에서 8로, 8에서 16으로, 16에서 32로, 32에서 64로 간다. 체(體)에서 용(用)으로 가면 64에서 32로, 32에서 16으로, 16에서 8로, 8에서 4로, 4에서 2로, 2에서 1로 가는데 1은 태극(太極)이다. 즉 일동(一動)과 일정(一靜)의 사이이다. 일찍이 말하기를 천지를 본받아 편찬한 것이 《주역》으로 빠짐없이 갖추었으니, 여기에 더 보탤 수 없다. 양웅(揚雄)의 《태현(太玄)》 81수(首)나 관(關)씨의 《동극(洞極)》 27상(象) · 사마광(司馬光)의 《잠허(潛虛)》 55행(行)은 모두 어떻게 지어졌는

지 모른다. 하늘은 양(陽)으로 땅은 음으로 갈라지며, 양은 9, 음은 6의 수이며 4,096의 변화가 있고 11,520의 책(策)이 있으니 어찌 이에 더 보탬이 있으리요. 소강절의 학문은 비록 작용은 같지 않아도 그 내용은 복희가 괘(卦)를 그린 것과 같다. 그러므로 그 책이 일월성신(日月星辰) · 수화토석(水火土石)으로 천지의 체(體)를 다하였으며, 한서주야(寒暑晝夜)와 우풍로뢰(雨風露雷)로 천지의 변화를 다 나타내었다. 그리고 성정형체(性情形體)와 주비초목(走飛草木)으로 만물의 감응을 다하였고, 원회운세(元會運世)와 세월일시(歲月日時)로 천지의 종시(終始)를 다하였으며, 황(皇) · 제(帝) · 왕(王) · 패(覇) · 역(易) · 서(書) · 시(詩) · 춘추(春秋)로 성현의 사업을 다 나타내고자 하였으니 진 · 한(秦漢) 이후로 오직 그 한 사람뿐이다.

西山蔡氏日, 皇極經世之書, 康節先生以爲先天之學其道一本於伏羲卦圖. 但其用字立文自爲一家引經引義別爲一說. 故學者多所疑惑要當且以康節之書反覆涵泳. 使倫類精熟脉絡通貫然後有得若其宗要則明道先生所謂加一倍法也. 是故由用而之體則自一而二, 自二而四, 自四而八, 自八而十六, 自十六而三十二, 自三十二而六十四. 卽體而之用則自六十四而三十二, 自三十二而十六, 自十六而八, 自八而四, 自四而二, 自二而一, 一者太極也. 所謂一動一靜之間者也. 蓋嘗謂體天地之撰者至於易而止矣, 不可以有加矣 揚氏之太玄八十一首, 關氏之洞極二十七象, 司馬氏之潛虛五十五行, 皆不知而作者也. 天奇地耦之晝陽九陰六之數, 四千九十有六之變萬有一千五百二十之策有以加乎此哉. 康節之學雖作用不同, 而其實則伏羲所畫之卦也. 故其書以日月星辰水火土石盡天地之體用以暑寒晝夜雨風露雷盡天地之變化. 以性情形體走飛草木盡萬物之感應, 以元會運世歲月日時盡天地之終始, 以皇帝王覇易書詩春秋盡聖賢之事業. 自秦漢以來, 一人而已耳.

## 찬도지요(纂圖指要) · 上

▣ 채원정(蔡元定)이 말하기를－용마(龍馬)가 그림을 지고 나와 복희(伏羲)가 이를 보고 팔괘(八卦)를 그렸으니 거듭하여 육십사괘(六十四卦)가 되었다. 처음에 문자가 없어 다만 양(陽)을 홀수로 삼고 음(陰)을 짝수로 삼아 순서대로 괘(卦)를 그렸을 뿐이다. 지금 세상에 전하는 복희의 팔괘도(八卦圖)는 원(圓)으로 방(方)을 포함하고 있는 것이 이것이다.

西山蔡氏曰, 龍馬負圖伏羲因之以畫八卦. 重之爲六十四卦, 初未有文字但陽奇陰耦卦畫次序而已. 今世所傳伏羲八卦圖以圓函方者是也.

▣ 소강절이 말하기를－상고(上古)시대의 성인에겐 모두 역(易)이 있었다. 그러나 작용이 같지 않았다. 지금의 역은 문왕(文王)이 만든 역이다. 그러므로 《주역》이라고 한다. 만일 그렇다면 세 가지 역은 모두 복희의 팔괘도에 근본을 두고 있다고 말할 수 있다. 그리고 상(象)을 취하고 계사(繫辭)로 길흉을 정하였으니 이름은 같지 않다. 연산역(連山易)은 간괘(艮卦)를 첫머리로 하고 귀장역(歸藏易)은 곤괘(坤卦)를 첫머리로 하였으며 주역(周易)은 건괘(乾卦)를 첫머리로 하였다. 연산역과 귀장역은 비록 그 뜻이 전하지 않지만 그 작용은 주역과 크게 다르다. 비록 그 작용은 다르나 그 도(道)는 똑같이 태극이다. 《황극경세서》는 수(數)를 제정하고 상(象)을 정하여 스스로 일가(一家)를 이루었다. 과거에 있지 않

았고 학자들에게도 견해가 있지 않았다. 그러나 이 또한 모두 복희가 괘(卦)를 그린 홀수와 짝수의 순서에서 나온 것이다. 그 도(道)도 마찬가지로 태극이다. 지금 복희의 괘도(卦圖)를 먼저 나열하고 《황극경세서》에서 뒤에 주석하였으니 대략을 가히 알 것이다.

康節曰, 上古聖人皆有易, 但作用不同. 今之易, 文王之易也, 故謂之周易. 若然則所謂三易者, 皆本於伏羲之圖, 而取象繫辭以定吉凶者名不同耳. 連山首艮歸藏首坤, 周易首乾, 連山歸藏雖不傳意其作用必與周易大異. 然作用雖異, 其爲道則同一太極也. 皇極經世之書命數定象自爲一家. 古所未有, 學者所未見. 然亦皆出於伏羲卦耦奇畫之序, 其爲道亦同一太極也. 今以伏羲卦圖列之於前而以皇極經世疏之於後則大略可見矣.

**◇ 복희(伏羲)가 맨 처음 그린 팔괘도(八卦圖) ◇**

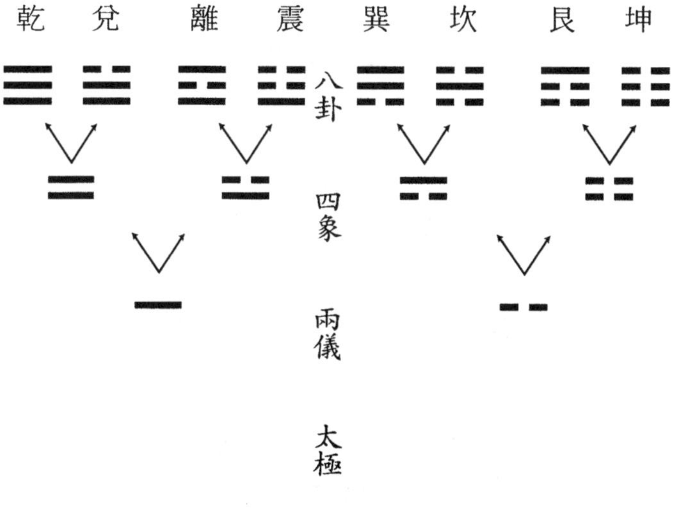

▣ 채원정이 가로되 – 《역대전(易大傳)》에 이르길 역(易)에 태극이 있어 이것이 양의(兩儀)를 낳는바, 이 양의가 사상(四象)을 낳고 사상이 팔괘(八卦)를 낳는데 팔괘에서 길흉을 정하게 된다. 이 길흉이 대업(大業)을 생기게 하는바 그 법은 1에서 2로, 2에서 4로, 4에서 8로 나아가는 것이다. 실은 태극이 갈라져 음양(陰陽)이 되고 음양 속에 또 음양이 있어 자연(自然)이 나오게 되는 것이며, 지혜로써 알게 되고 힘으로 찾아지는 것을 기다려 되는 것이 아니다. 그 순서는 건괘(乾卦)를 첫머리로 하고 곤괘(坤卦)가 끝머리가 되는데 음양의 선후(先後)를 수(數)로 삼았기 때문이다.

西山蔡氏日, 大傳日易有太極是生兩儀. 兩儀生四象. 四象生八卦. 八卦定吉凶. 吉凶生大業. 其法自一而二自二而四. 自四而八. 實則大極判而爲陰陽, 陰陽之中又有陰陽出於自然. 不待智營而力索也. 其敘首乾而尾坤者, 以陰陽先後爲數也.

◇ 팔괘정위도(八卦正位圖) ◇

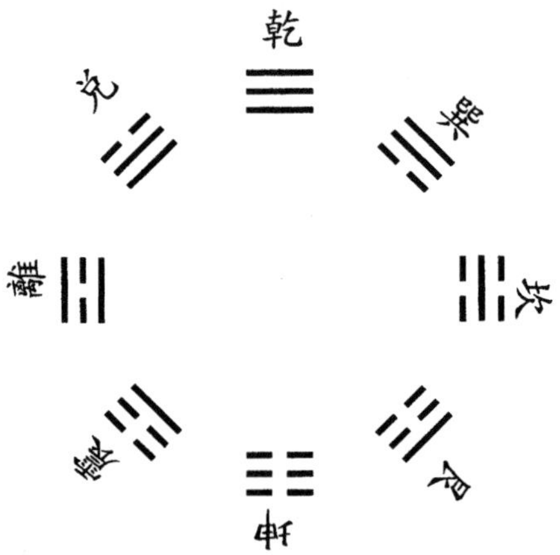

▣ 소백온(邵伯溫)이 말하기를－선친(先親)께서 말씀하시기를 하늘과 땅이 위치를 확정하는 것은 건괘와 곤괘가 마주하기 때문이고, 산과 못이 기(氣)가 통하는 것은 간괘(艮卦)와 태괘(兌卦)가 마주하기 때문이며, 우레와 바람이 서로 마주 때리는 것은 진괘(震卦)와 손괘(巽卦)가 마주하기 때문이고, 물과 불이 서로 어울리지 못하는 것은 이괘(離卦)와 감괘(坎卦)가 마주하기 때문이다. 이것이 복희의 역이다. 건괘의 초효(初爻)와 곤괘의 초효가 교류하여 진괘를 완성하는데 그러므로 장남(長男)이 된다. 곤괘의 초효와 건괘의 초효가 교류하여 손괘를 완성하는데 그러므로 장녀(長女)가 된다. 건괘의 이효(二爻)와 곤괘의 이효가 교류하여 감괘를 완성하는데 그러므로 중남(中男)이 된다. 곤괘의 이효와 건괘의 이효가 교류하여 이괘를 완성하는데 그러므로 중녀(中女)가 된다. 건괘의 상효(上爻)와 곤괘의 상효가 교류하여 간괘를 완성하는데 그러므로 소남(少男)이 된다. 곤괘의 상효와 건괘의 상효가 교류하여 태괘를 완성하는데 그러므로 소녀(少女)가 된다. 건괘와 곤괘는 대부모(大父母)이므로 팔괘를 낳고 복괘(復卦)와 구괘(姤卦)는 소부모(小父母)이므로 육십사괘를 낳는다. 복괘의 초구(初九)와 구괘의 초육(初六)이 교류하여 일양(一陽)을 완성하고 구괘의 초육과 복괘의 초구가 교류하여 일음(一陰)을 완성한다. 복괘의 육이(六二)와 구괘의 구이(九二)가 교류하여 이양(二陽)을 완성하고 구괘의 구이와 복괘의 육이가 교류하여 이음(二陰)을 완성한다. 복괘의 육삼(六三)과 구괘의 구삼(九三)이 교류하여 사양(四陽)을 완성하고 구괘의 구삼과 복괘의 육삼이 교류하여 사음(四陰)을 완성한다. 복괘의 육사(六四)와 구괘의 구사(九四)가 교류하여 팔양(八陽)을 완성하고 구괘의 구사와 복괘의 육사가 교류하여 팔음(八陰)을 완성한다. 복괘의 육오(六五)와 구괘의 구오(九五)가 교류하여 십육양(十六陽)을 완성하고 구괘의 구와 복괘의 육오가 교류하여 십육음(十六陰)

을 완성한다. 복괘의 상육(上六)과 구괘의 상구(上九)가 교류하여 삼십이양(三十二陽)을 완성하고 구괘의 상구와 복괘의 상육이 교류하여 삼십이음(三十二陰)을 완성한다. 음양(陰陽)과 남녀(男女)가 모두 순행(順行)하는 까닭에 육십사괘를 낳는다.

邵伯溫曰, 先君云, 天地定位乾與坤對也. 山澤通氣艮與兌對也. 雷風相薄震與巽對也. 水火不相射, 離與坎對也. 此伏羲之易也. 乾之初交於坤之初得震, 故爲長男. 坤之初交於乾之初得巽, 故爲長女. 乾之二交於坤之二得坎, 故爲中男. 坤之二交於乾之二得離, 故爲中女. 乾之上交於坤之上得艮爲少男. 坤之上交於乾之上得兌爲少女. 乾坤大父母也, 故能生八卦. 復姤小父母也, 故能生六十四卦. 復之初九交於之初六得一陽. 姤之初六交於復之初九得一陰. 復之二交於姤之二得二. 姤之二交於復之二得二陰. 復之三交於姤之三得四陽. 姤之三交於復之三得四陰. 復之四交於姤之四得八陽. 姤之四交於復之四得八陰. 復之五交於姤之五得十六陽. 姤之五交於復之五得十六陰. 復之上交於姤之上得三十二陽. 姤之上交於復之上得三十二陰. 陰陽男女皆得順行, 此所以生六十四卦也.

▣ 채원정이 가로되 - 《역대전(易大傳)》에 이르기를 하늘과 땅이 위치를 확정하고 산과 못이 기(氣)가 통하며, 우레와 바람이 서로 마주 때리고 물과 불이 서로 쏘지 못하며, 팔괘가 착종(錯綜)하는바 수(數)가 가는 것은 순(順)이고 오는 것을 미리 아는 것은 역(逆)이다. 그러므로 역(易)은 역수(逆數)이다. 그 법칙은 자중(子中)에서 오중(午中)까지 양(陽)이 되는데 맨 처음의 4효(爻)는 모두 양이고 가운데 앞의 2효는 모두 음(陰)이며 뒤의 2효는 모두 양이다. 상(上)의 1효는 음이고 2효는 양이며, 3효는 음이고 4효는 양이다. 오중에서 자중까지는 음(陰)이 되는데 맨 처음

의 4효는 모두 음이고 가운데 앞의 2효는 양이고 뒤의 2효는 음이다. 상의 1효는 양이고 2효는 음이며, 3효는 양이고 4효는 음이다. 양(陽)에서 맨 위의 2효는 먼저 음이 된 뒤에 양이 되므로 양이 음에서 생겨난다. 음(陰)에서 맨 위의 2효는 먼저 양이 된 뒤에 음이 되므로 음이 양에서 생겨난다. 그 순서는 진괘에서 시작하여 곤괘에서 끝나는데, 음양의 소식(消息)을 수(數)로 하기 때문이다.

西山蔡氏曰, 大傳曰, 天地定位, 山澤通氣雷風相薄, 水火不相射, 八卦相錯數往者順, 知來者逆. 是故易逆數也. 其法自子中至午中爲陽. 初, 四爻皆陽. 中前二爻皆陰. 後二爻皆陽. 上, 一爻爲陰. 二爻爲陽. 三爻爲陰. 四爻爲陽. 自午中至子中爲陰. 初, 四爻皆陰. 中, 前二爻爲陽. 後二爻爲陰. 上, 一爻爲陽. 二爻爲陰. 三爻爲陽. 四爻爲陰. 在陽中上二爻, 則先陰而後陽陽生於陰也. 在陰中上二爻, 則先陽而後陰陰生於陽也. 其敍始震終坤者, 以陰陽消息爲數也.

▣ 채원정이 가로되－팔괘가 거듭하면 육십사괘가 된다. 한 괘(卦)의 위에 각각 팔괘가 있다. 실은 8에서 16으로, 16에서 32로, 32에서 64로 된 것이다. 《역대전(易大傳)》에 이르기를 앞의 것을 이어받아 거듭하면 효(爻)가 그 속에 있다고 한 것이 이것이다. 이것이 음양이 유행(流行)하는 수(數)이다. 앞의 삼십이괘(三十二卦)는 양이고 뒤의 삼십이괘는 음인데, 옛 것은 가고 지금은 오는 것이다.

西山蔡氏曰, 八卦重而爲六十四卦, 一卦之上各有八卦也. 實則自八而十六, 自十六而三十二, 自三十二而六十四也. 大傳曰, 因而重之, 爻在其中矣者是也. 此陰陽流行之數. 前三十二卦爲陽後三十二卦爲陰. 古往今來者也.

◇ 팔괘(八卦)를 거듭한 육십사괘도(六十四卦圖) ◇

▣ 소백온이 가로되 – 선친께서 말씀하시기를 상고(上古)시대의 성인에게는 모두 역(易)이 있었는데 작용이 같지 않았다. 그러나 그 도(道)는 모두 똑같았다. 지금의 《역경(易經)》은 문왕(文王)의 역이다. 그러므로 《주역(周易)》이라고 부른다. 복희(伏羲)의 역은 글자와 말이 없이 오직 괘획(卦畫)의 순서만 있었을 뿐이었는바 공자(孔子)가 《계사(繫辭)》를 지어 그 내용을 서술하였다. 둥근 것은 하늘이요 모진 것은 땅이 되어 천지의 이치가 모두 여기에 있다.

邵伯溫曰, 先君曰, 上世聖人皆有易, 作用不同, 其道一也. 今之易經, 文王之易也, 故謂之日周易. 伏羲之易無文字語言, 獨有卦畫次序而已. 孔子於繫辭實述之矣. 圓者爲天, 方者爲地, 天地之理皆在是也.

◇ 육십사괘 방원도(六十四卦方圓圖) ◇

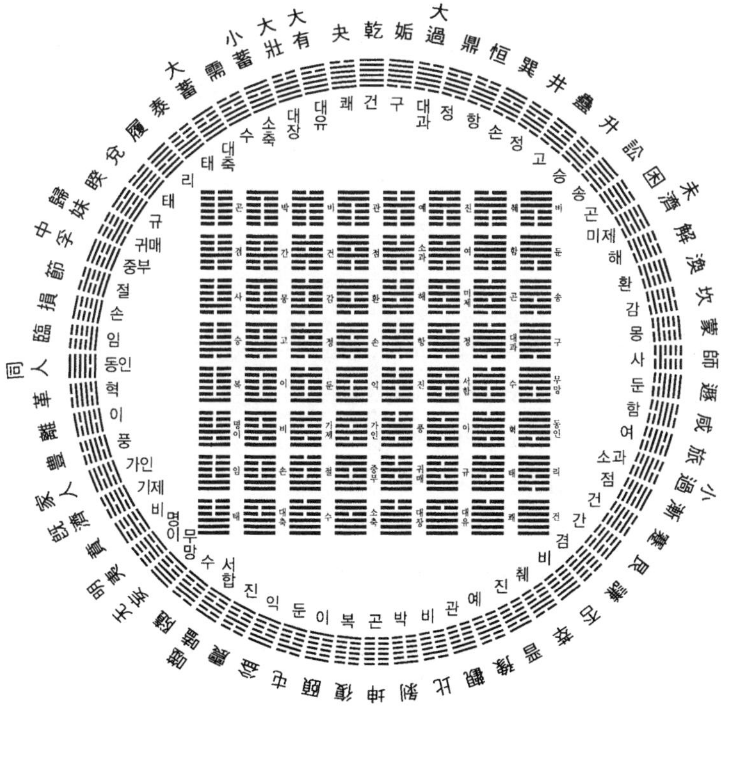

▣ 채원정이 이르길-육십사괘 방원도에서 둥글게 배열되어 있는 것을 보면 건괘는 오중(午中)에서 다하고 곤괘는 자중(子中)에서 다하며, 이괘는 묘중(卯中)에서 다하고 감괘는 유중(酉中)에서 다한다. 양(陽)은 자중에서 생겨나 오중에서 극에 이르고 음(陰)은 오중에서 생겨나 자중에서 극에 이른다. 양은 남쪽에 있고 음은 북쪽에 있다. 육십사괘 방원도에서 네모나게 배열되어 있는 것을 보면 건괘가 서북쪽에서 시작하고 곤괘가 동남쪽에서 마치며, 양은 북쪽에 있고 음은 남쪽에 있다. 이 둘은 음양대대(陰陽對待)의 수(數)이다. 원(圓)은 바깥에 있기에 양이고 방(方)은 안에 있기에 음이다. 원은 동(動)하기 때문에 하늘이고 방(方)은 정(靜)하여 땅이 되는 것이다.

西山蔡氏曰, 六十四卦圓布者, 乾盡午中. 坤盡子中. 離盡卯中. 坎盡酉中. 陽生於子中, 極於午中. 陰生於午中, 極於子中. 其陽在南. 其陰在北方布者, 乾始於西北. 坤盡於東南. 其陽在北. 其陰在南. 此二者, 陰陽對待之數. 圓於外者爲陽. 方於中者爲陰. 圓者動而爲天, 方者靜而爲地者也.

▣ 노양(老陽)은 9를 쓰고 노음(老陰)은 6을 쓴다.

4×9=36은 노양의 수(數)이다.

4×6=24는 노음의 수이다.

6×36=216은 건괘의 수이다.

6×24=144는 곤괘의 수이다.

216+144=360은 1기(一朞)의 수이다.

陽九陰六用數圖; 老陽用九數; 老陰用六數; 四因九得三十有六, 是爲老陽之數; 四因六得二十有四, 是爲老陰之數; 六因三十有六得二百一十有六, 是爲乾卦之數; 六因二十有四得一百四十有四, 是爲坤卦之數; 以二百一十有六合一百四十有四, 得三百六十爲一朞之數.

▣ 양효(陽爻)는 192효이다.

32×216=6,912

음효(陰爻)도 192효이다.

32×144=4,608〔육십사괘는 모두 384효이다. 음양은 각각 그 절반을 차지하므로 32를 곱한다.〕

6,912+4,608=11,520은 바로 주역 계사전의 만물(萬物)의 수이다.

陽爻一百九十二. 以三十二因二百一十有六, 得六千九百一十有二之數, 陰爻一百九十二. 以三十二因一百四十有四, 得四千六百有八之數(六十四卦中三百八十四爻, 陰陽各居其半, 故用三十二因之)以六千九百一十有二合四千六百有八, 得萬有一千五百二十, 是爲萬物之數.

▣ 소양(少陽)의 수는 7이다.

소음(少陰)의 수는 8이다.

4×7=28은 소양의 수이다.

4×8=32는 소음의 수이다.

6×28=168은 건괘의 수이다.

6×32=192는 곤괘의 수이다.

168+192=360은 일기(一朞)의 수이다.

少陽數七, 少陰數八, 四因七得二十有八, 是爲少陽之數. 四因八得三十有二, 是爲少陰之數, 六因二十有八得一百六十有八, 是爲乾卦之數, 六因三十有二得一百九十有二, 是爲坤卦之數, 以一百六十有八合一百九十有二, 亦得三百六十, 是爲一朞之數.

▣ 양효는 192개이다.

32×168=5,376

음효도 192개이다.

32×192=6,144

5,376+6,144=11,520은 바로 만물의 수이다. 성인(聖人)이 글로 나타내지 않고, 《주역》이 9와 6을 쓰고 7과 8을 쓰지 않은 까닭이 여기에 있다.

주자 가로되, 이는 만물의 수인데 만물이 이것으로 다하는 것은 아니다. 단지 상을 취하여 一에서 萬으로 되는 이 萬數가 만물의 수에 해당한다고 보는 것이다.

陽爻一百九十二. 以三十二因一百六十有八, 得五千三百七十有六之數, 陰爻一百九十二. 以三十二因一百九十有二, 得六千一百四十有四之數, 以五千三百七十有六合六千一百四十有四, 亦得萬有一千五百二十, 是爲萬物之數. 聖人所以不書者以周易用九六而不用七八也.

# 황극경세서(皇極經世書)·二

## 찬도지요(纂圖指要) · 下

◇ 《황극경세》의 연역도(衍易圖) ◇

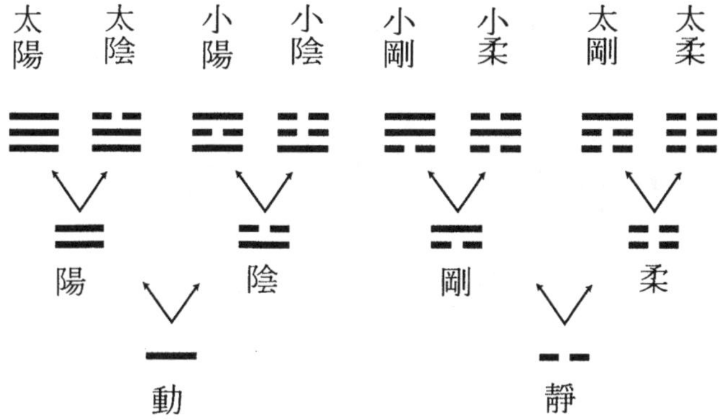


▣ 채원정이 가로되 – 한 번 동(動)하고 한 번 정(靜)하는 사이를 역(易)에서 이른바 태극이라고 한다. 동정(動靜)은 양의(兩儀)이고 음양강유(陰陽剛柔)는 역에서 말하는 사상(四象)이다. 태양(太陽) · 태음(太陰) · 소양(少陽) · 소음(少陰) · 소강(少剛) · 소유(少柔) · 태강(太剛) · 태유(太柔)는 역에서 말하는 팔괘이다.

西山蔡氏曰，一動一靜之間者，易之所謂太極也．動靜者，易所謂兩儀也．陰陽剛柔者易所謂四象也．太陽太陰少陽少陰少剛少柔太剛太柔者易所謂八卦也．

**◇《황극경세》의 천지사상도(天地四象圖) ◇**

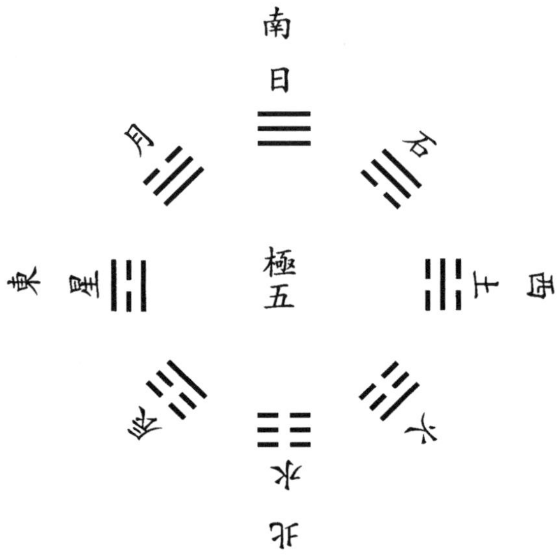


| 太陽 | | 太陰 | | 小陽 | | 小陰 | | 小剛 | | 小柔 | | 太剛 | | 太柔 | |
|---|---|---|---|---|---|---|---|---|---|---|---|---|---|---|---|
| 日 | 目 | 月 | 耳 | 星 | 鼻 | 辰 | 口 | 石 | 色 | 土 | 聲 | 火 | 氣 | 水 | 味 |
| 暑 | 元 | 寒 | 會 | 晝 | 運 | 夜 | 世 | 雷 | 歲 | 露 | 月 | 風 | 日 | 雨 | 辰 |
| 性 | 皇 | 情 | 帝 | 形 | 王 | 體 | 伯 | 木 | 易 | 草 | 書 | 飛 | 詩 | 走 | 春秋 |

▣ 채원정이 가로되 – 동(動)하는 것은 하늘이고 하늘에도 음양이 있다(양은 동의 시작이고 음은 동의 최고조이다). 음양 속에 또 각각 음양이 있다. 그러므로 태양 · 태음 · 소양 · 소음이 있다. 태양은 일(日)이 되고 태음은 월(月)이 되며, 소양은 성(星)이 되고 소음은 신(辰)이 된다. 이것은 하늘의 사상(四象)이다. 日은 서(暑)가 되고 月은 한(寒)이 되며, 星은 주(晝)가 되고 신은 야(夜)가 된다. 이 넷은 하늘이 변하는 바이다. 暑는 물체의 성(性)으로 변화하고 寒은 물체의 정(情)으로 변화되며, 晝는 물체의 형(形)으로 변화하고 夜는 물체의 체(體)로 변화된다. 이는 만물이 하늘의 변화에 감(感)한 것이다. 정(靜)하는 것은 땅이 되고 땅에는 유강(柔剛)이 있다(유는 정의 시작이고 강은 정의 최고조이다). 강유 속에 또 강유가 있다. 그러므로 태강 · 태유 · 소강 · 소유가 있다. 태유는 수(水)가 되고 태강은 화(火)가 되며, 소유는 토(土)가 되고 소강은 석(石)이 된다. 이것은 땅의 사상이다. 水는 우(雨)가 되고 火는 풍(風)이 되며, 土는 로(露)가 되고 石은 뢰(雷)가 된다. 이 넷은 땅이 변화되는 바이다. 雨는 물체의 들짐승[走]으로 변화되고 風은 물체의 날짐승[飛]으로 변화되며, 露는 물체의 풀[草]로 변화되고 雷는 물체의 나무[木]로 변화된다. 이는 만물이 땅의 변화에 응(應)한 것이다. 暑는 들짐승 · 날짐승 · 풀 · 나무의 성(性)으로 변화되고 寒은 들짐승 · 날짐승 · 풀 · 나무의 정(情)으로 변화되며, 晝는 들짐승 · 날짐승 · 풀 · 나무의 형(形)으로 변화되고 夜는 들짐승 · 날짐승 · 풀 · 나무의 체(體)로 변화된다. 雨는 들짐승의 성정형체(性情形體)로 변화되고 風은 날짐승의 성정형체로 변화되며, 露는 풀의 성정형체로 변화되고 雷는 나무의 성정형체로 변화된다. 천지의 변화가 서로 이리저리 뒤섞이어 만물을 생성한다. 만물이 하늘의 변화에 감하면 성(性)은 눈을 좋게 하고 정(情)은 귀를 좋게 하며,

형(形)은 코를 좋게 하고 체(體)는 입을 좋게 한다. 만물이 땅의 변화에 응하면 날짐승은 빛깔에 능하고 들짐승은 소리에 능하며, 나무는 기운에 능하고 풀은 맛에 능하게 된다. 대개 그 감응하는 바가 다르므로 능숙한 것도 다르다. 사람으로 말할 것 같으면 천지의 온전함을 얻었으므로 더위[暑] · 추위[寒] · 낮[晝] · 밤[夜]에도 변하지 않음이 없고 비[雨] · 바람[風] · 이슬[露] · 우레[雷]에도 화하지 않음이 없으며, 성정형체에 감하지 않음이 없고 들짐승[走] · 날짐승[飛] · 풀[草] · 나무[木]에도 응하지 않음이 없다. 눈은 만물의 빛깔을 잘 가려 보고 귀는 만물의 소리를 잘 가려 들으며, 코는 만물의 냄새를 잘 가려 맡고 입은 만물의 맛을 잘 가려 본다. 대개 천지 · 만물은 모두 음양(陰陽) · 강유(剛柔)로 나누어지나 사람은 음양과 강유를 두루 갖추고 있다. 그러므로 만물보다 신령스러워 천지와 더불어 참여하게 된다. 사람이 능히 천지와 더불어 참여하므로 천지의 변화에는 원회운세(元會運世)가 있고 인사(人事)의 변화에는 황제왕패(皇帝王覇)가 있다. 원회운세에는 봄[春] · 여름[夏] · 가을[秋] · 겨울[冬]이 있어 생(生) · 장(長) · 수(收) · 장(藏)을 맡고, 황제왕패에는 역(易) · 서(書) · 시(詩) · 춘추(春秋)가 있어 도(道) · 덕(德) · 공(功) · 력(力)을 맡는다. 그러므로 원회운세 · 춘하추동 · 생장수장은 각각 서로 곱하여 16이 되고, 황제왕패 · 역서시춘추 · 도덕공력도 또한 각각 서로 곱하여 16이 된다. 16은 사상(四象)을 서로 곱한 수이다. 무릇 천지의 변화와 만물의 감응과 고금의 인혁(因革) · 손익(損益)이 모두 16에서 벗어나지 않는다. 16은 천지의 도를 마치게 한다. 그러므로 물체의 크고[巨] 작음[細]과 사람의 슬기로움[聖] 어리석음[愚]도 또한 일(一) · 십(十) · 백(百) · 천(千) 넷으로 서로 곱하여 16이 된다. 천(千)×천(千)=물체는 작은 물체가 되고 천×천=백성은 매우 어리석은 사람이 되며, 일(一)×일

(一)=물체는 큰 물체가 되고 일×일=백성은 성인(聖人)이 된다. 무릇 사람은 만물 가운데에서 가장 신령스럽고 성인(聖人)은 인류에서 가장 지극하다. 천지에서 만물을 살펴보면 만물은 만물이고, 태극에서 천지를 살펴보면 천지도 마찬가지로 만물이다. 사람이 태극의 도를 다 알면 천지를 품을 수 있고 만물을 이루게 하는즉 조화(造化)가 나에게 있다. 그러므로 어떤 사람이 말하기를 한 번 동(動)하고 한 번 정(靜)하는 것은 천지의 지극히 오묘함이고, 한 번 동하고 한 번 정하는 사이는 천지의 지극히 오묘함이다. 한 번 동하고 한 번 정하는 사이는 동도 아니고 정도 아닌, 동과 정을 주관하는 태극이다. 또 가로되 생각이 일어나지 않으면 귀신이 어찌 알리요. 나를 말미암지 않으면 누구를 말미암을 것이리요! 천지를 품고 만물을 이루게 하는 것은 조화가 나에게 있는 것이라. 대개 형기(形器)를 초월하는 것은 수(數)가 미치지 못하지만 그러나 이 또한 수(數)이다. 정이천(程伊川) 선생이 가로되 수(數)의 학문이 소강절에 이르러 바야흐로 理(정밀)하게 되었다. 소강절은 수(數)는 선생의 학문이 아니며 그 근원에 이르러도 역시 선생의 학설에서 나오지 않았다(즉 자연의 이치라는 의미임).

西山蔡氏曰, 動者爲天, 天有陰陽(陽者動之始, 陰者動之極) 陰陽之中又各有陰陽, 故有太陽, 太陰, 少陽, 少陰. 太陽爲日, 太陰爲月, 少陽爲星, 少陰爲辰, 是爲天之四象. 日爲暑, 月爲寒, 星爲晝, 辰爲夜, 四者天之所變也. 暑變物之性, 寒變物之情, 晝變物之形, 夜變物之體, 萬物之所以感於天之變也. 靜者爲地, 地有柔剛,(柔者靜之始剛者靜之極) 剛柔之中又有剛柔, 故有太剛, 太柔. 少剛, 少柔. 太柔爲水, 太剛爲火, 少柔爲土, 少剛爲石, 是爲地之四象. 水爲雨, 火爲風, 土爲露, 石爲雷, 四者地之所以化也. 雨化物之走, 風化物之飛, 露化物之草, 雷化物之木, 萬物之所以應於地之化也. 暑變走飛草木之性, 寒變走飛草木之情, 晝變走飛草木之形, 夜變走飛草木之體, 雨化性情形體之走, 風化性情形體之飛, 露化性情形體之草, 雷化性情形體之木, 天地變化參伍錯綜而生萬物也. 萬物之感於天之變, 性者善目, 情者善耳, 形者善鼻, 體者善口. 萬物應於地之化, 飛者善色走者善聲木者善氣草者善味. 蓋其所感應有不同, 故其所善亦有異. 至於人, 則得天地之全暑寒晝夜無不變雨風露雷無不化, 性情形體無不感, 走飛草木無不應目善萬物之色耳善萬物之聲, 鼻善萬物之氣, 口善萬物之味. 蓋天地萬物皆陰陽剛柔之分, 人則兼備乎陰陽剛柔, 故靈於萬物而能與天地參也. 人而能與天地參, 故天地之變有元會運世, 而人事之變亦有皇帝王伯. 元會運世有春夏秋冬爲生長收藏. 皇帝王伯有易書詩春秋爲道德功力. 是故元會運世春夏秋冬生長收藏, 各相因而爲十六. 皇帝王伯易書詩春秋道德功力亦各相因而爲十六. 十六者, 四象相因之數也. 凡天地之變化, 萬物之感應古今之因革損益, 皆不出乎十六. 十六而天地之道畢矣. 故物之巨細, 人之聖愚, 亦以一十百千四者相因而爲十六. 千千之物爲細物. 千千之民爲至愚. 一一之物爲巨物. 一一之民爲聖人. 蓋人者萬物之最靈聖人者, 又人倫之至也. 自天地觀萬物, 則萬物爲萬物. 自太極觀天地則天地亦物也. 人而盡太極之道, 則能範圍天地, 曲成萬物, 而造化在我矣. 故其說曰, 一動一靜, 天地之至妙歟. 一動一靜之間, 天地人之至妙歟. 一動一靜之間者, 非動非靜而主乎動靜所謂太極也. 又曰, 思慮未起, 鬼神莫知, 不由乎我更由乎誰, 所謂範圍天地曲成萬物, 造化在我者也. 蓋超乎形器, 非數之能及矣. 雖然是亦數也. 伊川先生曰, 數學至康節方及理. 康節之數先生未之學. 至其本原, 則亦不出乎先生之說矣.

## ◇《황극경세》의 천지시종지수도(天地始終之數圖) ◇

| 一一 | 一二 | 一三 | 一四 | 一五 | 一六 | 一七 | 一八 |
|---|---|---|---|---|---|---|---|
| 乾 一 元之元 日之日 乾之乾 | 夬 十一 元之會 日之月 乾之兌 | 大有 三百六十 元之運 日之星 乾之離 | 大壯 四千三百二十 元之世 日之辰 乾之震 | 小畜 一十二萬九千六百 元之歲 日之石 乾之巽 | 需 一百五十五萬五千二百 元之月 日之土 乾之坎 | 大畜 四千六百六十五萬六千 元之日 日之火 乾之艮 | 泰 五萬五千九百八十七萬二千 元之辰 日之水 乾之坤 |
| 二一 | 二二 | 二三 | 二四 | 二五 | 二六 | 二七 | 二八 |
| 履 十二 會之元 月之日 兌之乾 | 兌 一百四十四 會之會 月之月 兌之兌 | 睽 四千三百二十 會之運 月之星 兌之離 | 歸妹 五萬一千八百四十 會之世 月之辰 兌之震 | 中孚 一百五十五萬五千二百 會之歲 月之石 兌之巽 | 節 一千八百六十六萬二千四百 會之月 月之土 兌之坎 | 損 五萬五千九百八十七萬二千 會之日 月之火 兌之艮 | 臨 六十七萬一千八百四十六萬四千 會之辰 月之水 兌之坤 |

| 三 一 | 三 二 | 三 三 | 三 四 | 三 五 | 三 六 | 三 七 | 三 八 |
|---|---|---|---|---|---|---|---|
| 同人 三百六十 運之元 星之日 離之乾 | 革 四千三百二十 運之會 星之月 離之兌 | 離 一十二萬九千六百 運之運 星之星 離之離 | 豐 一百五十五萬五千二百 運之世 星之辰 離之震 | 家人 四千六百六十五萬六千 運之歲 星之石 離之巽 | 旣濟 五萬五千九百八十七萬二千 運之月 星之土 離之坎 | 賁 一百六十七萬九千六百一十六萬 運之日 星之火 離之艮 | 明夷 二千一十五萬五千三百九十二萬 運之辰 星之水 離之坤 |
| 四 一 | 四 二 | 四 三 | 四 四 | 四 五 | 四 六 | 四 七 | 四 八 |
| 无妄 四千三百二十 世之元 辰之日 震之乾 | 隨 五萬一千八百四十 世之會 辰之月 震之兌 | 噬嗑 一百五十五萬五千二百 世之運 辰之星 震之離 | 震 一千八百六十六萬二千四百 世之世 辰之辰 震之震 | 益 五萬五千九百八十七萬二千 世之歲 辰之石 震之巽 | 屯 六十七萬一千八百四十六萬四千 世之月 辰之土 震之坎 | 頤 二千一十五萬五千三百九十二萬 世之日 辰之火 震之艮 | 復 二萬四千一百八十六萬四千七百四萬 世之辰 辰之水 震之坤 |

| 五一 | 五二 | 五三 | 五四 | 五五 | 五六 | 五七 | 五八 |
|---|---|---|---|---|---|---|---|
| 姤<br>一十二萬九千六百<br>歲之元 石之日 巽之乾 | 大過<br>一百五十五萬五千二百<br>歲之會 石之月 巽之兌 | 鼎<br>四千六百六十五萬六千<br>歲之運 石之星 巽之離 | 舊<br>五萬五千九百八十七萬二千<br>歲之世 石之辰 巽之震 | 巽<br>一百六十七萬九千六百一十六萬<br>歲之歲 石之石 巽之巽 | 井<br>二千一十五萬五千三百九十二萬<br>歲之月 石之土 巽之坎 | 蠱<br>六萬四百六十六萬一千七百六十萬<br>歲之日 石之火 巽之艮 | 升<br>七十二萬五千五百九十四萬一千一百二十萬<br>歲之辰 石之水 巽之坤 |
| **六一** | **六二** | **六三** | **六四** | **六五** | **六六** | **六七** | **六八** |
| 訟<br>一百五十五萬五千二百<br>月之元 土之日 坎之乾 | 困<br>一千八百六十六萬二千四百<br>月之會 土之月 坎之兌 | 未濟<br>五萬五千九百八十七萬二千<br>月之運 土之星 坎之離 | 解<br>六十七萬一千八百四十六萬四千<br>月之世 土之辰 坎之震 | 渙<br>二千一十五萬五千三百九十二萬<br>月之歲 土之石 坎之巽 | 坎<br>二萬四千一百八十六萬四千七百四萬<br>月之月 土之土 坎之坎 | 蒙<br>七十二萬五千五百九十四萬一千一百二十萬<br>月之日 土之火 坎之艮 | 師<br>八百七十萬七千一百二十九萬三千四百四十萬<br>月之辰 土之水 坎之坤 |

| 七 一 | 七 二 | 七 三 | 七 四 | 七 五 | 七 六 | 七 七 | 七 八 |
|---|---|---|---|---|---|---|---|
| 遯<br>四千六百六十五萬六千<br>日之元 火之日 艮之乾 | 咸<br>五萬五千九百八十七萬二千<br>日之會 火之月 艮之兌 | 旅<br>一百六十七萬九千六百一十六萬<br>日之運 火之星 艮之離 | 小過<br>二千一十五萬五千三百九十二萬<br>日之世 火之辰 艮之震 | 漸<br>六萬四百六十六萬一千七百六十萬<br>日之歲 火之石 艮之巽 | 蹇<br>七十二萬五千五百九十四萬一千一百二十萬<br>日之月 火之土 艮之坎 | 艮<br>二百一十七萬六千七百八十二萬三千三百六十萬<br>日之日 火之火 艮之艮 | 謙<br>二千六百一十三萬一千三百八十八萬三百二十萬<br>日之辰 火之水 艮之坤 |
| 八 一 | 八 二 | 八 三 | 八 四 | 八 五 | 八 六 | 八 七 | 八 八 |
| 否<br>五萬五千九百八十七萬二千<br>辰之元 水之日 坤之乾 | 萃<br>六十七萬一千八百四十六萬四千<br>辰之會 水之月 坤之兌 | 晉<br>二千一十五萬五千三百九十二萬<br>辰之運 水之星 坤之離 | 豫<br>二萬四千一百八十六萬四千七百四萬<br>辰之世 水之辰 坤之震 | 觀<br>七十二萬五千五百九十四萬一千一百二十萬<br>辰之歲 水之石 坤之巽 | 比<br>八百七十萬七千一百二十九萬三千四百四十萬<br>辰之月 水之土 坤之坎 | 剝<br>二千六百一十三萬一千三百八十八萬三百二十萬<br>辰之日 水之火 坤之艮 | 坤<br>三萬一千三百四十五萬六千六百五十六萬三千八百四十萬<br>辰之辰 水之水 坤之坤 |

▣ 소백온이 가로되 – 양(陽)은 1이고 음(陰)은 2이다. 그러므로 양이 음을 낳을 때 2가 6번 곱해져 12가 되고 음이 양을 낳을 때 3이 10번 곱해져 30이 된다. 또 가로되 일(日)로 일을 경영하면 원(元)의 원이 되며 그 수는 1이다. 일의 수가 1이 되는 까닭이 여기에 있다. 일로 월(月)을 경영하면 원의 회(會)가 되며 그 수는 12가 된다. 월의 수가 12가 되는 까닭이 여기에 있다. 일로 성(星)을 경영하면 원의 운(運)이 되며 그 수는 360이 된다. 성의 수가 360이 되는 까닭이 여기에 있다. 일로 신(辰)을 경영하면 원의 세(世)가 되며 그 수는 4,320이 된다. 신의 수가 4,320이 되는 까닭이 여기에 있다.

邵伯溫日, 陽一陰二, 故陽之生陰, 二而六之爲十二. 陰之生陽, 三而十之爲三十. 又日, 以日經日爲元之元, 其數一, 日之數一故也. 以日經月爲元之會, 其數十二, 月之數十二故也. 以日經星爲元之運其數三百六十. 星之數三百六十故也. 以日經辰爲元之世, 其數四千三百二十, 辰之數四千三百二十故也.

▣ 채원정이 가로되 – 천지의 수는 8×8에서 다하게 되고 그러므로 원회운세(元會運世) · 세월일시(歲月日時)의 수가 64에서 극에 이른다. 양수(陽數)는 30부터 시작하므로 한 달에 30일이 있고 1세(世)에 30년이 있다. 음수(陰數)는 12부터 시작하므로 하루에 12진(辰)이 있고 한 해에 열두 달이 있다. 천지의 수는 8×8에서 궁극에 이르게 되니, 어떤 사람이 말하기를 다하면 변하고 변하면 생겨나는 데 생기고 생겨나면 다함이 없게 된다고 하였다. 원회운세는 세월일진이고 일월성신(日月星辰)은 수화토석(水火土石)인데, 비유하면 형상에 그림자가 있고 소리에 울

림이 있는 것과 같다. 그러므로 《황극경세서》에서 원회운세를 거론하였으나 세월일진은 언급하지 않았고, 일월성신은 거론하였으나 수화토석은 미치지 않은 것이다.

西山蔡氏曰, 天地之數窮于八八, 故元會運世歲月日時之數極于六十四也. 陽數以三十起者, 一月有三十日, 一世有三十年也. 陰數以十二起者, 一日有十二辰, 一歲有十二月也. 天地之數至于八八而遂窮乎. 曰, 窮則變變則生蓋生生而不窮者也. 元會運世卽歲月日時, 日月星辰卽水火土石猶形影聲響也. 故經世擧元會運世而不及歲月日辰擧日月星辰而不及水火土石也.

▣ 소백온이 가로되 - 건(乾)의 수는 1, 태(兌)의 수는 2, 리(離)의 수는 3, 진(震)의 수는 4, 손(巽)의 수는 5, 감(坎)의 수는 6, 간(艮)의 수는 7, 곤(坤)의 수는 8이다. 이들이 교류함을 거듭하면 64가 된다. 건 · 태 · 리 · 진은 하늘에서 양(陽)이 되고 땅에서 강(剛)이 되며, 하늘에서는 동남쪽에 위치하고 땅에서는 서북쪽에 위치한다. 손 · 감 · 간 · 곤은 하늘에서 음(陰)이 되고 땅에서 유(柔)가 되며, 하늘에서는 서북쪽에 위치하고 땅에서는 동남쪽에 위치한다. 음양이 서로 착종하는 것이 천문(天文)이고 강유가 서로 교류하는 것은 지리(地理)이다.

邵伯溫曰, 乾之數一, 兌之數二, 離之數三, 震之數四, 巽之數五, 坎之數六, 艮之數七, 坤之數八, 交相重而爲六十四焉. 乾兌離震, 在天爲陽, 在地爲剛, 在天則居東南, 在地則居西北. 巽坎艮坤在天爲陰, 在地爲柔, 在天則居西北, 在地則居東南陰陽相錯, 天文也. 剛柔相交, 地理也.

### ◇《황극경세》의 육십사괘수도(六十四卦數圖) ◇

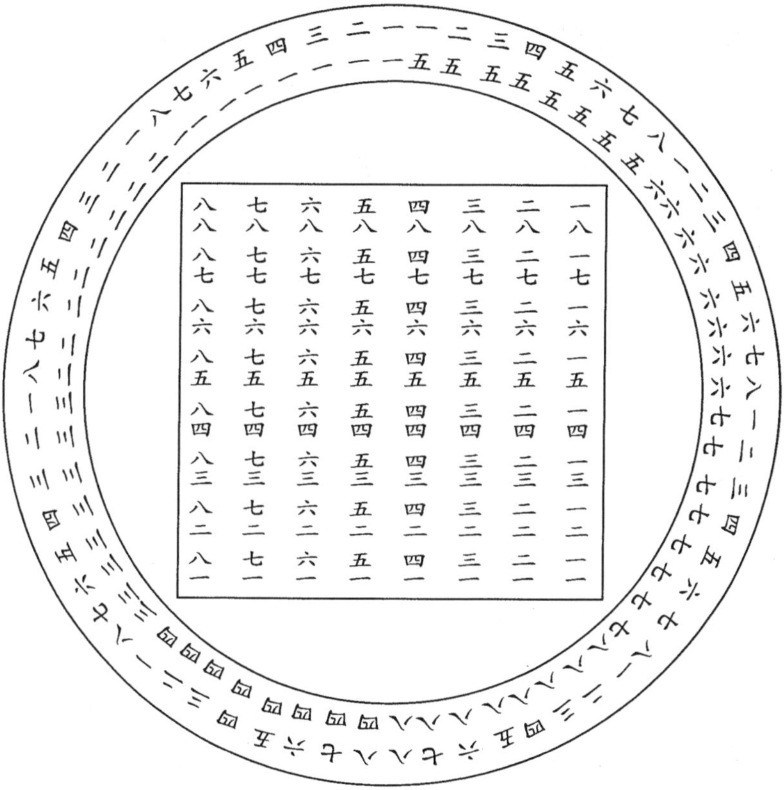

| | | | | | | | |
|---|---|---|---|---|---|---|---|
| 八八 | 七八 | 六八 | 五八 | 四八 | 三八 | 二八 | 一八 |
| 八七 | 七七 | 六七 | 五七 | 四七 | 三七 | 二七 | 一七 |
| 八六 | 七六 | 六六 | 五六 | 四六 | 三六 | 二六 | 一六 |
| 八五 | 七五 | 六五 | 五五 | 四五 | 三五 | 二五 | 一五 |
| 八四 | 七四 | 六四 | 五四 | 四四 | 三四 | 二四 | 一四 |
| 八三 | 七三 | 六三 | 五三 | 四三 | 三三 | 二三 | 一三 |
| 八二 | 七二 | 六二 | 五二 | 四二 | 三二 | 二二 | 一二 |
| 八一 | 七一 | 六一 | 五一 | 四一 | 三一 | 二一 | 一一 |

▣ 채원정이 가로되 - 팔괘(八卦)의 수는 건1(乾一) · 태2(兌二) · 리3(離三) · 진4(震四) · 손5(巽五) · 감6(坎六) · 간7(艮七) · 곤8(坤八)인데 이것이 바로 선천(先天)의 순서이다. 1 · 1은 건이 되고 …… 8 · 8은 곤이 되어 서로 이리저리 뒤섞이면서 빠짐없이 갖춘다. 원(圓)은 하늘이 되고 방(方)은 땅이 되며, 1 · 2 · 3 · 4는 양이 되고 5 · 6 · 7 · 8은 음이 되는데 이것이 바로 선천도(先天圖)이다. 1 · 1은 남쪽에서 시작하고 8 · 8은 북쪽에서 끝마치는데, 적은 것은 자라나고 많은 것은 줄어들게 된다.

西山蔡氏日, 八卦之數乾一兌二離三震四巽五坎六艮七坤八, 先天之序也. 一一爲乾以至八八爲坤, 參伍錯綜無不備也圓者爲天, 方者爲地, 一二三四爲陽, 五六七八爲陰卽先天圖也. 一一起于南, 八八終于北者, 以少爲息多爲消也.

▣ 소백온이 가로되 - 일(日)은 원(元)이 되고 원의 수는 1이다. 월(月)은 회(會)가 되고 회의 수는 12이다. 성(星)은 운(運)이 되고 운의 수는 360이다. 신(辰)은 세(世)가 되고 세의 수는 4,320이다. 곧 1원(元)은 12회(會) 360운(運) 4,320세(世)를 거느린다. 1세(世)는 30년, 곧 129,600년이다. 129,600년은 1원(元)의 수이다. 1원은 대화(大化)의 속에 있으므로 1년과 같다. 원(元)의 원(元)부터 신(辰)의 원(元)까지, 원(元)의 신(辰)부터 신(辰)의 신(辰)까지 이른 뒤에 수가 다하게 된다. 궁하면 변하고 변하면 생겨나는데, 무릇 생겨나고 생겨나면 다함이 없게 된다. 《황극경세서》는 다만 1원(元)의 수만 기술하여 한 귀퉁이만 들어 보였을 뿐이지만, 이로부터 확대하여 깊이 파고들어 연구한다면 천지의 수를 죄다 알 수 있을 것이다. 일(日)은 갑(甲)에서 계(癸)까지이고 일(日)의 수

◇《황극경세》의 일원소장지수도(一元消長之數圖) 幷數 ◇

| 元 | 日<br>甲 | | | | | | | | | | | |
|---|---|---|---|---|---|---|---|---|---|---|---|---|
| 會 | 月<br>子一 | 月<br>丑二 | 月<br>寅三 | 月<br>卯四 | 月<br>辰五 | 月<br>巳六 | 月<br>午七 | 月<br>未八 | 月<br>申九 | 月<br>酉十 | 月<br>戌十一 | 月<br>亥十二 |
| 運 | 星<br>30 | 星<br>60 | 星<br>90 | 星<br>120 | 星<br>150 | 星<br>180 | 星<br>210 | 星<br>240 | 星<br>270 | 星<br>300 | 星<br>330 | 星<br>360 |
| 世 | 辰<br>360 | 辰<br>720 | 辰<br>1,080 | 辰<br>1,440 | 辰<br>1,800 | 辰<br>2,160 | 辰<br>2,520 | 辰<br>2,880 | 辰<br>3,240 | 辰<br>3,600 | 辰<br>3,960 | 辰<br>4,320 |
| | 年<br>10,800 | 年<br>21,600 | 年<br>32,400 | 年<br>43,200 | 年<br>54,000 | 年<br>64,800 | 年<br>75,600 | 年<br>86,400 | 年<br>97,200 | 年<br>108,000 | 年<br>118,800 | 年<br>129,600 |
| | 復<br>䷗ | 臨<br>䷒ | 泰<br>䷊ | 大壯<br>䷡ | 夬<br>䷪ | 乾<br>䷀ | 姤<br>䷫ | 遯<br>䷠ | 否<br>䷋ | 觀<br>䷓ | 剝<br>䷖ | 坤<br>䷁ |
| | | | 開物<br>星之巳七十六 | | | 唐堯始星之癸一百八十辰二千一百五十七 | 夏殷周秦兩漢兩晉十六國南北朝隋唐五代宋 | | | | 開物<br>星之戊三百一十五 | |

는 1세(歲) 1주(周)이다. 월(月)은 자(子)에서 해(亥)까지이고 월(月)의 수는 12세(歲) 12주(周)이다. 성(星)은 360이고 하늘을 따라 해가 한 바퀴 도는데 日은 1주이고 세(歲)는 360주(周)가 된다. 하루의 12진(辰)이 쌓여서 1세(歲)의 진(辰)이 되는데 세(歲)는 4,320진(辰)이 된다. 자(子)에서 사(巳)까지는 자라나고 오(午)에서 해(亥)까지는 줄어든다. 자라나는 것은 양(陽)이 나아가고 음(陰)은 물러나는 것이고, 줄어드는 것은 음이 나아가는 것이므로 양이 물러난다. 만물이 열리는 것은 월(月)의 인(寅) · 성(星)의 사(巳)로 76이고, 만물이 닫히는 것은 월(月)의 술(戌) · 성(星)의 무(戊)는 315이다. 월(月)이 사(巳)의 끝머리에 이르면 진(辰)의 2,160에 해당되는데 양(陽)이 최고조에 이르게 되고 음양의 나머지가 비는 것이 각각 6이 된다. 월(月)이 해(亥)의 끝머리에 이르면 진(辰)의 4,320에 해당되는데 음(陰)이 최고조에 이르게 되고 음양의 나머지가 남게 되어 각각 6이 된다. 무릇 24는 역(易)의 64괘(卦) 384효(爻)의 수에서 네 개의 정괘(正卦)를 제외한 것인 바 1괘에 6효이니 4×6은 24효가 된다. 384에서 24를 제외하면 남는 것은 360이 된다. 네 개의 정괘는 건곤감리(乾坤坎離)인바 사방의 정위(正位)에 위치하여 반복해도 변하지 않는 까닭에 사정(四正)이라고 한다. 《황극경세서》는 1원(元)의 운수(運數)로 수를 전부 논술하였는데 소식영휴(消息盈虧)의 법칙은 그 속에 들어 있다. 이것이 바로 모든 용(用)을 감추고 있는 것이다. 당요(唐堯)는 월(月)의 사(巳) · 성(星)의 계(癸)에서 시작하였는데 180이며 진(辰)의 2,157이 된다. 추측하건대 요임금은 천지의 중수(中數)를 얻었다. 그러므로 공자(孔子)가 요임금을 기리며 가로되 오로지 하늘의 큼이며, 오직 요임금만이 드넓고 크다. 백성들은 이름을 탐하지 아니하고 성공함에 외외하고 우뚝하였으며 그 문장(文章)이 환하도다. 양웅(揚雄)이 또 이르기를 법은 복희(伏羲)에서 시작하여 요임금 때에 이루어졌으며 무릇 매우 잘 다스려져서 요임금보다 잘 다스려진 전례가 없었다. 전대에 이보다 나은 때가 없었고 후대도 이에 미치지 못할 것이다. 역수(曆數)를 살펴보고 천시(天時)를 인사(人事)에 질정된 것을 헤아려 보니 부절(符節)을 합한 듯이 같았다. 오호라, 그 문화의 흥성함이여!

邵伯溫曰, 日爲元, 元之數一. 月爲會, 會之數十二. 星爲運, 運之數三百六十. 辰爲世, 世之數四千三百二十. 則是一元統十二會三百六十運, 四千三百二十世. 一世三十年, 則一十二萬九千六百年. 一十二萬九千六百年是爲一元之數. 一元在大化之中猶一年也. 自元之元至辰之元自元之辰至辰之辰而後數窮矣窮則變變則生蓋生生而不窮也. 經世但著. 一元之數擧一隅而已引而伸之, 則窮天地之數可知矣. 日甲, 日之. 數一歲一周. 月子至亥, 月之數十二歲十二周也. 星三百六十隨天而轉日一周歲三百六十周也. 一日十二辰積一歲之辰, 則歲四千三百二十辰也. 自子至巳作息自午至亥作消作息則陽進而陰退. 作消則陰進而陽退開物於月之寅星之巳七十有六閉物於月之戌星之戌三百一十有五月至巳之終當辰之二千一百六十爲陽極陰陽之餘空各六. 月至亥之終當辰之四千三百二十爲陰極陰陽之餘空各六. 凡二十有四, 以當易六十四卦三百八十四爻之數焉除四正卦凡六, 四六二十四, 三百八十有四去其二十有四, 則所存者三百六十也. 四正卦, 謂乾坤坎離居四方之正位反復不變, 故謂之四正. 經世一元之運數, 擧成數焉, 消息盈虧之法在其間矣, 所以藏諸用也. 唐堯起於月之巳星之癸一百八十, 辰之二千一百五十七. 推而上之堯得天地之中數也. 故孔子贊堯曰, 唯天爲大, 唯堯則之蕩蕩乎民無得名焉巍巍乎其有成功, 煥乎其有文章. 揚雄亦謂法始乎伏羲而成乎堯蓋自極治之盛莫過乎堯. 先乎此者有所未至. 後乎此者有所不及考之曆數稽之天時質之人事若合符節. 嗚呼盛哉.

▣ 채원정이 이르길 - 1원(元)의 수는 1세(歲)의 수이다. 1원(元)에 12회(會)가 있고 360운(運) 4,320세(世)는 1세(歲) 12월(月) 360일(日) 4,320진(辰)과 같다. 앞의 6회(會)는 식(息)으로 양이 자라는 것이고 뒤의 6회(會)는 소(消)로 양이 줄어드는 것이다. 즉 1세(歲)는 자(子)에서 사(巳)까지가 식(息)이고 오(午)에서 해(亥)까지가 소(消)이다. 만물이 열려지는 것은 성(星)의 76인데 이는 1년의 경칩(驚蟄)에 해당한다. 만물이 닫히는 것은 성(星)의 315인데 이는 입동(立冬)과 같다. 1원(元)에 129,600세(歲)가 있고 1회(會)에 129,600월(月)이 있으며, 1운(運)에 129,600일(日)이 있고 1세(世)에 129,600진(辰)이 있다. 이는 모두 자연의 수이며 억지로 갖다 붙인 것이 아니다. 어떤 사람이 묻기를 기(氣)가 차면 366일이 되기도 하고 또 삭(朔)이 부족하면 354일이 되기도 하는데 지금 《황극경세》의 수는 360일을 기준으로 하니 어째서인가? 가로되 이는 모든 용(用)을 감추었기 때문이다. 소식영허(消息盈虛)의 법이 그 사이에 있는 것이다. 요임금은 성(星)의 계(癸) 180, 진(辰)의 2,157에서 시작하였다 하는데 무슨 말인가? 가로되 오늘날의 천지의 운(運)과 일월오성(日月五星)이 운행하는 것으로 전대를 추측하여 얻은 것이다. 아아 대저 《황극경세》의 1원(元)의 운(運)이 일(日)은 갑(甲)에서, 월(月)은 자(子)에서, 성(星)은 갑(甲)에서, 신(辰)은 자(子)에서 시작하는 것이 어찌 역수(曆數)의 쓰임에서뿐이겠는가. 일양이 처음 동하고 만물이 생겨나지 않았을 때는, 즉 이 때는 성인이 이른바 천지의 마음을 보는 것이며 또 천지가 만물을 곡전히 포함하여 이루는 것임과 같으니 원기가 모여 총명한 사람이 아니라면 그 누가 이와 더불으리오. 어찌 특히 역수의 쓰임에만 있어서이겠는가!

또 가로되 원회운세의 수는 너무 커서 보이지 않으며 분리사호(分釐絲毫)의 수는 너무 작아서 볼 수 없다. 수를 알게 되는 것은 일월성신으로 알게 되는 것이다. 1세(世)에 30세(歲)가 있고 1월(月)에 30일(日)이 있으므로 세(歲)와 일(日)의 수는 30이다. 1세(歲)에 12월(月)이 있고 1일(日)에 12진(辰)이 있으므로 월(月)과 진(辰)의 수는 12이다. 세월일진(歲月日辰)의 수로 추측하여 올라가면 원회운세의 수를 얻을 수 있다. 또 추측하여 내려가면 분리사호의 수도 얻을 수 있다. 30과 12를 반복하여 서로 곱하면 360이 된다. 그러므로 원회운세 · 세월일진 여덟 가지의 수는 모두 360으로 360×360하면 129,600이 된다. 그러므로 원(元)에 129,600세(歲)가 있고 회(會)에 129,600월(月)이 있으며, 운(運)에 129,600일(日)이 있고 세(世)에 129,600진(辰)이 있다. 또 세(歲)에 129,600분(分)이 있고 월(月)에 129,600리(釐)가 있으며, 일(日)에 129,600호(毫)가 있고 진(辰)에 129,600사(絲)가 있다. 이것은 모두 천지자연의 수이며 지혜를 짜서 찾아낸 것이 아니다. 그리고 하늘과 땅이 운동하는 것 · 해와 달이 운행하는 것 · 월상(月相)이 차고 이지러지는 것 · 다섯 별이 숨고 나타나는 것 · 초하루와 그믐이 오고 가는 것 · 일식과 월식이 깊고 얕음의 수도 이에 말미암지 않음이 없다. 한(漢)나라 이후로 역수(曆數)로 이름 난 사람은 오직 태초와 대연(大衍)뿐이다. 오직 태초는 4,617세(歲)를 원(元)이 되고 81(分)이 되며, 대연의 역(曆)은 163억 7,459만 5,200을 원(元)으로 하고 3,040을 분(分)으로 하였는데 이는 억지로 갖다 붙인 것이다. 이로써 천지의 수를 구하면 어찌 잘못이 없겠는가.

西山蔡氏曰, 一元之數, 卽一歲之數也. 一元有十二會, 三百六十運四千三百二十世猶一歲十二月, 三百六十日, 四千三百二十辰也前六會爲息後六會爲消卽一歲之自子至巳爲息自午至亥爲消開物於星之七十六, 猶歲之驚蟄也. 閉物於三百一十五, 猶歲之立冬也. 一元有十二萬九千六百歲, 一會有十二萬九千六百月, 一運有十二萬九千六百日,一世有十二萬九千六百辰，皆自然之數非有所牽合也．或日，氣盈於三百六十六，朔虛於三百五十四，今經世之數 以三百六十爲率何也．日，所以藏諸用也消息盈虛之法在其間矣唐堯始於星之癸一百八十辰之二千一百五十七，何也．日，以今日天地之運，日月五星之行，推而上之，因以得之也．嗟夫皇極一元之運，始於日甲月子星甲辰子者豈特曆數之用而已哉，一陽初動，萬物未生，是聖人所以見天地之心，又以範圍天地曲成萬物者也．非元氣之會聰明過人者，其孰，與此．豈特曆數之用而已哉．又日，元會運世之數，大而不可見．分釐絲毫之數，小而不可察．所可得而數者，卽日月星辰而知之也．一世有三十歲，一月有三十日，故歲與日之數三十．一歲有十二月，一日有十二辰，故月與辰之數十二．自歲月日時之數推而上之，得元會運世之數．推而下之，得分釐絲毫之數．三十與十二反覆相乘爲三百六十，故元會運世歲月日時八者之數皆三百六十．以三百六十乘三百六十，爲十二萬九千六百，故元有十二萬九千六百歲．會有十二萬九千六百月．運有十二萬九千六百日．世有十二萬九千六百辰．歲有十二萬九千六百分．月有十二萬九千六百釐．日有十二萬九千六百毫．辰有十二萬九千六百絲．皆天地自然，非假智營力索，而天地之運，日月之行，氣朔之盈虛五星之伏見，屈伸，交食淺深之數莫不由此．由漢以來，以曆數名家者惟太初大衍耳．惟太初以四千六百一十七歲爲元，以八十一爲分大衍之曆乃以一百六十三億七千四百五十九萬五千二百爲元，三千四十爲分．皆附會牽合以此求天地之數，安得無差．

ㅁ 주자(朱子)가 가로되－《황극경세서》는 12벽괘(卦)로 비유하여(12벽괘를 12왕괘라 한다.) 12회(會)를 맡도록 하고 시절을 정하였으며, 그 속으로 나아가 길흉소장(吉凶消長)을 추측하였다. 요임금 시대를 정(正)으로 하고 건괘(乾卦)의 구오(九五)로 하였다. 12괘를 논하면 즉 양(陽)은 자(子)에서 시작하여 사(巳)에서 마치며, 음(陰)은 오(午)에서 시작하여 해(亥)에서 마친다. 사시(四時)의 기(氣)를 논하면 양은 인(寅)에서 시

작하여 미(未)에서 끝나고, 음은 신(申)에서 시작하여 축(丑)에서 끝난다. 이 두 가지 견해는 비록 약간 잘못이 있으나 쟁점은 불과 2위(位)이다. 대개 자(子)의 위치는 일양(一陽)이 비록 생하였으나 땅으로 나오지 않았고, 인(寅)의 위치인 태괘(泰卦)에 이르러 삼양(三陽)이 바야흐로 땅 위로 나온다. 그리고 온후한 기운이 이에 따라 시작하게 된다. 사(巳)의 위치는 건괘(乾卦), 즉 육양(六陽)으로 비록 극도의 온후한 기운이지만 아직은 끝나지 않는다. 그러므로 오(午)에서 일음(一陰)이 비록 생하나 양을 해하지 못하는 것이다. 반드시 미(未)의 둔괘(遁卦)에 온 이후에야 온후한 기운이 다하기 시작한다. 그 오위(午位)는 음이 이미 생하였으나 엄랭한 음의 기운이 신(申)에 와야만 시작된다. 해(亥)는 육음(六陰)으로 비록 극점이나 엄음의 기운이 축(丑)에 와서야 다한다. 뜻은 역시 이에 따른다. 대개 땅 속의 기는 잘 보이지 않으나 지상의 기는 쉽게 인식하는 고로 주(周)나라 사람이 자(子)를 세워 정(正)으로 하였으며, 비록 천통(天統)을 얻었으나 공자가 논하기를 방(邦)이라고 하였다. 이에 하(夏)의 때를 정(正)으로 하였으니 대개 그 음양의 시종이 밝게 나타난 것을 취한 것이다. 그림을 살펴보아 추측하면 그 설을 가히 알 수 있다. 소강절의 《황극경세서》는 원(元)으로 12회를 거느려 1원(元)이라 하고, 10,800년은 1회(會)가 된다. 처음 10,800년의 사이에 하늘이 열리기 시작하고 또 10,800년에 땅이 이루어지기 시작한다. 소강절은 인(寅) 위에다 개물(開物)이라 하였는데, 대개 처음의 10,800년 사이에는 물(物)이 없다. 단지 기(氣)가 막혀 있으며 이에 하늘이 자(子) 이후에 열리는데 한 덩어리 찌꺼기가 그 속에 있다. 점점 응결되어서 땅이 이루어지는데 처음에는 부드럽게 녹아 있으나 후에 점점 견실하게 된다. 지금의 산의 형태는 높은 곳에서 아래로 보면 마치 물이 출렁거리는 듯한 기세이다. 이로써 반드시 먼저 하늘이 있고 나서 땅이 있으며, 천지가 교감한 후에 만물이 나타나게 됐음을 알 수 있다. 묻기를 천개어자(天開於子) · 지벽어축(地闢於丑) · 인기어인(人起於寅)의 학설은 어떤 것입니까? 가로되 이는 소강절의 《황극경세서》 가운데 한 학설이다. 지금은 알 수 없다. 다른 것은 단지 이 수로 추측하여 얻은 것이다. 다른 설은 인(寅) 위에 생물(生物)이 있으나 이는 그 위쪽에 인물(人物)이라 한 것을 이르는 것이다. 1원(元)이 있으니 12회(會) 30운(運) 12세(歲) 129,600년(年)이 1원(元)이다. 세월일시(歲月日時) · 원회운세(元會運世)는 모두 12에서 30으로, 30에서 12로 간다. 요임금 때에 이르러 회(會)가 사(巳)에서 오(午)의 사이에 있게 되었다. 지금은 점점 미(未)에 이르고 있다. 술(戌) 위의 폐물(閉物)이라 말한 곳에 이르러 내부로 들어가게 되어 다시는 사람과 만물이 있지 않게 된다. 묻기를, 사람과 만물이 모두 소진되어 사라지게 될 때 천지가 무너지는지 무너지지 않는지 알지 못합니다. 가로되 모름지기 하나의 분명치 않은 형태가 된다. 이미 형기(形氣)가 있으니 여하튼 무너지지 않을 것이다. 그러나 한 개가 무너진 상태가 되며 이에 한 개가 생겨 나오게 된다.

ㅁ 황(黃)씨가 가로되 – 1원(元)이 소장(消長)하는 그림이 《황극경세서》에 간략하게 되어 있다. 지금 이 책을 자세히 살펴보면 일갑(日甲)의 1위(位)가 1원이다. 이는 129,600년에 해당한다. 이는 1원의 총수(總數)이다. 그 1원의 수를 얻게 된 것은 12회(會)가 쌓여서 된 것이다. 월자(月子)의 1위는 10,800년에 해당하고 월해(月亥) 12위(位)에 이르러 12회가 된다. 곧 129,600년에 해당된다. 위의 일갑이 거느림에 속한다. 그 12회를 얻은 것은 30운(運)이 쌓여서 된 것이다. 성갑(星甲)의 1위는 1운(運)에 해당되고 360년에 해당된다. 30위(位)에 이르러 10,800년이 위의 월자가 거느리는 것에 속한다. 이를 지나면 다음에는 월축(月丑)이 거느리

는 바에 속하게 된다. 그 30운의 수를 얻게 된 것은 12세(世)의 수가 쌓여서 된 것이다. 진자(辰子) 1위는 1세(世)가 되는바 30년에 해당되고, 진해(辰亥)의 12위(位)까지 이르면 12세에 해당되어 360년에 해당되고 위의 성갑(星甲)이 거느리게 된다. 이를 지나면 성을(星乙)이 거느리게 된다. 대개 세(世)가 쌓이면 운(運)이 되고 운이 쌓이면 회(會)가 되며 회가 쌓이면 원(元)이 된다. 즉 시(時)가 쌓여 일(日)이 되고 일이 쌓여 월(月)이 되며 월이 쌓여 세(歲)가 되는 것이다. 소백온(邵伯溫)이 말하기를 1원의 수는 천지 사이에 1년이다. 그런데 소강절은 이 수를 어찌하여 그 시작을 알게 되었고 어찌 그 끝나는 것을 알게 된 것인가? 좋도다. 채원정(蔡元定)이 말하여 가로되 오늘날의 천지와 일월오성의 운행을 위로 추측하여 그로 인해 알게 되었다. 그러므로 이르길 요임금이 천지의 중수(中數)를 얻었다. 이 말은 무엇을 이르는 것인가? 대개 요임금의 때는 일갑(日甲) · 월사(月巳) · 성계(星癸) · 진신(辰申)에 해당되어 129,600년의 반이라. 이로써 위로 64,800년이 이미 지나갔고 아래로 64,800년이 오게 됨이다. 이를 중수라고 부른다. 요임금 이후는 가히 번갈아 추측하면 된다.

ㅁ 원(元)씨가 가로되 - 우왕(禹王)이 즉위한 후 8년 만에 갑자(甲子)를 얻었다. 오회(午會)에 처음 들어옴에 전에는 원(元)의 원년(元年), 갑자(甲子)에 이르니 오회(午會)에 처음 들어서 제11운(運)이 되었다. 천(天)이 갑자(甲子)에 열려 태(泰)에 이르러 갑자(甲子)를 정하는 것을 따른즉 68,821년을 얻는다.

ㅁ 임천(臨川) 오(吳)씨가 가로되 - 1원(元)은 129,600년이다. 12회(會)로 나누며 1회(會)는 10,800년이고 천지의 운이 술회(戌會)의 가운데에

서 만물이 닫히게 된다. 이 둘 사이에서 인(人)과 물(物)이 같이 없어진다(戌 10,800년의 양쪽). 이와 같으니 또 5,400년에 술회가 미치게 된다. 해회(亥會)에서 시작하여 5,400년이 되면 해회가 가운데가 되는데, 땅의 무겁고 흐린 것이 엉기어 맺힌 것이 모두 다 녹아 흩어진다. 더불어 맑고 가벼운 하늘과 혼합되어 하나가 된다. 그러므로 혼돈이라고 한다. 청탁(淸濁)은 혼(混)을 좇아서 점점 바뀌어 심하게 되고 또 5,400년이 지나면 해회(亥會)의 끝이 되어 혼암(昏暗)이 극에 이르니 이것이 천지의 1종(終)이다. 정(貞) 이래 원(元)이 일어나 또 1초(初)가 비롯되니 자회(子會)의 시작이 된다. 곧 이 혼돈이 되나니 이를 태시(太始)라 이르고 1원(元)의 시작이라 말한다. 이를 태일(太一)이라 하는데 청탁의 기가 혼합되어 일(一)이 된 것을 말한다. 그리고 나누어지는바 이로부터 좇아서 점점 개명(開明)하게 된다. 또 5,400년이 되면 자회(子會)의 중간이 되니 가볍고 맑은 기운이 위로 올라가 일월성신이 있게 된다. 일월성신의 넷이 상(象)을 이루어 같이 하늘이 되며, 또 5,400년이 지나면 자(子)의 끝이 된다. 그러므로 가로되 천개어자(天開於子)라고 하였다. 탁기(濁氣)가 비록 중간에 둥글게 뭉쳐 있으나 아직 견실하게 응결되지 못하였다. 그러므로 땅은 아직 없다. 또 5,400이 되면 축회(丑會)의 중간이 되니 무겁고 흐린 기가 응결된 것이 견실하게 되기 시작하여 토(土)·석(石)을 이룬다. 축축한 기가 수(水)가 되어 흘러서 응결되지 않고 뜨거운 기운은 화(火)가 되어 환하게 드러나 숨지 않는다. 수화토석(水火土石) 넷이 형태를 이루어 함께 땅이 된다. 그러므로 가로되 지벽어축(地闢於丑)이라고 하였다. 또 5,400년이 되면 축회(丑會)가 마치게 된다. 그러나 인회(寅會)의 시작으로부터 5,400년이 되면 인회의 가운데가 되며, 이 인회의 양극 사이에서 인물(人物)이 생성하기 시작하므로 인생어인(人生於寅)이라고 하였다.

### ◇《황극경세》의 사상체용지수도(四象體用之數圖) ◇

| 日日聲平闢 | | | | | | | | | | | | |
|---|---|---|---|---|---|---|---|---|---|---|---|---|
| 多良千刀妻<br>宮心●●● | 日日聲七下唱地之用音一百五十二<br>是謂平聲闢音<br>平聲闢音一千六十四 | | | | | | | | | | | |
| 日日聲平之一闢 | | | | | | | | | | | | |
| 開音清和律 | 一之一 | 一之二 | 一之三 | 一之四 | 一之五 | 一之六 | 一之七 | 一之八 | 一之九 | 一之十 | 一之十一 | 一之十二 |
| | 一聲至十聲 一音古字和 | 一聲至十聲 二音黑字和 | 一聲至十聲 三音安字和 | 一聲至十聲 四音夫字和 | 一聲至十聲 五音卜字和 | 一聲至十聲 六音東字和 | 一聲至十聲 七音乃字和 | 一聲至十聲 八音走字和 | 一聲至十聲 九音思字和 | 一聲至十聲 | 一聲至十聲 | 一聲至十聲 |

| 水水音開清 | | | | | | | | | | | |
|---|---|---|---|---|---|---|---|---|---|---|---|
| 古黑安夫卜東<br>乃走思■■■ | 水水音九上和天之用聲一百一十二<br>是謂開音清聲<br>開音清聲一千八 | | | | | | | | | | |
| 水水音開之一清 | | | | | | | | | | | |
| 平聲闢唱呂 | 一之一 | 一之二 | 一之三 | 一之四 | 一之五 | 一之六 | 一之七 | 一之八 | 一之九 | 一之十 | |
| | 一聲多字唱 一音至十二音 | 二聲良字唱 一音至十二音 | 三聲千字唱 一音至十二音 | 四聲刀字唱 一音至十二音 | 五聲妻字唱 一音至十二音 | 六聲宮字唱 一音至十二音 | 七聲心字唱 一音至十二音 | 一音至十二音 | 一音至十二音 | 一音至十二音 | |

| 日月聲平翕 | |
|---|---|
| 禾光元毛衰<br>龍○●●● | 日月聲七下唱地之用音一百五十二<br>是謂平聲翕音<br>平聲翕音一千六十四 |

日月聲平之二翕

| | 二之一 | 二之二 | 二之三 | 二之四 | 二之五 | 二之六 | 二之七 | 二之八 | 二之九 | 二之十 | 二之十一 | 二之十二 |
|---|---|---|---|---|---|---|---|---|---|---|---|---|
| 開音濁和律 | 一聲至十聲<br>一音□字和 | 二音黃字和 | 三音□字和 | 四音父字和 | 五音步字和 | 六音兑字和 | 七音内字和 | 八音自字和 | 九音寺字和 | | | |

| 水火音開濁 | |
|---|---|
| □黄□父步兑<br>内自寺■■■ | 水火音九上和天之用聲一百一十二<br>是謂開音濁聲<br>開音濁聲一千八 |

水火音開之二濁

| | 二之一 | 二之二 | 二之三 | 二之四 | 二之五 | 二之六 | 二之七 | 二之八 | 二之九 | 二之十 | |
|---|---|---|---|---|---|---|---|---|---|---|---|
| 平聲翕唱呂 | 一聲禾字唱<br>一音至十二音 | 二聲光字唱 | 三聲元字唱 | 四聲毛字唱 | 五聲衰字唱 | 六聲龍字唱 | 七聲○字唱 | | | | |

| 日星聲平闢 | |
|---|---|
| 開丁臣牛○ | 日星聲七下唱地之用音一百五十二<br>是謂平聲闢音<br>平聲闢音一千六十四 |
| 魚男●●● | |

日星聲平之三闢

| | | | | | | | | | | | | |
|---|---|---|---|---|---|---|---|---|---|---|---|---|
| 開音淸和律 | 三之一 | 三之二 | 三之三 | 三之四 | 三之五 | 三之六 | 三之七 | 三之八 | 三之九 | 三之十 | 三之十一 | 三之十二 |
| | 一聲至十聲<br>一音坤字和 | 二音五字和 | 三音母字和 | 四音武字和 | 五音普字和 | 六音土字和 | 七音老字和 | 八音草字和 | 九音□字和 | | | |

| 水土音開淸 | |
|---|---|
| 坤五母武普土 | 水土音九上和天之用聲一百一十二<br>是謂開音淸聲<br>開音淸聲一千八 |
| 老草□■■■ | |

水土音開之三淸

| | | | | | | | | | | | |
|---|---|---|---|---|---|---|---|---|---|---|---|
| 平聲闢唱呂 | 三之一 | 三之二 | 三之三 | 三之四 | 三之五 | 三之六 | 三之七 | 三之八 | 三之九 | 三之十 | |
| | 一聲開字唱<br>一音至十二音 | 二聲丁字唱 | 三聲臣字唱 | 四聲牛字唱 | 五聲○字唱 | 六聲魚字唱 | 七聲男字唱 | | | | |

## 日星聲平闢

| | |
|---|---|
| 開丁臣牛○ | 日星聲七下唱地之用音一百五十二<br>是謂平聲闢音<br>平聲闢音一千六十四 |
| 魚男●●● | |

日星聲平之三闢

| 開音清和律 | 三之一 | 三之二 | 三之三 | 三之四 | 三之五 | 三之六 | 三之七 | 三之八 | 三之九 | 三之十 | 三之十一 | 三之十二 |
|---|---|---|---|---|---|---|---|---|---|---|---|---|
| | 一聲至十聲<br>一音坤字和 | 二音五字和 | 三音母字和 | 四音武字和 | 五音普字和 | 六音土字和 | 七音老字和 | 八音草字和 | 九音□字和 | | | |

## 水土音開清

| | |
|---|---|
| 坤五母武普土 | 水土音九上和天之用聲一百一十二<br>是謂開音清聲<br>開音清聲一千八 |
| 老草□■■■ | |

水土音開之三清

| 平聲闢唱呂 | 三之一 | 三之二 | 三之三 | 三之四 | 三之五 | 三之六 | 三之七 | 三之八 | 三之九 | 三之十 | |
|---|---|---|---|---|---|---|---|---|---|---|---|
| | 一聲開字唱<br>一音至十二音 | 二聲丁字唱 | 三聲臣字唱 | 四聲牛字唱 | 五聲○字唱 | 六聲魚字唱 | 七聲男字唱 | | | | |

| 日辰聲平翕 | |
|---|---|
| 回兄君○龜 | 日辰聲七下唱地之用音一百五十二<br>是謂平聲翕音<br>平聲翕音一千六十四 |
| 烏○●●● | |
| 日辰聲平之四翕 | |

| 開音濁和律 | 四之一 | 四之二 | 四之三 | 四之四 | 四之五 | 四之六 | 四之七 | 四之八 | 四之九 | 四之十 | 四之十一 | 四之十二 |
|---|---|---|---|---|---|---|---|---|---|---|---|---|
| | 一聲至十聲<br>一音□字和 | 二音吾字和 | 三音目字和 | 四音文字和 | 五音旁字和 | 六音同字和 | 七音鹿字和 | 八音曹字和 | 九音□字和 | | | |

| 水石音開濁 | |
|---|---|
| □吾目文旁同 | 水石音九上和天之用聲一百一十二<br>是謂開音濁聲<br>開音濁聲一千八 |
| 鹿曹□■■■ | |
| 水石音開之四濁 | |

| 平聲翕唱呂 | 四之一 | 四之二 | 四之三 | 四之四 | 四之五 | 四之六 | 四之七 | 四之八 | 四之九 | 四之十 | |
|---|---|---|---|---|---|---|---|---|---|---|---|
| | 一聲回字唱<br>一音至十二音 | 二聲兄字唱 | 三聲君字唱 | 四聲○字唱 | 五聲龜字唱 | 六聲烏字唱 | 七聲○字唱 | | | | |

<table>
<tr><th colspan="13">月日聲上闢</th></tr>
<tr><td colspan="5">可雨典早子</td><td colspan="8" rowspan="2">月日聲七下唱地之用音一百五十二<br>是謂上聲闢音<br>上聲闢音一千六十四</td></tr>
<tr><td colspan="5">孔審●●●</td></tr>
<tr><td colspan="13">月日聲上之一闢</td></tr>
<tr><td rowspan="2">發音清和律</td><td>一之一</td><td>一之二</td><td>一之三</td><td>一之四</td><td>一之五</td><td>一之六</td><td>一之七</td><td>一之八</td><td>一之九</td><td>一之十</td><td>一之十一</td><td>一之十二</td></tr>
<tr><td>一聲至十聲<br>一音甲字和</td><td>二音花字和</td><td>三音亞字和</td><td>四音法字和</td><td>五音百字和</td><td>六音丹字和</td><td>七音妳字和</td><td>八音哉字和</td><td>九音三字和</td><td>十音山字和</td><td>十一音莊字和</td><td>十二音卓字和</td></tr>
</table>

<table>
<tr><th colspan="12">火水音發清</th></tr>
<tr><td colspan="5">甲花亞法百丹</td><td colspan="7" rowspan="2">火水音十二上和天之用聲一百一十二<br>是謂發音清聲<br>發音清聲一千三百四十四</td></tr>
<tr><td colspan="5">妳哉三山莊卓</td></tr>
<tr><td colspan="12">火水音發之一清</td></tr>
<tr><td rowspan="2">上聲闢唱呂</td><td>一之一</td><td>一之二</td><td>一之三</td><td>一之四</td><td>一之五</td><td>一之六</td><td>一之七</td><td>一之八</td><td>一之九</td><td>一之十</td><td></td></tr>
<tr><td>一聲可字唱<br>一音至十二音</td><td>二聲雨字唱</td><td>三聲典字唱</td><td>四聲早字唱</td><td>五聲子字唱</td><td>六聲孔字唱</td><td>七聲審字唱</td><td></td><td></td><td></td><td></td></tr>
</table>

| 月月聲上翕 | | | | | | | | | | | | |
|---|---|---|---|---|---|---|---|---|---|---|---|---|
| 火廣犬寶○ | | | | | | 月月聲七下唱地之用音一百五十二<br>是謂上聲翕音<br>上聲翕音一千六十四 | | | | | | |
| 甬○●●● | | | | | | | | | | | | |
| 月月聲上之二翕 | | | | | | | | | | | | |
| 發音濁和律 | 二之一 | 二之二 | 二之三 | 二之四 | 二之五 | 二之六 | 二之七 | 二之八 | 二之九 | 二之十 | 二之十一 | 二之十二 |
| | 一聲至十聲<br>一音口字和 | 二音華字和 | 三音爻字和 | 四音凡字和 | 五音白字和 | 六音大字和 | 七音南字和 | 八音在字和 | 九音口字和 | 十音士字和 | 十一音乍字和 | 十二音宅字和 |

| 火火音發濁 | | | | | | | | | | | |
|---|---|---|---|---|---|---|---|---|---|---|---|
| 口華爻凡白大 | | | | | | 火火音十二上和天之用聲一百一十二<br>是謂發音濁聲<br>發音濁聲一千三百四十四 | | | | | |
| 南在口士乍宅 | | | | | | | | | | | |
| 火火音發之二濁 | | | | | | | | | | | |
| 上聲翕唱呂 | 二之一 | 二之二 | 二之三 | 二之四 | 二之五 | 二之六 | 二之七 | 二之八 | 二之九 | 二之十 | |
| | 一聲火字唱<br>一音至十二音 | 二聲廣字唱 | 三聲犬字唱 | 四聲寶字唱 | 五聲○字唱 | 六聲甬字唱 | 七聲○字唱 | | | | |

| 月星聲上闢 | | | | | | | | | | | | |
|---|---|---|---|---|---|---|---|---|---|---|---|---|
| 辛井引斗○ | 月星聲七下唱地之用音一百五十二<br>是謂上聲闢音<br>上聲闢音一千六十四 | | | | | | | | | | | |
| 鼠坎●●● | | | | | | | | | | | | |
| 月星聲上之三闢 | | | | | | | | | | | | |
| 發音清和律 | 三之一 | 三之二 | 三之三 | 三之四 | 三之五 | 三之六 | 三之七 | 三之八 | 三之九 | 三之十 | 三之十一 | 三之十二 |
| | 一聲至十聲<br>一音巧字和 | 二音瓦字和 | 三音馬字和 | 四音晚字和 | 五音복字和 | 六音貪字和 | 七音冷字和 | 八音來字和 | 九音□字和 | 十音□字和 | 十一音叉字和 | 十二音省字和 |

| 火土音發清 | | | | | | | | | | | |
|---|---|---|---|---|---|---|---|---|---|---|---|
| 巧瓦馬晚복貪 | 火土音十二上和天之用聲一百一十二<br>是謂發音清聲<br>發音清聲一千三百四十四 | | | | | | | | | | |
| 冷瓦□□叉省 | | | | | | | | | | | |
| 火土音發之三清 | | | | | | | | | | | |
| 上聲闢唱呂 | 三之一 | 三之二 | 三之三 | 三之四 | 三之五 | 三之六 | 三之七 | 三之八 | 三之九 | 三之十 | |
| | 一聲辛字唱<br>一音至十二音 | 二聲井字唱 | 三聲引字唱 | 四聲斗字唱 | 五聲○字唱 | 六聲鼠字唱 | 七聲坎字唱 | | | | |

| 月辰聲上翕 | | | | | | | | | | | | |
|---|---|---|---|---|---|---|---|---|---|---|---|---|
| 每永允○水<br>虎○●●● | 月辰聲七下唱地之用音一百五十二<br>是謂上聲翕音<br>上聲翕音一千六十四 | | | | | | | | | | | |
| 月辰聲上之四翕 | | | | | | | | | | | | |
| 發音濁和律 | 四之一 | 四之二 | 四之三 | 四之四 | 四之五 | 四之六 | 四之七 | 四之八 | 四之九 | 四之十 | 四之十一 | 四之十二 |
| | 一聲至十聲一音口字和 | 二音牙字和 | 三音兒字和 | 四音萬字和 | 五音排字和 | 六音覃字和 | 七音榮字和 | 八音才字和 | 九音□字和 | 十音□字和 | 十一音崇字和 | 十二音茶字和 |

| 火石音發濁 | | | | | | | | | | | |
|---|---|---|---|---|---|---|---|---|---|---|---|
| 口牙兒萬排覃<br>榮才□□崇茶 | 火石音十二上和天之用聲一百一十二<br>是謂發音濁聲<br>發音濁聲一千三百四十四 | | | | | | | | | | |
| 火石音發之四濁 | | | | | | | | | | | |
| 上聲翕唱呂 | 四之一 | 四之二 | 四之三 | 四之四 | 四之五 | 四之六 | 四之七 | 四之八 | 四之九 | 四之十 | |
| | 一聲每字唱一音至十二音 | 二聲永字唱 | 三聲允字唱 | 四聲○字唱 | 五聲水字唱 | 六聲虎字唱 | 七聲○字唱 | | | | |

| 星日聲去闢 | | | | | | | | | | | | |
|---|---|---|---|---|---|---|---|---|---|---|---|---|
| 个向旦孝四<br>衆禁●●● | 星日聲七下唱地之用音一百五十二<br>是謂去聲闢音<br>去聲闢音一千六十四 | | | | | | | | | | | |
| 星日聲去之一闢 | | | | | | | | | | | | |
| 收音清和律 | 一之一 | 一之二 | 一之三 | 一之四 | 一之五 | 一之六 | 一之七 | 一之八 | 一之九 | 一之十 | 一之十一 | 一之十二 |
| | 一聲至十聲<br>一音九字和 | 二音香字和 | 三音乙字和 | 四音口字和 | 五音丙字和 | 六音帝字和 | 七音女字和 | 八音足字和 | 九音星字和 | 十音手字和 | 十一音震字和 | 十二音中字和 |

| 土水音收清 | | | | | | | | | | | |
|---|---|---|---|---|---|---|---|---|---|---|---|
| 九香乙口丙帝<br>女足星手震中 | 土水音十二上和天之用聲一百一十二<br>是謂收音清聲<br>收音清聲一千三百四十四 | | | | | | | | | | |
| 土水音收之一清 | | | | | | | | | | | |
| 去聲闢唱呂 | 一之一 | 一之二 | 一之三 | 一之四 | 一之五 | 一之六 | 一之七 | 一之八 | 一之九 | 一之十 | |
| | 一聲个字唱<br>一音至十二音 | 二聲向字唱 | 三聲旦字唱 | 四聲孝字唱 | 五聲四字唱 | 六聲衆字唱 | 七聲禁字唱 | | | | |

| 星月聲去翕 | | | | | | | | | | | | |
|---|---|---|---|---|---|---|---|---|---|---|---|---|
| 化況半報帥 | 星月聲七下唱地之用音一百五十二<br>是謂去聲翕音<br>去聲翕音一千六十四 | | | | | | | | | | | |
| 用○●●● | | | | | | | | | | | | |
| 星月聲去之二翕 | | | | | | | | | | | | |
| 收音濁和律 | 二之一 | 二之二 | 二之三 | 二之四 | 二之五 | 二之六 | 二之七 | 二之八 | 二之九 | 二之十 | 二之十一 | 二之十二 |
| | 一聲至十聲一音近字和 | 二音雄字和 | 三音王字和 | 四音口字和 | 五音備字和 | 六音第字和 | 七音年字和 | 八音匠字和 | 九音象字和 | 十音石字和 | 十一音口字和 | 十二音直字和 |

| 土火音收濁 | | | | | | | | | | | | |
|---|---|---|---|---|---|---|---|---|---|---|---|---|
| 近雄王口備第 | 土火音十二上和天之用聲一百一十二<br>是謂收音濁聲<br>收音濁聲一千三百四十四 | | | | | | | | | | | |
| 年匠象石口直 | | | | | | | | | | | | |
| 土火音收之二濁 | | | | | | | | | | | | |
| 去聲翕唱呂 | 二之一 | 二之二 | 二之三 | 二之四 | 二之五 | 二之六 | 二之七 | 二之八 | 二之九 | 二之十 | | |
| | 一聲化字唱一音至十二音 | 二聲況字唱 | 三聲半字唱 | 四聲報字唱 | 五聲帥字唱 | 六聲用字唱 | 七聲○字唱 | | | | | |

| 星星聲去闢 | | | | | | | | | | | | |
|---|---|---|---|---|---|---|---|---|---|---|---|---|
| 愛亘艮奏○<br>去欠●●● | 星星聲七下唱地之用音一百五十二<br>是謂去聲闢音<br>去聲闢音一千六十四 | | | | | | | | | | | |
| 星星聲去之三闢 | | | | | | | | | | | | |
| 收音清和律 | 三之一 | 三之二 | 三之三 | 三之四 | 三之五 | 三之六 | 三之七 | 三之八 | 三之九 | 三之十 | 三之十一 | 三之十二 |
| | 一聲至十聲<br>一音丘字和 | 二音仰字和 | 三音美字和 | 四音口字和 | 五音品字和 | 六音天字和 | 七音呂字和 | 八音七字和 | 九音口字和 | 十音耳字和 | 十一音赤字和 | 十二音丑字和 |

| 土土音收清 | | | | | | | | | | | |
|---|---|---|---|---|---|---|---|---|---|---|---|
| 丘仰美口品天<br>品七口耳赤丑 | 土土音十二上和天之用聲一百一十二<br>是謂收音清聲<br>收音清聲一千三百四十四 | | | | | | | | | | |
| 土土音收之三清 | | | | | | | | | | | |
| 去聲翕唱呂 | 三之一 | 三之二 | 三之三 | 三之四 | 三之五 | 三之六 | 三之七 | 三之八 | 三之九 | 三之十 | |
| | 一聲愛字唱<br>一音至十二音 | 二聲亘字唱 | 三聲艮字唱 | 四聲奏字唱 | 五聲○字唱 | 六聲去字唱 | 七聲欠字唱 | | | | |

| 星辰聲去翕 | |
|---|---|
| 退瑩巽○貴<br>兎○●●● | 星辰聲七下唱地之用音一百五十二<br>是謂去聲翕音<br>去聲翕音一千六十四 |

星辰聲去之四翕

| | 四之一 | 四之二 | 四之三 | 四之四 | 四之五 | 四之六 | 四之七 | 四之八 | 四之九 | 四之十 | 四之十一 | 四之十二 |
|---|---|---|---|---|---|---|---|---|---|---|---|---|
| 收音濁和律 | 一聲至十聲<br>一音乾字和 | 二音月字和 | 三音眉字和 | 四音口字和 | 五音平字和 | 六音田字和 | 七音離字和 | 八音全字和 | 九音□字和 | 十音二字和 | 十一音辰字和 | 十二音呈字和 |

| 土石音收濁 | |
|---|---|
| 乾月眉口平田<br>離全口二辰呈 | 土石音十二上和天之用聲一百一十二<br>是謂收音濁聲<br>收音濁聲一千三百四十四 |

土石音收之四濁

| | 四之一 | 四之二 | 四之三 | 四之四 | 四之五 | 四之六 | 四之七 | 四之八 | 四之九 | 四之十 | |
|---|---|---|---|---|---|---|---|---|---|---|---|
| 去聲翕唱呂 | 一聲退字唱<br>一音至十二音 | 二聲瑩字唱 | 三聲巽字唱 | 四聲○字唱 | 五聲貴字唱 | 六聲兎字唱 | 七聲○字唱 | | | | |

| 辰日聲入闢 | |
|---|---|
| 舌○○岳月<br>○○●●● | 辰日聲七下唱地之用音一百五十二<br>是謂入聲闢音<br>入聲闢音一千六十四 |

辰日聲入之一闢

| 閉音清和律 | 一之一 | 一之二 | 一之三 | 一之四 | 一之五 | 一之六 | 一之七 | 一之八 | 一之九 | 一之十 | 一之十一 | 一之十二 |
|---|---|---|---|---|---|---|---|---|---|---|---|---|
| | 一聲至十聲<br>一音祭字和 | 二音血字和 | 三音一字和 | 四音飛字和 | 五音必字和 | | | | | | | |

| 石水音閉清 | |
|---|---|
| 祭血一飛必■<br>■■■■■■ | 石水音五上和天之用聲一百一十二<br>是謂閉音清聲<br>閉音清聲五百六十 |

石水音閉之一清

| 入聲闢唱呂 | 一之一 | 一之二 | 一之三 | 一之四 | 一之五 | 一之六 | 一之七 | 一之八 | 一之九 | 一之十 | |
|---|---|---|---|---|---|---|---|---|---|---|---|
| | 一聲舌字唱<br>一音至十二音 | 二聲○字唱 | 三聲○字唱 | 四聲岳字唱 | 五聲日字唱 | 六聲○字唱 | 七聲○字唱 | | | | |

| 辰月聲入翕 | | | | | | | | | | | | |
|---|---|---|---|---|---|---|---|---|---|---|---|---|
| 八○○霍骨<br>○十●●● | 辰月聲七下唱地之用音一百五十二<br>是謂入聲翕音<br>入聲翕音一千六十四 | | | | | | | | | | | |
| 辰月聲入之二翕 | | | | | | | | | | | | |
| 閉音濁和律 | 二之一 | 二之二 | 二之三 | 二之四 | 二之五 | 二之六 | 二之七 | 二之八 | 二之九 | 二之十 | 二之十一 | 二之十二 |
| | 一聲至十聲<br>一音揆字和 | 二音賢字和 | 三音寅字和 | 四音吠字和 | 五音鼻字和 | | | | | | | |

| 石火音閉濁 | | | | | | | | | | | |
|---|---|---|---|---|---|---|---|---|---|---|---|
| 揆賢寅吠鼻■<br>■■■■■■ | 石火音五上和天之用聲一百一十二<br>是謂閉音濁聲<br>閉音濁聲五百六十 | | | | | | | | | | |
| 石火音閉之二濁 | | | | | | | | | | | |
| 入聲翕唱呂 | 二之一 | 二之二 | 二之三 | 二之四 | 二之五 | 二之六 | 二之七 | 二之八 | 二之九 | 二之十 | |
| | 一聲八字唱<br>一音至十二音 | 二聲○字唱 | 三聲○字唱 | 四聲霍字唱 | 五聲骨字唱 | 六聲○字唱 | 七聲十字唱 | | | | |

| 辰星聲入闢 | |
|---|---|
| ○○○六德<br>○○●●● | 辰星聲七下唱地之用音一百五十二<br>是謂入聲闢音<br>入聲闢音一千六十四 |

辰星聲入之三闢

| | | | | | | | | | | | | |
|---|---|---|---|---|---|---|---|---|---|---|---|---|
| 閉音清和律 | 三之一 | 三之二 | 三之三 | 三之四 | 三之五 | 三之六 | 三之七 | 三之八 | 三之九 | 三之十 | 三之十一 | 三之十二 |
| | 一聲至十聲 一音棄字和 | 二音口字和 | 三音米字和 | 四音尾字和 | 五音匹字和 | | | | | | | |

| 石土音閉清 | |
|---|---|
| 棄□米尾匹■<br>■■■■■■ | 石土音五上和天之用聲一百一十二<br>是謂閉音清聲<br>閉音清聲五百六十 |

石土音閉之三清

| | | | | | | | | | | | |
|---|---|---|---|---|---|---|---|---|---|---|---|
| 入聲闢唱呂 | 三之一 | 三之二 | 三之三 | 三之四 | 三之五 | 三之六 | 三之七 | 三之八 | 三之九 | 三之十 | |
| | 一聲○字唱 一音至十二音 | 二聲○字唱 | 三聲○字唱 | 四聲六字唱 | 五聲德字唱 | 六聲○字唱 | 七聲○字唱 | | | | |

| 辰辰聲入翕 | |
|---|---|
| ○○○玉北<br>○妾●●● | 辰辰聲七下唱地之用音一百五十二<br>是謂入聲翕音<br>入聲翕音一千六十四 |

辰辰聲入之四翕

| 閉音濁和律 | 四之一 | 四之二 | 四之三 | 四之四 | 四之五 | 四之六 | 四之七 | 四之八 | 四之九 | 四之十 | 四之十一 | 四之十二 |
|---|---|---|---|---|---|---|---|---|---|---|---|---|
| | 一聲至十聲<br>一音蚪字和 | 二音堯字和 | 三音民字和 | 四音未字和 | 五音瓶字和 | | | | | | | |

| 石石音閉濁 | |
|---|---|
| 蚪堯民未瓶■<br>■■■■■■ | 石石音五上和天之用聲一百一十二<br>是謂閉音濁聲<br>閉音濁聲五百六十 |

石石音閉之四濁

| 入聲翕唱呂 | 四之一 | 四之二 | 四之三 | 四之四 | 四之五 | 四之六 | 四之七 | 四之八 | 四之九 | 四之十 | |
|---|---|---|---|---|---|---|---|---|---|---|---|
| | 一聲○字唱<br>一音至十二音 | 二聲○字唱 | 三聲○字唱 | 四聲玉字唱 | 五聲北字唱 | 六聲○字唱 | 七聲妾字唱 | | | | |

| 正聲 | | 一聲 | | 二聲 | | 三聲 | | 四聲 | | 五聲 | |
|---|---|---|---|---|---|---|---|---|---|---|---|
| 平 | 日 | 多禾 | 開回 | 良光 | 丁兄 | 千元 | 臣君 | 刀毛 | ○牛 | 妻衰 | ○龜 |
| 上 | 月 | 可火 | 宰每 | 兩廣 | 井永 | 典犬 | 引允 | 早寶 | 斗○ | 子○ | ○水 |
| 去 | 星 | 个化 | 愛退 | 向況 | 亘瑩 | 旦半 | 艮巽 | 孝報 | 奏○ | 四帥 | ○貴 |
| 入 | 辰 | 舌八 | ○○ | ○○ | ○○ | ○○ | ○○ | 岳霍 | 六玉 | 日骨 | 德北 |

| 正聲 | | 六聲 | | 七聲 | | 八聲 | | 九聲 | | 十聲 | |
|---|---|---|---|---|---|---|---|---|---|---|---|
| 平 | 日 | 宮龍 | 魚烏 | 心○ | 男○ | ●● | ●● | ●● | ●● | ●● | ●● |
| 上 | 月 | 孔甬 | 鼠虎 | 審○ | 坎○ | ●● | ●● | ●● | ●● | ●● | ●● |
| 去 | 星 | 衆用 | 去兎 | 禁○ | 欠○ | ●● | ●● | ●● | ●● | ●● | ●● |
| 入 | 辰 | ○○ | ○○ | ○十 | ○妾 | ●● | ●● | ●● | ●● | ●● | ●● |

| 正音 | | 音一 | | 音二 | | 音三 | | 音四 | | 音五 | | 音六 | |
|---|---|---|---|---|---|---|---|---|---|---|---|---|---|
| 開 | 水 | 古□ | 坤□ | 黑黄 | 五吾 | 安□ | 母目 | 夫父 | 武文 | 卜步 | 普旁 | 東兑 | 土同 |
| 發 | 火 | 甲□ | 巧□ | 花華 | 瓦牙 | 亞爻 | 馬貌 | 法凡 | 晚萬 | 百白 | 朴排 | 丹大 | 貪覃 |
| 收 | 土 | 九近 | 丘乾 | 香雄 | 仰月 | 乙王 | 美眉 | □□ | □□ | 丙備 | 品平 | 帝弟 | 天田 |
| 閉 | 石 | 祭揆 | 棄蚪 | 血賢 | □堯 | 一寅 | 米民 | 飛吠 | 尾未 | 必鼻 | 匹瓶 | ■■ | ■■ |

| 正音 | | 音七 | | 音八 | | 音九 | | 音十 | | 音十一 | | 音十二 | |
|---|---|---|---|---|---|---|---|---|---|---|---|---|---|
| 開 | 水 | 乃内 | 老鹿 | 走自 | 草曹 | 思寺 | □□ | ■■ | ■■ | ■■ | ■■ | ■■ | ■■ |
| 發 | 火 | 妳南 | 冷犖 | 哉在 | 采才 | 三□ | □□ | 山士 | □□ | 莊乍 | 叉崇 | 卓宅 | 省茶 |
| 收 | 土 | 女年 | 呂離 | 足匠 | 七全 | 星象 | □□ | 手石 | 耳二 | 震□ | 赤辰 | 中直 | 丑呈 |
| 閉 | 石 | ■■ | ■■ | ■■ | ■■ | ■■ | ■■ | ■■ | ■■ | ■■ | ■■ | ■■ | ■■ |

▣ 소백온이 가로되 - 태양(太陽)의 수(數)도 10, 소양(少陽)의 수도 10, 태강(太剛)의 수도 10, 소강(少剛)의 수도 10이다. 이들을 합하면 40이다. 태음(太陰)의 수도 12, 소음(少陰)의 수도 12, 태유(太柔)의 수도 12, 소유(少柔)의 수도 12이다. 이들을 합하면 48이다. 4에 40을 곱하면 160이 되고 4에 48을 곱하면 192가 된다. 160에 192를 곱하면 30,720이 되는 바 이것이 동식물의 전수(全數)이다. 160에서 태음 · 소음 · 태유 · 소유의 체수(體數) 48을 빼면 112가 된다. 192에서 태양 · 소양 · 태강 · 소강의 체수 40을 빼면 152가 된다. 이는 동식물의 용수(用數)이다. 112에 152를 곱하면 17,024가 되고, 17,024에 17,024를 곱하면 28,981만 6,576이 된다. 이것이 동식물의 통수(通數)이다. 만물에는 성(聲) · 색(色) · 기(氣) · 미(味)가 있는데 이를 살펴보면 오직 성(聲)이 심하다. 하나의 물(物)이 있으면 하나의 성(聲)이 있다. 성(聲)이 있으면 음(音)이 있고 율(律)이 있으면 려(呂)가 있다. 그러므로 성음율려(聲音律呂)를 연구하면 만물의 수를 깊이 파고들어 연구할 수 있게 된다. 이 수(數) 역시 4가 근본이 된다. 사상(四象)에 근본하기 때문이다. 사상에서 팔괘로, 팔괘에서 육십사괘가 되는데, 천지만물의 수는 그 사이에 빠짐없이 갖추어지게 된다. 이는 그전의 원회운세와 법이 똑같다. 즉 일일성(日日聲)은 원(元)의 원(元)이 되어 일(日)의 일(日)이 되고, 일월성(日月聲)은 원의 회(會)가 되어 일의 월(月)이 된다. 일성성(日星聲)은 원의 운(運)이 되어 일의 성(星)이 되고, 일진성(日辰聲)은 원의 세(世)가 되어 일의 진(辰)이 된다. 이로써 나머지는 유추하면 될 것이다.

邵伯溫曰, 太陽之數十, 少陽之數十, 太剛之數十, 少剛之數十, 太陽. 少陽太剛. 少剛之數凡四十. 太陰之數十二少陰之數十二, 太柔之數十二, 少柔之數十二, 太陰少陰太柔少柔之數凡四十有八. 以四因四十得一百六十, 以四因四十八得一百九十二, 以一百六十因一百九十二得三萬七百二十是謂動植之全數. 一百六十內去太陰少陰太柔少柔之體數四十八, 得一百一十二, 一百九十二內去太陽少陽太剛少剛之體數四十, 得一百五十二是謂動植之用數. 以一百一十二唱一百五十二, 得一萬七千二十四, 以一萬七千二十四唱一萬七千二十四, 得二萬八千九百八十一萬六千五百七十六, 是謂動植之通數. 物有聲色氣味可考而見, 唯聲爲甚. 有一物則有一聲有聲則有音有律則有呂, 故窮聲音律呂以窮萬物之數. 數亦以四爲本, 本乎四象故也. 自四象而爲八卦, 自八卦而爲六十四, 天地萬物之數備于其間矣. 此與前元會運世其法同, 日日聲, 則元之元日之日也. 日月聲, 卽元之會日之月也. 日星聲, 卽元之運日之星也. 日辰聲, 則元之世日之辰也. 自餘皆可以類推之也.

▣ 채원정이 이르길 – 태양 · 태강 · 소양 · 소강의 체수(體數)는 모두 10이다. 소강절이 이르기를 양수(陽數)는 1인데 변화 발전하면 10이 된다. 음수(陰數)는 2인데 변화 발전하면 12가 된다. 또 일월성신 · 사상(四象)은 서로 곱하면 16이 된다. 16에 10을 곱하면 160이 된다. 또 태음 · 태유 · 소음 · 소유는 그 체수가 모두 12이다. 또 수화토석(水火土石) · 사상이 서로 곱하면 16이 된다. 12에 16을 곱하면 192가 된다. 이는 일월성신 · 수화토석의 체(體)가 된다. 160에 192를 곱하면 30,720이 되는데 동물이 되고, 192에 160을 곱하면 이 또한 30,720이 되는데 식물이 된다. 이것이 동식물의 전수(全數)이다.

이 160에서 태음 · 소음 · 태유 · 소유의 체수인 48을 빼면 112가 되고, 이 192에서 태양 · 소양 · 태강 · 소강의 체수인 40을 빼면 152가 된다. 112는 일월성신의 용수(用數)이고 152는 수화토석의 용수이다. 152

에 112를 곱하면 17,024가 되는데 동식물의 용수이다. 또 17,024에 17,024를 곱하면 28,981만 6,576이 되는데 이것은 동식물의 통수(通數)이다. 무릇 일월성신(日月星辰) · 서한주야(暑寒晝夜) · 성정형체(性情形體) · 이목구비(耳目口鼻) · 원회운세(元會運世) · 황제왕패(皇帝王覇)의 수는 모두 160이다. 수화토석(水火土石) · 우풍로뢰(雨風露雷) · 주비초목(走飛草木) · 색성기미(色聲氣味) · 세월일진(歲月日辰) · 역서시춘추(易書詩春秋)의 수는 모두 192이다. 여기에서 그 체(體)를 빼고 용(用)을 얻으면 서로 회전하여 구르듯이 서로 곱하여 동일한 법이 된다. 만물에는 색(色) · 성(聲) · 기(氣) · 미(味)가 있으나 오직 성(聲)만이 왕성하다. 그러나 글로 구별할 수 있다. 그러므로 정성(正聲)의 평(平) · 상(上) · 거(去) · 입(入)과 정음(正音)의 개(開) · 발(發) · 수(收) · 폐(閉)를 나열하여 도표를 만들면 성음(聲音)의 온전한 수를 나타내 보이게 된 것이다. 그 표에는 성(聲)이 있으나 글자가 없는 것이 있고, 음(音)이 있으나 글자가 없는 것이 있다. 그러나 위아래의 성음이 조화되면 스스로 통하게 된다. 그 표에서 40과 48을 제거한다. 양수(陽數)는 10을 쓰고 음수(陰數)는 12를 쓰는데, 이것은 역(易)에서 양수는 9를 쓰고 음수는 6을 쓰는 것과 같다.

西山蔡氏曰, 凡太陽太剛. 少陽. 少剛之體數皆十, (康節曰, 陽數一, 衍之爲十) 又日月星辰四象相因而爲十六, 以十因十六爲一百六十. 凡太陰太柔少陰少柔之體數皆十二,(康節曰, 陰數二, 衍之爲十二) 又水火土石四象相因亦爲十六, 以十二因十六爲一百九十二. 爲日月星辰水火土石之體. 以一百六十因一百九十二, 得三萬七百二十爲動. 以一百九十二因一百六十, 亦得三萬七百二十爲植. 是爲動植之全數. 於一百六十中去太陰少陰太柔少柔之體數四十八, 得一百一十二爲日月星辰之用數. 於一百九十二中去太陽少陽太剛少剛之體數四十得一百五十二爲水火土石之用數. 以一百一十二因一百五十二, 得一萬七千二十四爲動物之用數. 一百五十二因一百一十二, 亦得一萬七十二十四爲植物之用數. 又以一萬七千二十四乘一萬七千二十四, 得二萬八千九百八十一萬六千五百七十六爲動植通數. 凡日月星辰, 暑寒晝夜, 性情形體, 耳目口鼻, 元會運世, 皇帝王伯之數皆百六十水火土石, 雨風露雷, 走飛草木, 色聲氣味, 歲月日時, 易書詩春秋之數皆一百九十二, 其去體得用宛轉相因同一法也. 物有色聲氣味, 唯聲爲盛且可以書別, 故以正聲之平上去入, 正音之開發收閉列而爲圖, 以見聲音之全數其○有其聲而無其字者也. 其口有其音而無其字者也. 但以上下聲音調之, 則自可通. 其卽所去之四十八. 其卽所去之四十也陽數用十陰數用十二者, 卽易之陽數用九陰數用六也

▣ 종(鍾)씨가 이르길 – 위의 그림에서 하늘의 체수(體數)는 40이고 땅의 체수는 48이다. 하늘의 수가 일월성신과 서로 곱하면 160이 되고, 땅의 수가 수화토석과 서로 곱하면 192가 된다. 하늘의 수에서 땅의 체수인 48을 빼면 112가 되는데 이것을 하늘이 쓰는 성(聲)이라고 한다. 또 땅의 수에서 하늘의 체수인 40을 빼면 152가 되는데 이것을 땅이 쓰는 음(音)이라고 한다. 무릇 일월성신의 사상(四象)은 聲이 되고 수화토석의 사상은 音이 된다. 聲에는 청(淸)과 탁(濁)이 있고 音에는 벽(闢)과 흡(翕)이 있다. 홀수를 만나면 聲은 淸이 되고 音은 闢이 된다. 짝수를 만나면 聲은 濁이 되고 音은 翕이 된다. 聲은 모두 율(律)이 되고 音은 모두 려(呂)가 된다. 律로 呂를 부르면 呂가 律에게 화답하게 된다. 하늘이 聲을 쓰면 平 · 上 · 去 · 入으로 구별되고 112가 되는데, 모두 개(開) · 발(發) · 수(收) · 폐(閉)의 音이 화답하게 된다. 땅이 音을 쓰면 開 · 發 · 收 · 閉로 구별되고 152가 되는데. 모두 平 · 上 · 去 · 入의 聲이 화답하

게 된다. 그림을 볼 때 세로로 보면 첫번째 글자는 일성(日聲)으로 수음(水音)이고, 두 번째 글자는 월성(月聲)으로 화음(火音)이며, 세 번째 글자는 성성(星聲)으로 토음(土音)이고, 네 번째 글자는 신성(辰聲)으로 석음(石音)이다. 가로로 보면 첫번째 줄은 日聲으로 水音이 되고, 두 번째 줄은 月聲으로 火音이 되며, 세 번째 줄은 星聲으로 土音이 되고, 네 번째 줄은 辰聲으로 石音이 된다.

鍾氏曰, 右圖天之體數四十. 地之體數四十八. 天數以日月星辰相因爲一百六十. 地數以水火土石相因爲一百九十二. 於天數內去地之體數四十八得一百一十二, 是謂天之用聲. 於地數內去天之體數四十. 得一百五十二, 是謂地之用音. 凡日月星辰四象爲聲. 水火土石四象爲音. 聲有淸濁. 音有闢翕. 遇奇數, 則聲爲淸音爲闢. 遇偶數, 則聲爲濁, 音爲翕. 聲皆爲律. 音皆爲呂. 以律唱呂. 以呂和律. 天之用聲別以平上去入者一百一十二, 皆以開發收閉之音和之. 地之用音別以開發收閉者一百五十二皆以平上去入之聲唱之據圖觀之, 直看則第一字爲日聲水音第二字爲月聲火音, 第三字爲星聲土音, 第四字爲辰聲石音. 橫看則第一行爲日聲水音, 第二行爲月聲火音, 第三行爲星聲土音, 第四行爲辰聲石音.

ㅁ 종(鍾)씨가 가로되 – 정이천(程伊川) 선생의 제자가 이르기를 음(音)에 다름이 있는 것이 아니고 사람에게 다름이 있으며, 사람에게 다름이 있는 것이 아니고 지방에 다름이 있다. 풍토(風土)가 다르고 호흡이 다른 까닭이다. 동쪽의 소리는 치설(齒舌)에 있고 남쪽의 소리는 순설(脣舌)에 있으며, 서쪽의 소리는 악설(顎舌)에 있고 북쪽의 소리는 후설(喉舌)에 있다. 목구멍[喉]에 편한 것은 입술(脣)에 불리하고, 이[齒]에 편한

것은 턱[顎]에 불리하다. 이로 말미암는다. 바른 것이 잘못되어 도리에 안 맞는 것이 되고 시비가 치우쳐서 바르지 못한 이론이 생겨나 온 세상에 뒤섞여 버리게 되었다. 바른 성음(聲音)이 있지 않으니 어찌 바르게 하리요. 아! 성음이 생겨난 지 오래되었다. 반드시 사람을 기다린 뒤에야 바르게 됨이여! 사람이 능히 바르게 하면 다시 기다림이 있으리요! 그 설을 안다는 것은 천지의 도를 따르는 것이요, 사사로운 것이 아니어야 비로소 더불어 성음에 대해 말할 수 있다. 하늘에는 음양이 있고 땅에는 강유(剛柔)가 있으며, 율(律)에는 벽흡(闢翕)이 있고 려(呂)에는 창화(唱和)가 있다. 일음(一陰)과 일양(一陽)이 교합하면 일월성신이 갖추어지고, 일유(一柔)와 일강(一剛)이 교합하면 금목수화(金木水火)가 갖추어진다. 그리하여 온갖 형체가 이루어진다. 平 · 上 · 去 · 入이 갖추어지면 온갖 성(聲)이 생겨나고 개(開) · 발(發) · 수(收) · 폐(閉)가 갖추어지면 온갖 음(音)이 생겨난다. 律은 하늘을 따라 변하고 呂는 땅을 따라 변화한다. 벽(闢)은 양을 따라 생기고 흡(翕)은 음을 따라 들어간다. 창(唱)은 강(剛)을 따라 위로 오르고 화(和)는 유(柔)를 따라 아래로 간다. 그런 연후에 율려가 음을 따르고 궁치각우(宮徵角羽)의 도가 각각 바름을 얻게 된다. 양(陽)은 일(日)을 생성하고 음(陰)은 월(月)을 생성하며, 강(剛)은 성(星)을 생성하고 유(柔)는 신(辰)을 생성한다. 강은 금(金)을 생성하고 유는 토(土)를 생성하며, 양은 화(火)를 생성하고 음은 수(水)를 생성한다. 일월성신 · 금토화수가 천지의 바름이다. 이로써 율려성음의 도가 천지를 행함을 알 수 있으며, 日이 목(目)을 생성하고 月이 이(耳)를 생성하며, 星이 비(鼻)를 생성하고 辰이 구(口)를 생성한다. 金이 기(氣)를 생성하고 土가 미(味)를 생성하며, 火가 색(色)을 생성하고 水가 성(聲)을 생성한다. 이목구비 · 기미색성의 바름이 인도(人道)의 바름이다. 이로써 율려성음의 도가 인사(人事)를 행함을 알 수 있다. 눈의 체수(體數)

는 10이고 귀의 체수는 12이며, 코의 체수는 10이고 입의 체수는 12이다. 성질 〔氣〕의 체수는 10이고 맛 〔味〕의 체수는 12이며, 빛깔 〔色〕의 체수는 10이고 소리 〔聲〕의 체수는 12이다. 눈 · 코 · 성질 · 빛깔의 체수가 나아가고 귀 · 입 · 맛 · 소리의 체수가 물러나면 이는 정율(正律)의 용수(用數)이다. 귀 · 입 · 맛 · 소리의 체수가 나아가고 눈 · 코 · 성질 · 빛깔의 체수가 물러나면 이는 정려(正呂)의 용수이다. 正律의 용수로 正呂의 용수를 부르면 이는 정음(正音)의 용수이고, 정려의 용수로 정율의 용수에 화답하면 이는 정성(正聲)의 용수이다. 정율의 용수는 112이고 정려의 용수는 152이며, 정성의 용수는 17,024이고 정음의 용수도 17,024이다. 율이 려에 감응하면 성(聲)이 생기고, 려가 율에 감응하면 음(音)이 생긴다. 율려와 천지는 같이 돕고 성음과 율려는 같이 좇는다. 그러므로 상고시대의 성왕(聖王)이 천지만물의 정(情)이 화창하게 펴진 것을 본 후에 음악을 만들어 영화롭게 하였으며 악공에게 명하여 和하도록 하였다. 시(詩)로 뜻을 말하고 노래로 말을 오래 가게 하였으며, 聲으로 오래 가도록 하였고 律로 聲을 和하도록 하였다. 이것이 이른바 팔음(八音)으로 이것들을 화합하게 하여 모든 짐승들을 거느려 춤추게 하였으며, 사람과 신이 화합하고 봉황(鳳凰)이 와서 본받았다. 즉 이것이 학문인바 어찌 말을 바르게 하고 소리를 해석하며 뜻을 빛나게 하겠는가.

ㅁ 축(祝)씨가 가로되 - 궁상각치우(宮商角徵羽)는 태소(太少)로 나뉘어 10성(聲)이 된다. 십간(十干)을 주관하고, 육율(六律)과 육려(六呂)가 합하여 12음(音)이 되어 십이지(十二支)를 주관한다. 나누어져서 성음의 자모(字母)가 264가 된다. 聲은 平 · 上 · 去 · 入으로 나누어지고, 音은 開 · 發 · 收 · 閉로 나누어진다. 이로써 두루 미치어 펴지고 모든 것이 갖추어지니 그림의 3,840이 된다. 그림에는 각각 16聲, 16音이 있으며

총 34,048개의 음성(音聲)이다. 대개 천성(天聲)을 취함에 자(字)가 있고 없는 것과 더불어 성자(聲字)가 없는 것이 160위(位)가 있고, 지음(地音)에 字의 있고 없는 것, 그리고 음자(音字)가 없는 것이 192位가 되니 어긋난 것을 풀어서 이루게 된다. 聲에서 쓰지 않는 48을 빼면 112에 그치니 당운(唐韻)의 내외 8번으로 바뀐 것을 포함하고 平 · 上 · 去 · 入으로 나누어진다. 音의 位에서 쓰지 않는 40을 빼면 152에 그치니 반절(反切)의 자모(字母)를 포괄하고 순(脣) · 설(舌) · 아(牙) · 치(齒) · 후(喉)가 나뉘어 개(開) · 발(發), · 수(收) · 폐(閉)가 된다. 무성(無聲)이란 160位 중에서 위(位)는 있으나 조화롭게 나오지 않는 소리를 말하며, 무음(無音)이란 192位 중에서 반절(反切)에 의해 나오지 않는 소리를 말한다. 이로써 성음이 만물의 변화를 통섭하고 무성 · 무음에 미치어 갖추어진다. 그 사이의 유성(有聲) · 유음(有音)에 비록 字가 없으나 모두 크고 작고 높고 낮은 것 모조리 빠짐없이 그 생육을 이루게 된다. 만약 성은 있으나 음이 없고 음은 있으나 성이 없다면 천지가 서로 부르고 대답하지 못하게 된다. 독양(獨陽)은 낳지 못하고 독음(獨音)은 이루지 못하므로 그림에 위(位)가 있으나 실은 물(物)은 없는 것이다. 성음의 자모 264가 서로 이리저리 뒤섞이어 변하면 17,024에서 시작하여 28,981만 6,576에서 극점에 이르게 된다. 이로써 1의 256괘를 취하여 걸어서 천지만물의 진퇴(進退) · 영허(盈虛) · 소장(消長)을 관찰하는 것이다.

ㅁ 상관만리(上官萬里)가 가로되 - 호승(胡僧)으로부터 뜻이 분명하게 되었는데 이로써 36字가 반절(反切)의 근원이 되어 조화의 교묘함을 빼앗게 되었다. 사마(司馬)씨의 지장도(指掌圖)는 사성(四聲) 등의 字로 되어 있는데 몽고(蒙古)의 운(韻)은 1성(聲)이 4성(聲)에 해당되어 모두 구역에서 나오지 않는 뜻이 분명하게 됐다. 대개 단지 욕심으로 반절을 사

용하면 물리(物理)에 미치지 못한다. 오직 《황극경세서》에서 성음의 법을 쓰는 것이 과거를 초월하여 성(聲)의 수(數)를 일으켜서 이 수가 괘에 합하게 되니 만물을 가히 추측하여 알게 되었다. 축씨의 말을 자세히 살펴보면 축씨는 또 소강절과 더러 같지 않은 곳이 있다.

ㅁ 팽장경(彭長庚)이 가로되 – 정협제(鄭夾漈)가 이르길 사성(四聲)은 경(經)이 되고 칠음(七音)은 위(緯)가 된다. 강좌(江左)의 선비들의 운서(韻書)에는 세로로 사성이 있는 것은 알지만 가로로 칠음이 있는 것은 모른다. 세로는 '經'이 되고 가로는 '緯'가 된다. 경위(經緯)가 서로 뒤섞이지 않으면 운(韻)의 근원을 세우지 못한다. 지금 《황극경세서》를 살펴보면 '성(聲)'은 율(律)이 되고 '음(音)'은 '려(呂)'가 되며, '율'은 창(唱)이 되고 '려'는 화(和)가 되어 일경(一經) · 일위(一緯) · 일종(一縱) · 일횡(一橫)이 성음의 전수(全數)를 갖추고 있다. '성'은 10이고 '음'은 12이다. 이는 '갑(甲)'에서 '계(癸)'까지가 10이고 '자(子)'에서 '해(亥)'까지가 12인 것과 같다. 聲의 용수(用數) 중에서 音의 체수(體數) 48을 빼는 것과 音의 용수 중에서 聲의 체수 40을 빼는 것은 천수(天數)에서 10이 없고 지수(地數)에서 12가 없는 것과 같다. 이로써 성은 음과 짝하여 절운(切韻)이 생겨나고, 흡벽(翕闢) · 청탁(淸濁)이 나누어지며 34,048 음성이 그 속에 있게 된다. 천하의 聲이 이미 갖추어지면 천하의 빛깔과 냄새 · 맛 같은 것이 모두 그 속에 있게 된다. 이것이 만물의 수가 되는 것이다.

ㅁ 황(黃)씨가 가로되 – 소강절의 글은 아들 소백온이 그 은미한 것을 대략 밝혔으며, 축씨에 이르러 그 설명이 상세하나 그 용(用)은 다르다. 채원정은 넓게 하였으나 간략하다. 오른쪽의 사상체용도(四象體用圖)는

이 책의 범례(凡例)가 은밀하게 포함되어 있다. 지금 이 책을 자세히 살피면 일월성신의 사상(四象)이 '聲'이 되고 일월성신이 또 스스로 서로 더하게 되며, 수화토석(水火土石)의 사상이 音이 되고 수화토석이 또 스스로 서로 더하게 되는데 이 또한 팔괘가 서로 더하여 64가 되는 것과 같다. 그 그림에는 무릇 32가 있는 바 平 · 上 · 去 · 入의 聲은 각각 네 개의 그림이 되었다. 도합 16개의 그림이다. 또 개(開) · 발(發) · 수(收) · 폐(閉)의 音은 각각 네 개의 그림이 되었는데 도합 16개의 그림이다. 聲의 수는 각 그림마다 1,064이니 16개의 그림에 도합 17,024가 된다. 音의 수는 그 사이에 출입이 있어 16개의 그림 또한 17,024이다. 대개 평 · 상 · 거 · 입 · 개 · 발 · 수 · 폐는 분포된 것이 자세히 추측하여 얻은 것이다. 채원정이 10聲을 취하여 10개의 그림이 되고 12音을 취하여 12개의 그림이 된다. 제1 聲圖에 多字의 글자가 있는데 평성(平聲)이다. 개개의 설(舌)이 上 · 去 · 入 세 개의 聲에 따르는 것과 같다. 제1 音圖에 古字가 있는데 개음(開音)이다. 甲 · 九 · 癸 글자는 발(發) · 수(收) · 폐(閉) 세 개의 音에 따르는 것과 같다. 17,024의 수를 얻게 되는데 112에 152를 곱하고 152에 112를 곱하여 얻은 수와 똑같다. 이것은 이른바 자연의 묘(妙)이다. 만약 성(聲)으로 수(數)가 일어나고 數로 괘(卦)에 합한다면 축(祝)씨에 갖추어져 소강절이 말하지 않는 것이고, 채원정이 쓰지 않은 것이다라고 하였다.

▣ 소백온이 선친의 뜻을 이어받아 이르길-지극히 큰 것을 황(皇)이라 하고 지극히 중도인 것을 극(極)이라 하며, 지극히 바른 것을 경(經)이라 하고 지극한 변화를 세(世)라고 한다. 지극히 크고 중도이며 바르고 이에 응하여 변하며 치우침이 없는 것을 도(道)라고 한다. 도는 도를 밝히는 것이며, 도가 사물을 밝히는 것이 아니고 도를 밝게 해야 도가

확연히 보이는 것이다. 만물이란 것은 '도'의 형체이다. 도에서 생겨나고 도에서 이루어지는 것이다. 도가 변하는 것이 물체이고 물체가 변하는 것이 도이다. 이로써 본다면 도 역시 물체이고 물체도 또한 도임을 알게 된다. 그러나 누가 그것을 분별하는 데 능하리요. 그러므로 도를 잘 관찰하는 것은 반드시 사물로써 하여야 하고 사물을 잘 관찰하는 것은 반드시 도로써 하여야 한다. 즉 도를 얻어서 사물을 잊어야 된다고 이르며, 반드시 사물을 멀리하고 도를 구한다면 어찌 헛된 것이 아니리오. 만물이 크기로는 천지보다 큰 것이 없다. 그런즉 천지가 어찌 좇아 낳는가. 도가 천지를 낳으니 태극이란 도의 전체이다. 태극이 양의(兩儀)를 낳고 이 양의에서 형(形)이 구별되게 되니 양의가 사상(四象)을 낳고 사상 이후에 천지의 도가 갖추어진다. 하늘의 도를 세우는 것은 음과 양이고, 땅의 도를 세우는 것은 강(剛)과 유(柔)이다. 음양은 위에서 변화하여 일월성신을 낳으며 강유는 아래에서 변화하여 수화토석(水火土石)을 이루게 된다. 일월성신은 그 상(象)을 하늘에서 이루고 수화토석은 땅에서 그 체(體)를 이룬다. 상은 위에서 동(動)하여 만시(萬時)를 낳으며, 체는 아래에서 뒤섞이어 만물을 이룬다. 시(時)에는 소(消) · 장(長) · 영(盈) · 허(虛)가 있고, 만물에는 풀 · 나무 · 날짐승 · 들짐승이 있다. 소 · 장 · 영 · 허는 시의 변함이고 풀 · 나무 · 날짐승 · 들짐승은 만물의 종류이다. 시의 변화가 일어나고 만물의 종류가 이에 응하니 시와 만물은 수가 있게 된다. 이 '수'란 무엇인가. 도의 운(運)이다. 이(理)가 회(會)한 것이고 음양의 도(度)이며 만물의 기(紀)이다. 어두운 곳에서 정하여져서 밝은 곳으로 나타나서 징험되고 미미하게 숨겨져 있다가 뚜렷하게 나타나 이른바 변화를 이루게 되고 귀신을 행하게 하는 것이다. 도(道)가 하나를 낳으니 하나는 태극이다. 하나가 둘을 낳으니 둘은 양의(兩儀)이다. 둘이 넷을 낳으니 넷은 사상(四象)이다. 넷이 여덟을 낳으니 여덟은 팔괘이고 여덟이 64를 낳는다. 이 64가 갖춰진 후에 천지만물의 도가 구비되는 것이다. 천지만물의 도는 '1'에 근본을 두지 않음이 없으며, 1에 근본을 두고 펼치게 되면 만(萬)이 되나니 천하의 수를 깊이 파고들어 연구하면 다시 1로 되돌아간다. '1'이란 무엇인가. 천지의 중심이고 조화의 근원이다. 일(日)은 원(元)이 되니 원이란 기(氣)의 시작이다. 그 수는 1이다. 월(月)은 회(會)가 되니 회란 수(數)가 뒤섞임이다. 그 수는 12이다. 성(星)은 운(運)이 되니 운이란 시(時)가 행하는 것이다. 그 수는 360이다. 신(辰)은 세(世)가 되니 세란 변화의 끝이 되고 그 수는 4,320이 된다. 1년의 수를 보면 1원(元)의 수를 알게 된다. 대운(大運)으로써 1원을 보게 되면 1원이란 1세(歲)의 큰 것이다. 1원으로써 1세를 보면 1년이란 1원의 작은 것이다. 1원은 12회(會) 360운(運) 4,320세(世)를 거느리니 세월일시(歲月日時)가 각각 수(數)가 있다. 1세도 12월 360일 4,320시간을 거느리며 분(分) · 호(毫) · 리(釐) · 사(絲)로 또 나뉘어 극히 작은 것도 나타낸다. 사라지는 것도 역시 수가 있는 것이다. 이 모두 원이 거느리는 것이며 1이 종(宗)이 된다. 시작과 끝이 왕래하는데 무궁한 것은 하늘에서 소장영허(消長盈虛)가 되고 사람에게서 치란흥패(治亂興敗)가 된다. 모두 수에서 벗어나질 못한다. 태양은 일(日)이 되고 태음은 월(月)이 되며, 소양은 성(星)이 되고 소음은 신(辰)이 된다. 태강(太剛)은 화(火)가 되고 태유(太柔)는 수(水)가 되며, 소강(少剛)은 석(石)이 되고 소유(少柔)는 토(土)가 된다. 양의 수는 10이고 음의 수는 12이다. 강(剛)의 수는 10이고 유(柔)의 수는 12이다. 즉 태양 · 소양 · 태강 · 소강의 본수(本數)는 무릇 40이 되고, 태음 · 소음 · 태유 · 소유의 본수는 무릇 48이 된다. 40에 4를 곱하면 160이 되는데 태양 · 소양 · 태강 · 소강의 체수(體數)가 되고, 48에 4를 곱하면 192가 되는데 태음 · 소음 · 태유 · 소유의 체수가 된다. 이 음양 강유의 수가 서로 진퇴를 하면 용수(用數)가 나오는데 태양 · 소양 · 태강 · 소강의 용수는 112이고 다른 것은 152가 된다. 이 음양 강유의 용수가 번갈아들면서 서로 부르고 화답하여 각각 17,024가 되는데 이는 일월성신 · 수화토석의 변화의 수이다. 이 변화의 수가 동식물의 수이다. 이 변화의 수가 다시 한 번 창화(唱和)하게 되면 곧 28,981만 6,576이 되는데 이것은 동식물의 통수(通數)이다. 본수(本數)란 수의 시작이고 체수(體數)란 수가 완성된 것이며 용수(用數)란 수가 변하는 것이다. 용(用)에 이르면 이 체(體)의 수가 물러나게 되니 이 체의 수가 물러나면 본수가 숨는 것이다. 이 체가 물러나고 본(本)이 숨게 되면 변화가 나타나게 된다. 그러므로 변화의 수라고 한다. 변화라는 것은 생생(生生)하면서 불궁(不窮)함을 말한다. 만물이란 동식물을 이르는 것이다. 고로 이르기를 동식물의 수라고 이른다. 만물의 수는 무성하게 번식하는 고로 동식물의 통수라 이른다. 數가 있으면 物이 있고 數가 다하면 물도 다한다. 물이 있은즉 수가 있고 물이 다하면 수도 다한다. 그런즉 '수'는 끝나고 다함이 없다. 수가 다하면 다시 되며, 사물은 끝나고 막힘이 없으나 이 사물이 다하면 변하게 되고, 변하는 고로 능히 통하게 된다. 또한 되풀이는 되는 고로 능히 영원하게 되는 것이다.

일 · 월 · 성 · 신은 서(暑) · 한(寒) · 주(晝) · 야(夜)로 변하고, 수 · 화 · 토 · 석은 우(雨) · 풍(風) · 로(露) · 뢰(雷)로 변하게 된다. 서 · 한 · 주 · 야는 하늘의 변화가 땅을 불러서 된 것이고, 우 · 풍 · 로 · 뢰는 땅의 변함이 하늘에 화답하여 된 것이다. 이 한 번 창(唱)하고 한 번 화(和)하는 연후에야 물(物)이 생하는 것이다. 서 · 한 · 주 · 야는 성(性) · 정(情) · 형(形) · 체(體)로 변하고, 우 · 풍 · 로 · 뢰는 주(走) · 비(飛) · 초(草) · 목(木)으로 변한다. 성 · 정 · 형 · 체는 하늘에 근원을 두고 땅에 감응된 것이며, 주 · 비 · 초 · 목은 땅에 근본하고 하늘에 응험된 것이다. 한 번 감

(感)하고 한 번 응(應)한 후에 만물이 이루어지게 된다. 즉 창(唱) · 화(和) · 감(感) · 응(應)은 천지의 도이며 만물의 정(情)인 것이다. 천지의 도와 만물의 정은 오로지 그 정성스러움을 이르는 것이다. 무릇 천지 사이에는 중국 사람이나 그 밖의 야만인이나 모두 사람이며, 들짐승 · 날짐승 · 풀 · 나무는 모두 물체이다. 사람은 각각 성품이 있고 만물은 각각 종류가 있다. 성품과 종류 사이에는 이(理)와 수(數)가 있다. 천지를 추측한 후에야 만물의 이치가 밝아지고 음양의 깊은 이치를 찾은 후에야 만물의 수를 볼 수 있다. 하늘의 기운은 아래로 내려가고 땅의 기운은 위로 솟구쳐 올라 양이 앞에서 부르고 음이 뒤에서 화답한 연후에야 만물이 생하게 된다. 천지는 지극히 미(美)한 것이 있고 음양은 지극히 정(精)한 것이 있다. 물체가 얻는 것은 지극히 순수한 것과 혼탁한 것이 있다. 그러므로 만물의 종류에는 큰 것도 있고 작은 것도 있으며, 나쁜 것도 있고 좋은 것도 있으며, 바른 것도 있고 사악한 것도 있으며, 부드러운 것도 있고 강한 것도 있다. 이는 모두 스스로 얻은 것이다. 성(聲) · 색(色) · 형(形) · 기(氣)에 이르러서는 각기 그 종류에 따라 얻는데 가히 살펴서 알 수 있다. 그 가운데 성음(聲音)이 심하다. 聲은 양(陽)이고 하늘에서 생겨난다. 音은 음(陰)이고 땅에서 생겨난다. 이 성음의 수를 안 이후에야 만물의 수를 볼 수 있다. 성음의 이치를 안 이후에 만물의 이치를 알 수 있다. 사람에게도 종류가 있는 것은 만물에 종류가 있음에 말미암는다. 인류의 수 역시 물류(物類)의 수에 말미암는다. 천지를 구비하고 만물을 겸하여 그 덕이 태극에 합하는 것은 오직 인간이 아니겠는가? 날마다 사용해도 알지 못하는 것은 백성이고 몸을 되돌아보고 정성을 다하는 것은 군자이며 성(性)에 말미암아 얻은 것은 성인이다. 그러므로 성인은 천지와 일체가 되고 만물과 한 몸이 되어 구제에 능하고 버리지 않는다. 두루 빠짐없이 이루게 하고 빠뜨려 버리지 않는

다. 이는 능히 그 중(中)을 이루기 때문이다. 생물의 도는 천류(天類)는 陽에 속하고 지류(地類)는 陰에 속한다. 양은 동물이 되고 음은 식물이 된다. 양 가운데의 양은 날짐승이 되고 음 가운데의 음은 들짐승이 된다. 동(動)하거나 비(飛)하는 것은 하늘과 친하며 주(走)하고 식(植)하는 것은 땅과 친하다. 하늘에는 지극히 순수함이 있고 땅에는 지극히 경이로움이 있다. 이를 사람이 얻으면 명철해지게 되고 날짐승이 얻으면 봉황(鳳凰)이 되며, 들짐승이 얻으면 기린(麒麟)이 되고 갑각류가 얻으면 거북 · 용(龍)이 되며, 풀이 얻으면 난(蘭)이 되고 나무가 얻으면 소나무가 되며, 광물이 얻으면 금과 옥이 되는데 만물이 그 종류를 얻지 않음이 없게 된다. 하늘에도 지극히 어그러진 곳이 있고 땅에도 지극히 어두운 곳이 있는데 사람이 얻으면 요얼(妖孼)이 되고 날짐승이 얻으면 올빼미 · 짐새 같은 것이 되며, 들짐승이 얻으면 범 · 이리가 되고 갑각류가 얻으면 살모사 같은 것이 되며, 풀이 얻으면 지극한 독이 있고 나무가 얻으면 재료로 쓰이지 못하며 광물이 얻으면 자갈 같은 것이 되는데, 만물 역시 그 종류에 따라 얻지 않음이 없다. 천지의 기운이 인온(氤氳)하고 만물이 화순(化醇)하는 것을 일러 하나를 이루었다고 한다. 그 감응하는 것이 하나를 이루지 못하는 것은 氣가 순수하지 못함이고, 순수하지 못하면 생물이 불미(不美)하게 된다. 그러므로 그 치세(治世)에 이르게 되면 현인의 무리가 많아지고 거북이 연못에 뜨며 봉황이 뜰에 내리고 하늘에서 감로(甘露)가 내리며 땅에서 예천(醴泉)이 솟아 나온다. 온갖 곡식이 쓰임을 이루게 되고 뭇 풀들이 무성하게 되어 순기(順氣)에 응한 것이다. 쇠약하여 난세(亂世)가 되면 반대로 역기(逆氣)에 응하게 되는데 이 역(逆)과 순(順)의 응험되는 것을 인심(人心)이 감응함에 말미암는다. 그러므로 옛적의 성인은 스스로 밝은 덕을 밝히어 여러 이웃 나라와 사이 좋게 지냈으며, 재해가 생기지 아니하고 화란(禍亂)이 일어나지 않았으며, 일월성신이 그 순서를 어기지 않았고 바람 · 비 · 밝음 · 어둠이 그 일정한 법칙을 잃지 않았으며, 산천의 귀신이 날짐승 · 들짐승 · 물고기 · 자라 등을 다 같이 편안히 하고 함께했다. 하늘과 사람 사이에 어찌 문득 이렇게 되리요. 크도다. 시(時)와 더불어 사(事)가 됨이여. 성인이 매우 깊이 있게 연구한 까닭이리라! 時라는 것은 天이고 事는 人이다. 時가 動하면 事가 일어난다. 천운(天運)에 따라 사람이 좇는 것이 마치 형태가 있으면 그림자가 모이고, 소리가 발하면 울림이 있는 것과 같도다. 時가 행하는 데 머물지 못하고 하늘의 운행에 머물지 않으며, 어기면 해가 되고 거역하면 흉이 된다. 그러므로 성인과 하늘은 나란히 함께 하고 거역하지 않는다. 時에 머물러 같이 가며 어기지 아니한다. 이로써 하늘이 도와 길함이 있으며 이롭지 않음이 없다. 時가 하늘을 어기지 못하고 物이 時를 어기지 않으며, 성인이 만물을 어기지 못하게 된다. 時가 하늘을 어기지 않으므로 하늘이 운행하여 반드시 변함이 있고, 物이 時를 어기지 않으며 성인이 만물을 어기지 못하게 된다. 時가 하늘을 어기지 않으므로 하늘이 운행하여 반드시 변함이 있고, 物이 時를 어기지 않으므로 時가 변하여 화(化)함이 있다. 성인이 物을 어기지 않으므로 만물이 化하여 순(順)하게 된다. 오직 성인이 만물에 위배되지 않으므로 하늘 역시 성인에게 위배되지 않는다. 이로써 하늘보다 먼저 앞서도 하늘이 어김이 없으며, 하늘보다 뒤로 하여도 천시(天時)를 받들게 된다. 이것이 천시가 인사(人事)에 말미암는 것이고 인사는 또 천시에 말미암는 것이 아니겠는가! 그러므로 天에 時가 있음에 人에는 이 事가 있게 되며, 人에 事가 있으면 天에는 이 時가 있게 되는 것이다. 그러니 事가 흥하고 時에 응하는 것은 오직 사람이 아니리요. 그 때는 있으나 그 사람이 없으면 때가 응하는 것이 부족하게 되고, 그 사람은 있으나 그 때가 없으면 事가 흥하지 못하게 된다. 그 사람은 있으나 그 때가 없는 것은 있지만, 그 때는 있는데 그 사람이 없는 것은 대개 있지 아니하다. 그러므로 영(盈) · 허(虛) · 소(消) · 식(息)은 하늘의 時이고, 치(治) · 란(亂) · 흥(興) · 패(敗)는 사람의 사(事)인 것이다. 소 · 장 · 영 · 허가 있은 뒤에 춘(春) · 하(夏) · 추(秋) · 동(冬)이 있으며, 치 · 란 · 흥 · 패가 있은 뒤에 황(皇) · 제(帝) · 왕(王) · 패(霸)가 있다.

당(唐) · 우(虞)는 그 하늘 가운데(즉 천지의 중앙, 乾의 九五)에서 흥하였고, 요임금과 순임금은 그 운에 응하여 생한 것이 아니겠는가? 이 어찌 천시와 인사가 같이 서로 징험한 것이 아니겠는가! 그 먼저에도 있지 않았고 혹 그 후에 이르러서도 더 높음이 없었다. 비유하면 장차 여름의 하지(夏至)에 태양이 가장 중앙을 향함이 아니겠는가. 그러므로 성인이 글을 정리함에 결단코 당 · 우(唐虞)의 요순(堯舜) 시대를 時의 왕성함으로 한 것이다. 경서(經書)를 편찬함에 주(周)나라 평왕(平王)에서부터 시작하였는데 도가 쇠퇴한 것이다. 그러므로 성인이 두려워하여 242년(춘추시대)의 사(事)를 기술하여 만세의 법으로 삼고자 한 것이다. 법이란 무엇인가? 군신(君臣) · 부자(父子) · 부부(夫婦)의 인도(人道)의 큰 윤리를 말함이다. 性으로 된 것은 성인이고 성(誠)하고자 함은 군자이며, 이를 어기는 자는 소인이고 망하게 하는 자는 금수이다. 흥하면 치세가 되고 망하면 난세가 되며, 쓰이게 되면 중국이 되고 버리게 되면 오랑캐가 된다. 오패(五霸)가 왕도(王道)에서 멀어진 지 오래됐으니 오히려 오랑캐보다 나은 것이 있으리요. 그 시대의 제후(諸侯)가 오패들과 멀어진 지 오래이고 오랑캐와 이웃하니 어찌 이적에 가깝지 않으리요. 만약 성인이 나서 《춘추(春秋)》를 짓게 되지 않았다면 천하의 후세 사람들이 모두 야만인의 풍속을 갖게 될 것이다. 《춘추》에는 천도(天道)가 있고 지도(地道)가 있으며 인도(人道)가 있으니 임금이 되는 자는 잘 받들어 사용하면 제왕(帝王)의 공덕이 어찌 어려울 것인가!

邵伯溫系述日, 至大之謂皇. 至中之謂極. 至正之謂經. 至變之謂世. 大中至正. 應變無方之謂道. 以道明道道非可明. 以物明道道斯見矣. 物者道之形體也生於道而道之所成也道變而爲物. 物化而爲道. 由是知道亦物也物亦道也, 孰知其辨哉故善觀道者必以物. 善觀物者必以道謂得道而忘物則可矣, 必欲遠物而求道, 不亦妄乎. 有物之大莫若天地然則天地安從生道生天地而太極者道之全體也. 太極生兩儀兩儀形之判也. 兩儀生四象四象生而後天地之道備焉. 立天之道日陰與陽立地之道日柔與剛. 陰陽變於上而日月星辰生焉. 剛柔化於下而水火土石成焉. 日月星辰成象於天. 水火土石成體於地. 象動於上而萬時生焉. 體交於下而萬物成焉時有消長盈虛物有草木飛走. 消長盈虛者時之變也. 動植飛走者物之類也. 時以變起物以類應時之與物, 有數存焉數者何也道之運也, 理之會也陰陽之度也萬物之紀也定於幽而驗於明藏於微而顯於著所以成變化而行鬼神者也. 道生一, 一爲太極. 一生二, 二爲兩儀. 二生四, 四爲四象. 四生八, 八爲八卦. 八卦生六十四, 六十四具而後天地萬物之道備矣. 天地萬物莫不以一爲本原於一而衍之以爲萬窮天下之數而復歸于一. 一者何也天地之心也造化之源也. 日爲元, 元者氣之始也, 其數一. 月爲會, 會者數之交也, 其數十二. 星爲運, 運道時之行也, 其數三百六十. 辰爲世, 世者變之終也, 其數四千三百二十. 觀一歲之數, 則一元之數覩矣. 以大運而觀一元則一元一歲之大者也. 以一元而觀一歲則一歲一元之小者也. 一元統十二會, 三百六十運, 四千三百二十世歲月日時各有數焉. 一歲統十二月, 三百六十日四千三百二十時刻分毫釐絲忽 沒亦有數焉皆統於元而宗於一, 終始往來而不窮在天則爲消長盈虛在人則爲治亂興廢皆不能逃乎數也. 太陽爲日. 太陰爲月. 少陽爲星. 少陰爲辰. 太剛爲火. 太柔爲水. 少剛爲石. 少柔爲土. 陽之數十陰之數十二剛之數十柔之數十二太陽少陽太剛少剛之本數凡四十太陰少陰太柔少柔之本數凡四十有八四而因之得一百有六十是謂太陽少陽太剛少剛之體數得一百九十有二是謂太陰少陰太柔少柔之體數. 以陰陽剛柔之體數互相進退是謂太陽少陽太剛少剛太陰少陰太柔少柔之用數. 太陽少陽太剛少剛之用數一百一十二. 太陰少陰太柔少柔之用數一百五十二. 以陰陽剛柔之用數更唱迭和各得萬有七千二十四, 是謂日月星辰水火土石變化之數. 日月星辰之變數水火土石之化數, 是謂動植之數. 以日月星辰水火土石變化之數再相唱和. 得二萬八千九百八十一萬六千五百七十六, 是謂動植之通數. 本數者數之始也體數者, 數之成也. 用數者數之變也. 致用則體數退矣. 體數退則本數藏矣. 體退而本藏, 則變化見矣, 故謂之變化之數變化者生生不窮之謂也. 萬物者動植之謂也. 故謂之動植之數. 萬物之數滋而生焉, 故謂之動植之通數有數則有物, 數盡則物窮矣. 有物則有數物窮則數盡矣. 然數無終盡, 數盡則復物無終窮物窮則變變故能通. 復故能久. 日月星辰變乎暑寒晝夜者也. 水火土石, 化乎雨風露雷者也暑寒晝夜天之變而唱乎地者也. 雨風露雷, 地之化而和乎天者也. 一唱一和而後物生焉. 暑寒晝夜, 變乎性情形體者也. 雨風露雷化乎走飛草木者也. 性情形體本乎天而感乎地者也. 走飛草木本乎地而應乎天者也. 一感一應而後物成焉. 一唱一和一感一應者, 天地之道, 萬物之情也. 天地之道, 萬物之情, 其唯誠之謂乎. 凡在天地之間蠻夷華夏皆人也. 動植飛走皆物也. 人各有品. 物各有類. 品類之間有理有數存焉推之於天地而後萬物之理昭焉. 賾之於陰陽而後萬物之數覩焉. 天氣下降, 地氣上 , 陽唱於前陰. 和於後, 然後物生焉. 天地有至美陰陽有至精, 物之得者或粹或駁或淳或漓, 故萬物之類, 或巨或細, 或惡或良, 或正或邪, 或柔或剛, 咸其自取之耳. 至于聲色形氣各以其類而得焉. 可考而知, 聲音爲甚. 聲者陽也, 而生于天. 音者陰也, 而出乎地. 知聲音之數而後萬物之數覩矣. 知聲音之理而後萬物之理得矣. 人之有類亦由物之有類也. 人類之數, 亦由物類之數也. 備天地兼萬物而合德于太極者, 其唯人乎日用而不知者, 百姓也. 反身而誠之者君子也. 因性而由之者聖人也. 故聖人以天地爲一體萬物爲一身, 善救而不棄曲成而不遺, 以成能其中焉. 生物之道天類屬陽之類屬陰. 陽爲動. 陰爲植. 陽之陽爲飛陰之陰爲走. 動而飛者親上. 走而植者親下. 天有至粹地有至精人類得之則爲明哲, 飛類得之則爲鸞鳳走類得之則爲麒麟介類得之則爲龜龍草類得之則爲芝蘭木類得之則爲松柏, 石類得之則爲金玉, 萬物莫不以其類而有得者焉. 天有至戾, 地有至幽, 人類得之則爲妖孼, 飛類得之則爲梟 , 走類得之則爲虎狼, 介類得之則爲虺蜴, 草類得之則爲至毒, 木類得之則爲不材, 石類得之則爲礓礫萬物亦莫不以其類而有得者焉. 天地 萬物化醇言致一也. 感應之不一, 則氣不粹. 氣不粹, 則生物不美. 是故致治之世, 則賢人衆多, 龜龍遊於沼, 鳳鳥翔于庭, 天降甘露地出醴泉百穀用成, 庶草蕃 順氣之應也. 衰亂之世則反此, 逆氣之應也. 逆順之應由人心之感焉, 故古之聖人自昭明德, 協和萬邦, 災害不生, 禍亂不作, 日月星辰不忒其序風雨晦暘不失其常山川鬼神以寧鳥獸魚鼈咸若, 天人之際安可忽哉. 大哉時之與事乎, 聖人所以極深而研幾也. 時者天也. 事者人也. 時動而事起天運而人從, 猶形行而影會聲發而響. 應歟時行而不留. 天運而不停. 違之則害. 逆之則凶. 故聖人與天 行而不逆與時俱遊而不違是以自天祐之吉無不利時不能違天. 物不能違時聖人不能違物. 時不能違天, 故天運而必變. 物不能違時, 故時變而必化. 聖人不能違物, 故物化而必順. 聖人唯不能違物, 故天亦不能違聖人. 是以先天而天弗違後天而奉天時. 天之時由人之事乎. 人之事由天之時乎. 故天有是時則人有是事. 人有是事則天有是時. 興事而應時者, 其惟人乎. 有其時而無其人, 則時不足以應有其人而無其時, 則事不足以興有其人而無其時, 則有之矣. 有其時而無其人, 蓋未之有也. 故消息盈虛者天之時也. 治亂興廢者, 人之事也有消長盈虛而後有春夏秋冬. 有治亂興廢而後有皇帝王伯. 唐虞者其中天而興乎堯舜者其應運而生乎. 何天時人事之相驗歟. 先之者則未之或至後之者則無以尙之其猶夏之將至日之向中乎. 故聖人刪書斷自唐虞時之盛也. 脩經始於周平道之衰也. 故聖人懼之以二百四十二年之事繫之以萬世之法. 法者何也君臣父子夫婦人道之大倫也. 性之者聖人也. 誠之者君子也. 違之者小人也. 亡之者禽獸也. 興之則爲治廢之則爲亂用之則爲中國舍之則爲夷狄. 五伯去王也遠矣, 不猶愈於狄乎. 當世之諸侯去伯也遠矣鄰於狄也不亦近乎. 微聖人之生春秋之作則天下後世之人其被髮左衽矣. 春秋有天道焉有地道焉有人道焉王者擧而用之則帝王之功豈難致哉.

# 황극경세서(皇極經世書)·三

邵伯溫 解

# 관물내편(觀物內篇) · 1

▣ 물체로서 큰 것은 하늘땅만한 것이 없다. 그러나 물체이므로 역시 다함이 있다.

物之大者無若天地, 然而亦有所盡也.

▣ 하늘이 큰 것은 음양(陰陽)이 극진함이요, 땅이 큰 것은 강유(剛柔)의 극진함이다.

天之大, 陰陽盡之矣. 地之大, 剛柔盡之矣.

▣ 음양이 다하면 사시(四時)가 이루어지고 강유가 극진하면 사유(四維)가 이루어진다. 이 사시와 사유는 천지의 지극히 큰 것을 이르는 것이다.

陰陽盡而四時成焉. 剛柔盡而四維成焉. 夫四時四維者, 天地至大之謂也.

▣ 무릇 대(大)라고 하면 더 얻어 지나침이 없으며, 역시 시작은 '大'로 하지 않았으나 스스로 얻게 된다. 그러므로 능히 대를 이루나니 어찌 지극히 장대하고 지극히 위대하지 않으리요.

凡言大者, 無得而過之也. 亦未始以大爲自得, 故能成其大. 豈不謂至偉至偉者歟.

▣ 하늘은 동(動)에서 생하고 땅은 정(靜)에서 생겨난다. 일동(一動)과 일정(一靜)이 서로 교류하여 천지의 도를 다하게 된다. 동의 첫머리에서 양(陽)이 생겨나고 동의 극에 이르러 음(陰)이 생겨난다. 일음(一陰)과 일양(一陽)이 교류하여 하늘의 작용을 다하게 된다. 정의 첫머리에서 유(柔)가 생겨나고 정의 극점에서 강(剛)이 생겨난다. 일강(一剛)과 일유(一柔)가 교류하여 땅의 작용을 다하게 된다.

天, 生于動者也. 地生于靜者也. 一動一靜交而天地之道盡之矣動之始則陽生焉動之極則陰生焉. 一陰一陽交而天之用盡之矣. 靜之始則柔生焉. 靜之極則剛生焉. 一剛一柔交而地之用盡之矣.

▣ 움직임이 큰 것을 태양(太陽)이라 하고 움직임이 작은 것을 소양(少陽)이라고 한다. 고요함이 큰 것을 태음(太陰)이라 하고 고요함이 작은 것을 소음(少陰)이라고 한다.

動之大者謂之太陽. 動之小者謂之少陽靜之大者謂之太陰. 靜之小者謂之少陰.

▣ 태양은 일(日)이 되고 태음은 월(月)이 되며, 소양은 성(星)이 되고 소음은 신(辰)이 된다. 이 일 · 월 · 성 · 신이 교류하여 하늘의 체(體)를 다하게 된다.

太陽爲日, 太陰爲月, 少陽爲星, 少陰爲辰. 日月星辰交而天之體盡之矣.

▣ 태유(太柔)는 수(水)가 되고 태강(太剛)은 화(火)가 되며, 소유(少柔)는 토(土)가 되고 소강(少剛)은 석(石)이 된다. 이 수 · 화 · 토 · 석이 교류하여 땅의 체(體)를 다하게 된다.

太柔爲水, 太剛爲火, 少柔爲土, 少剛爲石, 水火土石交而地之體盡之矣.

주) 황극경세에서는 금목수화토를 버리고 수화토석을 쓰는데 왜 그런가?

가로되 일월성신은 天의 四象이요, 수화토석은 地의 四體이다. 금목수화토는 오행인데 사상과 사체는 선천이요, 오행은 후천인 것이다. 선천이란 후천이 나온 곳이다. 즉 수화토석은 오행이 나온 곳이다. 수화토석은 본체요, 오행은 치용이다. 오행은 수화토석 안에 있는 것이다. 金이란 石에서 나오고 木은 土에서 생겨난다. 곧 石이 있은 후에 金이 있고, 土가 있은 후에 木이 있는 것이다. 金이란 從革 이후에 이루어지고 木이란 식물의 한 종류이다. 이 어찌 오행을 버리고 쓰지 않은 것인가! 오행이 곧 그 속에 있는 것이다. 곧 황극경세서는 수화토석인 본체를 쓰는 것이고, 홍범(洪範)에서는 금목수화토인 그 치용(致用)을 쓰는 것이다.

▣ 일(日)은 서(暑)가 되고 월(月)은 한(寒)이 되며, 성(星)은 주(晝)가 되고 신(辰)은 야(夜)가 된다. 이 서 · 한 · 주 · 야가 교류하여 하늘의 변함을 다한다.

日爲暑, 月爲寒, 星爲晝, 辰爲夜, 暑寒晝夜交而天之變盡之矣.

▣ 수는 우(雨)가 되고 화는 풍(風)이 되며, 토는 로(露)가 되고 석은 뢰(雷)가 된다. 이 우 · 풍 · 로 · 뢰가 교류하여 땅의 변화를 다하게 된다.

水爲雨, 火爲風, 土爲露, 石爲雷, 雨風露雷交而地之化盡之矣.

▣ 서(暑)는 물체의 성(性)으로 변화되고 한(寒)은 물체의 정(情)으로 변화되며, 주(晝)는 물체의 형(形)으로 변화되고 야(夜)는 물체의 체(體)로 변화된다. 이 성 · 정 · 형 · 체가 교류하여 동식물의 감응이 다하게 된다.

暑變物之性, 寒變物之情, 晝變物之形, 夜變物之體, 性情形體交而動植之感盡之矣.

▣ 우(雨)는 만물의 走하는 것으로 변화되고 풍(風)은 만물의 飛하는 것으로 변화되며, 로(露)는 만물의 풀[草]로 변화되고 뢰(雷)는 만물의 나무[木]로 변화된다. 이 들짐승 · 날짐승 · 풀 · 나무가 교류하여 동식물의 응험을 다하게 된다.

雨化物之走, 風化物之飛, 露化物之草, 雷化物之木, 走飛草木交而動植之應盡之矣.

▣ 주(走)가 서(暑)에 감응하여 변하면 성(性)의 주(走)가 되고 한(寒)에 감응하여 변하면 정(情)의 走가 되며, 주(晝)에 감응하여 변하면 형(形)의 走가 되고 야(夜)에 감응하여 변하면 체(體)의 走가 된다.

飛가 暑에 감응하여 변하면 性의 飛가 되고 寒에 감응하여 변하면 情의 飛가 되며, 晝에 감응하여 변하면 形의 飛가 되고 夜에 감응하여 변하면 體의 飛가 된다.

草가 暑에 감응하여 변하면 性의 草가 되고 寒에 감응하여 변하면 情의 草가 되며, 晝에 감응하여 변하면 形의 草가 되고 夜에 감응하여 변하면 體의 草가 된다.

木이 暑에 감응하여 변하면 性의 木이 되고 寒에 감응하여 변하면 情의 木이 되며, 晝에 감응하여 변하면 形의 木이 되고 夜에 감응하여 변하면 體의 木이 된다.

走感暑而變者性之走也. 感寒而變者情之走也. 感晝而變者形之走也. 感夜而變者體之走也. 飛感暑而變者性之飛也. 感寒而變者情之飛

也. 感晝而變者形之飛也. 感夜而變者體之飛也. 草感暑而變者性之草也. 感寒而變者情之草也. 感晝而變者形之草也. 感夜而變者體之草也. 木感暑而變者性之木也. 感寒而變者情之木也. 感晝而變者形之木也. 感夜而變者體之木也.

▣ 性이 雨에 감응하여 化하면 走의 性이 되고 風에 감응하여 化하면 飛의 性이 되며, 露에 감응하여 化하면 草의 性이 되고 雷에 감응하여 化하면 木의 性이 된다.

情이 雨에 감응하여 化하면 走의 情이 되고 風에 감응하여 化하면 飛의 情이 되며, 露에 감응하여 化하면 草의 情이 되고 雷에 감응하여 化하면 木의 情이 된다.

形이 雨에 감응하여 化하면 走의 形이 되고 風에 감응하여 化하면 飛의 形이 되며, 露에 감응하여 化하면 草의 形이 되고 雷에 감응하여 化하면 木의 形이 된다.

體가 雨에 감응하여 化하면 走의 體가 되고 風에 감응하여 化하면 飛의 體가 되며, 露에 감응하여 化하면 草의 體가 되고 雷에 감응하여 化하면 木의 體가 된다.

性應雨而化者走之性也. 應風而化者飛之性也. 應露而化者草之性也. 應雷而化者木之性也. 情應雨而化者走之情也. 應風而化者飛之情也. 應露而化者草之情也. 應雷而化者木之情也. 形應雨而化者走之形也. 應風而化者飛之形也. 應露而化者草之形也. 應雷而化者木之形也. 體應雨而化者走之體也. 應風而化者飛之體也. 應露而化者草之體也. 應雷而化者木之體也.

▣ 性이 走하는 것은 빛깔[色]에 능하고 情이 走하는 것은 소리[聲]에 능하며, 形이 走하는 것은 냄새[氣]에 능하고 體가 走하는 것은 맛[味]에 능하다.

性이 飛하는 것은 빛깔에 능하고 情이 飛하는 것은 소리에 능하며, 形이 飛하는 것은 냄새에 능하고 體가 飛하는 것은 맛에 능하다.

性이 草하는 것은 빛깔에 능하고 情이 草하는 것은 소리에 능하며, 形이 草하는 것은 냄새에 능하고 體가 草하는 것은 맛에 능하다.

性이 木하는 것은 빛깔에 능하고 情이 木하는 것은 소리에 능하며, 形이 木하는 것은 냄새에 능하고 體가 木하는 것은 맛에 능하다.

性之走善色. 情之走善聲. 形之走善氣. 體之走善味. 性之飛善色. 情之飛善聲. 形之飛善氣. 體之飛善味. 性之草善色. 情之草善聲. 形之草善氣. 體之草善味. 性之木善色. 情之木善聲. 形之木善氣. 體之木善味.

▣ 走가 性한 것은 귀[耳]가 좋고 飛가 性한 것은 눈[目]이 좋으며, 草가 性한 것은 입[口]이 좋고 木이 性한 것은 코[鼻]가 좋다.

走가 情한 것은 귀가 좋고 飛가 情한 것은 눈이 좋으며, 草가 情한 것은 입이 좋고 木이 情한 것은 코가 좋다.

走가 形한 것은 귀가 좋고 飛가 形한 것은 눈이 좋으며, 草가 形한 것은 입이 좋고 木이 形한 것은 코가 좋다.

走가 體한 것은 귀가 좋고 飛가 體한 것은 눈이 좋으며, 草가 體한 것은 입이 좋고 木이 體한 것은 코가 좋다.

走之性善耳. 飛之性善目. 草之性善口. 木之性善鼻. 走之情善耳. 飛之情善目. 草之情善口. 木之情善鼻. 走之形善耳. 飛之形善目. 草之形善口. 木之形善鼻. 走之體善耳. 飛之體善目. 草之體善口. 木之體善鼻.

▣ 무릇 사람은 서(暑) · 한(寒) · 주(晝) · 야(夜)에 변하지 못함이 없으며, 우(雨) · 풍(風) · 로(露) · 뢰(雷)에 화(化)하지 않음이 없으며, 성(性) · 정(情) · 형(形) · 체(體)에 모두 감(感)하지 않음이 없으며, 비(飛) · 주(走) · 초(草) · 목(木)에 모두 응(應)하지 않음이 없다. 그러므로 눈으로 만물의 빛깔을 잘 가려 보고 귀로 만물의 소리를 잘 가려 들으며, 코로 만물의 냄새를 잘 가려 맡고 입으로 만물의 냄새를 잘 가려 본다. 만물 가운데 가장 신령스러우니 마땅하지 않은가.

夫人也者, 暑寒晝夜無不變雨風露雷無不化. 性情形體無不感. 飛走草木無不應. 所以目善萬物之色. 耳善萬物之聲. 鼻善萬物之氣. 口善萬物之味. 靈于萬物, 不亦宜乎.

## 관물내편(觀物內篇) · 2

▣ 사람이 만물 가운데 신령스러운 까닭은 눈으로 만물의 빛깔을 받아들이고 귀로 만물의 소리를 받아들이며, 코로 만물의 냄새를 받아들이고 입으로 만물의 맛을 받아들이기 때문이다. 색(色) · 성(聲) · 기(氣) · 미(味)는 만물의 체(體)이고, 이(耳) · 목(目) · 구(口) · 비(鼻)는 만인(萬人)의 용(用)이다.

人之所以能靈于萬物者, 謂其目能收萬物之色, 耳能收萬物之聲, 鼻能收萬物之氣, 口能收萬物之味. 聲色氣味者, 萬物之體也目耳鼻口者, 萬人之用也.

▣ 체(體)에는 정해진 작용이 없고 오직 변(變)이 작용이다. 작용에는 정해진 체가 없고 오직 화(化)가 체이다. 체(體)와 용(用)이 교류하여 사람과 사물의 도가 빠짐없이 갖추어지게 되는 것이다.

體無定用, 惟變是用. 用無定體, 惟化是體. 體用交而人物之道于是乎備矣.

▣ 그러므로 사람도 또한 물체이고 성인(聖人)도 또한 사람이다. 하나의 물체를 감당하는 물체가 있고 열의 물체를 감당하는 물체가 있으며, 백의 물체를 감당하는 물체가 있고 천의 물체를 감당하는 물체가 있으며, 만(萬)의 물체를 감당하는 물체가 있고 억(億)의 물체를 감당하는 물체가 있으며, 조(兆)의 물체를 감당하는 물체가 있다. 하나의 물체가 조

(兆)의 물체를 감당하는 것이 어찌 사람이 아니겠는가! 한 사람을 감당하는 사람이 있고 열 사람을 감당하는 사람이 있으며, 백 사람을 감당하는 사람이 있고 천 사람을 감당하는 사람이 있으며, 만 사람을 감당하는 사람이 있고 억(億)의 사람을 감당하는 사람이 있으며, 조(兆)의 사람을 감당하는 사람이 있다. 한 사람이 조(兆)의 사람을 감당하는 자가 어찌 성인이 아니겠는가! 사람은 물체 가운데에서 가장 지극하고 성인은 사람 가운데에서 가장 지극한 것을 알 수 있다. 물체 가운데에서 가장 좋은 것을 물체 중의 물체라고 하며, 사람 가운데에서 가장 빼어난 것을 사람 중의 사람이라고 한다. 물체 가운데의 물체는 지물(至物)을 말함이고 사람 가운데의 사람은 지인(至人)을 말함이다. 하나의 지물은 하나의 지인에 해당하니 어찌 성인이 아니겠는가. 사람들이 성인이 아니라고 하는 것을 나는 믿지 못하겠노라.

然則人亦物也. 聖亦人也. 有一物之物有十物之物. 有百物之物. 有千物之物. 有萬物之物. 有億物之物. 有兆物之物. 生一一之物當兆物之物者, 豈非人乎. 有一人之人. 有十人之人. 有百人之人. 有千人之人. 有萬人之人. 有億人之人. 有兆人之人. 生一一之人當兆人之人者, 豈非聖乎. 是知人也者, 物之至者也. 聖也者, 人之至者也. 物之至者始得謂之物之物也. 人之至者始得謂之人之人也. 夫物之物者至物之謂也. 人之人者至人之謂也. 以一至物而當一至人, 則非聖而何. 人謂之不聖, 則吾不信也.

▣ 무엇 때문인가? 일심(一心)으로 만심(萬心)을 살피고 일신(一身)으로 만신(萬身)을 살피며, 일물(一物)로 만물(萬物)을 살피고 일세(一世)로 만세(萬世)를 살피기 때문이며

何哉, 謂其能以一心觀萬心, 一身觀萬身, 一物觀萬物, 一世觀萬世者焉.

▣ 또 마음으로 하늘의 뜻을 대신하고 입으로 하늘의 말을 대신하며, 손으로 하늘의 일을 대신하고 몸으로 하늘의 임무를 대신하기 때문이며

又謂其能以心代天意口代天言手代天工身代天事者焉.

▣ 또 위로 천시(天時)를 알고 아래로 지리(地理)를 다하며, 가운데로 물정(物情)에 밝고 인사(人事)를 환하게 알기 때문이며

又謂其能以上識天時, 下盡地理, 中盡物情, 通照人事者焉.

▣ 또 하늘땅의 출입조화와 고금의 진퇴와 인물의 표리를 두루 꿰뚫고 환하게 알기 때문이다.

又謂其能以彌綸天地出入造化, 進退今古, 表裏人物者焉.

▣ 아아, 성인이여! 세세토록 성인을 본받지 않으리요, 나는 눈으로 보아서 알게 된 것이 아니오. 비록 눈으로 보아 알 수 없을지라도 마음으로 살피고 자취를 살펴서 그 체(體)와 용(用)을 찾아 깊이 연구한다면 억만 천 년일지라도 알 수 있는 것이다.

噫聖人者, 非世世而效聖焉, 吾不得而目見之也. 雖然吾不得而目見之, 察其心, 觀其迹, 探其體, 潛其用, 雖億萬千年亦可以理知之也.

▣ 사람들이 나에게 묻기를 천지의 밖에 따로 천지만물이 있으며 이 천지만물과 다릅니까! 하니 나는 그것을 알지 못한다. 나뿐이 아니라 성

인도 알지 못하는 것이다. 무릇 지(知)라는 것은 마음으로 깨달아 아는 것이고 언(言)이라는 것은 입으로 얻어서 말하는 것이다. 이미 마음으로 깨달아 알지 못하는데 또 어떻게 입으로 얻어서 말을 하겠는가? 마음으로 깨달아 알지 못하는 것을 망지(妄知)라 하고 입으로 깨달아 말하지 못하는 것을 망언(妄言)이라고 한다. 내 어찌 망인(妄人)을 좇아 망지·망언을 행하겠는가!

人或告我日, 天地之外別有天地萬物, 異乎此天地萬物, 則吾不得而知之. 非唯吾不得而知之也, 聖人亦不得而知之也. 凡言知者, 謂其心得而知之也. 言言者, 謂其口得而言之也. 旣心尙不得而知之, 口又惡得而言之乎. 以心不可得知而知之, 是謂妄知也. 以口不可得言而言之, 是謂妄言也. 吾又安能從妄人而行妄知妄言者乎.

## 관물내편(觀物內篇) · 3

▣ 《주역(周易)》에 이르길 이(理)를 깊이 파고들고 성(性)을 다하여 명(命)에 이른다고 하였다. 이(理)란 물체의 이치이고 성(性)이란 하늘의 성(性)이다. 명(命)이란 理와 性을 머무는 것인바, 능히 理와 性을 처리하는 것은 도(道)가 아니고 무엇이겠는가?

易曰, 窮理盡性以至於命. 所以謂之理者, 物之理也. 所以謂之性者, 天之性也. 所以謂之命者, 處理性者也. 所以能處理性者, 非道而何.

▣ 이로써 도(道)는 천지의 근본이고 천지는 만물의 근본임을 알게 된다. 천지로 만물을 보면 만물도 물체이고, 도로 천지를 보면 천지도 또한 만물이다. 도의 도는 하늘에서 다하고 하늘의 도는 땅에서 다하며, 천지의 도는 만물에서 다하고 천지만물의 도는 사람에게서 다한다.

是知道爲天地之本, 天地爲萬物之本, 以天地觀萬物, 則萬物爲物. 以道觀天地, 則天地亦爲萬物, 道之道, 盡之于天矣. 天之道, 盡之于地矣, 天地之道, 盡之于物矣, 天地萬物之道, 盡之于人矣.

▣ 사람이 능히 천지만물의 道가 사람에게서 다하게 됨을 안 뒤에야, 능히 백성을 극진하게 할 수 있다.

人能知其天地萬物之道所以盡于人者, 然後能盡民也.

▣ 하늘이 만물을 극진하게 하니 호천(昊天)이라 하고, 사람이 능히

백성을 극진하게 하는즉 성인이라고 한다.

天之能盡物, 則謂之曰昊天; 人之能盡民, 則謂之曰聖人.

▣ 호천이 만물과 다르다면 호천이라고 말할 수 없고 성인이 만민(萬民)과 다르다면 성인이라고 말할 수 없다. 만민은 만물과 같으므로 성인은 호천과 다르지 않다. 그러므로 성인과 호천은 하나의 도이다. 성인과 호천이 하나의 도이면 만물과 만민도 하나의 도이다. 일세(一世)의 만민과 만물이 이미 하나의 도가 되었으니 만세(萬世)의 만민과 만세의 만물도 또한 하나의 도임이 분명하다.

謂昊天能異乎萬物則非所以謂之昊天也. 謂聖人能異乎萬民, 則非所以謂之聖人也. 萬民與萬物同, 則聖人固不異乎昊天者矣. 然則聖人與昊天爲一道. 聖人與昊天爲一道, 則萬民與萬物亦可以爲一道也. 一世之萬民與一世之萬物旣可以爲一道, 則萬世之萬民與萬世之萬物亦可以爲一道也明矣.

▣ 무릇 호천이 만물을 극진하게 하고 성인이 백성을 극진하게 함에 있어서 모두 사부(四府)가 있다. 호천의 사부는 춘(春) · 하(夏) · 추(秋) · 동(冬)이고 음양이 그 사이에서 오르고 내린다. 성인의 사부는 역(易) · 서(書) · 시(詩) · 춘추(春秋)이고 예악(禮樂)이 그 사이에서 융성하고 쇠퇴한다. 봄[春]은 만물을 생기게 하는 부(府)이고 여름[夏]은 만물을 자라게 하는 부이며, 가을[秋]은 만물을 거두어들이는 부이고 겨울[冬]은 만물을 갈무리하는 부이다. 물체라 부르는 것은 거의 만(萬)이나 되는데 비록 만의 만이라 하더라도 모든 것이 호천의 사부에서 나오는 것이다. 역(易)은 백성을 낳는 부이고 서(書)는 백성을 기르는 부이며, 시(詩)는 백성을 거두는 부이고 춘추(春秋)는 백성을 갈무리 저장하는 부이다. 백

성은 거의 만이나 되는데 비록 만의 만이라 하더라도 모든 것이 성인의 사부에서 나오는 것이다. 호천의 사부는 시(時)이고 성인의 사부는 경(經)이다. 호천이 시(時)를 사람에게 주면 성인은 경(經)으로 하늘을 본받는데 하늘과 사람의 사업이 이와 같지 않으리오!

夫昊天之盡物, 聖人之盡民, 皆有四府焉. 昊天之四府者, 春夏秋冬之謂也陰陽升降于其間矣. 聖人之四府者, 易書詩春秋之謂也, 禮樂汚隆于其間矣春爲生物之府. 夏爲長物之府. 秋爲收物之府. 冬爲藏物之府. 號物之庶謂之萬雖日萬之又萬, 其庶能出此昊天之四府者乎. 易爲生民之府. 書爲長民之府. 詩爲收民之府. 春秋爲藏民之府. 號民之庶謂之萬, 雖日萬之又萬, 其庶能出此聖人之四府者乎. 昊天之四府者時也. 聖人之四府者經也. 昊天以時授人. 聖人以經法天. 天人之事, 當如何哉.

## 관물내편(觀物內篇) · 4

▣ 봄을 보면 역(易)이 있음을 알게 된다. 여름을 보면 서(書)가 있음을 알게 된다. 가을을 보면 시(詩)가 있음을 알게 된다. 겨울을 보면 춘추(春秋)가 있음을 알게 된다.

觀春則知易之所存乎; 觀夏則知書之所存乎; 觀秋則知詩之所存乎; 觀冬則知春秋之所存乎.

▣ 역의 역은 생생(生生)이라 하고 역의 서는 생장(生長)이라 하며, 역의 시는 생수(生收)라 하고 역의 춘추는 생장(生藏)이라고 한다.

서의 역은 장생(長生)이라 하고 서의 서는 장장(長長)이라 하며, 서의 시는 장수(長收)라 하고 서의 춘추는 장수(長藏)라고 한다.

시의 역은 수생(收生)이라 하고 시의 서는 수장(收長)이라 하며, 시의 시는 수수(收收)라 하고 시의 춘추는 수장(收藏)이라고 한다.

춘추의 易은 장생(藏生)이라 하고 춘추의 서는 장장(藏長)이라고 하며, 춘추의 시는 장수(藏收)라 하고 춘추의 춘추는 장장(藏藏)이라고 한다.

易之易者, 生生之謂也. 易之書者, 生長之謂也. 易之詩者, 生收之謂也. 易之春秋者, 生藏之謂也. 書之易者, 長生之謂也. 書之書者, 長長之謂也. 書之詩者, 長收之謂也. 書之春秋者, 長藏之謂也. 詩之易者, 收生之謂也. 詩之書者, 收長之謂也. 詩之詩者, 收收之謂也. 詩之春秋者, 收藏之謂也. 春秋之易者, 藏生之謂也. 春秋之書者, 藏長之謂也. 春秋之詩者, 藏收之謂也. 春秋之春秋者, 藏藏之謂也.

▣ 생생을 다스리는 것은 의(意)이고 생장을 다스리는 것은 언(言)이며, 생수를 다스리는 것은 상(象)이고 생장을 다스리는 것은 수(數)이다.

장생을 다스리는 것은 인(仁)이고 장장을 다스리는 것은 의(義)이며, 장수를 다스리는 것은 예(禮)이고 장장을 다스리는 것은 지(智)이다.

수생을 다스리는 것은 성(性)이고 수장을 다스리는 것은 정(情)이며, 수수를 다스리는 것은 형(形)이고 수장을 다스리는 것은 체(體)이다.

장생을 다스리는 것은 성(聖)이고 장장을 다스리는 것은 현(賢)이며, 장수를 다스리는 것은 재(才)이고 장장을 다스리는 것은 술(術)이다.

生生者, 脩夫意者也. 生長者, 脩夫言者也. 生收者, 脩夫象者也. 生藏者, 脩夫數者也. 長生者, 脩夫仁者也. 長長者, 脩夫禮者也. 長收者, 脩夫義者也. 長藏者, 脩夫智者也. 收生者, 脩夫性者也. 收長者, 脩夫情者也. 收收者, 脩夫形者也. 收藏者, 脩夫體者也. 藏生者, 脩夫聖者也. 藏長者, 脩夫賢者也. 藏收者, 脩夫才者也. 藏藏者, 脩夫術者也.

▣ 의(意)를 잘 다스린 자는 삼황(三皇)이요, 언(言)을 잘 다스린 자는 오제(五帝)라 하며, 상(象)을 잘 다스린 자는 삼왕(三王)이 되며, 수(數)를 잘 다스린 자는 오패(五霸)라고 한다.

脩夫意者, 三皇之謂也. 脩夫言者, 五帝之謂也. 脩夫象者, 三王之謂也. 脩夫數者, 五伯之謂也.

▣ 인(仁)을 잘 다스린 바는 우(虞)나라가 되며, 예(禮)를 잘 다스린 바는 하(夏)나라가 되며, 의(義)를 잘 다스린 바는 상(商)나라가 되며, 지(智)를 잘 다스린 바는 주(周)나라가 된다.

脩夫仁者有虞之謂也. 脩夫禮者有夏之謂也. 脩夫義者, 有商之謂也. 脩夫智者, 有周之謂也.

▣ 성(性)을 잘 다스린 바는 문왕(文王)이요, 정(情)을 잘 다스린 바는 무왕(武王)이 되며, 형(形)을 잘 다스린 바는 주공(周公)이요, 체(體)를 잘 다스린 바는 소공(召公)이 된다.

脩夫性者文王之謂也. 脩夫情者武王之謂也. 脩夫形者周公之謂也. 脩夫體者召公之謂也.

▣ 성(聖)을 잘 다스린 바는 진(秦)나라 목공(穆公)이요, 현(賢)을 잘 다스린 바는 진(晉)나라 문공(文公)이며, 재(才)를 잘 다스린 바는 제(齊)나라 환공(桓公)이요, 술(術)을 잘 다스린 바는 초(楚)나라 장왕(莊王)이 된다.

脩夫聖者秦穆之謂也. 脩夫賢者晉文之謂也. 脩夫才者齊桓之謂也. 脩夫術者楚莊之謂也.

▣ 황(皇) · 제(帝) · 왕(王) · 패(覇)는 역(易)의 체(體)이고 우(虞) · 하(夏) · 상(商) · 주(周)는 서(書)의 체이며, 문왕 · 무왕 · 주공 · 소공은 시(詩)의 체이고 목공 · 문공 · 환공 · 장왕은 춘추(春秋)의 체이다.

皇帝王伯者, 易之體也, 虞夏商周者, 書之體也. 文武周召者, 詩之體也. 秦晉齊楚者, 春秋之體也.

▣ 의(意) · 언(言) · 상(象) · 수(數)는 역의 용(用)이고 인(仁) · 의(義) · 예(禮) · 지(智)는 서의 용이며, 성(性) · 정(情) · 형(形) · 체(體)는 시의 용이고 성(聖) · 현(賢) · 재(才) · 술(術)은 춘추의 용이다.

意言象數者, 易之用也. 仁義禮智者書之用也. 性情形體者, 詩之用也. 聖賢才術者, 春秋之用也.

▣ 용(用)이란 심(心)이고 체(體)란 적(迹)이다. 심과 적의 사이에 권(權)이 있는데 성인의 사업이다.

用也者心也體也者迹也心迹之間有權存焉者聖人之事也.

▣ 삼황(三皇)은 의(意)는 같으나 화(化)가 다르고 오제(五帝)는 언(言)은 같으나 교(敎)가 다르며, 삼왕(三王)은 상(象)은 같으나 권(勸)이 다르고 오패(五伯)는 수(數)는 같으나 솔(率)이 다르다. 意는 같으나 化가 다르면 반드시 道로 해야 한다. 道로 백성을 화해야만 백성이 道로 돌아오게 된다. 그러므로 자연을 숭상한다. 자연이란 무위(無爲)와 무유(無有)이다. 무위란 하지 않는 것이 아니고 억지로 하지 않는다는 것이다. 그러므로 넓어질 수 있다. 무유란 갖지 않는 것이고 억지로 갖지 않는다는 것이다. 그러므로 크게 넓어질 수 있고 빠짐없이 갖출 수 있다. 억지로 하지 않고 억지로 갖지 않는 것은 오직 삼황뿐이다. 그러므로 도로 천하를 화할 수 있고 천하도 도로 돌아가게 된다는 것을 알 수 있다. 성인이 말씀하시기를 나는 아무것도 하지 않는데 백성은 스스로 화하고 나는 아무런 일도 벌이지 않는데 백성은 저절로 잘살게 되며, 나는 가만히 있는데 백성은 저절로 바르게 되고 나는 욕심이 없는데 백성은 스스로 소박하게 된다. 바로 이러함을 이르는 것이 아니겠는가!

三皇同意而異化. 五帝同言而異教. 三王同象而異勸. 五伯同數而異率同意而異化者必以道. 以道化民者, 民亦以道歸之, 故尚自然. 夫自然者, 無爲無有之謂也. 無爲者, 非不爲也, 不固爲者也, 故能廣. 無有者, 非不有也, 不固有者也, 故能大廣大悉備而不固爲固有者, 其惟三皇乎. 是故知能以道化天下者, 天下亦以道歸焉. 所以聖人有言曰, 我無爲而民自化, 我無事而民自富, 我好靜而民自正, 我無欲而民自朴, 其斯之爲歟.

▣ 삼황은 인(仁)은 같으나 화(化)가 다르고 오제는 예(禮)는 같으나 교(敎)가 다르며, 삼왕은 의(義)는 같으나 권(勸)이 다르고 오패는 지(智)는 같으나 솔(率)이 다르다. 예는 같으나 교가 다르면 반드시 덕(德)으로 해야 한다. 덕으로 백성을 교화해야만 백성이 덕으로 돌아오게 된다. 그러므로 사양(辭讓)을 숭상한다. 무릇 사양이란 남을 먼저 위하고 자신을 뒤로 돌리는 것이다. 천하를 남에게 넘겨주는 것을 가볍게 여기지 않는 것은 본래 없음과 같고, 천하를 넘겨받은 사람이 중요하게 여기지 않는 것은 본래 있음과 같다. 본디부터 가지고 있지 않은 것과 본래부터 가지고 있는 것은 나 아니면 안 되는 것이 아니고 내가 없어도 있게 된다는 것을 말함이다. 내가 없어도 있다는 것은 하나의 머리카락을 사람에게서 취하는 것과 같으므로 어찌 탐내고 비루하고 더러운 생각이 생기겠는가! 그러나 하물며 천하임에랴. 천하의 천하이지 나의 천하가 아니라는 것을 안 자는 오직 오제가 아니겠는가. 그러므로 덕으로 천하를 교화하면 천하가 덕으로 돌아가게 된다. 그러므로 성인이 말하여 가로되 옷을 드리우고 천하를 다스림에 건곤(乾坤)에서 취한 것이라 하니 이것을 이르는 것이다.

三皇同仁而異化. 五帝同禮而異教. 三王同義而異勸. 五伯同智而異率. 同禮而異教者必以德以德教民者, 民亦以德歸之, 故尙讓夫讓也者, 先人後己之謂也. 以天下授人而不爲輕, 若素無之也. 受人之天下而不爲重, 若素有之也. 若素無素有者, 謂不己無己有之也. 若己無己有, 則擧一毛以取與于人, 猶有貪鄙之心生焉, 而況天下者乎. 能知其天下之天下非己之天下者, 其惟五帝乎. 是故知能以德教天下者, 天下亦以德歸焉. 所以聖人有言曰, 垂衣裳而天下治, 蓋取諸乾坤, 其斯之謂歟.

▣ 삼황은 性은 같으나 化가 다르고 오제는 情은 같으나 敎가 다르며, 三王은 形은 같으나 勸이 다르고 오패는 體는 같으나 率이 다르다. 形은 같으나 勸이 다르면 반드시 功으로 해야 한다. 功으로 백성을 권면해야만 백성이 功으로 돌아오게 된다. 그러므로 정치를 숭상한다. 무릇 정치란 바르게 하는 것이다. 바른 것으로 바르지 않는 것을 바르게 하는 것이다. 천하의 정(正)은 백성을 이롭게 하는 것과 같고, 천하의 부정(不正)은 백성을 해롭게 하는 것과 같다. 백성을 이롭게 하는 것을 正이라고 하는데 이것을 임금이라고 한다. 백성을 해롭게 하는 것을 不正이라 하는데 이것을 도둑이라고 한다. 이(利)로써 해(害)를 물리치면 어찌 임금에게서 떠날 것이며, 임금으로서 도둑을 물리치면 어찌 임금을 죽이겠는가! 그러므로 임금을 안다는 것은 正이다. 功으로 천하의 바르지 못한 것을 바르게 하면 천하도 功으로 돌아가게 된다. 그러므로 성인이 말씀하여 가로되 천지의 변혁으로 사시(四時)가 이루어지고 탕왕(湯王)과 무왕(武王)의 혁명으로 하늘에 순응하고 사람에게 감응함이 바로 이것을 이르는 것이다.

三皇同性而異化. 五帝同情而異教. 三王同形而異勸. 五伯同體而異率. 同形而異勸者必以功. 以功勸民者, 民亦以功歸之, 故尙政. 夫政也者, 正也, 以正正夫不正之謂也. 天下之正莫如利民焉. 天下之不正莫如害民焉. 能利民者正, 則謂之曰王矣. 能害民者不正, 則謂之曰賊矣. 以利除害安有去王耶. 以王去賊安有弑君耶. 是故知王者正也. 能以功正天下之不正者, 天下亦以功歸焉. 所以聖人有言曰, 天地革而四時成湯武革命, 順乎天而應乎人, 其斯之謂歟.

▣ 삼황은 聖은 같으나 化가 다르고 오제는 賢은 같으나 교가 다르며, 三王은 才가 같으나 勸이 다르고 오패는 術은 같으나 率이 다르다. 術은 같으나 率이 다르면 반드시 힘으로 해야 한다. 힘으로 백성을 통솔해야만 백성이 힘으로 돌아오게 된다. 그러므로 싸움을 숭상하게 된다. 무릇 싸움이란 이익을 위해서 싸우는 것이다. 이익을 얻음에 의(義)로써 하지 않기에 쟁(爭)이라고 한다. 작은 싸움은 말로 하고 큰 싸움은 무기로 하게 된다. 싸움은 강약(强弱)이다. 이것을 다른 이름으로 말하면 곡직(曲直)이라고 할 수 있다. 이름이란 것은 사물에 명하여 사물을 바르게 하기 위해 일컫는 것이다. 이익이라는 것은 사람을 기르고 일을 이루기 위해 있는 도구이다. 이름이 인(仁)으로 하지 못하면 업적을 지키지 못하고 이익이 의(義)로 하지 않으면 이익은 공(功)에 머물지 않는다. 이름이 업적을 지키지 못하면 어지러워지게 되어 백성들이 반드시 다투게 된다. 오패는 헛된 이름을 빌려서 실리를 노리고 싸우게 된 것이다. 제(帝)에 미치지 못하면 왕(王)이 되고 왕에 미치지 못하면 패(覇)가 된다. 이 패에 미치지 못한 것이 바로 오랑캐이다. 그러한즉 오패가 중국에 공이 없다고 할 수 없으나 왕이라 하기에는 모자란다. 오랑캐보다는 뛰어나다. 주(周)나라가 동쪽으로 옮김으로써 문왕(文王)과 무왕(武王)의 공덕이 이에 끝나게 되었으나 오히려 24명의 임금 동안 왕실이 실처럼 끊어지지 않고 오랑캐들이 감히 중원을 침입하여 해롭게 하지 못한 것은 오패가 이름의 힘을 빌린 것이다. 이로써 능히 힘으로 천하를 통솔하려하면 천하 역시 힘으로 돌아간다는 것을 알 수 있다. 이른바 성인이 말씀하시기를 애꾸눈과 절름발이가 더 잘 보고 잘 달리려다가 호랑이 꼬리를 밟아 물려서 흉이 되는 것이며, 무사가 어진 임금이 되려고 함이 이를 이르는 것이 아니리요.

三皇同聖而異化. 五帝同賢而異教. 三王同才而異勸. 五伯同術而異率. 同術而異率者必以力. 以力率民者, 民亦以力歸之, 故尙爭. 夫爭也者, 爭夫利者也. 取與利, 不以義然後謂之爭. 小爭交以言, 大爭交以兵, 爭夫强弱者也. 猶借夫名焉者, 謂之曲直. 名也者, 命物正事之稱也. 利也者, 養人成務之具也. 名不以仁, 無以守業. 利不以義無以居功利不以功居, 名不以業守, 則亂矣. 民所以必爭之也. 五伯者借虛名以爭實利者也. 帝不足則王. 王不足則伯. 伯又不足則夷狄矣. 若然, 則五伯不謂無功于中國語其王則未也. 過夷狄則遠矣. 周之東遷文武之功德于是乎盡矣. 猶能維持二十四君, 王室不絶如線夷狄不敢屠害中原者, 猶五伯借名之力也. 是故知能以力率天下者天下亦以力歸焉. 所以聖人有言曰, 眇能視, 跛能履, 履虎尾咥人凶, 武人爲于大君, 其斯之謂歟.

▣ 무릇 의(意)란 만물의 성(性)을 다하는 것이고 언(言)이란 만물의 정(情)을 다하는 것이며, 상(象)이란 만물의 형(形)을 다하는 것이고 수(數)란 만물의 체(體)를 다하는 것이다.

인(仁)이란 사람의 성(聖)을 다하는 것이고 예(禮)란 사람의 현(賢)을 다하는 것이며, 의(義)란 사람의 재(才)를 다하는 것이고 지(智)란 사람의 술(術)을 다하는 것이다.

만물의 성(性)을 다하는 것을 도(道)라 하고 만물의 정(情)을 다하는 것을 덕(德)이라 하며, 만물의 형(形)을 다하는 것을 공(功)이라 하고 만물의 체(體)를 다하는 것을 력(力)이라고 한다.

사람의 성(聖)을 다하는 것을 화(化)라 하고 사람의 현(賢)을 다하는 것을 교(敎)라 하며, 사람의 재(才)를 다하는 것을 권(勸)이라 하고 사람의 술(術)을 다하는 것을 솔(率)이라 한다.

夫意也者盡物之性也言也者，盡物之情也．象也者，盡物之形也．數也者，盡物之體也．仁也者，盡人之聖也．禮也者，盡人之賢也．義也者，盡人之才也．智也者盡人之術也盡物之性者謂之道盡物之情者謂之德盡物之形者謂之功盡物之軆者謂之力盡人之聖者謂之化盡人之賢者謂之敎盡人之才者謂之勸盡人之術者謂之率.

▣ 도 · 덕 · 공 · 력은 체(體)에 있고 화 · 교 · 권 · 솔은 용(用)에 있다. 체와 용의 사이에 변(變)이 있는데 성인의 사업이다. 무릇 이 변이란 호천(昊天)이 만물을 낳는 것을 이르고, 권(權)이란 성인이 만민을 살리는 것을 말한다. 만물을 생성하지 않고 백성을 기르지 않는 것을 어찌 권(權) · 변(變)이라고 할 수 있겠는가!

道德功力者存乎軆者也化敎勸率者存乎用者也軆用之間有變存焉者聖人之業也夫變也者昊天生萬物之謂也權也者聖人生萬民之謂也非生物非生民而得謂之權變乎.

## 관물내편(觀物內篇) · 5

▣ 천하를 가장 잘 화(化)하게 하는 것은 도(道)를 극진히 다함에 있고 천하를 가장 잘 교(敎)하게 하는 것은 덕(德)을 극진히 다함에 있으며, 천하를 가장 잘 권(勸)하게 하는 것은 공(功)을 극진히 다함에 있고 천하를 가장 잘 솔(率)하게 하는 것은 력(力)을 극진히 다함에 있다. 이 도·덕·공·력이 화가 된 것이 황(皇)이고 이 도·덕·공·력이 교가 된 것이 제(帝)이며, 이 도·덕·공·력이 권이 된 것이 왕(王)이고 이 도·덕·공·력이 솔이 된 것이 패(覇)이다.

善化天下者止于盡道而已善敎天下者止于盡德而已善勸天下者止于盡功而已善率天下者止于盡力而已以道德功力爲化者乃謂之皇矣以道德功力爲敎者乃謂之帝矣. 以道德功力爲勸者, 乃謂之王矣. 以道德功力爲率者, 乃謂之伯矣.

▣ 화·교·권·솔이 도가 된 것을 역(易)이라 하고 화·교·권·솔이 덕이 된 것을 서(書)라 하며, 화·교·권·솔이 공이 된 것을 시(詩)라고 하고 화·교·권·솔이 力이 된 것을 춘추(春秋)라고 한다. 이 네 가지는 천지가 시작하면 같이 시작하고 천지가 마치면 같이 마치니 그 시작과 끝은 천지를 따르게 된다.

以化敎勸率爲道者, 乃謂之易矣. 以化敎勸率爲德者, 乃謂之書矣. 以化敎勸率爲功者, 乃謂之詩矣. 以化敎勸率爲力者乃謂之春秋矣. 此四者, 天地始則始焉. 天地終則終焉始終隨乎天地者也.

▣ 무릇 고금(古今)이란 것은 천지 사이에 비유하며 아침 · 저녁과 같다. 지금으로 지금을 보면 지금이 되지만 나중에 지금을 보면 지금은 옛날이 된다. 지금으로 과거를 보면 이것을 옛날이라고 하며, 옛날이 스스로를 볼 것 같으면 옛날 역시 지금이 된다. 이로써 옛날 역시 반드시 옛날만 되는 것이 아니고 지금 역시 반드시 지금만 되는 것이 아니다. 모두 자아(自我)로 보는 것인바 이것은 곧 도로 보는 것이다. 어찌 천고(千古)의 앞이나 만고(萬古)의 뒤도 이 자아인 도로 보면 알지 못함이 있으리요.

夫古今者在天地之間猶旦暮也. 以今觀今則謂之今矣. 以後觀今則今亦謂之古矣. 以今觀古則謂之古矣. 以古自觀則古亦謂之今矣. 是知古亦未必爲古今亦未必爲今皆自我而觀之也. 安知千古之前, 萬古之後, 其人不自我而觀之也.

▣ 그러한즉 황 · 제 · 왕 · 패는 성인의 시(時)이고 역 · 서 · 시 · 춘추는 성인의 경(經)이다.

若然, 則皇帝王伯者, 聖人之時也. 易書詩春秋者, 聖人之經也.

▣ 시(時)에는 소장(消長)이 있고 경(經)에는 인혁(因革)이 있다. 시에 있는 소장은 비괘(否卦)와 태괘(泰卦)가 다한 것이고 경에 있는 인혁은 손괘(損卦)와 익괘(益卦)가 다한 것이다.

時有消長, 經有因革. 時有消長, 否泰盡之矣. 經有因革損益盡之矣

▣ 비괘와 태괘가 극진하면 체(體)와 용(用)이 나누어지고, 손괘와 익괘가 극진하면 심(心)과 적(迹)이 구분된다. 체와 용이 나누어지고 심과 적이 구분되면 성인의 사업이 갖추어지게 된다.

否泰盡而體用分. 損益盡而心迹判. 體與用分, 心與迹判, 聖人之事業于是乎備矣.

▣ 예로부터 그 시대에 천하의 임금이 되는 것에 그 명(命)이 네 가지가 있으니 첫째는 정명(正命)이고, 둘째는 수명(受命)이고, 셋째는 개명(改命)이고, 넷째는 섭명(攝命)이다. 정명이란 이미 이루어진 것을 이어받는 것인데, 곧 하늘이 명한 것을 전하여 받는 것이다. 수명이란 이어받은 것을 바꾸는 것이고 개명이란 바꾸어서 전하여 주는 것이며 섭명이란 바꾼 것을 다시 바꾸는 것이다. 이미 이루어진 것을 이어받는 것은 장(長)이 장(長)하는 것이고 이어받은 것을 바꾸는 것은 장(長)이 소(消)하는 것이며, 바꾸어서 전하여 주는 것은 소(消)가 장(長)하는 것이고 바꾼 것을 다시 바꾸는 것은 소(消)가 소(消)하는 것이다.

所以自古當世之君天下者其命有四焉. 一日正命. 二日受命. 三日改命. 四日攝命. 正命者, 因而因者也. 受命者, 因而革者也. 改命者, 革而因者也. 攝命者, 革而革者也. 因而因者, 長而長者也. 因而革者, 長而消者也. 革而因者, 消而長者也. 革而革者, 消而消者也.

▣ 바꾼 것을 다시 바꾸는 것은 1세(世)의 사업이고 바꾸어서 전하여 주는 것은 10세의 사업이며, 이어받은 것은 바꾸는 것은 100세의 사업이고 이미 이루어진 것을 이어받는 것을 1,000세의 사업이다. 이미 이루어진 것을 이어받을 수 있고 바꾼 것을 다시 바꿀 수 있는 것은 10,000세의 사업이다.

革而革者, 一世之事業也. 革而因者, 十世之事業也. 因而革者, 百世之事業也. 因而因者, 千世之事業也. 可以因則因, 可以革則革者, 萬世之事業也.

▣ 1세의 사업은 오패의 도가 아니면 무엇이겠는가? 10세의 사업은 삼왕의 도가 아니면 무엇이겠는가? 100세의 사업은 오제의 도가 아니면 무엇이겠는가? 1,000세의 사업은 삼황의 도가 아니면 무엇이겠는가? 10,000세의 사업은 공자(孔子)의 도가 아니면 무엇이겠는가? 황 · 제 · 왕 · 패의 도는 세(世)를 명 받은 것이고 공자는 세(世)가 아님을 알겠다(공자는 그 위(位)를 얻지 못해 아래에 있으나 그 도는 실로 제왕의 도이다).

一世之事業者, 非五伯之道而何. 十世之事業者, 非三王之道而何. 百世之事業者, 非五帝之道而何. 千世之事業者, 非三皇之道而何. 萬世之事業者, 非仲尼之道而何. 是知皇帝王伯者, 命世之謂也. 仲尼者, 不世之謂也.

▣ 공자 가로되 은(殷)나라는 하(夏)나라의 예(禮)를 이어받았으니 그 덜고 보탬을 알 수 있다. 주(周)나라는 은나라의 예를 이어받았으니 그 덜고 보탬을 알 수 있다. 설령 주나라를 이어받은 것이 비록 100세라도 알 수 있다. 무릇 이와 같은바 어찌 100세에 그치리요. 억천만세(億千萬世)도 가히 알 수 있으리라.

仲尼曰, 殷因於夏禮所損益可知也. 周因於殷禮, 所損益可知也. 其或繼周者, 雖百世可知也. 夫如是, 則何止于百世而已哉, 億千萬世皆可得而知之也.

▣ 사람들은 모두 공자가 공자인 줄은 알지만 공자가 왜 공자인 줄은 모르며, 공자가 왜 공자인 줄을 알려고 하지 않는다. 만일 공자가 왜 공자인 줄을 꼭 알려고 한다면 천지를 버리고 어찌하리오. 사람들은 모두 천지가 천지인 줄은 알지만 천지가 왜 천지인 줄은 모르며, 천지가 왜

천지인 줄을 알려고 하지 않는다. 만일 천지가 왜 천지인 줄을 꼭 알려면 동정(動靜)을 버리고 어찌하리오.

人皆知仲尼之爲仲尼, 不知仲尼之所以爲仲尼. 不欲知仲尼之所以爲仲尼則已, 如其必欲知仲尼之所以爲仲尼, 則捨天地將奚之焉. 人皆知天地之爲天地, 不知天地之所以爲天地不欲知天地之所以爲天地則已, 如其必欲知天地之所以爲天地, 則捨動靜將奚之焉.

▣ 무릇 일동(一動) · 일정(一靜)은 천지의 지극히 오묘함이고, 일동 · 일정의 사이는 천지인(天地人)의 지극히 오묘하고 오묘함이다. 그러므로 공자가 삼재(三才)의 도에서 다하여 놓았는데 그 행적에 자취가 없음이라. 따라서 말씀하시기를 나는 아무런 말도 하지 않고자 한다. 또 가로되 하늘이 어떤 말을 하겠는가? 사시(四時)가 행하고 만물이 생겨남이 이와 같음을 이르는 것이다.

夫一動一靜者, 天地至妙者歟. 夫一動一靜之間者, 天地人之至妙至妙者歟. 是故知仲尼之所以能盡三才之道者, 謂其行無轍迹也. 故有言曰子欲無言, 又曰天何言哉, 四時行焉, 百物生焉, 其斯之謂歟.

# 관물내편(觀物內篇) · 6

▣ 공자(孔子)가 《역경(易經)》을 기리며 말하기를 복희(伏羲)와 헌원(軒轅)으로부터 내려왔고 《상서(尙書)》의 시작은 요임금과 순임금에서부터 내려왔으며, 《시경(詩經)》을 정리함에 문왕(文王)과 무왕(武王)으로부터 내려왔고 《춘추(春秋)》를 정리함에 환공(桓公)과 문공(文公)으로부터 내려왔다. 복희 · 헌원으로부터 그 아래는 조(祖)로서 삼황이고 요임금과 순임금으로부터 그 아래는 종(宗)으로서 오제이며, 문왕과 무왕으로부터 그 아래는 자(子)로서 삼왕이고 환공과 문공으로부터 그 아래는 손(孫)으로서 오패이다.

孔子贊易自 羲軒而下. 序書自堯舜而下. 刪詩自文武而下脩春秋自桓文而下. 自羲軒而下, 祖三皇也. 自堯舜而下, 宗五帝也. 自文武而下, 子三王也. 自桓文而下孫五伯也.

▣ 祖의 삼황은 현(賢)을 숭상하였고 宗의 오제도 또한 賢을 숭상하였다. 삼황은 도(道)로 賢을 숭상하였고 오제는 덕(德)으로 賢을 숭상하였다. 子의 삼왕은 친(親)을 숭상하였고 孫의 오패도 또한 親을 숭상하였다. 삼왕은 功으로 親을 숭상하였고 오패는 力으로 親을 숭상하였다.

祖三皇, 尙賢也. 宗五帝, 亦尙賢也. 三皇尙賢以道. 五帝尙賢以德. 子三王, 尙親也. 孫五伯亦尙親也. 三王尙親以功. 五伯尙親以力.

▣ 아아! 이미 지나간 시간이 억천만 년(億千萬年)이고 아직 오지 않

은 시간 또한 억천만 년이다. 공자(孔子)는 그 중간에서 태어나 사람이 되었다. 어찌 조종(祖宗)은 적고 자손(子孫)은 많다고 하리요. 까닭에 요임금과 순임금을 거듭하여 칭찬하고 우왕(禹王)에 이르러 가로되 우왕은 내가 결점을 지적하여 비난할 수 없다고 하였다.

嗚呼. 時之旣往, 億千萬年. 時之未來, 亦億千萬年. 仲尼中間生而爲人, 何祖宗之寡而子孫之多邪. 所以重贊堯舜, 至禹日禹吾無. 間然矣.

▣ 공자는 우왕보다 1,500년 뒤이고 지금은 공자보다 1,500년 뒤이다. 비록 감히 공자가 요임금 · 순임금 · 우왕을 칭찬한 것에 비교하지 못하나 어찌 감히 맹자가 공자를 칭찬함에 비교하지 못하리요(도를 전함에 고금의 차이가 없으니 공자는 요순을 전하였고 맹자는 공자를 전하였다는 의미).

仲尼後禹千五百餘年. 今之後仲尼又千五百餘年. 雖不敢比仲尼上贊堯舜禹, 豈不敢比孟子上贊仲尼乎.

▣ 사람들은 공자가 땅이 없음을 슬프고 아깝게 여기는데 나는 그렇지 않다. 한 성인 남자는 100묘(畝)의 땅을 가지고 대부(大夫)는 100리(里)의 땅을 가지며, 제후(諸侯)는 사경(四境)을 영토로 삼고 천자(天子)는 구주(九州)를 영토로 삼는다. 그러나 공자는 만세(萬世)를 영토로 삼았다. 그런즉 맹자(孟子)가 이르기를 백성이 생겨난 이래 공자 같은 분이 있지 않다고 한 것은 지나치지 아니하다.

人謂仲尼惜乎無土. 吾獨以爲不然, 獨夫以百畝爲土. 大夫以百里爲土諸侯以四境爲土. 天子以九州爲土. 仲尼以萬世爲土. 若然, 則孟子言自生民以來未有如孔子也, 斯亦未爲之過矣.

▣ 무릇 사람은 스스로 부자가 되지 못한다. 반드시 하늘이 재물을 내려 주는 것을 기다린 뒤에야 부자가 될 수 있다. 사람은 스스로 귀하게 되지 못한다. 반드시 하늘이 그 귀함을 내려 주는 것을 기다린 뒤에야 귀하게 될 수 있다. 이러한즉 부귀(富貴)는 하늘에 있으며 사람에게 있지 않다. 구하여 얻을 수 있는 것이 있고 구하여도 얻지 못하는 것이 있다. 이것이 바로 하늘에 매인 것이다. 공덕(功德)은 사람에게 있지 하늘에 있지 않은 바 닦으면 얻을 수 있고 닦지 않으면 얻지 못한다. 이것이 바로 도(道)에 매인 것이 아니고 사람에게 매인 것이다. 무릇 사람이 구하여서 부귀를 얻는 것은 얻을 수 있는 것을 구하고 얻을 수 없는 것은 구하지 않기 때문이다. 어리석은 사람은 알지 못한다. 구하여 얻으면 자기가 얻은 것이라고 말한다. 그러므로 자긍심이 생긴다. 구하여 얻지 못하면 남이 주지 않았다고 한다. 그러므로 원망이 생긴다. 만일 자기가 얻을 수 있음과 남이 줄 수 있음을 안다면 천하에 어찌 남을 헤아리지 못하는 사람이 있겠는가?

夫人不能自富, 必待天與其富然後能富. 人不能自貴. 必待天與其貴然後能貴. 若然, 則富貴在天也, 不在人也. 有求而得之者, 有求而不得者矣. 是繫乎天者也. 功德在人也, 不在天也. 可脩而得之, 不脩則不得. 是非繫乎天也, 繫乎人者也. 夫人之能求而得富貴者, 求其可得者也. 非其可得者, 非所以能求之也. 昧者不知, 求而得之, 則謂其己之能得也, 故矜之. 求而失之, 則謂其人之不與也, 故怨之. 如知其己之所以能得, 人之所以能與, 則天下安有不知量之人邪.

▣ 천하는 더할 나위 없이 부유하고 천자는 더없이 귀하다. 어찌 망령된 뜻으로 구하여 얻을 것인가! 비록 천명(天命)이라고 하나 이 또한 맨 처음에 공적을 쌓고 음덕을 베풀지 않으면 안 된다. 어진 임금은 어렵게

고생하여 이룩하고 어리석은 임금은 포악하여 멸망한다. 이것은 하늘의 뜻이고 사람의 뜻이다. 그러므로 사람이 지은 허물은 참으로 벗어나기 어렵다. 하늘이 내리는 재앙을 물리치려면 더하게 되는바 공적을 쌓기를 거듭하는 것이 군자(君子)의 정해진 분수이다. 구하여 그렇게 되는 것이 아니고, 구하여 그렇게 되는 것은 인(仁)에 이롭다. 군자가 어찌 그 사이에 그다지 요긴하지 않은 일을 하겠는가! 그러나 행(幸)과 불행(不幸)이 있음은 비로소 명(命)이라고 말할 수 있다.

天下至富也, 天子至貴也, 豈可妄意求而得之也. 雖曰天命, 亦未始不由積功累行. 聖君艱難以成之. 庸君暴虐以壞之. 是天歟. 是人歟. 是知人作之咎, 固難逃已. 天降之災, 禳之奚益. 積功累行, 君子常分, 非有求而然也. 有求而然者, 所謂利乎仁者也. 君子安有餘事于其間哉. 然而有幸有不幸者, 始可以語命也已.

▣ 하(夏)나라 우왕(禹王)는 천하에 공이 있었으나 하나라 걸왕(桀王)은 포학하여 천하를 잃었다. 은(殷)나라 탕왕(湯王)은 천하에 공이 있었으나 은나라 주왕(紂王)은 포학하여 천하를 잃었다. 주(周)나라 무왕(武王)은 천하에 공이 있었으나 주나라 유왕(幽王)은 포학하여 천하를 잃었다. 이 셋은 시대는 같지 않으나 그 패망하게 된 형태는 똑같다.

夏禹以功有天下, 夏桀以虐失天下. 殷湯以功有天下, 殷紂以虐失天下. 周武以功有天下, 周幽以虐失天下. 三者雖時不同, 其成敗之形一也.

▣ 주나라 평왕(平王)이 동쪽으로 도읍을 옮겼으나 공이 없어 왕업(王業)을 회복하지 못하였다. 주나라 난왕(赧王)은 서쪽으로 달아나 포학하지는 않았지만 왕실의 체통을 손상시켜 위엄과 명령이 하나의 작은 제

후국(諸侯國)에도 미치지 못하였다. 오패(五覇)가 형식적으로 우러러 받들었을 뿐이지만 이것에 만족하였다.

平王東遷, 無功以復王業. 赧王西走, 無虐以喪王室. 威令不逮一小國諸侯, 仰存于五伯而已, 此又奚足道哉.

▣ 그러나 이 때에 참다운 임금이 나타나지 않았다. 비록 헛된 이름이 있었으나 기(杞)나라 · 송(宋)나라와 그 무엇이 다르겠는가? 이 때에 《춘추(春秋)》를 지었으니 옳지 않은가!

但時無眞王者出焉雖有虛名, 與杞宋其誰曰少異. 是時也春秋之作不亦宜乎.

▣ 공자가 주나라 평왕(平王) 때부터 임금의 자취가 사라졌음을 깨닫고 경서(經書)를 편찬하였는데 《상서(尙書)》는 진(晉)나라 문후(文侯)에서 끝맺음하고 《시경(詩經)》은 국풍(國風)을 첫머리로 하여 배열하였으며, 《춘추(春秋)》는 노(魯)나라 은공(隱公)에서 시작하고 《주역(周易)》은 미제괘(未濟卦)에서 끝맺음하였다.

仲尼脩經周平王之時, 書終于晉文侯詩列爲王國風春秋始于魯隱公易盡于未濟卦.

▣ 나는 공자를 알지 못하나 공자를 배우고자 하는 사람이다. 예악(禮樂)과 정벌(征伐)은 천자에게서 나와야 한다. 그러나 제후(諸侯)로부터 나오면 천자(天子)의 위엄은 없어지게 된다. 종주국인 주나라의 공덕은 문왕 · 무왕으로부터 나왔고 여왕(厲王) · 유왕(幽王)으로부터 문왕 · 무왕의 기업(基業)이 쇠퇴하게 되었다. 이로 말미암아 서융(西戎)이 중국을 업신여기게 되었다. 주나라의 제후가 하나가 아니나 유독 진(晉)나라

문후(文侯)만이 서융과 북적(北狄)을 물리치고 임금을 동쪽인 낙읍(洛邑)으로 옮겨 왕실을 보존하게 하였다. 그리하여 천하 사람이 패자(霸者)라고 불렀으며, 천자께서 거창(秬鬯)과 규찬(圭瓚)의 예물을(좋은 술과 옥 같은 찬) 내려 주시는 것을 면하리요!

子非知仲尼者學爲仲尼者也. 禮樂征伐自天子出而出自諸侯, 天子之重去矣. 宗周之功德自文武出而出自幽厲, 文武之基息矣. 由是犬戎得以侮中國. 周之諸侯非一, 獨晉能攘去戎狄, 徙王東都洛邑, 用存王國, 爲天下伯者之倡. 秬鬯圭瓚之錫, 其能免乎.

▣ 전(傳)에 이르길 자공(子貢)이 초하루마다 조상에게 제사 드릴 때 쓰는 양으로 인해 노나라를 떠나고자 함에 공자가 말하기를, "자공아, 너는 그 양을 아끼지만 나는 예를 사랑한다. 이름만 있고 내용이 없는 것은 이름과 내용이 함께 없는 것보다 오히려 나음을 알 수 있다. 예는 비록 없앴으나 양이 남아 있으니 뒷세상에 예가 다시 행하여지지 못할 것을 어찌 알겠는가! 진(晉)나라 문공(文公)이 임금을 떠받들어 비록 헛된 이름을 사용하여 오히려 힘으로 천하의 제후들로 하여금 주나라 천자가 있음을 알게 하였고 군사를 일으키지 못하게 하였다. 진나라가 쇠퇴하게 되자 진(秦)나라가 이로 말미암아 주나라를 멸망시켰다. 이 예를 사랑한다는 말에 참으로 거짓이 없음이로다."

傳稱子貢欲去魯告朔之餼羊. 孔子曰, 賜也, 爾愛其羊我愛其禮. 是知名存實亡者, 猶愈于名實俱亡者矣禮雖廢而羊存, 則後世安知有不復行禮者矣. 晉文公尊王雖用虛名, 猶能力使天下諸侯知有周天子, 而不敢以兵加之也. 及晉之衰也秦由是敢滅周. 斯愛禮之言, 信不誣矣.

▣ 제(齊)나라 경공(景公)이 일찍이 어느 날 공자에게 정치를 물었다.

공자가 대답하여 가로되 임금은 임금의 도리를 다하고 신하는 신하의 구실을 다하며, 아버지는 아버지의 도리를 다하고 자식은 자식을 도리를 다하는 것입니다. 경공이 가로되 좋은 말씀입니다. 만일 임금이 임금의 도리를 다하지 않고 신하가 신하의 구실을 다하지 않으며, 아버지가 아버지의 도리를 다하지 않고 자식이 자식의 도리를 다하지 않는다면 비록 음식이 있을지라도 저는 얻어서 먹을 것입니다. 이때 제후가 천자를 참칭(僭稱)하고 배신(陪臣)이 나라의 명령을 집행하였으며, 녹(祿)이 공실(公室)에서 떠나고 정치적 명령이 사문(私門)에서 나왔다. 경공은 자신이 주나라 천자를 받들지는 않고 그의 신하들이 자기만을 받들어 주기를 바랐는데 이 또한 어렵지 않겠는가? 그 후 제나라 임금이 죽자 나라가 전(田)씨에게로 옮겨갔다. 무릇 제나라에 있어 전씨는 진(晉)나라에 삼가(三家)가 있는 것과 같고 주나라에 오패(五霸)가 있는 것과 같다. 한(韓) · 조(趙) · 위(魏)는 진나라에 공적을 세워 땅을 나누어 받았는데 그 임금을 업신여기고 또 나라를 마음대로 하였다. 전씨는 제나라에서 녹을 먹고 또 정치를 전횡하였는데 그 임금을 죽이고 사직을 빼앗았다. 그와 같은 천하의 사건에 어찌 점차로 된 것이 아니겠는가! 서리를 밟듯이 경계하고 어찌 근심하지 않으리오.

齊景公嘗一日問政于孔子. 孔子對曰君君臣臣, 父父子子. 公曰善哉信如君不君, 臣不臣, 父不父, 子不子, 雖有粟, 吾得而食諸. 是時也, 諸侯僭天子. 陪臣執國命. 祿去公室. 政出私門. 景公自不能上奉周天子, 欲其臣下奉己, 不亦難乎. 厥後齊祚卒爲田氏所移. 夫齊之有田氏者, 亦猶晉之有三家者, 亦猶周之有五伯也. 韓趙魏之于晉也, 旣立其功, 又分其地. 旣卑其主, 又專其國. 田氏之于齊也, 旣得其祿, 又專其政. 旣殺其君, 又移其祚. 其如天下之事豈無漸乎. 履霜之戒寧不思乎.

▣ 전(傳)에 이르기를 왕(王)이란 보내는 것이다. 천하를 보내는 것이야말로 왕이라 할 수 있다. 주나라가 쇠하자 제후들이 천자를 배알하지 않음이 오래되었다. 급기야 초(楚)나라도 중국의 회맹(會盟)에 참여하게 되었고 공자도 자작(子爵)의 작위(爵位)에 오르게 되었다. 초나라가 왕을 참칭함이 비루하지 않은가.

傳稱王者往也能往天下者可以王也. 周之衰也, 諸侯不朝天子久矣. 及楚預中國會盟, 仲尼始進爵爲子. 其僭王也不亦陋乎.

▣ 무릇 힘으로 사람을 이기려고 하면 그 사람 역시 힘으로 이기고자 한다. 오(吳)나라가 일찍이 월(越)나라를 쳐부수고 초(楚)나라의 속셈을 가볍게 여겼다. 급기야 초나라를 쳐부수자 제(齊)나라의 뜻을 깔보았다. 탐욕으로 공을 취함에 도덕과 의리를 돌아보지 않고 제나라와 진(晉)나라를 침략하고 능멸하였다. 이것은 오로지 오랑캐의 일이다. 마침내 월나라가 다시 일어나서 오나라를 멸망시켰으나 월나라가 또 거울로 삼지 않았다. 그 뒤에 초나라가 다시 일어나서 월나라를 멸망시켰으나 또 거울로 삼지 않았다. 그 뒤에 진(秦)나라가 크게 일어나서 주나라를 멸망시켰으나 또 거울로 삼지 않았다. 그 뒤에 한(漢)나라가 일어나게 되는데 강함을 믿고 약함을 능멸하니 범이나 표범과 무엇이 다르리오. 이것은 중국 의리(義理)의 본보기가 아니다.

夫以力勝人者人亦以力勝之. 吳嘗破越而有輕楚之心. 及其破楚又有驕齊之志. 貪婪攻取, 不顧德義侵侮齊晉專以夷狄爲事逡復爲越所滅越又不監之, 其後復爲楚所滅楚又不監之, 其後復爲秦所滅秦又不監之, 其後復爲漢所代恃强凌弱, 與虎豹何以異乎非所以謂之中國義理之師也.

▣ 송(宋)나라는 제후국으로 작위(爵位)가 높았으나 힘이 약했다. 회맹(會盟)에 참여하는 데 있어서 덕도 부족하고 힘도 모자랐다. 보잘것없이 약한 제후국과 함께 중원으로 내몰려 구차하게 자리잡고 있다가 나중에 패자(覇者)가 되었으나 어찌 어렵지 않으리오.

宋之爲國也, 爵高而力卑者乎. 盟不度德會不量力. 區區與諸侯並驅中原恥居其後其于伯也, 不亦難乎.

▣ 주나라와 같은 성씨의 제후이면서 끝까지 남은 나라는 오직 연(燕)나라뿐이다. 연나라는 북쪽에 있어 중원과 멀리 떨어져 있었다. 구차하게 한(韓) · 조(趙) · 위(魏) · 제(齊) · 초(楚)나라와 더불어 헛된 이름을 좇아 군사를 일으켜 다투지 않고 덕을 기르고 때를 기다렸다. 제후의 변화를 살피니 진(秦)나라가 비록 범과 이리와 같이 사나우나 쉽게 쳐들어가지 못했으나 15~16년 뒤의 천하의 일을 알지 못하였다(연나라는 강대했으나 자객인 형가를 진왕을 척결하려고 보낸 후 실패하고 스스로 멸망했음을 애석해 함).

周之同姓諸侯而充永世者, 獨有燕在焉燕處北陸之地, 去中原特遠. 苟不隨韓趙魏齊楚較利刃爭虛名, 則足以養德待時, 觀諸侯之變. 秦雖虎狼亦 未易加害. 廷十五六年後, 天下事未可知也.

▣ 중원(中原)의 땅은 사방 9,000리(里)로 옛날에도 늘지 않았고 지금도 줄지 않았다. 그러나 제위(帝位)에 길고 짧음이 있고 땅에 크고 작음이 있는 것은 공격과 수비가 달랐기 때문이다. 하(夏) · 은(殷) · 주(周) 3대로부터 내려와 한(漢)나라와 당(唐)나라 때에 가장 왕성하였으며, 진(秦)나라의 경계는 주나라와 한나라의 사이이다. 진나라는 목공(穆公)에서부터 왕성하기 시작하여 효공(孝公) 때에 중흥하였고 시황제(始皇帝)

때에 멸망하였다. 서쪽 오랑캐에서 일어나 기산(岐山)으로 옮겼다가 함양(咸陽)으로 서울을 옮겼다. 천지에 군사가 가득하고 온 세상이 피로 물들었으며, 사해(四海)를 집어삼키고 예와 지금의 것을 죄다 바꾸었다. 비록 3대(三代)의 덕치(德治)와 비교할 수 없지만 진(晉)나라 · 수(隋)나라와 같은 연배에 놓고 말하지 않는다. 그 제위를 영구히 보전하지 못한 것은 법을 사용함에 지나치게 잔혹하고 사람을 많이 죽인 것이 아니겠는가? 그러므로 공자가 성서(尙書)의 배열순서로 〈진서(秦誓)〉(진목공이 개과천선하여 스스로 맹세하고 오패의 우두머리가 된 일)를 맨 끝에 두었는데 한 사건에 대한 그 말씀이 어찌 멀지 않겠는가.

中原之地方九千里, 古不加多而今不加少, 然而有祚長祚短. 地大地小者, 攻守異故也. 自三代以降, 漢唐爲盛秦界于周漢之間矣. 秦始盛于穆公, 中于孝公, 終于始皇. 起于西夷遷于岐山, 徙于咸陽. 兵瀆宇內血流天下. 呑吐四海庚革今古. 雖不能比德三代, 非晉隋可同年而語也其祚之不永得非用法太酷, 殺人之多乎. 所以仲尼序書終于秦誓一事其言不亦遠乎.

▣ 무릇 살리는 일을 좋아하면 삶의 무리이고 죽이는 일을 좋아하면 죽음의 무리이다. 주나라는 살리는 일을 좋아하였는데 의(義)로써 하였다. 한(漢)나라도 살리는 일을 좋아하였는데 마찬가지로 의로서 하였다. 진나라는 죽이는 일을 좋아하였는데 이익을 위해 하였다. 초(楚)나라도 죽이는 일을 좋아하였는데 마찬가지로 이익을 위해 하였다. 주나라가 의(義)를 위해 살리는 일을 좋아한 것은 한나라에 미치지 못하고, 진나라가 이익을 위해 죽이는 일을 좋아한 것은 초나라보다 지나쳤다. 하늘의 도(道)와 사람의 정(情)이 또 어찌 주나라 · 진나라 · 한나라 · 초나라를 선택하겠는가? 선악(善惡)을 선택할 뿐이지. 선(善)이 천하에 적수가

없으면 천하가 모두 선하게 되고 악(惡)이 천하에 적수가 없으면 천하가 모두 악하게 된다는 것을 알았다. 하늘의 도와 사람의 정이 또 어찌 주나라 · 진나라 · 한나라 · 초나라를 가리겠는가. 선악을 선택할 뿐이라.

夫好生者, 生之徒也. 好殺者死之徒也. 周之好生也以義. 漢之好生也亦以義秦之好殺也以利. 楚之好殺也亦以利. 周之好生也以義, 而漢且不及. 秦之好殺也以利, 而楚又過之. 天之道, 人之情, 又奚擇于周秦漢楚哉, 擇乎善惡而已. 是知善也者無敵于天下而天下共善之. 惡也者, 亦無敵于天下而天下亦共惡之. 天之道, 人之情, 又奚擇于周秦漢楚哉, 擇于善惡而已.

# 황극경세서(皇極經世書)·四

# 관물내편(觀物內篇) · 7

■ 옛날 공자가 요임금과 순임금에 대해 말씀하시기를 옷을 드리우고 천하를 다스렸다 하시고, 탕왕(湯王)과 무왕(武王)에 대해 말씀하시기를 하늘의 뜻에 따르고 백성의 마음에 좇았다고 하시었다. 이 말이야말로 고금의 제왕(帝王)이 하늘로부터 명(命)을 받는 이치에 해당하리라. 요임금이 순임금에게 덕(德)으로 선양(禪讓)하였고 순임금이 우왕(禹王)에게 공(功)으로 선양하였다. 덕으로도 제왕이 되고 공으로도 제왕이 되었다. 그러나 공은 덕 아래에 놓인다. 은(殷)나라 탕왕이 하(夏)나라 걸왕(桀王)을 정벌하여 내쫓고 주(周)나라 무왕이 은나라 주왕(紂王)을 정벌하여 죽였다. 내쫓는 것으로도 왕이 되고 죽이는 것으로도 왕이 되었다. 그러나 죽이는 것은 내쫓는 것의 아래에 놓인다. 이로써 시(時)에 소장(消長)이 있고 사(事)에 인혁(因革)이 있음을 알겠다. 앞의 성인이나 뒤의 성인이 하나의 길에서 나온 것이 아니리오!

昔者孔子語堯舜則日垂衣裳而天下治語湯武則日順乎天而應乎人斯言可以該古今帝王受命之理也. 堯禪舜以德舜禪禹以功. 以德帝也. 以功亦帝也. 然而德下一等則入于功矣. 湯伐桀以放武伐紂以殺. 以放王也. 以殺亦王也. 然而放下一等則入于殺矣. 是知時有消長事有因革前聖後聖非出於一途哉.

■ 하늘과 사람은 서로 표리(表裏)가 된다. 하늘에는 음양(陰陽)이 있고 사람에게는 사(邪)와 정(正)이 있다. 사와 정은 윗사람이 좋아하는 바

에 달려 있다. 윗사람이 덕을 좋아하면 백성은 正을 쓰고 윗사람이 아첨을 좋아하면 백성은 邪를 쓰게 된다. 邪正의 말미암음은 스스로 오는 것이다. 비록 어진 임금이 위에 있어도 소인을 없게 하지 못하니 이것이 소인이 되는 것이 어려움이다. 비록 어리석은 임금이 위에 있어도 군자를 없게 하지 못하니 이것이 군자가 되는 것이 어려움이다. 예로부터 어진 임금이 왕성한 때는 당요(唐堯) 때만한 적이 없는데 어찌 군자가 많지 않았겠는가? 그 때에도 소인이 없지 않았으나 소인으로 되는 것이 어려움이며, 그러므로 군자가 많았다. 비록 사흉(四凶)이 있었으나 그 악을 방자하게 하지 못하였다. 예로부터 어리석은 임금이 왕성한 때는 은나라 주왕(紂王) 때만한 적이 없는데 어찌 소인이 많은 것인가! 그 때에도 군자가 없지 않았으나 군자로 되는 것이 어려웠다. 그러므로 소인이 많았다. 비록 삼인(三仁, 기자 · 미자 · 비간 등 세 명의 어진 사람)이 있었으나 그 선(善)을 이루지 못하였다. 이로써 임금이 신하를 선택하고 신하가 임금을 선택하는 것이 사람에게 달려 있으며, 임금이 신하를 얻고 신하가 임금을 얻는 것은 사람에게 달려 있지 않고 하늘에 달려 있음을 알겠다.

天與人相爲表裏. 天有陰陽. 人有邪正. 邪正之由繫乎上之所好也. 上好德則民用正. 上好 , 則民用邪. 邪正之由, 有自來矣. 雖聖君在上不能無小人, 是難其爲小人雖庸君在上不能無君子, 是難其爲君子. 自古聖君之盛未有如唐堯之世, 君子何其多邪. 時非無小人也, 是難其爲小人也. 故君子多也, 所以雖有四凶不能肆其惡. 自古庸君之盛未有如殷紂之世, 小人何其多邪時非無君子也, 是難其爲君子. 故小人多也, 所以雖有三仁不能遂其善. 是知君擇臣臣擇君者是繫乎人也. 君得臣臣得君者, 是非繫乎人也, 繫乎天者也.

▣ 현명함과 어리석음은 사람의 본성(本性)이고 이로움과 해로움은 백성의 상정(常情)이다. 우순(虞舜)이 물가에서 도자기를 굽고 부열(傅說)이 바위 밑에서 막일을 하였으나 천하는 모두 그들이 어질다는 것을 알았다. 그러나 많은 일들을 맡김에 모두 받들지 못하는 것은 이해가 그렇게 시키기 때문이다. 아! 이해는 가운데로 모두 모여지고 창과 병기는 바깥에서 빽빽하니 또 어찌 우순이 성인이며 부열이 현인임을 알 수 있으리오. 물가란 천자의 제위를 물려주는 곳이 아니고 바위 아래도 재상을 구하는 곳이 아니다. 옛날에는 억만(億萬) 사람의 아래에 있었으나 지금은 억만 사람의 위에 있으니 한 번 멀어짐이 어찌 이리 심한가! 그러나 반드시 이와 같음에 귀하게 여기는 것은 이름뿐이다.

賢愚人之本性. 利害民之常情. 虞舜陶于河濱, 傅說築于巖下, 天下皆知其賢而百執事不爲之擧者利害使之然也. 吁利害叢于中而矛戟森于外, 又安知有虞舜之聖而傅說之賢哉. 河濱非禪位之所. 巖下非求. 相之方, 昔也在億萬人之下, 而今也在億萬人之上. 相去一何遠之甚也. 然而必此云者, 貴有名者也.

▣ 《주역》에 가로되 감괘(坎卦)에 믿음이 있어 오로지 마음이 형통하고 행함에 숭상함이 있다는 구절이 있다. 이는 중(中)과 정(正)으로 험한 곳을 가더라도 그 가는 곳에 반드시 공(功)이 있고 비록 위태로우나 허물이 없으며 이는 능히 스스로 믿기 때문이다. 이윤(伊尹)이 이렇게 하였다. 이로써 옛 사람이 염려한 것은 이름이 내용보다 지나침이 있는 것을 두려워했음을 알 수 있다. 그간에 행과 불행이 있는 것은 비록 성인일지라도 사람의 힘으로는 미치지 못하기 때문이다. 이윤이 재상의 자리에 있을 때 모든 책무를 이루는 위치였으나 임금을 쫓아냈다는 이름을 피하고자 하였다면 어찌 불충(不忠)이라고 하리오. 그리하면 천하의

사업이 멀어지게 되는데. 또 어찌 능히 뒤이은 임금을 바르게 하여 끝과 처음을 이루는 대충(大忠)이 되리오. 만약 잘못된 사람에게 맡기기를 3년이 된다면 그 뒤이은 임금이 이와 같으니 어쩌리오. 그리하면 천하의 사업이 또 멀어지게 되는데 어찌 이윤이 있으리오. 감괘는 믿음이 있어 오로지 마음이 형통함이 역시 가깝지 않을 것인가!

易日, 坎有孚, 維心亨, 行有尙. 中正行險往且有功. 雖危無咎能自信故也. 伊尹以之. 是知古之人患名過實者有之矣. 其間有幸與不幸者, 雖聖人, 人力有不及者矣. 伊尹行冢宰, 居責成之地. 借使避. 放君之名, 豈日不忠乎, 則天下之事去矣. 又安能正嗣君成終始之大忠者乎. 吁. 若委寄于匪人, 三年之間, 其如嗣君何, 則天下之事亦去矣. 又安有伊尹也. 坎有孚維心亨, 不亦近之乎.

▣ 《주역》에 이르길 예괘(豫卦)에 말미암아 크게 얻음이 있으니 의심하지 마라. 친구들이 모여들게 되리라 하였다. 강건함이 예괘를 주장하니 움직이어 응하는 무리가 있어 의심하면 망하게 된다. 능히 스스로 강하기 때문이다. 주공(周公)이 이와 같았다. 이로써 성인이 사람으로 하여금 헐뜯지 못하도록 할 수 없음을 알 수 있으니 능히 헐뜯음에 처하게 됨이라. 주공이 총기(總己)에 있었으니 중책을 맡은 자리이다. 친족들을 죽였다는 이름을 피하고자 하였다면 어찌 불효라 하리오. 그리하면 천하의 사업이 멀어지게 되는데, 또 어찌 뒤이은 임금을 보위하여 끝과 처음을 이루게 하는 대효(大孝)를 이루리오. 만약 잘못된 사람에게 맡기기를 7년이 된다면 그 뒤이은 임금이 어찌하리오. 그리하면 천하의 사업이 또 멀어지게 되는데 어찌 주공이 가만히 있으리오. 예괘로 말미암아 크게 얻음이 있으니 의심치 마라. 친구들이 모여들리라 한 것이 어찌 가깝지 않을 것인가!

易曰由豫大有得勿疑朋盍簪. 剛健主豫動而有應群. 疑乃亡, 能自彊故也周公以之. 是知聖人不能使人無謗能處謗者也. 周公居總己, 當任重之地. 借使避滅親之名豈曰不孝乎, 則天下之事去矣. 又安能保嗣君成終始之大孝者乎. 吁. 若委寄于匪人, 七年之間, 其如嗣君何, 則天下之事亦去矣. 又安有周公也. 由豫大有得勿疑朋盍簪不亦近之乎.

▣ 무릇 천하가 앞으로 다스려지려 하면 사람들이 반드시 행위를 숭상하고 천하가 장차 어지러워지려 하면 사람들이 말을 숭상한다. 행위를 숭상하면 독실한 풍속이 행해지고 말을 숭상하면 속고 속이는 풍속이 행해지게 된다. 무릇 천하가 장차 다스려지려 하면 사람들이 의(義)를 숭상하고 천하가 앞으로 어지러워지려 하면 사람들이 이(利)를 숭상하게 된다. 의를 높이면 겸양의 풍속이 이루어지고 이를 높이면 약탈의 풍속이 행하게 된다.

夫天下將治, 則人必尙行也. 天下將亂, 則人必尙言也. 尙行則篤實之風行焉. 尙言, 則詭譎之風行焉. 天下將治, 則人必尙義也. 天下將亂, 則人必尙利也. 尙義則謙讓之風行焉. 尙利, 則攘奪之風行焉.

▣ 삼왕은 행위를 숭상하고 오패는 말을 숭상하였다. 행위를 숭상하면 반드시 의(義)로 들어가고 말을 숭상하면 반드시 이(利)로 들어간다. 義와 利가 서로 떨어짐이 어찌 이와 같이 먼가.

三王尙行者也. 五伯尙言者也. 尙行者必入于義也. 尙言者必入于利也. 義利之相去, 一何遠之如是耶.

▣ 이로써 말만 앞세우는 것은 몸으로 행동하는 것만 같지 못하고, 몸으로 행동하는 것은 마음을 다하는 것만 같지 못함을 알겠다. 입으로 말

을 앞세우면 사람이 듣고서 알지만, 몸으로 행하면 보고서 알게 된다. 마음을 다하면 신(神)이 알게 된다. 사람의 총명함은 오히려 속이기가 어려운데 하물며 신(神)의 총명함을 속일 수 있겠는가? 이로써 입에 부끄러움이 없는 것은 몸에 부끄러움이 없는 것만 못하고, 몸에 부끄러움이 없는 것은 마음에 부끄러움이 없는 것만 못하다. 입으로 짓는 허물에 쉬움이 없다면 몸으로 짓는 허물에 어려움이 없고, 몸으로 짓는 허물에 쉬움이 없다면 마음으로 짓는 허물에 어려움이 없다. 이미 마음에 허물이 없다면 무슨 어려움이 있겠는가? 아! 어떻게 마음에 허물이 없는 사람을 찾아 함께 마음에 대해 얘기하리요! 그러므로 성인은 허물이 없는 곳에서 일어서는 것을 아나니 마음으로 일을 잘 살피는 것이다.

是知言之于口，不若行之于身．行之于身，不若盡之于心．言之于口，人得而聞之．行之于身，人得而見之．盡之于心，神得而知之．人之聰明猶不可欺況神之聰明乎．是知無愧于口，不若無愧于身．無愧于身，不若無愧于心．無口過易無身過難．無身過易無心過難．旣無心過，何難之有．吁．安得無心過之人而與之語心哉是故知聖人所以能立于無過之地者謂其善事于心者也.

## 관물내편(觀物內篇) · 8

■ 공자가 이르길 순임금이 지은 소(韶)는 가락이 지극히 아름답고도 지극히 선하다. 주(周)나라 무왕(武王)이 지은 무(武)는 지극히 아름다우나 지극히 선하지는 않다. 또 가로되 관중(管仲)은 환공(桓公)의 재상으로 제후를 제패하여 한 번 천하를 바로잡으니 백성이 지금에 이르도록 그 은혜를 받았다. 관중이 아니었으면 우리는 오랑캐 무리가 되었을 것이다. 이로써 무왕은 비록 순임금의 진선(盡善) · 진미(盡美)에는 미치지 못하였으나 천하를 거꾸로 하여 이해하면 순임금 아래로 1등이 됨을 알겠다. 환공이 비록 무왕의 하늘에 따르고 백성을 좇는 것에 미치지 못하지만 제후를 제패하여 천하를 한 번 바로잡은 것은 오랑캐보다 높고도 멀다. 이로써 무왕을 순임금에 비교하면 허물이 없지 않으며 환공과 비교하면 공이 없지 아니함을 알겠다. 환공을 오랑캐와 비교하면 공이 없을 수 없으나 무왕과 비교하면 허물이 없지 않다. 유방(劉邦)은 환공과 무왕의 사이에 세우는 것이 마땅하다.

仲尼曰, 韶盡美矣. 又盡善也. 武盡美矣, 未盡善也. 又曰, 管仲相桓公覇諸侯, 一匡天下, 民到于今受其賜. 微管仲, 吾其被髮左衽矣. 是知武王雖不逮舜之盡善盡美, 以其解天下之倒懸則下于舜一等耳. 桓公雖不逮武之. 應天順人, 以其覇諸侯一匡天下, 則高于狄亦遠矣. 以武比舜, 則不能無過. 比桓, 則不能無功. 以桓比狄, 則不能無功. 比武, 則不能無過. 漢氏宜立乎桓武之間矣.

■ 이 때에 진(秦)나라의 폭정을 싫어하여 천하의 백성이 모이지 않았

다. 비록 10명의 유방과 100명의 장량(張良)이라 하여도 이러한 백성의 마음을 바꾸지는 못할 것이다.

是時也, 非會天下民厭秦之暴且甚雖十劉季百子房其如人心未易何.

▣ 또 고금(古今)의 때는 다르지만 백성이 삶을 좋아하고 죽음을 싫어하는 마음은 다르지 않다. 예로부터 사람을 많이 죽인 것은 진나라보다 심한 것이 없다. 천하가 어찌 싫어하지 않으리오. 대저 사람을 많이 죽였다는 것은 칼로 죽인 것이 아니고 학정(虐政)으로 인해 천하 사람들이 살 수 있는 생로(生路)를 없앤 것을 이른다. 또한 칼로 천하 사람들을 많이 죽였음에랴!

且古今之時則異也, 而民好生惡死之心非異也. 自古殺人之多未有如秦之甚, 天下安有不厭之乎. 夫殺人之多不必以刃, 謂天下之人無生路可移也. 而又況以刃多殺天下之人乎.

▣ 진나라 2세 황제는 만승(萬乘)의 천자로 백성이 되고자 했으나 되지 못하였다. 한(漢)나라 유방(劉邦)은 필부였으나 대원수가 되는 것을 면하지 못했다. 만승과 필부(匹夫) 사이에 거리가 있지만 때가 있어 바뀌는 것은 천하의 이해에 달려 있다고 한다(백성을 이롭게 하면 필부가 원수가 되고 백성을 해롭게 하면 대원수가 필부가 되려 해도 안 된다는 뜻).

秦二世, 萬乘也. 求爲黔首而不能得. 漢劉季, 匹夫也. 免爲元首而不能已. 萬乘與匹夫, 相去有間矣. 然而有時而代之者, 謂其天下之利害有所懸之耳.

▣ 하늘의 도는 황제에게 재앙을 주고 필부에게 복을 주는 것이 아니

다. 그 재앙에 도가 없고 복에 도가 있음을 말하는 것이다.

天之道, 非禍萬乘而福匹夫也, 謂其禍無道而福有道也.

▣ 백성의 마음이 황제에게서 멀어지는 것이 아니고 필부에게로 나아가는 것이다. 그 멀어지는 것에 도가 없고 나아가는 것에 도가 있다. 황제와 필부 사이에 거리가 있지만 때가 있어 바뀌는 것은 그 바름이 천하의 이해에 달려 있다고 한다.

人之情, 非去萬乘而就匹夫也, 謂其去無道而就有道也. 萬乘與匹夫, 相去有間矣. 然而有時而代之者謂其直以天下之利害有所懸之耳.

▣ 해와 달이 숨어 버리면 별이 드물게 된다. 별이 적은 것이 아니고 그 빛을 발휘하기가 어렵기 때문이다. 능히 빛을 발하면 어찌 드물겠는가? 한나라와 당(唐)나라가 창업을 하였으나 여후(呂后)와 측천무후(則天武后)가 권력을 마음대로 휘두르니 신하가 드물지 않을 수 없게 되었다. 신하가 드문 것이 아니고 신하가 충성하기가 어려운 것이다. 능히 충성을 다함이 어찌 드물지 않으리오.

日旣沒矣, 月旣 矣星不能不希矣. 非星之希, 是星難乎其爲光矣. 能爲其光者, 不亦希乎. 漢唐旣創業矣, 呂武旣擅權矣, 臣不能不希矣. 非臣之希, 是臣難乎其爲忠矣. 能爲其忠者不亦希乎.

▣ 천하를 맡는 것은 쉬우나 천하의 사업을 위해 죽는 것은 어렵고, 천하의 사업을 위해 죽는 것은 쉬우나 천하의 사업을 이루는 것은 어렵다는 것을 안다. 진실로 이루려면 또 어떤 계책이 있어야 하는가? 죽음과 삶이다. 그 이루지 못함에 비록 죽더라도 어찌 이익이 되리오. 하물며 그 정(正)과 부정(不正)에 있어서이겠는가! 올바르지 못하여 죽은 것

이 어찌 바르게 사는 것과 같으랴. 바르지 않게 사는 것이 어찌 정당함을 위해 죽은 것과 같으랴. 이것은 충신과 현신(賢臣)의 선택에 달려 있는 것이다. 죽음은 참으로 슬프고 아깝지만 천하의 사업을 이루는 것을 귀하게 여기고 천하의 사업이 실패하게 되면 한 번 죽음이 어찌 책임을 다했다 하리오. 삶이 참으로 아끼는 바이나 천하의 사업을 이루는 것을 귀하게 여기고 천하의 사업을 실패하면 한 번 삶으로써 어찌 공을 거두리오!

是知任天下事易死天下事難. 死天下事易, 成天下事難. 苟成之, 又何計乎死與生也. 如其不成, 雖死奚益. 況其有正與不正者乎. 與其死于不正, 孰若生于正. 與其生于不正, 孰若死于正. 在乎忠與智者之一擇焉. 死固可惜貴乎成天下之事也. 如其敗天下之事, 一死奚以塞責. 生固可愛貴乎成天下之事也. 如其敗天下之事, 一生何以收功.

▣ 아! 능히 천하의 사업을 이루고 또 능히 그 바름을 잃지 않은 것은 한나라의 장량(張良)과 당나라의 방현령(房玄齡)이 아니면 누구이리오! 이 두 사람이 아니었다면 한나라와 당나라의 왕조가 위태로웠거나 뒤바뀌게 되었을 것이다. 어찌 헛되이 살고 헛되이 죽음과 같으리오. 헛된 삶과 헛된 죽음을 비유하면 들판의 쑥과 같은데 충신과 현신(賢臣)은 그 사이에 속하지 아니한다.

噫. 能成天下之事, 又能不失其正而生者非漢之留侯唐之梁公而何. 微斯二人, 則漢唐之祚或幾乎移矣. 豈若虛生虛死者焉. 夫虛生虛死者譬之蕭文忠于智者不由乎其間矣.

## 관물내편(觀物內篇) · 9

▣ 공자가 가로되 선량한 사람이 나라를 100년 동안 다스리면 잔혹함을 없애고 살인을 물리칠 수 있다고 하였는데 이 말은 참으로 믿음성이 있고 진실하다. 극도의 혼란함이 극도의 다스림으로 바뀌는데 반드시 삼변(三變)이 있다.

仲尼曰善人爲邦百年, 亦可以勝殘去殺誠哉是言也. 自極亂至于極治必三變矣.

▣ 삼황(三皇)의 법에는 죽이는 것이 없고 오패(五覇)의 법에는 살리는 것이 없다. 패(覇)가 한 번 변하면 왕(王)에 이르고 왕이 한 번 변하면 제(帝)에 이르며 제가 한 번 변하면 황(皇)에 이른다. 그 생(生)함에 어찌 100년이 아니리오!(一世 30년)

三皇之法無殺. 五伯之法無生. 伯一變至于王矣. 王一變, 至于帝矣. 帝一變至于皇矣. 其于生也, 非百年而何.

▣ 이로써 삼황은 봄과 같고 오제는 여름과 같으며, 삼왕은 가을과 같고 오패는 겨울과 같음을 알겠다. 봄은 따뜻하고 여름은 뜨거우며 가을은 싸늘하고 겨울은 찬 것과 같다.

是知三皇之世如春. 五帝之世如夏. 三王之世如秋. 五伯之世如冬. 如春溫如也. 如夏, 燠如也. 如秋凄如也. 如冬冽如也.

▣ 춘(春) · 하(夏) · 추(秋) · 동(冬)은 호천(昊天)의 시(時)이고 역(易) · 서(書) · 시(詩) · 춘추(春秋)는 성인의 경(經)이다. 천시(天時)에 잘못이 없으면 세(歲)의 공(功)이 이루어지고 성인의 경(經)에 어긋남이 없으면 군(君)의 덕(德)이 이루어진다.

春夏秋冬者, 昊天之時也. 易書詩春秋者, 聖人之經也. 天時不差, 則歲功成矣. 聖經不忒, 則君德成矣.

▣ 하늘에 변함이 없는 시(時)가 있고 성인에게 변함이 없는 경(經)이 있다. 행함이 바른 것을 정(正)이라 하고 행함이 삿된 것은 사(邪)라고 한다. 이 사정(邪正)의 사이에 도가 존재한다. 행함이 바르면 정도(正道)라 하고 행함이 삿되면 사도(邪道)라고 한다. 사정은 사람으로 말미암음인가? 하늘로 말미암음인가?

天有常時. 聖有常經. 行之正, 則正矣. 行之邪, 則邪矣. 邪正之間, 有道在焉. 行之正, 則謂之正道. 行之邪, 則謂之邪道. 邪正由人乎. 由天乎.

▣ 하늘은 도(道)로 인해 생겨나고 땅은 도로 인해 이루어진다. 만물은 도로 인해 형태를 갖추고 사람은 도로 말미암아 행하게 된다. 하늘 · 땅 · 사람 · 만물은 다르지만 도로 말미암은 것은 하나이다.

天由道而生. 地由道而成物由道而形. 人由道而行. 天地人物則異也, 其于由道一也.

▣ 무릇 도(道)라는 것은 길이다. 도는 형태가 없으나 행하면 일이 나타나는 것이다. 이것은 길의 도와 같은 것이다. 편편하고 넓으면 수억만년(數億萬年)을 다녀도 사람들이 그 돌아갈 곳을 안다.

夫道也者道也. 道無形, 行之則見于事矣. 如道路之道, 坦然使千億萬年行之人知其歸者也.

▣ 어떤 사람이 이르기를 군자(君子)의 도가 자라나면 소인(小人)의 도가 줄어들고, 군자의 도가 줄어들면 소인의 도가 자라난다. 자라나는 것이 옳다면 줄어드는 것은 아니며, 줄어드는 것이 옳다면 자라나는 것은 아니다. 어떻게 정도(正道)와 사도(邪道)가 그러함을 알겠는가? 아, 그릇됨이여! 사람들이 논함이라.

或曰, 君子道長, 則小人道消. 君子道, 消則小人道長. 長者是, 則消者非也. 消者是, 則長者非也. 何以知正道邪道之然乎. 吁. 賊夫人之論也.

▣ 말하건대 임금이 임금의 일을 하고 신하가 신하의 일을 하며, 아버지가 아버지의 일을 하고 자식이 자식의 일을 하며, 남편이 남편의 일을 하고 아내가 아내의 일을 하며, 군자가 군자의 일을 하고 소인이 소인의 일을 하며, 중국이 중국의 일을 하고 오랑캐가 오랑캐의 일을 하는 것을 정도(正道)라고 한다. 임금이 신하의 일을 하고 신하가 임금의 일을 하며, 아버지가 아들의 일을 하고 아들이 아버지의 일을 하며, 남편이 아내의 일을 하고 아내가 남편의 일을 하며, 군자가 소인의 일을 하고 소인이 군자의 일을 하며, 중국이 오랑캐의 일을 하고 오랑캐가 중국의 일을 하는 것을 사도(邪道)라고 한다.

不曰, 君行君事, 臣行臣事, 父行父事, 子行子事. 夫行夫事, 妻行妻事. 君子行君子事, 小人行小人事, 中國行中國事, 夷狄行夷狄事, 謂之正道. 君行臣事, 臣行君事. 父行子事, 子行父事. 夫行妻事, 妻行夫事. 君子行小人事, 小人行君子事, 中國行夷狄事, 夷狄行中國事, 謂之邪道.

▣ 삼대(三代)에 이르러 세상이 다스려질 때 인륜의 도(道)로써 나라가 잘 다스려지지 않은 적이 없었고, 삼대에 세상이 어지러워질 때 인륜의 도가 어지러워져 나라가 어지러워지지 않은 적이 없었다. 후세에 삼대의 치세(治世)를 본받으면 인륜이 바르게 되지 않은 적이 없으며, 후세에 삼대의 난세(亂世)를 본받으면 인륜이 어지러워지지 않은 적이 없었다.

至于三代之世治, 未有不治人倫之爲道也. 三代之世亂, 未有不亂人倫之爲道也. 後世之慕三代之治世者, 未有不正人倫者也. 後世之慕三代之亂世者, 未有不亂人倫者也.

▣ 삼대 이래로 한(漢)나라와 당(唐)나라가 가장 흥성하였는데 치(治)로 흥하였다가 난(亂)으로 망하지 않은 적이 없다. 하물며 한나라와 당나라보다 흥성하지 아니한 나라들이야? (근사록에서 宋은 漢 · 唐에 미치지 못하였다고 하였다.)

自三代而下, 漢唐爲盛. 未始不由治而興, 亂而亡. 況其不盛于漢唐者乎.

▣ 그 흥함은 임금의 도의(道義) · 아버지의 도의 · 남편의 도의 · 군자의 도의 · 중국의 도의가 흥성함으로 말미암지 않은 적이 없고, 망함은 신하의 도의 · 자식의 도의 · 아내의 도의 · 소인의 도의 · 오랑캐의 도의가 왕성함으로 말미암지 않은 적이 없다.

其興也, 又未始不由君道盛, 父道盛夫道盛, 君子之道盛, 中國之道盛, 其亡也, 又未始不由臣道盛, 子道盛, 妻道盛, 小人之道盛, 夷狄之道盛.

▣ 아! 이 두 개의 도는 서로 대립하면서 운행하는데 어떤 까닭으로 치세는 적고 난세는 많으며, 군자는 적고 소인은 많은가? 가로되 양(陽)은 1이고 음(陰)은 2임을 어찌 모르는가!

噫. 二道對行, 何故治世少而亂世多邪, 君子少而小人多邪. 曰, 豈不知陽一而陰二乎.

▣ 천지는 도(道)로 말미암아 생겨난다. 하물며 사람과 물체임에랴! 사람은 만물 가운데에서 지극히 신령스럽다. 만물의 영(靈)은 사람의 영과 같지 않으나, 도로 말미암아 생겨난다. 하물며 사람이 만물보다 신령함에랴! 이로써 사람도 또한 만물임을 알겠는데 지극히 신령스럽기 때문에 특별히 사람이라고 이르는 것이다.

天地尙由是道而生, 況其人與物乎. 人者物之至靈者也. 物之靈未若人之靈, 尙由是道而生, 又況人靈于物者乎. 是知人亦物也, 以其至靈故特謂之人也.

# 관물내편 · 10

■ 일(日)은 하늘의 원(元)으로 헤아리고 월(月)은 하늘의 회(會)로 헤아리며, 성(星)은 하늘의 운(運)으로 헤아리고 신(辰)은 하늘의 세(世)로 헤아린다.

일(日)로 일(日)을 헤아리면 원(元)의 원(元)을 알 수 있고 일로 월(月)을 헤아리면 원의 회(會)를 알 수 있으며, 일로 성(星)을 헤아리면 원의 운(運)을 알 수 있고 일로 신(辰)을 헤아리면 원의 세(世)를 알 수 있다.

월(月)로 일(日)을 헤아리면 회(會)의 원(元)을 알 수 있고 월로 월(月)을 헤아리면 회의 회(會)를 알 수 있으며, 월로 성(星)을 헤아리면 회의 운(運)을 알 수 있고 월로 신(辰)을 헤아리면 회의 세(世)를 알 수 있다.

성(星)으로 일(日)을 헤아리면 운(運)의 원(元)을 알 수 있고 성으로 월(月)을 헤아리면 운의 회(會)를 알 수 있으며, 성으로 성(星)을 헤아리면 운의 운(運)을 알 수 있고 성으로 신(辰)을 헤아리면 운의 세(世)를 알 수 있다.

신(辰)으로 일(日)을 헤아리면 세(世)의 원(元)을 알 수 있고 신으로 월(月)을 헤아리면 세의 회(會)를 알 수 있으며, 신으로 성(星)을 헤아리면 세의 운(運)을 알 수 있고 신으로 신(辰)을 헤아리면 세의 세(世)를 알 수 있다.

日經天之元. 月經天之會. 星經天之運. 辰經天之世. 以日經日, 則元之元可知之矣. 以日經月, 則元之會可知之矣. 以日經星, 則元之運可知之矣. 以日經辰, 則元之世可知之矣. 以月經日, 則會之元可知之矣.

以月經月, 則會之會可知之矣. 以月經星, 則會之運可知之矣. 以月經辰, 則會之世可知之矣. 以星經日, 則運之元可知之矣. 以星經月, 則運之會可知之矣. 以星經星, 則運之運可知之矣. 以星經辰, 則運之世可知之矣. 以辰經日, 則世之元可知之矣. 以辰經月, 則世之會可知之矣. 以辰經星, 則世之運可知之矣. 以辰經辰, 則世之世可知之矣.

▣ 원(元)의 원(元)은 1이고 원의 회(會)는 12이며, 원의 운(運)은 360이고 원의 세(世)는 4,320이다.

회(會)의 원(元)은 12이고 회의 회(會)는 144이며, 회의 운(運)은 4,320이고 회의 세(歲)는 51,840이다.

계속하여 운(運)의 원(元)은 360이고 운의 회(會)는 4320이며, 운의 운(運)은 129,600이고 운의 세(世)는 155만 5,200이다.

세(世)의 원(元)은 4,320이고 세의 회(會)는 51,840이며, 세의 운(運)은 155만 5,200이고 세의 세(世)는 1,866만 2,400이다.

元之元一. 元之會十二. 元之運三百六十. 元之世四千三百二十. 會之元十二. 會之會一百四十四. 會之運四千三百二十. 會之世五萬一千八百四十. 演運之元三百六十. 運之會四千三百二十. 運之運一十二萬九千六百. 運之世一百五十五萬五千二百. 世之元四千三百二十. 世之會五萬一千八百四十. 世之運一百五十五萬五千二百. 世之世一千八百六十六萬二千四百.

▣ 원(元)의 원(元)은 봄으로 봄의 때를 행하고 원의 회(會)는 봄으로 여름의 때를 행하며, 원의 운(運)은 봄으로 가을의 때를 행하고 원의 세(世)는 봄으로 겨울의 때를 행하는 것이다.

회(會)의 원(元)은 여름으로 봄의 때를 행하고 회의 회(會)는 여름으로 여름의 때를 행하며, 회의 운(運)은 여름으로 가을의 때를 행하고 회의 세(世)는 여름으로 겨울의 때를 행하는 것이다.

운(運)의 원(元)은 가을로 봄의 때를 행하고 운의 회(會)는 가을로 여름의 때를 행하며, 운의 운(運)은 가을로 가을의 때를 행하고 운의 세(世)는 가을로 겨울의 때를 행하는 것이다.

세(世)의 원(元)은 겨울로 봄의 때를 행하고 세의 회(會)는 겨울로 여름의 때를 행하며, 세의 운(運)은 겨울로 가을의 때를 행하고 세의 세(世)는 겨울로 겨울의 때를 행하는 것이다.

元之元, 以春行春之時也. 元之會, 以春行夏之時也. 元之運, 以春行秋之時也. 元之世, 以春行冬之時也. 會之元, 以夏行春之時也. 會之會, 以夏行夏之時也. 會之運, 以夏行秋之時也. 會之世, 以夏行冬之時也. 運之元, 以秋行春之時也. 運之會, 以秋行夏之時也. 運之運, 以秋行秋之時也. 運之世, 以秋行冬之時也. 世之元, 以冬行春之時也. 世之會, 以冬行夏之時也. 世之運, 以冬行秋之時也. 世之世, 以冬行冬之時也.

▣ 황(皇)의 황(皇)은 도(道)로 도(道)의 일을 하고 황의 제(帝)는 도로 덕(德)의 일을 하며, 황의 왕(王)은 도로 공(功)의 일을 하고 황의 패(覇)는 도로 력(力)의 일을 한다.

제(帝)의 황(皇)은 덕(德)으로 도(道)의 일을 하고 제의 제(帝)는 덕으로 덕(德)의 일을 하며, 제의 왕(王)은 덕으로 공(功)의 일을 하고 제의 패(覇)는 덕으로 력(力)의 일을 한다.

왕(王)의 황(皇)은 공(功)으로 도(道)의 일을 하고 왕의 제(帝)는 공으로 덕(德)의 일을 하며, 왕의 왕은(王) 공으로 공(功)의 일을 하고 왕의 패(覇)는 공으로 력(力)의 일을 한다.

패(覇)의 황(皇)은 력(力)으로 도(道)의 일을 하고 패의 제(帝)는 력으로 덕(德)의 일을 하며, 패의 왕(王)은 력으로 공(功)의 일을 하고 패의 패(霸)는 력으로 력(力)의 일을 한다.

皇之皇, 以道行道之事也. 皇之帝, 以道行德之事也. 皇之王, 以道行功之事也. 皇之伯, 以道行力之事也. 帝之皇, 以德行道之事也. 帝之帝, 以德行德之事也. 帝之王, 以德行功之事也. 帝之伯, 以德行力之事也. 王之皇, 以功行道之事也. 王之帝, 以功行德之事也. 王之王, 以功行功之事也. 王之伯, 以功行力之事也. 覇之皇, 以力行道之事也. 覇之帝, 以力行德之事也. 覇之王, 以力行功之事也. 覇之覇, 以力行力之事也.

▣ 때에는 소장(消長)이 있고 사업에는 인혁(因革)이 있는데 성인이 아니면 다하지 못한다. 공자가 이르기를 함께 배울 수 있으나 더불어 도(道)로 나아갈 수 없으며, 도로 나아갈 수 있으나 더불어 뜻을 이룰 수 없으며, 뜻을 이룰 수 있으나 더불어 권력을 누릴 수 없다. 이로써 천만세(千萬世)의 시(時)와 천만세의 경(經)을 알 수 있는데 어찌 구분하여 가볍게 말할 수 있으리오.

時有消長事有因革. 非聖人無以盡之. 所以仲尼曰, 可與共學. 未可與適道可與適道, 未可與立. 可與立. 未可與權. 是知千萬世之時, 千萬世之經, 豈可 地而輕言哉.

▣ 삼황(三皇)은 봄이고 오제(五帝)는 여름이며, 삼왕(三王)은 가을이고 오패(五覇)는 겨울이며, 칠국(七國)은 겨울의 남은 추위이다. 한(漢)나라는 왕(王)보다 부족하고 진(晉)나라는 패(覇)보다 낫다. 삼국(三國)은 패(覇) 가운데 뛰어나고 십육국(十六國)은 패(覇)의 무리이며, 남조(南朝) 다섯 나라는 패(覇)에 무임승차한 것이고 북조(北朝) 다섯 나라는 패(覇)의 여관방이다. 수(隋)나라는 진나라의 아들뻘이고 당(唐)나라는 한나라

의 동생뻘이다. 수나라는 여러 군(郡)의 패(覇)들의 막내로 장강(長江)과 한수(漢水)의 여파(餘波)이고 당나라는 여러 진(鎭)의 패(覇)들을 이은 것으로 해와 달의 여광(餘光)이다. 뒤의 오대(五代)의 패(覇)들은 해가 뜨기 전의 별과 같다.

三皇春也. 五帝夏也. 三王秋也. 五伯冬也. 七國冬之餘冽也. 漢王而不足. 晉伯而有餘. 三國, 伯之雄者也. 十六國, 伯之叢者也. 南五代, 伯之借乘也. 北五朝, 伯之傳舍也. 隋晉之子也. 唐漢之弟也隋季諸郡之伯, 江漢之餘波也. 唐季諸鎭之伯, 日月之餘光也. 後五代之伯, 日未出之星也.

▣ 요임금으로부터 지금에 이르기까지 위아래로 3,000여 년이고 앞뒤로 100여 세(世)이다. 《상서(尙書)》에 분명하게 적어 놓았는데 사해(四海)의 안과 구주(九州)의 사이에서 합쳐지기도 하고 나누어지기도 하며, 다스려지기도 하고 망하기도 하며, 강하기도 하고 약하기도 하며, 이끌기도 하고 따르기도 하였으나 시대를 같이하면서 풍속이 같은 적이 없었다. 아! 옛적에 이르기를 30년을 1세(世)라고 하였는데 어찌 그러한가? 교화시킴에 반드시 충분한 교화를 한 뒤에 백성의 인정이 한 번 변하기 시작하게 되는데 참으로 세(世)를 명 받은 사람이 있어 세(世)를 계속하여 흥하게 하고자 한다면 비록 백성이 오랑캐일지라도 삼변(三變)하면 제왕의 도의(道義)가 일어서게 된다. 아깝도다, 시(時)에 100년의 세(世)가 없고 세(世)에 100년의 인재가 없구나. 그러하였던 대(代)와 비교해 보면 어짊과 불초(不肖)함이 어찌 서로 반반에 그치는가? 때의 어려움이 그렇게 했는가? 인재의 어려움이 그렇게 했는가? (치세는 적어지고 난세는 많아짐.)

自帝堯至于今, 上下三千餘年. 前後百有餘世書傳可明紀者. 四海之內, 九州之間, 或合或離或治或 或强或羸或唱或隨, 未始有兼世而能一其風俗者. 吁. 古者謂三十年爲一世, 豈徒然哉. 俟化之必洽敎之必浹, 民之情始可以一變矣. 苟有命世之人繼世而興焉, 則雖民如夷狄, 三變而帝道可擧. 惜乎時無百年之世, 世無百年之人, 比其有代, 則賢之與不肖, 何止于相半也. 時之難, 不其然乎. 人之難, 不其然乎.

## 관물내편 · 11

▣ 태양(太陽)의 체수(體數)는 10이고 태음(太陰)의 체수는 12이며, 소양(少陽)의 체수는 10이고 소음(少陰)의 체수는 12이다.

소강(少剛)의 체수는 10이고 소유(少柔)의 체수는 12이며, 태강(太剛)의 체수는 10이고 태유(太柔)의 체수는 12이다.

태양 · 소양 · 태강 · 소강의 체수는 나아가고 태음 · 소음 · 태유 · 소유의 체수는 물러나는 것을 태양 · 소양 · 태강 · 소강의 용수(用數)라고 한다.

태음 · 소음 · 태유 · 소유의 체수는 나아가고 태양 · 소양 · 태강 · 소강의 체수는 물러나는 것을 태음 · 소음 · 태유 · 소유의 용수라고 한다.

태양 · 소양 · 태강 · 소강의 체수는 160이고 태음 · 소음 · 태유 · 소유의 체수는 192이며, 태양 · 소양 · 태강 · 소강의 용수는 112이고 태음 · 소음 · 태유 · 소유의 용수는 152이다.

태양 · 소양 · 태강 · 소강의 용수로 태음 · 소음 · 태유 · 소유의 용수를 부르는 것을 일월성신(日月星辰)의 변수(變數)라 하고, 태음 · 소음 · 태유 · 소유의 용수로 태양 · 소양 · 태강 · 소강의 용수에 대답하는 것을 수화토석(水火土石)의 화수(化數)라고 한다.

일월성신의 변수는 17,024인데 이것을 동물의 수(數)라고 하며, 수화토석의 화수는 17,024인데 이것을 식물의 수라고 한다. 다시 창화(唱和)하면 일월성신 · 수화토석의 변화의 통수(通數)는 28,981만 6,576인데 이것을 동식물의 통수라고 한다.

太陽之體數十. 太陰之體數十二. 少陽之體數十. 少陰之體數十二. 少剛之體數十. 少柔之體數十二. 太剛之體數十. 太柔之體數十二. 進太陽. 少陽太剛. 少剛之體數. 退太陰, 少陰太柔. 少柔之體數, 是謂太陽. 少陽太剛. 少剛之用數. 進太陰. 少陰太柔. 少柔之體數退太陽. 少陽太剛. 少剛之體數. 是謂太陰. 少陰太柔. 少柔之用數. 太陽. 少陽太剛. 少剛之體數一百六十. 太陰少陰太柔少柔之體數一百九十二. 太陽少陽太剛少剛之用數一百一十二. 太陰少陰太柔少柔之用數一百五十二. 以太陽. 少陽太剛 少剛之用數唱太陰. 少陰太柔. 少柔之用數是謂日月星辰之變數. 以太陰. 少陰太柔少柔之用數. 和太陽. 少陽太剛. 少剛之用數. 是謂水火土石之化數. 日月星辰之變數一萬七千二十四, 謂之動數. 水火土石之化數一萬七千二十四, 謂之植數. 再唱. 和日月星辰水火土石之變化通數二萬八千九百八十一萬六千五百七十六, 謂之動植通數.

▣ 일월성신은 서(暑) · 한(寒) · 주(晝) · 야(夜)로 변화되고 수화토석은 우(雨) · 풍(風) · 로(露) · 뢰(雷)로 변화된다.

서한주야는 성(性) · 정(情) · 형(形) · 체(體)를 변화시키고 우풍로뢰는 비(飛) · 주(走) · 초(草) · 목(木)을 변화시킨다.

서(暑)는 비주초목의 성(性)으로 변화되고 한(寒)은 비주초목의 정(情)으로 변화되며, 주(晝)는 비주초목의 형(形)으로 변화되고 야(夜)는 비주초목의 체(體)로 변화된다.

우(雨)는 성정형체의 주(走)로 변화되고 풍(風)은 성정형체의 비(飛)로 변화되며, 로(露)는 성정형체의 초(草)로 변화되고 뢰(雷)는 성정형체의 목(木)으로 변화된다.

日月星辰者, 變乎暑寒晝夜者也. 水火土石者, 化乎雨風露雷者也. 暑寒晝夜者, 變乎性情形體者也. 雨風露雷者, 化乎走飛草木者也. 暑變飛走木草之性. 寒變飛走木草之情. 晝變飛走木草之形. 夜變飛走木草之體. 雨化性情形體之走. 風化性情形體之飛. 露化性情形體之草. 雷化性情形體之木.

▣ 성정형체는 하늘에 근본을 두고 있으며 비주초목은 땅에 근본을 두고 있다. 하늘에 근본을 둔 것은 음(陰)과 양(陽)으로 나누어지는 것을 말하며 땅에 근본을 둔 것은 유(柔)와 강(剛)으로 나누어지는 것을 말한다. 무릇 음 · 양 · 강 · 유로 나누어지는 것을 천지만물이라 일컫고 천지만물을 갖추고 있는 것을 사람이라고 일컫는다.

性情形體者, 本乎天者也. 飛走木草者, 本乎地者也. 本乎天者, 分陰分陽之謂也. 本乎地者, 分柔分剛之謂也. 夫分陰分陽分柔分剛者, 天地萬物之謂也. 備天地萬物者, 人之謂也.

# 관물내편 · 12

▣ 일일(日日)의 물체가 있고 일월(日月)의 물체가 있으며, 일성(日星)의 물체가 있고 일신(日辰)의 物체가 있다.

월일(月日)의 물체가 있고 월월(月月)의 물체가 있으며, 월성(月星)의 물체가 있고 월신(月辰)의 물체가 있다.

성일(星日)의 물체가 있고 성월(星月)의 물체가 있으며, 성성(星星)의 물체가 있고 성신(星辰)의 물체가 있다.

신일(辰日)의 물체가 있고 신월(辰月)의 물체가 있으며, 신성(辰星)의 물체가 있고 신신(辰辰)의 물체가 있다.

有日日之物者也. 有日月之物者也. 有日星之物者也. 有日辰之物者也. 有月日之物者也. 有月月之物者也. 有月星之物者也. 有月辰之物者也. 有星日之物者也. 有星月之物者也. 有星星之物者也. 有星辰之物者也. 有辰日之物者也. 有辰月之物者也. 有辰星之物者也. 有辰辰之物者也.

▣ 일일의 물체는 비비(飛飛)[1]이고 일월의 물체는 비주(飛走)[2]이며, 일성의 물체는 비목(飛木)[3]이고 일신의 물체는 비초(飛草)[4]이다.

월일의 물체는 주비(走飛)[5]이고 월월의 물체는 주주(走走)[6]이며, 월성의 물체는 주목(走木)[7]이고 월신의 물체는 주초(走草)[8]이다.

성일의 물체는 목비(木飛)[9]이고 성월의 물체는 목주(木走)[10]이며, 성성의 물체는 목목(木木)[11]이고 성신의 물체는 목초(木草)[12]이다.

신일의 물체는 초비(草飛)[13]이고 신월의 물체는 초주(草走)[14]이며, 신성의 물체는 초목(草木)[15]이고 신신의 물체는 초초(草草)[16]이다.

日日物者, 飛飛也. 日月物者, 飛走也. 日星物者, 飛木也. 日辰物者, 飛草也. 月日物者, 走飛也. 月月物者, 走走也. 月星物者, 走木也. 月辰物者, 走草也. 星日物者, 木飛也., 星月物者, 木走也. 星星物者, 木木也. 星辰物者, 木草也. 辰日物者, 草飛也. 辰月物者, 草走也. 辰星物者, 草木也. 辰辰物者, 草草也.

주) 1. 飛하기를 민첩하게 하는 것.
2. 飛하나 走하는 것. 닭 타조.
3. 飛하나 木으로 분류되는 것.
4. 飛하나 草로 분류되는 것.
5. 走하나 飛하는 것. 용마.
6. 走하게 생겨 走하는 것.
7. 走하게 생겨 木으로 분류되는 것.
8. 走하게 생겨 草로 분류되는 것.
9. 木으로 분류되나 飛하듯이 생긴 것.
10. 木으로 분류되나 走하듯이 생긴 것.
11. 木으로 분류되나 木으로 생긴 것.
12. 木으로 분류되나 草로 분류되는 것.
13. 草의 종류이나 飛하듯이 생긴 것.
14. 草의 종류이나 走하듯이 생긴 것.
15. 草의 종류이나 木같이 생긴 것.
16. 草의 종류이나 草로 분류되는 것.

▣ 황황(皇皇)의 백성이 있고 황제(皇帝)의 백성이 있으며, 황왕(皇王)의 백성이 있고 황패(皇覇)의 백성이 있다.

제황(帝皇)의 백성이 있고 제제(帝帝)의 백성이 있으며, 제왕(帝王)의 백성이 있고 제패(帝覇)의 백성이 있다.

왕황(王皇)의 백성이 있고 왕제(王帝)의 백성이 있으며, 왕왕(王王)의 백성이 있고 왕패(王覇)의 백성이 있다.

패황(覇皇)의 백성이 있고 패제(覇帝)의 백성이 있으며, 패왕(覇王)의 백성이 있고 패패(覇覇)의 백성이 있다.

有皇皇之民者也. 有皇帝之民者也. 有皇王之民者也. 有皇伯之民者也. 有帝皇之民者也. 有帝帝之民者也. 有帝王之民者也. 有帝伯之民者也. 有王皇之民者也. 有王帝之民者也. 有王王之民者也. 有王伯之民者也. 有伯皇之民者也. 有伯帝之民者也. 有伯王之民者也. 有伯伯之民者也.

▣ 황황의 백성은 사사(士士)이고 황제의 백성은 사농(士農)이며, 황왕의 백성은 사공(士工)이고 황패의 백성은 사상(士商)이다.

제황의 백성은 농사(農士)이고 제제의 백성은 농농(農農)이며, 제왕의 백성은 농공(農工)이고 제패의 백성은 농상(農商)이다.

왕황의 백성은 공사(工士)이고 왕제의 백성은 공농(工農)이며, 왕왕의 백성은 공공(工工)이고 왕패의 백성은 공상(工商)이다.

패황의 백성은 상사(商士)이고 패제의 백성은 상농(商農)이며, 패왕의 백성은 상공(商工)이고 패패의 백성은 상상(商商)이다.

皇皇民者, 士士也. 皇帝民者, 士農也. 皇王民者, 士工也. 皇伯民者,士商也. 帝皇民者, 農士也. 帝帝民者, 農農也. 帝王民者, 農工也. 帝伯民者, 農商也. 王皇民者, 工士也. 王帝民者, 工農也. 王王民者, 工工也. 王伯民者, 工商也. 伯皇民者, 商士也. 伯帝民者, 商農也. 伯王民者, 商工也. 伯伯民者, 商商也.

▣ 비비(飛飛)의 물체는 성성(性性)이고 비주(飛走)의 물체는 성정(性情)이며, 비목(飛木)의 물체는 성형(性形)이고 비초(飛草)의 물체는 성체(性體)이다.

주비(走飛)의 물체는 정성(情性)이고 주주(走走)의 물체는 정정(情情)이며, 주목(走木)의 물체는 정형(情形)이고 주초(走草)의 물체는 정체(情體)이다.

목비(木飛)의 물체는 형성(形性)이고 목주(木走)의 물체는 형정(形情)이며, 목목(木木)의 물체는 형형(形形)이고 목초(木草)의 물체는 형체(形體)이다.

초비(草飛)의 물체는 체성(體性)이고 초주(草走)의 물체는 체정(體情)이며, 초목(草木)의 물체는 체형(體形)이고 초초(草草)의 물체는 체체(體體)이다.

飛飛物者, 性性也. 飛走物者, 性情也. 飛木物者, 性形也. 飛草物者, 性體也. 走飛物者, 情性也. 走走物者, 情情也. 走木物者, 情形也. 走草物者, 情體也. 木飛物者, 形性也. 木走物者, 形情也. 木木物者, 形形也. 木草物者, 形體也. 草飛物者, 體性也. 草走物者, 體情也. 草木物者, 體形也. 草草物者, 體體也.

▣ 사사(士士)의 백성은 인인(仁仁)이고 사농(士農)의 백성은 인예(仁禮)이며, 사공(士工)의 백성은 인의(仁義)이고 사상(士商)의 백성은 인지(仁智)이다.

농사(農士)의 백성은 예인(禮仁)이고 농농(農農)의 백성은 예예(禮禮)이며, 농공(農工)의 백성은 예의(禮義)이고 농상(農商)의 백성은 예지(禮智)이다.

공사(工士)의 백성은 의인(義仁)이고 공농(工農)의 백성은 의예(義禮)이며, 공공(工工)의 백성은 의의(義義)이고 공상(工商)의 백성은 의지(義智)이다.

상사(商士)의 백성은 지인(智仁)이고 상농(商農)의 백성은 지예(智禮)이며, 상공(商工)의 백성은 지의(智義)이고 상상(商商)의 백성은 지지(智智)이다.

士士民者, 仁仁也. 士農民者, 仁禮也. 士工民者, 仁義也. 士商民者, 仁智也. 農士民者, 禮仁也. 農農民者, 禮禮也. 農工民者, 禮義也. 農商民者, 禮智也. 工士民者, 義仁也. 工農民者, 義禮也. 工工民者 義義也. 工商民者, 義智也. 商士民者, 智仁也. 商農民者, 智禮也. 商工民者, 智義也. 商商民者, 智智也.

▣ 비비(飛飛)의 물체는 1의 1이고 비주(飛走)의 물체는 1의 10이며, 비목(飛木)의 물체는 1의 100이고 비초(飛草)의 물체는 1의 1,000이다.

주비(走飛)의 물체는 10의 1이고 주주(走走)의 물체는 10의 10이며, 주목(走木)의 물체는 10의 100이고 주초(走草)의 물체는 10의 1,000이다.

목비(木飛)의 물체는 100의 1이고 목주(木走)의 물체는 100의 10이며, 목목(木木)의 물체는 100의 100이고 목초(木草)의 물체는 100의 1,000이다.

초비(草飛)의 물체는 1,000의 1이고 초주(草走)의 물체는 1,000의 10이며, 초목(草木)의 물체는 1,000의 100이고 초초(草草)의 물체는 1,000의 1,000이다.

飛飛之物一之一. 飛走之物一之十. 飛木之物一之百. 飛草之物一之千. 走飛之物十之一. 走走之物十之十. 走木之物十之百. 走草之物十之千. 木飛之物百之一. 木走之物百之十. 木木之物百之百. 木草之物百之千. 草飛之物千之一. 草走之物千之十. 草木之物千之百. 草草之物千之千.

▣ 사사(士士)의 백성은 1의 1이고 사농(士農)의 백성은 1의 10이며, 사공(士工)의 백성은 1의 100이고 사상(士商)의 백성은 1의 1,000이다.

농사(農士)의 백성은 10의 1이고 농농(農農)의 백성은 10의 10이며, 농공(農工)의 백성은 10의 100이고 농상(農商)의 백성은 10의 1,000이다.

공사(工士)의 백성은 100의 1이고 공농(工農)의 백성은 100의 10이며, 공공(工工)의 백성은 100의 100이고 공상(工商)의 백성은 100의 1,000이다.

상사(商士)의 백성은 1,000의 1이고 상농(商農)의 백성은 1,000의 10이며, 상공(商工)의 백성은 1,000의 100이고 상상(商商)의 백성은 1,000의 1,000이다.

士士之民一之一. 士農之民一之十. 士工之民一之百. 士商之民一之千. 農士之民十之一. 農農之民十之十. 農工之民十之百. 農商之民十之千. 工士之民百之一. 工農之民百之十. 工工之民百之百. 工商之民百之千. 商士之民千之一. 商農之民千之十. 商工之民千之百. 商商之民千之千.

▣ 1의 1의 비(飛)는 조(兆)의 물체와 해당하고 1의 10의 비는 억(億)의 물체와 해당하며, 1의 100의 비는 만(萬)의 물체와 해당하고 1의 1,000의 비는 천(千)의 물체와 해당된다.

10의 1의 주(走)는 억의 물체와 해당하고 10의 10의 주는 만의 물체와 해당하며, 10의 100의 주는 천의 물체와 해당하고 10의 1,000의 주는 백(百)의 물체와 해당된다.

100의 1의 목(木)은 만의 물체와 해당하고 100의 10의 목은 천의 물체와 해당하며, 100의 100의 목은 백의 물체와 해당하고 100의 1,000의 목은 십(十)의 물체와 해당된다.

1,000의 1의 초(草)는 천의 물체와 해당하고 1,000의 10의 초는 백의 물체와 해당하며, 1,000의 100의 초는 십의 물체와 해당하고 1,000의 1,000의 초는 일(一)의 물체와 해당된다.

一一之飛當兆物. 一十之飛當億物. 一百之飛當萬物. 一千之飛當千物. 十一之走當億物. 十十之走當萬物. 十百之走當千物. 十千之走當百物. 百一之木當萬物. 百十之木當千物. 百百之木當百物. 百千之木當十物. 千一之草當千物. 千十之草當百物. 千百之草當十物. 千千之草當一物.

▣ 1의 1의 사(士)는 조(兆)의 백성과 해당하고 1의 10의 사는 억(億)의 백성과 해당하며, 1의 100의 사는 만(萬)의 백성과 해당하고 1의 1,000의 사는 천(千)의 백성과 해당된다.

10의 1의 농(農)은 억의 백성과 해당하고 10의 10의 농은 만의 백성과 해당하며, 10의 100의 농은 천의 백성과 해당하고 10의 1,000의 농은 백(百)의 백성과 해당된다.

100의 1의 공(工)은 만의 백성과 해당하고 100의 10의 공은 천의 백성과 해당하며, 100의 100의 공은 백의 백성과 해당하고 100의 1,000의 공은 십(十)의 백성과 해당된다.

1,000의 1의 상(商)은 천의 백성과 해당하고 1,000의 10의 상은 백의 백성과 해당하며, 1,000의 100의 상은 십의 백성과 해당하고 1,000의 1,000의 상은 일(一)의 백성과 해당된다.

一一之士當兆民. 一十之士當億民. 一百之士當萬民. 一千之士當千民. 十一之農當億民. 十十之農當萬民. 十百之農當千民. 十千之農當百民. 百一之工當萬民. 百十之工當千民. 百百之工當百民. 百千之工當十民. 千一之商當千民. 千十之商當百民. 千百之商當十民, 千千之商當一民.

▣ 1의 1의 물체가 조(兆)의 물체와 해당되는 것은 거물(巨物)이 아니고 무엇이랴. 1의 1의 백성이 조의 백성과 해당되는 것은 거민(巨民)이 아니고 무엇이랴. 1,000의 1,000의 물체가 1의 물체로 나누어지는 것은 세물(細物)이 아니고 무엇이랴. 1,000의 1,000의 백성이 1의 백성으로 나누어지는 것은 세민(細民)이 아니고 무엇이랴.

爲一一之物能當兆物者，非巨物而何．爲一一之民能當兆民者，非巨民而何．爲千千之物能分一物者，非細物而何．爲千千之民能分一民者，非細民而何．

▣ 물론 물체에 큰 것과 작은 것이 있고 백성에게 현명한 사람과 어리석은 사람이 있음을 안다. 호천(昊天)이 조(兆)의 물체를 낳는 덕(德)을 옮기어 조의 백성을 낳으면 어찌 지신(至神)이라고 하지 않을 것인가? 호천이 조의 물체를 기르는 덕을 옮기어 조의 백성을 기르면 어찌 지성(至聖)이라고 하지 않을 것인가? 나는 오늘 이후에야 실천하는 것이 큰 것임을 알게 됐다. 대성인(大聖人)과 대신인(大神人)이 아니면 어떻게 천지를 책임질 수 있겠는가?

固知物有大小，民有賢愚．移昊天生兆物之德而生兆民，則豈不謂至神者乎．移昊天養兆物之功而養兆民，則豈不謂至聖者乎．吾而今而後知踐跡爲大．非大聖大神之人，豈有不負於天地者矣．

▣ 무릇 관물(觀物)이라는 것은 눈으로 살피는 것이 아니다. 눈으로 살피는 것이 아니라 마음으로 살피는 것이다. 마음으로 살피는 것이 아니라 이(理)로 살피는 것이다.

夫所以謂之觀物者，非以目觀之也．非觀之以目而觀之以心也，非觀之以心而觀之以理也．

▣ 천하의 물체는 이(理) · 성(性) · 명(命)을 모두 가지고 있다. 그러니까 이(理)라는 것은 깊이 파고든 뒤에 알 수 있고 성(性)이라는 것은 극진한 후에야 알 수 있으며 명(命)이라는 것은 지극한 후에야 알 수 있다.

이 삼지(三知)야말로 천하의 진지(眞知)이다. 비록 성인일지라도 이것을 잃으면 안 되며, 이것을 잃으면 성인이라고 할 수 없다.

天下之物莫不有理焉. 莫不有性焉. 莫不有命焉. 所以謂之理者窮之而後可知也. 所以謂之性者盡之而後可知也. 所以謂之命者至之而後可知也. 此三知者, 天下之眞知也. 雖聖人無以過之也. 而過之者非所以謂之聖人也.

▣ 무릇 거울이 능히 밝으므로 만물의 형체를 숨지 못하게 한다고 한다. 비록 거울이 만물의 형체를 숨지 못하게 한다 하더라도 水가 만물의 형체를 한결같이 비추는 것만 못하다. 비록 水가 만물의 형체를 한결같이 비춘다 하더라도 또 성인이 만물의 情을 하나로 하는 것만 못하다. 성인이 만물의 情을 하나로 하는 것은 성인이 반관(反觀)할 수 있기 때문이다.

夫鑑之所以能爲明者, 謂其能不隱萬物之形也. 雖然鑑之能不隱萬物之形, 未若水之能一萬物之形也. 雖然水之能一萬物之形, 又未若聖人能一萬物之情也. 聖人之所以能一萬物之情者謂其聖人之能反觀也.

▣ 반관(反觀)이라는 것은 나로써 물체를 살피는 것이 아니다. 나로써 물체를 살피는 것이 아니라 물체로써 물체를 살피는 것을 말한다. 이미 물체로써 물체를 살필 수 있다면 어찌 또 내가 그 사이에 있을 수 있겠는가?

所以謂之反觀者, 不以我觀物也. 不以我觀物者, 以物觀物之謂也. 旣能以物觀物, 又安有我於其間哉.

▣ 이로써 나 또한 남이고 남 또한 나이며, 나와 남은 모두 물체임을 알겠다.

是知我亦人也. 人亦我也. 我與人皆物也.

▣ 천하의 눈을 자기의 눈으로 삼으니 그 눈이 보지 않은 것이 없고 천하의 귀를 자기의 귀로 삼으니 그 귀가 듣지 않은 것이 없으며, 천하의 입을 자기의 입으로 삼으니 그 입이 말하지 않은 것이 없고 천하의 마음을 자기의 마음으로 삼으니 그 마음이 꾀하지 않은 것이 없다. 무릇 천하의 관(觀)이 봄에 있어서 어찌 넓지 않겠는가. 천하의 청(聽)이 들음에 있어서 어찌 멀지 않겠는가. 천하의 언(言)이 말함에 있어서 어찌 높지 않겠는가. 천하의 모(謀)가 안락함에 있어서 어찌 크지 않겠는가.

此所以能用天下之目爲己之目, 其目無所不觀矣. 用天下之耳爲己之耳, 其耳無所不聽矣. 用天下之口爲己之口. 其口無所不言矣. 用天下之心爲己之心. 其心無所不謀矣. 夫天下之觀, 其于見也不亦廣乎. 天下之聽, 其于聞也不亦遠乎. 天下之言, 其于論也不亦高乎. 天下之謀, 其于樂也不亦大乎.

▣ 무릇 보는 것이 더없이 넓고 듣는 것이 더없이 멀며 말하는 것이 더없이 높고 안락함이 더없이 큰 것은 더없이 넓고 더없이 멀며 더없이 높고 더없이 큰 일이다. 이 가운데에서 하나라도 그러하지 않으면 어찌 지신(至神) · 지성(至聖)이라고 할 수 있겠는가? 오로지 나만 말하는 지신 · 지성이 아니고 천하가 말하는 지신 · 지성이라야 한다. 오로지 한 시대의 천하가 말하는 지신 · 지성이 아니고 천만세(千萬世)의 천하가 말하는 지신 · 지성이라야 한다. 이것을 거쳐가야만 모르거나 혹 알 수 있다(성인은 무위의 공으로 그렇게 된다는 것).

夫其見至廣. 其聞至遠. 其論至高. 其樂至大. 能爲至廣至遠至高至大之事而中無一爲焉, 豈不謂至神至聖者乎. 非唯吾謂之至神至聖者乎, 而天下謂之至神至聖者乎. 非唯一時之天下謂之至神至聖者乎. 而千萬世之天下謂之至神至聖者乎. 過此以往, 未之或知也已.

# 황극경세서(皇極經世書)·五

## 관물외편 · 상(觀物外篇 · 上)

▣ 하늘의 수 5와 땅의 수 5를 합하면 10이 되는데 수의 완전함이다. 하늘은 1에서 4로 변하고 땅은 1에서 4로 변한다. 4에는 체(體)가 있지만 그 1에는 체가 없다. 이것을 유무(有無)의 극(極)이라고 한다.

하늘의 체수(體數)는 4이지만 3을 쓰고 1은 쓰지 않는다. 땅의 체수는 4이지만 3을 쓰고 1은 쓰지 않는다. 그러므로 체(體)에는 1이 없고 자연도 1을 쓰지 않는다. 도(道)는 3을 쓰는데 천(天) · 지(地) · 인(人)이다.

天數五地數五合而爲十, 數之全也. 天以一而變四. 地以一而變四. 四者有體也而其一者無體也. 是謂有無之極也. 天之體數四而用者三, 不用者一也. 地之體數四而用者三, 不用者一也. 是故無體之一, 以況自然也不用之一, 以況道也用之者三, 以況天地人也.

▣ 체(體)는 여덟 번 변하고 용(用)은 여섯 번 변하는데 팔괘(八卦)의 상(象)에서 바뀌지 않는 것은 넷이고 반대로 바뀌는 것은 둘인데 6괘(卦)가 변하여 8이 된다. 중괘(重卦)의 상에서 바뀌지 않는 것은 여덟이고 반대로 바뀌는 것은 스물 여덟인데 36이 변하여 64가 된다. 그러므로 효(爻)는 6에서 그치고 괘(卦)는 8에서 다하는데 깊이 파고들면 36이 된다. 그리고 괘(卦)를 거듭하면 64에서 그친다. 괘는 8에서 완성되는데 거듭하면 64가 되고, 효(爻)는 6에서 완성되는데 깊이 파고들면 36이 되고 거듭하면 384가 된다.

體者八變用者六變. 是以八卦之象. 不易者四, 反易者二以六卦變而成八也. 重卦之象不易者八, 反易者二十八, 以三十六變而成六十四也. 故爻止于六卦盡于八策窮于三十六, 而重卦極于六十四也. 卦成于八重于六十四爻成于六, 策窮于三十六, 而重于三百八十四也.

▣ 하늘에 네 철이 있는데 한 철은 넉 달이고 한 달은 40일이다. 그래서 4×4=16이 되나 각각 1을 빼면 한 철은 석 달이고 한 달은 30일이 된다. 네 철은 체수(體數)이고 석 달 · 30일은 용수(用數)이다. 체(體)가 비록 4를 갖추었으나 그 1은 늘 쓰지 않는다. 그러므로 용(用)은 3에서 그치고 9에서 최고조에 이르게 된다. 체수는 항상 짝수이므로 4 · 12를 쓰고 용수는 항상 홀수이므로 3 · 9를 쓴다.

天有四時. 一時四月. 一月四十日. 四四十六而各去其一. 是以一時三月, 一月三十日也. 四時, 體數也. 三月三十日, 用數也. 體雖具四, 而其一常不用也. 故用者止于三而極于九也. 體數常偶, 故有四, 有十二. 用數常奇, 故有三有九.

▣ 큰 수는 부족하고 작은 수는 항상 남는데 왜 그럴까? 큰 것은 보이지 않아서이고 작은 것은 보이기 때문이다. 그러므로 시(時)는 4에서 그치고 월(月)은 3에서 그치며 일(日)은 10에서 꽉 찬다. 따라서 사람의 팔다리는 4이고 손가락은 10이다.

大數不足而小數常盈者, 何也, 以其大者不可見而小者可見也. 故時止乎四, 月止乎三, 而日盈乎十也. 是以人之支體有四而指有十也

▣ 하늘은 남쪽에서 나타나나 북쪽에서 숨게 된다. 6에서 다하게 되나 7에서는 남는다. 따라서 사람이 앞은 알지만 뒤는 어두우며 좌우는 대강 안다.

天見乎南而潛乎北, 極于六而餘于七. 是以人知其前, 昧其後, 而略其左右也.

▣ 하늘의 체수(體數)는 4이고 용수(用數)는 3이다. 땅의 체수는 4이고 용수는 3이다. 하늘은 땅을 극하고 땅은 하늘을 극하지만 극하는 것은 땅에 있다. 비유하자면 낮의 나머지가 밤에 있는 것과 같다. 그래서 하늘은 3이고 땅은 4이며, 하늘에 삼신(三辰)이 있고 땅에 사행(四行)이 있다. 이러한 땅은 크기에 나타나면서 숨는데 그 나머지를 이르는 것이다.

天體數四而用三. 地體數四而用三. 天剋地, 地剋天, 而剋者在地, 猶晝之餘分在夜也. 是以天三而地四. 天有三辰地有四行也. 然地之大且. 見且隱其餘分之謂耶.

▣ 하늘에 2정(正)이 있고 땅에 2정(正)이 있는데 모두 2변(變)으로 팔괘(八卦)를 이룬다. 하늘에 4정(正)이 있고 땅에 4정(正)이 있는데 모두 28변(變)으로 육십사괘(六十四卦)를 이룬다. 그러므로 소성지괘(小成之卦)는 정(正)이 4이고 변(變)이 2이며 도합 6괘(卦)이다. 대성지괘(大成之卦)는 정(正)이 6이고 변(變)이 28이며 도합 36괘(卦)이다. 건(乾) · 곤(坤) · 감(坎) · 리(離)는 36괘의 근본이고 태(兌) · 진(震) · 손(巽) · 간(艮)은 28괘의 근본이다(正은 바뀌지 않는 괘 變은 서로 반대로 바뀌는 괘).

天有二正, 地有二正而共用二變以成八卦也. 天有四正, 地有四正, 共用二十八變以成六十四卦也. 是以小成之卦. 正者四. 變者二. 共六卦也. 大成之卦正者八, 變者二十八, 共三十六卦也. 乾坤離坎爲三十六卦之祖也. 兌震巽艮, 爲二十八卦之祖也.

▣ 건(乾)에 일곱 아들이 있고 태(兌)에 여섯 아들이 있고 리(離)에 다섯 아들이 있고 진(震)에 네 아들이 있고 손(巽)에 세 아들이 있고 감(坎)에 두 아들이 있고 간(艮)에 한 아들이 있으나 곤(坤)은 몽땅 음(陰)이기 때문에 아들이 없다. 건(乾)에 일곱 아들이 있고 곤(坤)에 여섯 아들이 있고 태(兌)에 다섯 아들이 있고 간(艮)에 네 아들이 있고 리(離)에 세 아들이 있고 감(坎)에 두 아들이 있고 진(震)에 한 아들이 있으나 손(巽)은 강(剛)이기 때문에 아들이 없다.

乾七子. 兌六子. 離五子. 震四子. 巽三子. 坎二子. 艮一子. 坤全陰故無子. 乾七子. 坤六子. 兌五子. 艮四子. 離三子. 坎二子. 震一子. 巽剛, 故無子.

▣ 건곤(乾坤)은 7변(變)하기에 주야(晝夜)의 최고조는 7분(分)에 지나지 않는다. 태간(兌艮)은 6변하기에 월(月)은 6에서 그치고 도합 12가 된다. 리감(離坎)은 5변하기에 일(日)은 5에서 그치고 도합 10이 된다. 진손(震巽)은 4변하기에 체(體)는 4에서 그치고 도합 8이 된다.

乾坤七變是以晝夜之極不過七分也. 兌艮六變, 是以月止于六, 共爲十二也. 離坎五變, 是以日止于五, 共爲十也. 震巽四變, 是以體止于四, 共爲八也.

▣ 괘(卦)의 정(正)과 변(變)은 도합 36이고 효(爻)는 또 216이 되는데 용수(用數)의 책(策)이다. 36에서 4를 빼면 32가 되고 또 4를 빼면 28이 되고 또 4를 빼면 24가 된다. 그러므로 괘수(卦數) 32위(位)는 4를 빼고 말한 것이고 천수(天數) 28위는 8을 빼고 말한 것이며 지수(地數) 24위는 12를 빼고 말한 것이다. 4란 건괘(乾卦) · 곤괘(坤卦) · 이괘(離卦) · 감괘(坎卦)이고 8이란 이괘(頤卦) · 부괘(孚卦) · 소과괘(小過卦) · 대과괘

(大過卦)를 한데 합친 것이며, 12란 태괘(兌卦) · 진괘(震卦) · 태괘(泰卦) · 기제괘(旣濟卦)를 한데 합친 것이다.

卦之正變共三十六, 而爻又有二百一十六, 則用數之策也. 三十六去四, 則三十二也. 又去四, 則二十八也. 又去四, 則二十四也. 故卦數三十二位, 去四而言之也. 天數二十八位, 去八而言之也. 地數二十四位, 去十二而言之也. 四者乾坤離坎也. 八者, 并 孚大小過也. 十二者, 兌震泰旣濟也.

▣ 일(日)에 8위(位)가 있는데 용(用)이 7에서 그치는 것은 건(乾)을 빼고 말하기 때문이다.

월(月)에 8위가 있는데 용이 6에서 그치는 것은 태(兌)를 빼고 말하기 때문이다.

성(星)에 8위가 있는데 용이 5에서 그치는 것은 리(離)를 빼고 말하기 때문이다.

신(辰)에 8위가 있는데 용이 4에서 그치는 것은 진(震)을 빼고 말하기 때문이다.

日有八位而用止于七, 去乾而言之也. 月有八位用止于六, 去兌而言之也. 星有八位用止于五, 去離而言之也. 辰有八位用止于四, 去震而言之也.

▣ 일(日)에 8위(位)가 있는데 수(數)가 7에서 그치는 것은 태(泰)를 빼고 말하기 때문이다.

日有八位而數止于七, 去泰而言之.

▣ 월(月)은 태(兌)에서부터 시작하기 때문에 월은 일(日)의 수에 미치

지 못한다. 그러므로 12월에 늘 12일이 남는다.

月自兌起者, 月不能及日之數也. 故十二月常餘十二日也.

▣ 양은 10이 없는 까닭에 뒤에서 부족하고 음은 1이 없는 까닭에 앞에서 부족하다.

陽無十, 故不足于後陰無一, 故不足于首.

▣ 건(乾)은 양 가운데 양으로 변하지 않는 까닭에 1년이 12월에 그치며 진(震)은 음 가운데 음으로 변하지 않는 까닭에 1일이 12시에 그치나 나타나지 않으며, 태(兌)는 양 가운데 음이고 리(離)는 음 가운데 양으로 모두 변한다. 그러므로 일월(日月)의 수를 나눌 수 있다. 음수(陰數)는 12에서 시작하고 양수(陽數)는 30에서 시작하는데 항상 2와 6이 있다.

乾陽中陽, 不可變, 故一年止擧十二月也. 震陰中陰, 不可變, 故一日止十二時不可見也. 兌陽中陰, 離陰中陽, 皆可變, 故日月之數可分也. 是陰數以十二起, 陽數以三十起, 常存二六也.

▣ 연(年)을 들어 월(月)을 보이고 월을 들어 일(日)을 보이며 일을 들어 시(時)를 보이는 것은 양이 음을 거느리기 때문이다. 하늘의 4변(變)이 땅의 4변을 포함하고 일(日)의 변화가 월(月) · 성(星) · 신(辰)의 변화를 포함한다. 그러므로 1괘(卦)가 4괘를 포함하는 것이다.

擧年見月, 擧月見日, 擧日見時, 陽統陰也. 是天四變含地四變, 日之變含月與星辰之變也. 是以一卦含四卦也.

▣ 일(日)도 1위(位)이고 월(月)도 1위이며 성(星)도 1위이고 신(辰)도 1위이다. 일에도 4위가 있고 월에도 4위가 있고 성에도 4위가 있고 신에

도 4위가 있으니 4×4=16위가 있다. 이것이 1변(變)하여 일월의 수를 다하게 된다. 하늘에 4변(變)이 있고 땅에 4변이 있으며, 변(變)에 장(長)과 소(消)가 있다. 이것이 16변하여 천지의 수를 다하게 되는 것이다.

日一位, 月一位, 星一位, 辰一位. 日有四位, 月有四位, 星有四位, 辰有四位, 四四有十六位, 此一變而日月之數窮矣. 天有四變地有四變變有長也. 有消也. 十有六變而天地之數窮矣.

▣ 일(日)은 1에서 시작하고 월(月)은 2에서 시작하고 성(星)은 3에서 시작하고 신(辰)은 4에서 시작한다. 이것을 확대하면 양수(陽數)는 늘 6이고 음수(陰數)는 늘 2인데 대운(大運)과 소운(小運)이 다하게 된다.

日起於一. 月起於二. 星起於三. 辰起於四. 引而伸之陽數常六陰數常二而大小之運窮.

▣ 360이 변하여 129,600이 되고 129,600이 변하여 167억 9,616만이 된다. 167억 9,616만이 변하여 28,211조 990만 7,456억이 된다. 360은 시(時)가 되고 129,600은 일(日)이 되고 167억 9,616만은 월(月)이 되고 28,211조 990만 7,456억은 년(年)이 되는데 그리하여 대운과 소운의 수가 이루어진다. 28,211조 990만 7,456억을 12로 나누면 앞의 6은 장(長)이 되고 뒤의 6은 소(消)가 되는데 이것은 1년 12월의 수, 그리고 360일 진퇴(進退)와 같다. 167억 9,616만을 10으로 나누면 1월 10일의 수와 같다. 대운(大運)의 소장(消長)을 따라 60일 진퇴가 있다. 129,600을 12로 나누면 1일 12시의 수, 그리고 6일 진퇴와 같다.

360은 1시(時)의 수와 맞먹고 소운(小運)의 올림과 버림을 따르면 주야(晝夜)의 때와 같다. 16변(變)의 수는 교수(交數)를 버리고 용수(用數)를 취하여 28,211조 991만 7,456억을 얻는다. 이 28,211조 991만

7,456억을 12한(限)으로 나누면 앞의 6한은 장(長)이 되고 뒤의 6한은 소(消)가 된다. 각 한마다 20억 9,968만의 167억 9,616만을 얻으며, 매 167억 9,616만 년을 1분(分)씩 벼르면 60일 올림이 된다. 6한에 6분씩 벼르면 360일 올림이 되어 오히려 나머지 1이 있게 되며, 7분씩 벼르면 366일 올림이 된다. 그 퇴(退)도 이와 같다. 129,600에서 3을 뺀 것이 교수이고 7을 취한 것이 용수이다. 용수는 3이고 6에서 이루어지는데 나머지를 보탬으로써 7이 된다. 7은 90,720년을 얻는데 반은 45,360년이니 6일이 올라간다. 일(日)에는 주야(晝夜)가 있고 수(數)에는 초하루와 그믐이 있어 12일을 얻는다. 매 3,600년에 1일이 올라가고 4,320년에 12일이 올라가게 되며 나머지 2,160년에 나머지 6이 올라가 교수의 2,190년과 합하는데 모두 12분씩 올라가 윤(閏)이 된다. 그러므로 소운의 변(變)은 무릇 60하고도 366일에서 이루어진다.

三百六十變爲十二萬九千六百. 十二萬九千六百變爲一百六十七億九千六百一十六萬. 一百六十七億九千六百一十六萬變爲二萬八千二百一十一兆九百九十萬七千四百五十六億以三百六十爲時以一十二萬九千六百爲日以一百六十七億九千六百一十六萬爲月以二萬八千二百一十一兆九百九十萬七千四百五十六億爲年則大小運之數立矣. 二萬八千二百一十一兆九百九十萬七千四百五十六億分而爲十二前六有爲後六爲消, 以當一年十二月之數而進退三百六十日矣一百六十七億九千六百一十六萬分而爲十以當一月十日之. 數隨大運之消長而進退六十日矣. 十二萬九千六百分而爲十二以當一日十二時之數而進退六日矣.

三百六十以當一時之數, 隨小運之進退以當晝夜之時也. 十六變之數去其交數取其用數得二萬八千二百一十一兆九百九十一萬七千四百五十六億二萬八千二百一十一兆九百九十一萬七千四百五十六億分而爲十二限, 前六限爲長後六限爲消每限得二十億九千九百六十八萬之一百六十七億九千六百一十六萬. 每一百六十七億九千六百一十六萬年開一分, 進六十日也. 六限開六分進三百六十日也. 猶有餘分之一, 故開七分進三百六十六日也. 其退亦若是矣. 十二萬九千六百去其三者交數也. 取其七者, 用數也. 用數三而成于六, 加餘分故有七也. 七之得九萬七百二十年. 半之得四萬五千三百六十年. 以進六日也. 日有晝夜數有朓朒, 以成十有二日也. 每三千六百年進一日, 凡四萬三千二百年進十有二日也. 餘二千一百六十年以進餘分之六合交數之二千一百六十年, 共進十有二分以爲閏也. 故小運之變凡六十而成三百六十有六日也.

주)

※ 소강절(邵康節)의 상수학(象數學)은 이해하기 어려운바 윤달에 대해서는 아래와 같다. 달과 해가 만나는 것은 1달에서는 정확히 29일 940분의 499가 된다. 940분이란 지구가 태양을 중심으로 하여 1일 자전하는 시도(時度)이며, 1일의 행도로 보면 1일은 940분이라는 뜻이다. 즉 1년은 12달이니 29×12=348이고 99×12=5,988이며 5,088을 940으로 나누면 6일 348분이다. 즉 354일 348분이 1년에 달과 해가 만나는 것이다. 즉 360에는 5일분이 부족하고 일은 365와 $\frac{1}{4}$로서 5와 4분의 1, 즉 5일과 235분이 더 있으니(940÷4=235) 이 둘 사이의 거리는 10일 827분이 된다. 이를 윤률이라고 하는바 3년에 1번 윤달을 두게 되어도 30일과 2,481분이 되어 2일과 601이 남는다. 그래서 5년에 다시 한 번 윤달을 넣게 되어 5년에 윤달이 2번 들게 되는바(10일 827×5=50일 4,135분, 즉 4,135÷940은 4일과 375가 되며), 이 윤법(閏法)은 19년에 반드시 7번의 윤달이 있게 되어야 해와 달의 기삭영허(旣朔盈虛)가 맞게 되므로 19세 7윤을 성윤(成閏)의 1장(章)이라 한다. 365와 $\frac{1}{4}$에 대해서는 역도(易道)의 종장이신 김일부(金一夫) 선생께서 정역(正易)을 만드시므로 후천의 360의 세상이 오게 됨을 밝히셨고 이는 지축의 경사로 인해 양이 남아서 되는 것으로 원역은 375일이나 천지개벽을 통해 지축의 변화로 9일이 떨어져 나가 366일이 되었고 또 작은 여름개벽으로 9시간이 떨어져 나가 365와 $\frac{1}{4}$이 되었다고 역의 대가인 한동석(韓東錫) 선생께서 밝힌 바 있다. 또 가을개벽으로 5와 $\frac{1}{4}$이 떨어져 나가야 완전한 세계가 오게 됨을 정역에서 밝히고 있다. 여기서는 완전한 일수로 계산하여 6일이 남고 6일이 부족하여 전체 12일이 남는다고 보고 있다. 이것이 소강절의 '나머지'를 이르는 것이다.

■ 건(乾)은 1로 건괘의 5효(爻)가 나누어져 대유괘(大有卦)가 되는데 360의 수와 같고 건괘의 4효가 나누어져 소축괘(小畜卦)가 되는데 129,600의 수와 같으며, 건괘의 3효가 나누어져 이괘(履卦)가 되는데 167억 961만의 수와 같고 건괘의 2효가 나누어져 동인괘(同人卦)가 되는데 28,211조 990만 7,456억의 수와 같으며, 건괘의 초효(初爻)가 나누어져 구괘(姤卦)가 되는데 7자(秭) 9,586만 6,110해(垓) 9,946만 4,008경(京) 8,439만 1,936조(兆)의 수와 같다. 이것을 분수(分數)라고 하는데 큰 것을 나누어 작게 하는 것이다. 모두 위로부터 아래로 내려가므로 양수(陽數)이다(예를 들면 1이 나뉘어 12가 되고 12가 나뉘어 360이 된다).

乾爲一. 乾之五爻分而爲大有, 以當三百六十之數也. 乾之四爻分而爲小畜, 以當十二萬九千六百之數也. 乾之三爻分而爲履, 以當一百六十七億九千六百一十六萬之數也. 乾之二爻分而爲同人, 以當二萬八千二百一十一兆九百九十萬七千四百五十六億之數也. 乾之初爻分而爲姤, 以當七秭九千五百八十六萬六千一百一十垓九千九百四十六萬四千八京八千四百三十九萬一千九百三十六兆之數也. 是謂分數也. 分大爲小, 皆自上而下, 故以陽數當之(如一分爲十二, 十二分爲三百六十也).

■ 하늘은 체(體)를 총괄하므로 8변(變)하여 16에서 그치고 땅은 용(用)을 나누어 맡으므로 6변하여 12에서 그친다. 하늘은 1에서 시작하여 7자(秭) 9,586만 6,110해(垓) 9,946만 4,008경(京) 8,439만 1,936조(兆)에서 그치고 땅은 12에서 시작하여 204자(秭) 6,980만 7,381해(垓) 5,491만 8,499조(兆) 720만 억(億)에서 그친다.

天統乎體, 故八變而終于十六. 地分乎用, 故六變而終于十二. 天起於一, 而終于七秭九千五百八十六萬六千一百一十垓九千九百四十六萬四千八京八千四百三十九萬一千九百三十六兆. 地起於十二, 而終于二百四秭六千九百八十萬七千三百八十一垓五千四百九十一萬八千四百九十九兆七百二十萬億也.

▣ 1은 2를 낳는데 쾌괘(夬卦)가 되며 12의 수와 같다. 2는 4를 낳는데 대장괘(大壯卦)가 되며 4,320의 수와 같다. 4는 8을 낳는데 태괘(泰卦)가 되며 5억 5,987만 6,915억 2,000만의 수와 같다. 8은 16을 낳는데 임괘(臨卦)가 되며 944조 3,699만 6,915억 2,000만의 수와 같다. 16은 32를 낳는데 복괘(復卦)가 되며 2,652만 8,870해(垓) 3,664만 8,800경(京) 2,947만 9,731조(兆) 2,000만 억(億)의 수와 같다. 32는 64를 낳는데 곤괘(坤卦)가 되며 무극(無極)의 수와 같다. 이것을 장수(長數)라고 하는데 작은 것이 자라서 커지는 것이다. 모두 아래로부터 위로 올라가므로 음수(陰數)이다.

一生二爲夬, 當十二之數也. 二生四爲大壯, 當四千三百二十之數也. 四生八爲泰, 當五億五千九百八十七萬二千之數也. 八生十六爲臨, 當九百四十四兆三千六百九十九萬六千九百一十五億二千萬之數也. 十六生三十二爲復, 當二千六百五十二萬八千八百七十垓三千六百六十四萬八千八百京二千九百四十七萬九千七百三十一兆二千萬億之數也. 三十二生六十四爲坤, 當無極之數也. 是謂長數也. 長小爲大, 皆自下而上, 故以陰數當之.

▣ 땅이 있은 뒤에 2가 있고 2가 있은 뒤에 낮과 밤이 있다. 2와 3이 변하고 한데 어울려 뒤섞이어 이루는 것이다. 그러므로 역(易)은 2에서 생기고 수(數)는 12에서 변한다. 따라서 1은 수가 아니다. 수가 아닌데

수를 이루는 것이다. 하늘에서는 그리 낮과 밤이 필요 없다. 사람이 땅 위에 살면서 낮과 밤으로 여겼다. 그러므로 땅 위의 수는 사람이 쓴다.

有地然後有二. 有二然後有晝夜. 二三以變, 錯綜而成, 故易以二而生, 數以十二而變, 而一非數也. 非數而數以之成也. 天行不急未嘗有晝夜. 人居地上以爲晝夜, 故以地上之數爲人之用也.

▣ 하늘은 임괘(臨卦) 위부터, 땅은 사괘(師卦) 위부터가 운수(運數)이다. 하늘은 동인괘(同人卦) 아래부터, 땅은 박괘(剝卦) 아래부터가 연수(年數)이다. 운수는 하늘에 있는 것이고 연수는 땅에 있는 것이다.

하늘은 비괘(賁卦) 위부터, 땅은 간괘(艮卦) 위부터가 용수(用數)이다. 하늘은 명이괘(明夷卦) 아래부터, 땅은 비괘(否卦) 아래부터가 교수(交數)이다. 하늘은 진괘(震卦) 위부터, 땅은 진괘(晉卦) 위부터가 유수(有數)이다. 하늘은 익괘(益卦) 아래부터, 땅은 예괘(豫卦) 아래부터가 무수(無數)이다.

天自臨以上, 地自師以上, 運數也. 天自同人以下, 地自剝以下, 年數也. 運數則在天者也. 年數則在地者也. 天自賁以上, 地自艮以上, 用數也. 天自明夷以下, 地自否以下, 交數也. 天自震以上, 地自晉以上, 有數也. 天自益以下, 地自豫以下, 無數也.

▣ 하늘에 있는 수는 건(乾)에서 시작하여 진(震)에서 그치며 나머지는 무(無)로 들어가는데 그리하면 천신(天辰)을 볼 수 없게 된다. 땅은 1을 버리고 12에서 시작하며 지화(地火)는 늘 숨어 있다. 그러므로 하늘은 체(天)를 기틀로 삼지만 항상 그 기틀을 숨기고 있으며, 땅은 용(用)을 근본으로 삼지만 그 용을 항상 감추고 있다. 1시(時)는 3월(月)에서 그치고 1월은 30일에서 그치는데 모두 신수(辰數)를 뺀 것이다. 이 때문에 8

곱하기 8을 하면 괘가 64가 되는데 변하지 않는 것은 8이고 변하는 것은 7이다. 7 곱하기 8을 하면 56이 되는데 그 뜻도 여기에서 말미암는다.

天之有數起乾而止震餘入于無者, 天辰不見也. 地去一而起十二者, 地火常潛也. 故天以體爲基而常隱其基, 地以用爲本而常藏其用也. 一時止于三月, 一月止于三十日皆去其辰數也. 是以八八之卦六十四而不變者八, 可變者七. 七八五十六, 其義亦由此矣.

▣ 양효(陽爻)는 주수(晝數)이고 음효(陰爻)는 야수(夜數)이다. 하늘과 땅이 서로 품고 음양이 서로 뒤섞이므로 밤과 낮은 서로 떨어지고 강유(剛柔)는 서로 어그러지게 된다. 봄과 여름은 양이기 때문에 주수가 많고 야수가 적으며, 가을과 겨울은 음이기 때문에 주수가 적고 야수가 많다.

陽爻, 晝數也. 陰爻, 夜數也. 天地相銜陰陽相交, 故晝夜相離剛柔相錯春夏陽也, 故晝數多夜數少. 秋冬陰也, 故晝數少夜數多.

▣ 체수(體數)의 책(策)은 384인데 건(乾) · 곤(坤) · 리(離) · 감(坎)의 책(策)을 버리면 용수(用數)인 360이 된다. 체수의 용(用)은 270인데 건 · 리 · 감의 책을 버리면 용수의 용인 252가 된다. 체수의 용은 270인데 그 가운데 156은 양이고 114는 음이다. 리(離)의 책(策)을 버리면 152의 양과 112의 음을 얻게 되는데 이것은 실용(實用)의 수이다. 대개 양은 리(離)를 버리고 건(乾)을 쓰며, 음은 곤(坤)을 버리고 감(坎)을 쓴다. 그러므로 하늘의 양책(陽策)은 112인데 음을 버린 것이며, 땅의 음책(陰策)도 112인데 양책 40에서 남북(南北)의 양(陽)을 버린 것이다. 남쪽의 맨 끝은 몹시 덥고 북쪽의 맨 끝은 몹시 추워 물체가 자라지 못하기 때문에

제외시킨 것이다. 40은 하늘의 나머지이다. 양이 음을 업신여기고 낮이 밤을 깔보는 것은 땅에 있어서이다. 합하여 152의 양이 되고 112의 음이 된다. 양에서 건의 책을 버리고 음에서 감의 책을 버리면 144의 양과 108의 음을 얻게 되는데 이것은 용수(用數)의 용(用)이다. 양 36에 3을 곱하면 108이 되고 음 36에 3을 곱하면 108이 되는데 삼양(三陽) · 삼음(三陰)하니 음양이 각각 반이다. 양에 나머지 1이 있어 36으로 되며 합하면 144의 양이 되고 108은 음이 된다. 그러므로 체수의 용은 270이나 실제로 쓰는 것은 264이며 용수의 용은 252가 된다. 괘는 64개가 있으나 쓰는 것은 36개에서 그치고 효(爻)는 384개가 있으나 쓰는 것은 216개에서 그친다. 64를 나누면 256이 된다. 그러므로 1괘에서 초효(初爻)와 상효(上爻)를 버리면 이 또한 256이 되는데 이것은 생물(生物)의 수이다. 그러므로 리(離)와 감(坎)은 생물의 主가 되며, 이괘(離卦)는 네 개의 양으로 이루어져 있고 감괘(坎卦) 네 개의 음으로 이루어져 있기에 생물도 반드시 4로 되어 있다. 양도 112이고 음도 112인데 감괘와 이괘의 효(爻)를 버리면 216이 되고 음양의 40을 합치면 256이 된다. 그래서 팔괘는 여섯 개의 효(爻)를 쓰고 건괘(乾卦)와 곤괘(坤卦)가 主가 되며, 여섯 개의 효는 4위(位)를 쓰고 감괘와 이괘가 主가 된다. 그러므로 하늘의 아침과 저녁에 물체가 자라지 못하지만 한낮에 물체가 자라며, 땅의 남극과 북극에 물체가 자라지 못하지만 적도에는 물체가 자란다. 체수(體數)는 무엇을 하는가? 물체를 자라게 한다. 용수(用數)는 무엇을 하는가? 운행하게 한다. 운행하는 것은 하늘이고 물체를 자라게 하는 것은 땅이다. 하늘은 홀로 운행하므로 용수를 맨 처음 서로 곱하면 용수의 용이 되는데 물체를 자라게 하는 때이며, 땅은 짝으로 자라기 때문에 체수의 용으로 양에 음을 곱하면 생물의 수가 된다. 하늘의 수는 3이므로 6에 6을 곱하고 다시 또 6을 곱하면 건(乾)의 책(策)인 216이 된다. 땅의 수는 2이므로 12에 12를 곱하면 곤(坤)의 책(策)인 144가 된다. 건괘는 9를 쓰므로 3에 8을 곱하면 24가 되고 다시 9를 곱하면 이 또한 216이 되며, 2에 8을 곱하면 16이 되고 다시 9를 곱하면 이 또한 144가 된다. 곤괘는 6을 쓰므로 3에 12를 곱하면 36이 되고 다시 6을 곱하면 이 또한 216이 되며, 2에 12를 곱하면 24가 되고 다시 6을 곱하면 이 또한 144가 된다. 곤(坤)은 12로 24가 되고 여기에 6을 곱하는 것으로 6의 1과 반이 건(乾)의 나머지가 되기 때문에 건은 152를 얻고 곤은 108을 얻는다.

體數之策三百八十四去乾坤離坎之策，爲用數三百六十．體數之用二百七十，去乾與離坎之策，爲用數之用二百五十二也．體數之用二百七十，其一百五十六爲陽，一百一十四爲陰．去離之策得一百五十二陽，一百一十二陰，爲實用之數也．蓋陽去離而用乾，陰去坤而用坎也．是以天之陽策一百一十二去其陰也．地之陰策一百一十二，陽策四十去其南北之陽也．極南大暑，極北大寒，物不能生是以去之也．其四十爲天之餘分也．陽侵陰，晝侵夜，是以在地也．合之爲一百五十二陽，一百一十二陰也．陽去乾之策陰去坎之策，得一百四十四陽，一百八陰，爲用數之用也．陽三十六，三之爲一百八．陰三十六，三之爲一百八．三陽三陰，陰陽各半也．陽有餘分之一爲三十六，合之爲一百四十四陽，一百八陰也．故體數之用二百七十而實用者二百六十四，用數之用二百五十二也．卦有六十四而用止于三十六，爻有三百八十四而用止于二百一十有六也．六十四分而爲二百五十六，是以一卦去其初上之爻亦二百五十六也．此生物之數也．故離坎爲生物之主 以離四陽坎四陰，故生物者必四也．陽一百一十二．陰一百一十二．去其離坎之爻，則二百一十六也．陰陽之四十共爲二百五十六也．是以八卦用六爻，乾坤主之也．六爻用四位，離坎主之也．故天之昏曉不生物而日中生物地之南北不生物而中央生物也．體數何爲者也，生物者也．用數何爲者也，運行者也．運行者天也．生物者地也．天以獨運，故以用數自相乘，而以用數之用爲生物之時也. 地耦而生, 故以體數之用陽乘陰爲生物之數也. 天數三, 故六六而又六之, 是以乾之策二百一十六. 地數兩, 故十二而十二之, 是以坤之策百四十有四也. 乾用九, 故三其八爲二十四而九之亦二百一十有六兩其八爲十六而九之亦百四十有四也. 坤用六, 故三其十二爲三十六而六之亦二百一十有六也. 兩其十二爲二十四而六之亦百四十有四也. 坤以十二之二十四六之, 六之一與半爲乾之餘分, 則乾得一百五十二, 坤得一百八也.

▣ 양(陽)인 4개의 괘와 12개의 효(爻)에서 8은 양이고 4는 음이며, 36으로 양을 곱하고 24로 음을 곱하면 384가 된다.

陽四卦十二爻, 八陽四陰. 以三十六乘其陽, 以二十四乘其陰, 則三百八十四也.

▣ 괘의 반대는 모두 6양(陽)과 6음(陰)이다. 역(易)에서 6양과 6음은 12와 짝이 되고 4정(正)을 버리면 8양과 4음 · 8음과 4양이 되는데, 각각 여섯 쌍이 있고 10양과 2음 · 10음과 2양은 각각 3쌍이 있다.

卦之反對皆六陽六陰也. 在易則六陽六陰者十有二對也. 去四正者, 八陽四陰八陰四陽者各六對也. 十陽二陰十陰二陽者各三對也.

▣ 체(體)에 384가 있지만 쓰는 것은 360에서 그친다. 어째서인가? 건 · 곤 · 감 · 리를 쓰지 않기 때문이다. 건 · 곤 · 감 · 리를 왜 쓰지 않는가? 건 · 곤 · 감 · 리를 쓰지 않아도 360이 이루어지기 때문이다. 그러므로 만물이 변역(變易)을 해도 이 넷은 변하지 않는다. 무릇 변하지 않는 것은 변화를 잘하기 때문이다. 용(用)이 360에서 그치지만 366이 있는 것은 왜인가? 수(數)가 남기 때문이다. 수가 남으면 어떻게 쓰이는가? 건만을 온전히 쓰는 것이다. 건 · 곤은 쓰지 아니하나 감 · 리는 반을

쓴다. 건을 온전히 쓴다는 것은 무엇인가? 양이 남는 것을 맡아보는 것이다. 건·곤을 쓰지 않는다는 것은 무엇인가? 독양(獨陽)은 생기게 하지 못하고 전음(專陰)은 이루게 하지 못하기 때문이다. 감·리는 반을 쓴다는 것은 무엇인가? 감은 서쪽이 되고 리는 동쪽이 되어 음양의 반과 같고 봄·가을, 밤·낮의 문이 되기 때문이다. 건을 쓰기도 하고 감·리를 쓰기도 한다는 것은 무엇인가? 양을 내세워 말하기 때문에 건을 쓰는 것이며, 남는 것을 내세워 말하면 양이 음을 업신여기고 낮이 밤을 깔보기 때문에 감·리를 쓰는 것이다. 양이 남음을 맡음으로 건을 온전히 쓸 수 있으며, 음이 모자람을 맡음으로 곤을 온전히 쓰지 못한다. 양이 음을 업신여기고 음이 양을 업신여김으로 감·리는 반을 쓰는 것이다. 이 때문에 하늘의 남쪽은 전부 보이고 북쪽은 전부 안 보이며 동쪽과 서쪽은 각각 반만 보이는 것이다. 감과 리는 음양의 끝이다. 그러므로 리는 인(寅)과 같고 감은 신(申)과 같다. 그리고 수가 항상 넘치는 것은 대개 음양이 넘치기 때문이다. 그러나 용수(用數)는 인을 넘지 않고 효수(爻數)는 신을 넘지 않는다.

건은 48이나 $\frac{1}{4}$로 나누면 음의 제재를 받으며, 곤은 48이나 $\frac{1}{4}$로 나누면 양의 제재를 받는다. 그러므로 건은 36을 얻고 곤은 12를 얻는다. 양이 진(進)을 맡아보기 때문에 360일을 올리게 되고 음은 소(消)를 주관하기 때문에 12월에 12일을 내리게 된다. 순수(順數)는 건(乾) 1, 태(兌) 2, 리(離) 3, 진(震) 4, 손(巽) 5, 감(坎) 6, 간(艮) 7, 곤(坤) 8이 되고 역수(逆數)는 진(震) 1, 리태(離兌) 2, 건(乾) 3, 손(巽) 4, 감간(坎艮) 5, 곤(坤) 6이 된다. 건(乾) 48, 태(兌) 30, 리(離) 24, 진(震) 10, 곤(坤) 12, 간(艮) 20, 감(坎) 36, 손(巽) 40이 되고 건(乾) 36, 곤(坤) 12, 리태손(離兌巽) 28, 감간진(坎艮震) 20이 된다.

體有三百八十四而用止于三百六十, 何也, 以乾坤坎離之不用也. 乾坤離坎之不用, 何也乾坤離坎之不用, 所以成三百六十之用也. 故萬物變易而四者不變也. 夫惟不變, 是以能變也. 用止于三百六十而有三百六十六, 何也數之贏也. 數之贏則何用也, 乾之全用也. 乾坤不用則離坎用半也. 乾全用者何也陽主贏也. 乾坤不用者何也, 獨陽不生, 專陰不成也. 離坎用半何也, 離東坎西當陰陽之半爲春秋晝夜之門也. 或用乾, 或用離坎, 何也主陽而言之, 故用乾也. 主贏分而言之, 則陽侵陰晝侵夜, 故用離坎也. 陽主贏, 故乾全用也. 陰主虛故坤全不用也. 陽侵陰, 陰侵陽, 故離坎用半也. 是以天之南全見而北全不見東西各半見也. 離坎陰陽之限也, 故離當寅, 坎當申, 而數常踰之者, 蓋陰陽之溢也. 然用數不過乎寅, 爻數不過乎申(或離當卯, 坎當酉), 乾四十八而四分之一分爲陰所剋. 坤四十八而四分之一分爲所剋之陽也. 故乾得三十六, 而坤得十二也. 陽主進, 是以進之爲三百六十日. 陰主消, 是以十二月消十二日也. 順數之, 乾一, 兌二, 離三, 震四, 巽五, 坎六, 艮七, 坤八, 逆數之, 震一, 離兌二, 乾三, 巽四, 坎艮五, 坤六也. 乾四十八, 兌三十, 離二十四, 震十, 坤十二, 艮二十, 坎三十六, 巽四十. 乾三十六, 坤十二, 離兌巽二十八, 坎艮震二十.

▣ 원수(圓數)는 1이고 방수(方數)는 2인데 홀수와 짝수의 뜻이다. 6은 1이고 12는 2이다. 하늘은 둥글고 땅은 네모졌다. 원(圓)의 수는 1에서 시작하나 쌓여서 6이 되고 방(方)의 수는 1에서 시작하나 쌓여서 8이 된다. 변하면 4에서 시작하나 쌓여서 12가 된다. 6은 항상 6으로 변하고 8은 항상 8로 변한다. 그리고 12도 또한 8로 변하는데 자연의 도이다. 8은 천지의 체(體)이고 6은 하늘의 용(用)이며 12는 땅의 용이다. 하늘은 방(方)이 변하여 원(圓)이 된 것인바 늘 1이 있다. 땅은 1이 나뉘어 4로 된 것인 바 늘 방(方)을 간직하고 있다. 하늘은 체는 변하나 용은 변하지 않으며, 땅은 용은 변하나 체는 변하지 않는다. 6이 1을 아우르면 7이

되고 12가 4를 아우르면 16이 된다. 양은 진(進)을 주관하므로 하늘이 1을 아울러 7이 되고 음은 퇴(退)를 주관하므로 4를 버리면 12에서 그친다. 이 때문에 양은 항상 1이 있으나 음은 항상 1이 없다. 그러므로 천지의 체는 8에서 그치고 하늘의 용은 7에서 그치며 땅의 용은 12에서 그치게 된다. 원(圓)이란 방(方)을 깎아서 용으로 삼은 까닭에 1이 변하여 4가 되나 4에서 1을 버리면 3이 되며, 3이 변하여 9가 되나 9에서 3을 버리면 6이 된다. 방은 원을 끌어다 체로 삼은 까닭에 1이 변하여 3이 되나 아우르면 4가 되고 4가 변하여 12가 되나 아우르면 16이 된다. 그러므로 용수(用數)는 3에서 이루어지고 6에서 그치며, 체수(體數)는 4에서 이루어지고 16에서 그친다. 이 때문에 원(圓)은 1에서 곧장 3을 에워싸고 1에서 시작하나 쌓여서 6이 되며, 방(方)은 1이 나뉘어 4가 되고 4가 나뉘어 16이 되는데 모두 자연의 도이다.

圓數有一, 方數有二, 奇耦之義也. 六卽一也. 十二卽二也. 天圓而地方圓之數, 起一而積六方之數起一而積八, 變之則起四而積十二也. 六者常以六變八者常以八變, 而十二者亦以八變, 自然之道也. 八者天地之體也. 六者, 天之用也. 十二者, 地之用也. 天變方爲圓而常存其一. 地分一爲四而常執其方. 天變其體而不變其用也. 地變其用而不變其體也. 六者并其一而爲七, 十二者并其四而爲十六也. 陽主進, 故天并其一而爲七陰主退故地去其四而止於十二也. 是陽常存一而陰常晦一也. 故天地之體止於八, 而天之用極於七, 地之用止于十二也. 圓者刓方以爲用, 故一變四, 四去其一則三也. 三變九, 九去其三則六也. 方者引圓以爲體, 故一變三, 并之四也. 四變十二, 并之十六也. 故用數成於三而極於六, 體數成於四而極於十六也. 是以圓者徑一而圍三, 起一而積六, 方者分一而爲四, 分四而爲十六, 皆自然之道也.

▣ 1이 2를 부리면 3이 생겨나고 3에서 1을 버리면 2가 된다. 3은 9를 낳는데 9에서 1을 버리면 8이 되고 3을 버리면 6이 된다. 그러므로 1이 3을 부리고 3이 다시 2를 부리며, 3이 9를 부리고 9가 다시 8과 6을 부린다. 그래서 2가 4를 낳고 8이 16을 낳으며 6이 12를 낳는다. 3이 1을 아우르면 4가 되고 9가 3을 아우르면 12가 된다. 12가 또 4를 아우르면 16이 된다. 그러므로 4는 1을 본(本)으로 삼고 3을 용(用)으로 삼으며, 12는 3을 본으로 삼고 9를 용으로 삼으며, 16은 4를 본으로 삼고 12를 용으로 삼는다.

一役二以生三. 三去其一則二也. 三生九. 九去其一則八也. 去其三則六也. 故一役三, 三復役二也. 三役九, 九復役八與六也. 是以二生四, 八生十六, 六生十二也. 三并一則爲四, 九并三則爲十二. 十二又并四則爲十六. 故四以一爲本, 三爲用. 十二以三爲本, 九爲用. 十六以四爲本, 十二爲用.

▣ 양을 떠받드는 것은 신(神)을 떠받드는 것이다. 그러므로 사물을 부리고 신은 감추는 것이다. 이 때문에 도(道)는 천지만물을 낳지만 스스로 나타나지 않는다. 천지만물은 또한 도에서 법을 취한다.

陽尊而神尊故役物神故藏用. 是以道生天地萬物而不自見也. 天地萬物亦取法乎道矣.

▣ 양은 도의 용(用)이고 음은 도의 체(體)이다. 양이 음을 쓰고 음이 양을 쓴다. 양을 용으로 삼으면 음을 높이는 것이고 음을 용으로 삼으면 양을 높이는 것인데 음이 도에 가깝기 때문이다. 하물며 도임에랴.

陽者道之用. 陰者道之體. 陽用陰. 陰用陽. 以陽爲用則尊陰, 以陰爲用則尊陽也. 陰幾於道故以況道也.

▣ 6이 변하여 36이 되고 8이 변하여 64가 되며 12가 변하여 384가 된다. 6 · 6이 변하고 8×8은 64가 되는데 변하면 384가 되며, 8 · 8이 변하고 7×7은 49가 되는데 변하면 384가 된다.

六變而三十六矣. 八變而成六十四矣. 十二變而成三百八十四矣. 六六而變之, 八八六十四變而成三百八十四矣. 八八而變之七七四十九變而成三百八十四矣.

▣ 원(圓)은 6변(變)하는데 6×6을 하고 올림을 하므로 60이 변하여 360이 된다. 방(方)은 8변하므로 8×8은 64가 된다. 양은 진(進)을 주관하기 때문에 이로써 나아가 60이 된다.

圓者六變六六而進之故六十變而三百六十矣方者八變故八八而成六十四矣. 陽主進, 是以進之爲六十也.

▣ 원은 성(星)이다. 역기(曆紀)의 수가 여기에서 비롯되었다. 方은 토(土)이다. 주(州)를 구획하고 땅을 나누는 법은 여기에서 본뜬 것이다. 대개 원은 하도(河圖)의 수이고 방은 낙서(洛書)의 무늬이다. 그러므로 복희(伏羲)가 무늬로 역(易)을 만들었고 우왕(禹王)과 기자(箕子)가 그것을 풀어서 《홍범(洪範)》을 지었다.

圓者, 星也曆紀之數其肇於此乎. 方者, 土也. 畫州井地之法其倣於此乎. 蓋圓者河圖之數. 方者洛書之文. 故羲文因之而造易, 禹箕敘之而作範也.

▣ 시수(蓍數)는 6을 안 쓰고 7을 쓰는데 왜인가? 그 나머지를 아우르기 때문이다. 나머지를 버리면 6이 되므로 책수(策數)는 36이다. 그러므로 50은 육십사괘의 윤년(閏年)의 책(策)이다. 그 용(用)은 49이며 육십

사괘의 1세(歲)의 책이다. 홀수로 돌아가 1을 남겨 두는 것은 마치 1세의 윤(閏)과 같다. 괘(卦)를 처리할 때 4를 버리는 것은 왜인가? 하늘이 변하는 것을 땅이 본받기 때문이다. 이 때문에 시수에서 1을 버리는 것은 괘에서 4를 버리는 것이다.

蓍數不以六而以七, 何也, 并其餘分也. 去其餘分則六, 故策數三十六也. 是以五十者, 六十四卦閏歲之策也. 其用四十有九, 六十四卦一歲之策也. 歸奇掛一, 猶一歲之閏也. 卦直去四者何也, 天變而地効之. 是以蓍去一則卦去四也.

▣ 원(圓)은 지름이 1이고 둘레가 3인데 거듭하면 6이 된다. 방(方)은 지름이 1이고 둘레가 4인데 거듭하면 8이 된다.

圓者徑一圍三, 重之則六. 方者徑一圍四, 重之則八也.

▣ 방(方)을 깎으면 원(圓)이 되는데 하늘이 운행하는 이유이다. 큰 것을 나누면 작은 것이 되는데 땅이 생화(生化)하는 이유이다. 그러므로 하늘은 6변(變)을 쓰고 땅은 4변을 쓴다.

裁方而爲圓, 天之所以運行. 分大而爲小, 地之所以生化. 故天用六變, 地用四變也.

▣ 1 더하기 8은 9가 되고 줄이면 7이 된다. 8에서 2를 줄이면 6이 되고 16에서 4를 줄이면 12가 되며, 24에서 6을 줄이면 18이 되고 32에서 8을 줄이면 24가 되며, 40에서 10을 줄이면 30이 되고 48에서 12를 줄이면 36이 되며, 56에서 14를 줄이면 42가 되고 64에서 16을 줄이면 48이 된다. 1이 나뉘어 4가 되고 8이 나뉘어 32가 되며, 16이 나뉘어 64가 되고 96에 이르러 나뉘면 384가 된다.

一八爲九, 裁爲七. 八裁爲六. 十六裁爲十二. 二十四裁爲十八. 三十二裁爲二十四. 四十裁爲三十. 四十八裁爲三十六. 五十六裁爲四十二. 六十四裁爲四十八也. 一分爲四, 八分爲三十二, 十六分爲六十四, 以至九十六分爲三百八十四也.

▣ 1은 6을 낳고 6은 12를 낳고 12는 18을 낳고 18은 24를 낳고 24는 30을 낳고 30은 36을 낳는다. 이렇게 확대하면 60은 변하여 360을 낳는다. 이것이 운행(運行)의 수이다. 4는 12를 낳고 12는 20을 낳고 20은 28을 낳고 28은 36을 낳는데 이것은 생물(生物)의 수이다. 그러므로 건(乾)의 양책(陽策)은 36이고 태(兌) · 리(離) · 손(巽)의 양책은 28이며, 진(震) · 감(坎) · 간(艮)의 양책은 20이고 곤(坤)의 양책은 12이다.

一生六, 六生十二, 十二生十八, 十八生二十四, 二十四生三十, 三十生三十六, 引而伸之, 六十變而生三百六十矣. 此運行之數也. 四生十二, 十二生二十, 二十生二十八, 二十八生三十六, 此生物之數也. 故乾之陽策三十六, 兌離巽之陽策二十八, 震坎艮之陽策二十, 坤之陽策十二也.

▣ 원(圓)이 1변(變)하면 6을 낳는데 1을 버리면 5가 되고 2변하면 12를 낳는데 2를 버리면 10이 되며, 3변하면 18을 낳는데 3을 버리면 15가 되고 4변하면 24를 낳는데 4를 버리면 20이 되며, 5변하면 30을 낳는데 5를 버리면 25가 되고 6변하면 36을 낳는데 6을 버리면 30이 된다. 그러므로 남기면 6 · 6이 되고 버리면 5 · 5가 된다. 5는 4에서 1이 남고 4는 3에서 1이 남으며 2는 1에서 1이 남는다. 그러므로 1은 2를 낳으나 1을 버리면 1이 되고 2는 3을 낳으나 1을 버리면 2가 되며, 3은 4를 낳으나 1을 버리면 3이 되고 4는 5를 낳으나 1을 버리면 4가 된다. 이 때문에 2는 1을 근본으로 삼고 3은 2를 근본으로 삼으며, 4는 3을 근

본으로 삼고 5는 4를 근본으로 삼으며 6은 5를 근본으로 삼는다. 방(方)은 1변하면 4가 되는데 4는 8을 낳고 4를 아우르면 12가 된다. 8은 12를 낳고 8을 아우르면 20이 된다. 12는 16을 낳고 12를 아우르면 28이 된다. 16은 20을 낳고 16을 아우르면 36이 된다. 1은 3을 낳고 아우르면 4가 된다. 12는 20을 낳고 아우르면 32가 된다. 28은 36을 낳고 아우르면 64가 된다.

圓者一變則生六, 去一則五也. 二變則生十二, 去二則十也. 三變則生十八, 去三則十五也. 四變則二十四, 去四則二十也. 五變則三十, 去五則二十五也. 六變則三十六, 去六則三十也. 是以存之則六六, 去之則五五也. 五則四而存一也. 四則三而存一也. 二則一而存一也. 故一生二, 去一則一也. 二生三, 去一則二也. 三生四, 去一則三也. 四生五, 去一則四也. 是故二以一爲本, 三以二爲本, 四以三爲本, 五以四爲本, 六以五爲本也. 方者一變而爲四, 四生八, 并四而爲十二. 八生十二, 并八而爲二十. 十二生十六, 并十二而爲二十八. 十六生二十, 并十六而爲三十六也. 一生三, 并而爲四也. 十二生二十, 并而爲三十二也. 二十八生三十六, 并而爲六十四也.

▣ 역(易)의 대연(大衍)은 어떤 수인가? 성인이 의지하는 수이다. 천수(天數) 25를 합하면 50이 되고 지수(地數) 30을 합하면 60이 된다. 그러므로 5위(位)는 서로 얻어 각각 합함이 있다. 50은 시(蓍)의 수이고 60은 괘수(卦數)이다. 5는 시(蓍)의 소연(小衍)이다. 그러므로 50은 대연(大衍)이다. 8은 괘의 소성(小成)이므로 64는 대성(大成)이다. 시(蓍)의 덕(德)은 원(圓)인데 하늘의 수에 비유할 수 있다. 그러므로 7 곱하기 7은 49가 되고 50은 1을 남기며 말하는 것이다. 괘(卦)의 덕은 방(方)인데 땅의 수에 비유할 수 있다. 그러므로 8 곱하기 8은 64가 되고 60은 4를 버리며 말하는 것이다. 시는 용수(用數)이고 괘는 체수(體數)이다. 용

(用)은 체(體)를 근본으로 삼기 때문에 1을 남기고 체는 용을 근본으로 삼기 때문에 4를 버린다. 원(圓)의 근원은 1이고 방(方)의 근원은 4이다. 그러므로 시는 1을 남기고 괘는 4를 버린다. 시의 용수는 7인데 그 나머지를 아우르면 또 1을 남긴다는 뜻이다. 점칠 때 1을 거는 것은 또 1을 버린다는 뜻이다. 시의 용수에서 1을 거는 것은 3을 본받는 것으로 그 나머지 48이 1괘의 책(策)이다. 4에 12를 곱하면 48이고 12에서 3을 빼면 9가 남는다. 4에 3을 곱하면 12인데 이것은 버리는 책(策)이다. 4에 9를 곱하면 36인데 이것은 쓰이는 책이며, 건(乾)의 36양효(陽爻)와 같다. 12에서 5를 빼면 7이 남고 4에 5를 곱하면 20인데 버리는 책이다. 4에 7를 곱하면 28인데 쓰이는 책이며, 태(兌) · 리(離)의 28양효와 같다. 12에서 6을 빼면 6이 남고 4에 6을 곱하면 24인데 버리는 책이다. 4에 6을 곱하면 24인데 쓰이는 책이며, 곤(坤)의 $\frac{1}{2}$인 24음효(陰爻)와 같다. 12에서 4를 빼면 8이 남고 4에 4를 곱하면 16인데 버리는 책이다. 4에 8을 곱하면 32인데 쓰이는 책이며, 간(艮) · 감(坎)의 24효에서 상괘(上卦)의 8음(陰)을 아우른 32효(爻)와 같다. 그러므로 7 · 9는 양이고 6 · 8은 음이다. 9는 양의 극수(極數)이며 6은 음의 극수이다. 수가 최고조에 이르게 되면 되돌아오게 되므로 괘가 변하게 된다. 진(震) · 손(巽)이 책이 없는 것은 불용(不用)의 수와 같기 때문이다. 하늘은 강(剛)을 덕으로 삼기에 유(柔)는 드러나지 않는다. 땅은 유(柔)를 바탕으로 삼기에 강(剛)은 자라지 못한다. 이 때문에 진 · 손은 쓰지 않는 것이다. 건은 9를 쓰므로 책은 9이다. 4는 사시(四時)에 응하는데 1시(時)는 90일이다. 곤은 6을 쓰므로 그 책 또한 6이다.

易之大衍何數也, 聖人之倚數也. 天數二十五, 合之爲五十. 地數三十, 合之爲六十. 故日五位相得而各有合也. 五十者, 蓍之數也. 六十者, 卦數也. 五者蓍之小衍也, 故五十爲大衍也. 八者卦之小成, 則六十四爲大成也. 蓍德圓, 以況天之數, 故七七四十九也. 五十者, 存一而言之也. 卦德方, 以況地之數, 故八八六十四也. 六十者, 去四而言之也. 蓍者, 用數也. 卦者, 體數也. 用以體爲基, 故存一也. 體以用爲本, 故去四也. 圓者本一, 方者本四, 故蓍存一而卦去四也. 蓍之用數七, 并其餘分亦存一之義也. 掛其一, 亦去一之義也. 蓍之用數掛一以象三其餘四十八, 則一卦之策也. 四其十二爲四十八也. 十二去三而用九, 四三十二, 所去之策也. 四九三十六, 所用之策也. 以當乾之三十六陽爻也. 十二去五而用七, 四五二十, 所去之策也. 四七二十八, 所用之策也. 以當兌離之二十八陽爻也. 十二去六而用六, 四六二十四, 所去之策也. 四六二十四, 所用之策也. 以當坤之半二十四陰爻也. 十二去四而用八, 四四十六, 所去之策也. 四八三十二, 所用之策也. 以當艮坎之二十四爻并上卦之八陰爲三十二爻也. 是故七九爲陽, 六八爲陰也. 九者陽之極數. 六者陰之極數. 數極則反, 故爲卦之變也. 震巽無策者以當不用之數. 天以剛爲德, 故柔者不見. 地以柔爲體, 故剛者不生. 是震巽不用也. 乾用九, 故其策九也. 四之者, 以應四時, 一時九十日也. 坤用六, 故其策亦六也.

▣ 기수(奇數)에 넷이 있는데 1, 2, 3, 4이고 책수(策數)에 넷이 있는데 6, 7, 8, 9이다. 이들을 합하면 8수(數)가 되는데 이것은 방수(方數)의 8변(變)에 응하는 것이다. 기수로 돌아가 거는 수를 합치면 6이 되는데 5와 4 · 4, 9와 8 · 8, 5와 4 · 8, 9와 4 · 8, 5와 8 · 8, 9와 4 · 4는 원수(圓數)의 6변에 응하는 것이다.

奇數四, 有一有二有三有四也. 策數四, 有六有七有八有九. 合而爲八數, 以應方數之八變也. 歸奇合掛之數有六, 謂五與四四也, 九與八八也, 五與四八也, 九與四八也, 五與八八也, 九與四四也, 以應圓數之六變也.

▣ 기수는 4에서 끝나기 때문에 5를 쓰지 않고 책수는 9에서 끝나기 때문에 10을 쓰지 않는데 5는 1이고 10은 2이다. 그러므로 50은 버리고 49를 쓰는 것이다. 기수는 5를 쓰지 않고 책수는 10을 쓰지 않는 것은 유무(有無)의 최고조이기 때문이다. 하물며 자연의 수임에랴!

奇數極於四而五不用. 策數極於九而十不用. 五則一也, 十則二也, 故去五十而用四十九也. 奇不用五, 策不用十, 有無之極也. 以況自然之數也.

▣ 괘에 64가 있으면서 쓰는 것은 60에서 그치는데 왜 그런가! 60괘(卦)는 360효(爻)이다. 그러므로 갑자(甲子)는 60에서 그치며, 육십갑자를 하면 천도(天道)가 다하는 것이다. 그래서 책수(策數)에 응하는 것이다. 36에 24를 더해도 60이 되고 32에 28을 더해도 60이 된다.

卦有六十四而用止六十者何也, 六十卦者, 三百六十爻也. 故甲子止于六十也. 六甲而天道窮矣, 是以策數應之. 三十六與二十四, 合之則六十也. 三十二與二十八, 合之亦六十也.

▣ 건(乾)은 48이고 곤(坤)은 12이고 진(震)은 20이고 손(巽)은 40이고 리(離) · 태(兌)는 32이고 감(坎) · 간(艮)은 28인데 합하면 60이 된다. 시(蓍)의 수는 온전하므로 양책(陽策) 36과 28을 합하면 64가 된다. 괘수(卦數)는 4를 버리므로 음책(陰策) 24와 32를 합하면 56이 된다.

乾四十八, 坤十二. 震二十, 巽四十. 離兌三十二, 坎艮二十八. 合之爲六十. 蓍之數全故陽策三十六與二十八合之爲六十四也. 卦數去其四, 故陰策二十四與三十二合之爲五十六也.

▣ 9를 올리면 36이 되는데 모두 양수(陽數)이다. 그러므로 양 가운데 양이다. 7을 올리면 28이 되는데 앞은 양이고 뒤는 음이다. 그러므로 양 가운데 음이다. 6을 올리면 24가 되는데 모두 음수(陰數)이다. 그러므로 음 가운데 음이다. 8을 올리면 32가 되는데 앞은 음이고 뒤는 양이다. 그러므로 음 가운데 양이다. 시(蓍)에서 4를 올리면 100이 되고 괘(卦)에서 4를 올리면 120이 되는데, 100은 10이고 120은 12이다.

九進之爲三十六, 皆陽數也. 故爲陽中之陽. 七進之爲二十八, 先陽而後陰也. 故爲陽中之陰. 六進之爲二十四, 皆陰數也. 故爲陰中之陰. 八進之爲三十二, 先陰而後陽也. 故爲陰中之陽. 蓍四, 進之則百. 卦四, 進之則百二十. 百則十也. 百二十則十二也.

▣ 기수(奇數)로 돌아가 괘(掛)의 수와 합하면 5와 4 · 4를 얻는데 그러면 책수(策數)는 4 · 9이다. 9와 8 · 8을 얻으면 책수는 4 · 6이고 5와 8 · 8과 9와 4 · 8을 얻으면 책수는 모두 4 · 7이다. 9와 4 · 4를 얻고 5와 4 · 8을 얻으면 책수는 모두 4 · 8이다. 9는 1이 변하여 건(乾)에 응한 것이고 6은 1이 변하여 곤(坤)에 응한 것이며, 7은 2가 변하여 태(兌)와 리(離)에 응한 것이고 8은 2가 변하여 감(坎)과 간(艮)에 응한 것이다. 5와 4 · 4에서 괘(掛)의 1의 수를 버리면 4×8=32이고 9와 8 · 8에서 괘의 1의 수를 버리면 4×6=24이며 5와 8 · 8, 9와 4 · 8에서 괘의 1의 수를 버리면 4×5=20이고 9와 4 · 4, 5와 4 · 8에서 괘의 1의 수를 버리면 4×4=16이 된다. 그러므로 3, 4, 5, 6의 수를 버리면 9, 8, 7, 6의 책(策)이 되는 것이다.

歸奇合掛之數, 得五與四四, 則策數四九也. 得九與八八, 則策數四六也. 得五與八八, 得九與四八, 則策數皆四七也. 得九與四四, 得五與四八, 則策數皆四八也. 爲九者, 一變以應乾也. 爲六者, 一變以應坤也. 爲七者, 二變以應兌與離也. 爲八者, 二變以應艮與坎也. 五與四四去掛一之數, 則四八三十二也. 九與八八去掛一之數, 則四六二十四也. 五與八八九與四八去掛一之數, 則四五二十也. 九與四四五與四八去掛一之數, 則四四十六也. 故去其三四五六之數, 以成九八七六之策也.

▣ 하늘이 1이면 땅은 2이고 하늘이 3이면 땅은 4이며, 하늘이 5이면 땅은 6이고 하늘이 7이면 땅은 8이며, 하늘이 9이면 땅은 10이다. 수가 이리저리 뒤섞이어 변하고 가로세로로 섞이는 것은 마치 하늘땅이 서로 품고 밤과 낮이 서로 번갈아드는 것과 같다. 1은 수의 시작이지 수가 아니다. 그러므로 2 곱하기 2는 4가 되고 3 곱하기 3은 9가 되고 4 곱하기 4는 16이 되고 5 곱하기 5는 25가 되고 6 곱하기 6은 36이 되고 7 곱하기 7은 49가 되고 8 곱하기 8은 64가 되고 9 곱하기 9는 81이 되지만 1은 변하지 않는다. 100은 10이고 10은 1인데 이 또한 변하지 않는다. 그러므로 수는 1을 버리면 9에서 끝나게 되는데 모두 그 변하는 것을 쓰는 것이다. 5×5=25는 천수(天數)이고 6×6=36은 건(乾)의 책수(策數)이며, 7×7=49는 대연(大衍)의 용수(用數)이고 8×8=64는 괘수(卦數)이며, 9×9=81은 홍범(洪範)의 수이다.

天一地二, 天三地四, 天五地六, 天七地八, 天九地十. 参伍以變錯綜其數也. 如天地之相銜晝夜之相交也. 一者數之始而非數也, 故二二爲四, 三三爲九, 四四爲十六, 五五爲二十五, 六六爲三十六, 七七爲四十九, 八八爲六十四, 九九爲八十一, 而一不可變也. 百則十也, 十則一也, 亦不可變也. 是故數去其一而極于九, 皆用其變者也. 五五二十五, 天數也. 六六三十六, 乾之策數也. 七七四十九, 大衍之用數也. 八八六十四, 卦數也. 九九八十一, 玄範之數也.

▣ 대연(大衍)의 수는 산법(算法)의 근원이다. 그러므로 산법의 시작은 방(方) · 원(圓) · 곡(曲) · 직(直)에 불과하다.

大衍之數其筭法之源乎. 是以筭數之起, 不過乎方圓曲直也.

▣ 음(陰)에는 1이 없고 양(陽)에는 10이 없다.

陰無一. 陽無十.

▣ 승수(乘數)는 수를 늘리고 제수(除數)는 수를 줄인다. 산법(算法)이 비록 많으나 이것에서 벗어나지 못한다.

乘數生數也. 除數消數也. 筭法雖多不出乎此矣.

▣ 양은 음을 얻어야 낳고 음은 양을 얻어야 이룬다. 그러므로 시수(蓍數)는 4에서 9가 되고 괘수(卦數)는 4에서 10이 되는데, 비유하면 간(幹)과 지(支)가 서로 이리저리 뒤섞이어 간은 6으로 끝맺고 지는 5로 끝맺는 것과 같다.

陽得陰而生. 陰得陽而成. 故蓍數四而九, 卦數四而十也. 猶幹支之相錯幹以六終而支以五終也.

▣ 3×4는 12이고 2×6도 마찬가지로 12이다. 2×12는 24인데 3×8도 24이고 4×6도 24이다. 3×12는 36인데 4×9도 36이고 6×6도 마찬가지로 36이다. 4×12는 48인데 3×16도 48이고 6×8도 48이다. 5×12는 60인데 3×20도 60이고 6×10도 60이다. 이것들은 모두 저절로 서로 들어맞은 것이다.

三四, 十二也. 二六, 亦十二也. 二其十二, 二十四也. 三八, 亦二十四也. 四六, 亦二十四也. 三其十二, 三十六也. 四九, 亦三十六也. 六六, 亦三十六也. 四其十二, 四十八也. 三其十六, 亦四十八也. 六八, 亦四十八也. 五其十二, 六十也. 三其二十, 亦六十也. 六其十, 亦六十也. 皆自然之相符也.

▣ 4×9는 36인데 6×6도 36이다. 양(陽) 6에서 또 음(陰) 6의 반을 아우르니 이것이 9이다. 그러므로 수로 말할 때는 음양이 각각 3이다. 3효(爻)로 말하면 천(天)·지(地)·인(人)도 각각 3이다. 음과 양 속에 각각 천·지·인이 있고 천·지·인 속에 각각 음과 양이 있다. 그러므로 3은 하늘이고 2는 땅이며, 일정한 수에 따른다.

四九, 三十六也. 六六 三十六也. 陽六而又兼陰六之半是以九也. 故以數言之陰陽各三也. 以三爻言之, 天地人各三也. 陰陽之中各有天地人, 天地人之中各有陰陽, 故參天兩地而倚數也.

▣ 태극(太極)이 나뉘어 양의(兩儀)가 세워진다. 양은 아래로 음과 사귀고 음은 위로 양과 사귀어 사상(四象)이 생겨난다. 양은 음과 사귀고 음은 양과 사귀어 하늘의 사상이 생겨나고, 강(剛)은 유(柔)와 사귀고 유는 강과 사귀어 땅의 사상이 생겨난다. 이리하여 팔괘(八卦)가 이루어진다. 팔괘가 서로 뒤섞이어 만물이 생겨난다. 그러므로 1이 나뉘어 2가 되고 2가 나뉘어 4가 되고 4가 나뉘어 8이 되고 8이 나뉘어 16이 되고 16이 나뉘어 32가 되고 32가 나뉘어 64가 된다. 그래서 말하기를 음으로 나뉘고 양으로 나뉘며, 강과 유를 번갈아 사용하여 역(易)의 6위(位)가 나타나게 된다. 10이 나뉘어 100이 되고 100이 1,000이 되고 1,000이 나뉘어 10,000이 된다. 비유하자면 뿌리에 줄기가 있고 줄기에 가지가 있고 가지에 잎이 있는 것과 같다. 커질수록 더욱 작아지고 줄어들수

록 더욱 늘어난다. 이들을 합하면 1이 되고 펼치면 10,000이 된다. 이 때문에 건(乾)은 나누고 곤(坤)은 합하며, 진(震)은 불어나게 하고 손(巽)은 줄어들게 한다. 불어나면 나누어지고 나누어지면 줄어들며 줄어들면 나누어진다.

太極旣分兩儀立矣. 陽下交於陰陰上交於陽, 四象生矣. 陽交於陰, 陰交於陽, 而生天之四象. 剛交於柔, 柔交於剛, 而生地之四象. 於是八卦成矣. 八卦相錯然後萬物生焉. 是故一分爲二, 二分爲四, 四分爲八, 八分爲十六, 十六分爲三十二, 三十二分爲六十四, 故曰分陰分陽, 迭用柔剛易六位而成章也. 十分爲百, 百分爲千, 千分爲萬. 猶根之有幹, 幹之有枝, 枝之有葉, 愈大則愈小, 愈細則愈繁. 合之斯爲一. 衍之斯爲萬是故乾以分之. 坤以翕之. 震以長之. 巽以消之. 長則分, 分則消消則分也.

▣ 건과 곤이 위치를 잡으니 진과 손은 한 번 교류한 것이고, 태 · 리 · 감 · 간은 두 번 교류한 것이다. 그러므로 진은 양이 적고 음이 항상 많으며, 손은 음이 적고 양이 늘 많다. 태와 리는 양이 많고 간과 감은 음이 많다. 이 때문에 신(辰)과 화(火)는 보이지 않는다.

乾坤定位也. 震巽, 一交也. 兌離坎艮, 再交也. 故震陽少而陰尙多也. 巽陰少而陽尙多也. 兌離陽浸多也. 坎艮陰浸多也. 是以辰與火不見也.

▣ 1기(氣)가 나뉘어 음과 양이 된다. 나누어진 양을 많이 얻은 것은 하늘이 되고 나누어진 음을 많이 얻은 것은 땅이 된다. 그러므로 음과 양이 반으로 나누어져서 형(形) · 질(質)을 갖추게 되고 음과 양이 치우쳐져서 성(性)과 정(情)으로 나누어지게 된다. 형과 질도 또 나누어지게 되는데 양이 많은 것은 강(剛)이 되고 음이 많은 것은 유(柔)가 된다. 성

과 정이 또 나누어지는데 양이 많은 것은 양의 극이고 음이 많은 것은 음의 극이다.

一氣分而爲陰陽, 判得陽之多者爲天. 判得陰之多者爲地. 是故陰陽半而形質具焉. 陰陽偏而性情分焉. 形質又分, 則多陽者爲剛也. 多陰者爲柔也. 性情又分, 則多陽者陽之極也. 多陰者陰之極也.

▣ 태괘(兌卦) · 이괘(離卦) · 손괘(巽卦)는 양이 많은 것을 얻었고 간괘(艮卦) · 감괘(坎卦) · 진괘(震卦)는 음이 많은 것을 얻었다. 이 때문에 하늘땅의 쓰임이 되는 것이다. 건괘(乾卦)는 양극(陽極)이고 곤괘(坤卦)는 음극(陰極)이므로 쓰지 않는다.

兌離巽, 得陽之多者也. 艮坎震得陰之多者也. 是以爲天地用也. 乾陽極, 坤陰極, 是以不用也.

▣ 건(乾)이 넷으로 나뉘어 하나를 얻어 가지니 곤(坤)과 어울리고, 곤이 넷으로 나뉘어 하나를 얻어 가지니 건을 떠받든다. 건과 곤이 합하여 여섯 아들을 낳으니 세 아들은 모두 양이고 세 딸은 모두 음이다. 태(兌)가 나뉘어 1양이 되니 간(艮)과 어울리고 감(坎)이 나뉘어 1음이 되니 리(離)를 떠받든다. 진과 손이 서로 바뀌니 합하여 말하면 음양이 각각 반이다. 이 때문에 물과 불이 상생(相生)하고 상극(相剋)한 연후에 만물을 이루게 된다.

乾四分取一以與坤. 坤四分取一以奉乾. 乾坤合而生六子, 三男皆陽也. 三女皆陰也. 兌分一陽以與艮. 坎分一陰以奉離. 震巽以二相易. 合而言之, 陰陽各半. 是以水火相生而相剋然後既成萬物也.

▣ 건과 곤은 이름과 위치가 바뀌지 않는다. 감과 리는 이름은 바뀌나 위치는 바뀌지 않는다. 진과 손은 위치는 바뀌나 이름은 바뀌지 않는다. 태와 간은 이름과 위치가 모두 바뀔 수 있다. 이괘(離卦)는 건괘(乾卦)를 닮았고 감괘(坎卦)는 곤괘(坤卦)를 닮았고 중부괘(中孚卦)는 건괘를 닮았고 이괘(頤卦)는 이괘를 닮았고 소과괘(小過卦)는 곤괘를 닮았고 대과괘(大過卦)는 감괘를 닮았다. 이 때문에 건괘 · 곤괘 · 이괘 · 감괘 · 중부괘 · 이괘 · 대과괘 · 소과괘는 모두 바뀌지 않는다. 이괘(離卦)는 하늘에서 밤과 같으니 양 가운데에 음이 있는 것이고 감괘는 땅에서 낮과 같으니 음 가운데에 양이 있는 것이다. 진(震)이 음과 사귀기 시작하면 양이 생겨나고 손(巽)이 양을 없애기 시작하면 음이 생겨난다. 태(兌)는 양을 자라게 하고 간(艮)은 음을 자라게 한다. 진과 태는 하늘에서 음이고 손과 간은 땅에서 양이다. 그러므로 진과 태는 위는 음이고 아래가 양이며, 손과 간은 위는 양이고 아래가 음이다. 하늘이 처음 생겨나는 것으로 말하면 음이 위에 있고 양이 아래에 있으니 교태(交泰)의 뜻이다. 땅이 이루어진 것으로 말하면 양이 위에 있고 음이 아래에 있으니 존비(尊卑)의 자리이다.

乾坤之名位不可易也. 坎離名可易而位不可易也. 震巽位可易而名不可易也. 兌艮名與位皆可易也離肖乾. 坎肖坤. 中孚肖乾. 頤肖離. 小過肖坤. 大過肖坎. 是以乾坤離坎中孚 大過小過皆不可易者也. 離在天而當夜, 故陽中有陰也. 坎在地而當晝, 故陰中有陽也. 震始交陰而陽生巽始消陽而陰生. 兌陽長也. 艮陰長也. 震兌在天之陰也. 巽艮在地之陽也. 故震兌上陰而下陽, 巽艮上陽而下陰. 天以始生言之, 故陰上而陽下, 交泰之義也. 地以旣成言之, 故陽上而陰下, 尊卑之位也.

▣ 건과 곤이 위아래의 위치를 정하고 감과 리가 좌우의 문에 벌이어 서면 하늘땅이 닫히고 열리며 해와 달이 드나들게 된다. 그러므로 봄 · 여름 · 가을 · 겨울, 그믐 · 초하루 · 반달 · 보름달, 낮과 밤의 길고 짧음, 행도(行度)의 영축(盈縮)은 이것에 말미암지 않는 것이 없다.

乾坤定上下之位. 離坎列左右之門. 天地之所闔闢, 日月之所出入是以春夏秋冬晦朔弦 晝夜長短, 行度盈縮莫不由乎此矣.

▣ 무극(無極) 이전에는 음이 양을 포함하고 있었는데 상(象)이 생긴 뒤에는 양에서 음이 갈라졌다. 음은 양의 어머니이고 양은 음의 아버지이다. 그러므로 어머니가 큰아들을 임신하니 복괘(復卦)가 되고 아버지가 큰딸을 낳으니 구괘(姤卦)가 되었다. 이 때문에 양은 복괘에서 시작하고 음은 구괘에서 시작한다.

無極之前陰含陽也. 有象之後. 陽分陰也. 陰爲陽之母. 陽爲陰之父. 故母孕長男而爲復父生長女而爲姤. 是以陽始於復陰始於姤也.

▣ 성(性)은 체(體)가 아니면 이루지 못하고 체는 성이 아니면 생겨나지 못한다. 양은 음을 체로 삼고 음은 양을 체로 삼는다. 움직임은 성이고 고요함은 체이다. 하늘에서는 양이 움직이고 음은 가만히 있으며, 땅에서는 음이 움직이고 양은 가만히 있는다. 성이 체를 얻으면 고요하고 체가 성을 따르면 움직인다. 이 때문에 양은 느리고 음은 빠르다.

性非體不成體非性不生. 陽以陰爲體陰以陽爲體動者性也. 靜者體也. 在天則陽動而陰靜在地則陽靜而陰動性得體而靜. 體隨性而動. 是以陽舒而陰疾也.

▣ 양은 홀로 서지 못하고 반드시 음을 얻은 뒤에 설 수 있다. 그러므로 양은 음을 바탕으로 삼는다. 음은 스스로 나타나지 못하고 반드시 양을 기다린 뒤에 나타난다. 그러므로 음은 양을 창(唱)으로 삼는다. 양이 그 시작을 알면 그 이루어짐이 형통하고 음이 그 법을 본받으면 그 수고로움이 끝난다.

陽不能獨立, 必得陰而後立故陽以陰爲基. 陰不能自見必待陽而後見, 故陰以陽爲唱. 陽知其始而享其成陰効其法而終其勞.

▣ 양은 알 수 있으나 음은 알지 못하며 양은 볼 수 있으나 음은 보지 못한다. 알 수 있고 볼 수 있는 것은 있음이 된다. 그러므로 양의 성(性)은 있으나 음의 성은 없다. 양은 두루 미치지 못하는 바가 있지만 음은 미치지 못하는 곳이 없다. 양은 없을 수 있으나 음은 항상 있다. 두루 미치지 못함이 없고 늘 있는 것은 실(實)이 된다. 그러므로 양의 체(體)는 허하고 음의 체는 실하다.

陽能知而陰不能知, 陽能見而陰不能見也. 能知能見者爲有, 故陽性有而陰性無也. 陽有所不徧而陰無所不徧也. 陽有去而陰常居也. 無不徧而常居者爲實故陽體虛而陰體實也.

▣ 아래에서 위로 올라가는 것을 승(升)이라 하고 위에서 아래로 내려가는 것을 강(降)이라고 한다. 승은 생(生)이고 강은 소(消)이다. 그러므로 양은 아래에서 생기고 음은 위에서 생겨난다. 이 때문에 만물이 모두 반대로 생겨나는데 음이 양을 낳고 양이 음을 낳으며, 음이 다시 양을 낳고 양이 다시 음을 낳는다. 그러므로 순환이 끝이 없다.

自下而上謂之升自上而下謂之降. 升者, 生也. 降者, 消也. 故陽生於下而陰生於上, 是以萬物皆反生. 陰生陽, 陽生陰, 陰復生陽, 陽復生陰, 是以循環而無窮也.

▣ 하늘땅의 근본은 중(中)에서 생긴다. 그러므로 건과 곤이 번갈아 변하지만 중에서 떠나지 않는다. 사람은 하늘땅의 복판에서 거처하고 염통은 사람의 한복판에 자리잡고 있으며, 해도 한낮에 가장 왕성하고 달도 보름날에 꽉 찬다. 그러므로 군자(君子)는 중을 귀하게 여긴다.

天地之本, 其起於中乎. 是以乾坤交變而不離乎中. 人居天地之中, 心居人之中. 日中則盛月中則盈. 故君子貴中也.

▣ 본디 일기(一氣)이다. 생(生)하면 양이 되고 소(消)하면 음이 된다. 그러므로 2는 1일 뿐이고 6은 3일 뿐이며 8은 4일 뿐이다. 이 때문에 하늘을 말하면서 땅을 말하지 않으며, 임금을 말하면서 신하를 말하지 않으며, 아버지를 말하면서 아들을 말하지 않으며, 남편을 말하면서 아내를 말하지 않는다. 그러나 하늘이 땅을 얻어야 만물이 생겨나고 임금이 신하를 얻어야 만화(萬化)가 생겨나며, 아버지가 아들을 얻고 남편이 아내를 얻어야 가도(家道)가 이루어진다. 그러므로 1이 있으면 2가 있고 2가 있으면 4가 있으며, 3이 있으면 6이 있고 4가 있으면 8이 있다.

本一氣也, 生則爲陽. 消則爲陰. 故二者一而已矣. 六者三而已矣. 八者四而已矣. 是以言天而不言地, 言君而不言臣, 言父而不言子, 言夫而不言婦也. 然, 天得地而萬物生, 君得臣而萬化行, 父得子, 夫得婦而家道成, 故有一則有二, 有二則有四, 有三則有六, 有四則有八.

▣ 음과 양이 생겨서 양의(兩儀)로 나뉘어졌다. 양의가 뒤섞이어 사상(四象)이 생겨나고 사상이 뒤섞이어 팔괘가 이루어지며 팔괘가 이리저리 뒤섞이어 만물이 생겨났다. 그러므로 양의는 하늘땅의 종류를 낳고 사상은 하늘땅의 체(體)를 정하며, 사상은 팔괘의 종류를 낳고 팔괘는 해와 달의 체를 정하며, 팔괘는 만물의 종류를 낳고 중괘(重卦)는 만물의 체를 정한다. 종류는 생겨나는 순서이고 체는 상(象)이 뒤섞이는 것이다. 종류를 헤아리면 반드시 생(生)에 근본을 두고 체를 살펴보면 반드시 상(象)에서 말미암는다. 생은 앞날을 미리 짐작하는 것이고 상은 이미 이루어진 것을 좇아서 살피는 것이다. 그러므로 해와 달은 같은 종류로 나온 곳은 같으나 있는 곳이 다르며, 있는 곳은 다르나 상(象)은 같다. 이렇게 지난 것을 헤아리면 만물이 어찌 달아나리오.

陰陽生而分二儀. 二儀交而生四象. 四象交而成八卦. 八卦交而生萬物. 故二儀生天地之類. 四象定天地之體四象生八卦之類. 八卦定日月之體. 八卦生萬物之類. 重卦定萬物之體. 類者, 生之序也. 體者, 象之交也. 推類者必本乎生觀體者必由乎象. 生則未來而逆推. 象則旣成而順觀. 是故日月一類也. 同出而異處也. 異處而同象也. 推此以往, 物曷逃哉.

▣ 하늘은 때에 따라 변하고 땅은 만물에 응한다. 시(時)는 음이 변하고 양이 응한 것이며, 물(物)은 양이 변하고 음이 응한 것이다. 그러므로 시는 미리 짐작하여 알 수 있고 물은 반드시 따르면서 이루는 것이다. 이 때문에 양은 맞이하고 음은 따르며, 음은 거스르고 양은 순응하는 것이다. 그 체(體)로 말하면 하늘이 나뉘어 땅이 되고 땅이 나뉘어 만물이 되는데 도는 나눌래야 나눌 수 없다. 마지막에 만물은 땅으로 돌아가고

땅은 하늘로 돌아가며 하늘은 도로 돌아간다. 그러므로 군자는 도(道)를 귀하게 여긴다.

天變時而地應物時則陰變而陽應物則陽, 變而陰應. 故時可逆知物必順成則是以陽迎而陰隨, 陰逆而陽順. 語其體則天分而爲地. 地分而爲萬物, 而道不可分也. 其終則萬物歸地, 地歸天, 天歸道. 是以君子貴道也.

■ 변(變)이 있으면 반드시 응(應)이 있다. 그러므로 안에서 변하면 밖에서 응하고 밖에서 변하면 안에서 응하며, 아래에서 변하면 위에서 응하고 위에서 변하면 아래에서 응하며, 하늘이 변하면 해가 응한다. 그러므로 변하는 것은 하늘을 따르고 응하는 것은 해를 본받는다. 이 때문에 일(日)은 성(星)에서 만나고 월(月)은 신(辰)에서 만나며, 수(水)는 토(土)에서 생겨나고 화(火)는 석(石)에 숨으며, 날짐승은 나무에 깃들고 길짐승은 풀에 기대며, 심장과 허파는 서로 잇닿아 있고 간과 쓸개는 서로 붙어 있다. 이것은 다름이 아니라 변응(變應)의 도이다.

有變則必有應也. 故變于內者應于外, 變于外者應于內, 變于下者應于上, 變于上者應于下也. 天變而日應之故變者從天而應者法日也. 是以日紀乎星. 月會於辰. 水生於土. 火潛於石. 飛者棲木. 走者依草. 心肺之相聯. 肝膽之相屬. 無他, 變應之道也.

■ 하늘에 근본을 둔 것은 하늘과 친하고 땅에 근본을 둔 것은 땅과 친하다. 그러므로 변하고 응하는 것은 늘 반대이다.

本乎天者親上. 本乎地者親下. 故變之與應, 常反對也.

▣ 양이 음과 뒤섞이어 낳은 것이 발굽과 뿔을 가진 종류이고 강(剛)이 유(柔)와 뒤섞이어 낳은 것이 뿌리와 열매를 가진 종류이며, 음이 양과 뒤섞이어 낳은 것이 깃털과 날개를 가진 종류이고 유가 강과 뒤섞이어 낳은 것이 줄기와 가지를 가진 종류이다. 하늘이 땅과 한데 어울려 뒤섞이고 땅이 하늘과 한데 어울려 뒤섞이므로 날개가 있으나 걷는 것이 있고 다리가 있으나 날아다니는 것이 있으며, 풀 가운데 나무가 있고 나무 가운데 풀이 있다. 각각 이 종류로 헤아리면 생물의 종류가 수를 벗어나지 못하는데 걷는 것은 땅에서 편하고 날아다니는 것은 하늘에서 편하니 그 종류를 따를 뿐이다.

陽交於陰而生, 蹄角之類也. 剛交於柔而生, 根核之類也. 陰交於陽而生, 羽翼之類也. 柔交於剛而生, 枝幹之類也. 天交於地, 地交於天, 故有羽而走者, 足而騰者, 草中有木, 木中有草也. 各以類而推之, 則生物之類不逃數矣. 走者便於下, 飛者利於上從其類也.

▣ 뭍에 있는 것은 물 속에도 반드시 있는데, 비유하면 그림자가 있으면 형상이 있는 것과 같다. 뭍에는 걷는 것이 많고 물에는 나는 것이 많은데 한데 어울려 뒤섞였기 때문이다. 그러므로 뭍에서 큰 것은 물 속에서는 반드시 작고 물 속에서 큰 것은 뭍에서는 반드시 작다.

陸中之物水中必具者, 猶影象也. 陸多走水多飛者, 交也. 是故巨于陸者必細于水, 巨于水者必細于陸也.

▣ 범과 표범의 털은 풀과 같고 매와 새매의 깃털은 나무와 같다.

虎豹之毛猶草也. 鷹鸇之羽猶木也.

▣ 나무는 별에서 갈라져 나온 것이므로 열매는 별모양을 닮았다.

木者星之子, 是以果實象之.

▣ 잎은 음(陰)이고 꽃과 열매는 양(陽)이다. 가지와 잎은 연하고 뿌리와 줄기는 단단하다.

葉, 陰也. 華實, 陽也. 枝葉軟而根幹堅也.

▣ 사람의 뼈가 크면 몸도 크고 나무의 줄기가 크면 잎도 큰데 천지의 수에 응한 것이다.

人之骨巨而體繁木之 巨而葉繁應天地之數也.

▣ 짐승은 몸이 가로로 되어 있고 식물은 몸이 세로로 되어 있다. 사람은 가로로 되어 있어야 마땅하나 반대로 세로로 되어 있다.

動者體橫. 植者體縱. 人宜橫而反縱也.

▣ 나는 것은 날개가 있고 걷는 것은 발가락이 있다. 사람의 두 손은 날개이고 두 발은 발가락이다.

飛者有翅. 走者有趾. 人之兩手翅也. 兩足, 趾也.

▣ 나는 것은 나무의 열매를 먹고 걷는 것은 풀을 먹는다. 사람은 둘 다 모두 먹으며, 또 날짐승과 길짐승을 먹으므로 만물 가운데에서 가장 귀하다.

飛者食木. 走者食草. 人皆兼之, 而又食飛走也, 故最貴於萬物也.

▣ 체(體)는 반드시 한데 어울려 뒤섞인 뒤에 생겨난다. 그러므로 양(陽)이 강(剛)과 한데 뒤섞이어 심장과 허파를 낳고 양이 유(柔)와 한데 뒤섞이어 간과 쓸개를 낳으며 유가 음(陰)과 한데 뒤섞이어 콩팥과 방광을 낳고 강이 음과 한데 뒤섞이어 지라와 밥통을 낳는다. 심장은 눈을 낳고 쓸개는 귀를 낳고 지라는 코를 낳고 콩팥은 입을 낳고 허파는 뼈를 낳고 간은 살을 낳고 밥통은 골수를 낳고 방광은 피를 낳는다. 그러므로 건괘(乾卦)는 심장이 되고 태괘(兌卦)는 지라가 되고 이괘(離卦)는 쓸개가 되고 진괘(震卦)는 콩팥이 되고 곤괘(坤卦)는 피가 되고 간괘(艮卦)는 살이 되고 감괘(坎卦)은 골수가 되고 손괘(巽卦)는 뼈가 되고 태괘(泰卦)는 눈이 되고 중부괘(中孚卦)는 코가 되고 기제괘(旣濟卦)는 귀가 되고 이괘(頤卦)는 입이 되고 대과괘(大過卦)는 허파가 되고 미제괘(未濟卦)는 밥통이 되고 소과괘(小過卦)는 간이 되고 비괘(否卦)는 방광이 된다.

體必交而後生, 故陽與剛交而生心肺. 陽與柔交而生肝膽. 柔與陰交而生腎與膀胱. 剛與陰交而生脾胃. 心生目. 膽生耳. 脾生鼻. 腎生口. 肺生骨. 肝生肉. 胃生髓. 膀胱生血. 故乾爲心. 兌爲脾. 離爲膽. 震爲腎. 坤爲血. 艮爲肉. 坎爲髓. 巽爲骨. 泰爲目. 中孚爲鼻. 旣濟爲耳. 頤爲口. 大過爲肺. 未濟爲胃. 小過爲肝. 否爲膀胱.

▣ 하늘땅에 8상(象)이 있고 사람에게 16상이 있는 것은 무엇 때문인가? 하늘과 땅이 합하여 사람이 태어나고 아버지와 어머니가 결합하여 자식이 태어난다. 그러므로 16상이 있는 것이다.

天地有八象, 人有十六象何也, 合天地而生人, 合父母而生子, 故有十六象也.

▣ 염통은 허파에 자리잡고 있고 쓸개는 간에 자리잡고 있는데 무엇 때문인가? 성(性)으로 말하면 반드시 하늘로 돌아가고 체(體)로 말하면 반드시 땅으로 돌아가며, 땅 가운데에 하늘이 있고 석(石)가운데에 불이 있다. 그러므로 염통과 쓸개를 상징한 것이다. 염통과 쓸개는 왜 거꾸로 매달려 있는가? 풀과 나무는 땅의 본체(本體)이다. 사람과 초목은 반대로 생겨났기 때문에 거꾸로 매달려 있는 것이다. 입과 눈은 가로로 되어 있는데 코는 어째서 세로로 되어 있는가? 체(體)는 반드시 한데 어울려 뒤섞인다. 그러므로 짐승은 세로가 알맞지만 반대로 가로로 되어 있으며, 식물은 가로가 알맞지만 반대로 세로로 되어 있는 것은 모두 한데 어울려 교차했기 때문이다.

心居肺膽居肝, 何也言性者必歸之天. 言體者必歸之地. 地中有天, 石中有火, 是以心膽象之也. 心膽之倒懸何也, 草木者地之本體也. 人與草木反生, 是以倒懸也. 口目橫而鼻縱何也, 體必交也. 故動者宜縱而反橫植者宜橫而反縱, 皆交也.

▣ 하늘에 사시(四時)가 있고 땅에 사방(四方)이 있으며 사람에게 사지(四肢)가 있다. 이 때문에 손마디로 하늘을 살필 수 있고 손금으로 땅을 살필 수 있다. 하늘땅의 이치가 손마디와 손금에 빠짐없이 갖추어져 있으니 어찌 귀하지 않으리오!

天有四時. 地有四方. 人有四支. 是以指節可以觀天, 掌文可以察地. 天地之理具乎指掌矣, 可不貴之哉.

▣ 심장은 신(神)을 거느려서 다스리고 콩팥은 기(氣)를 거느려서 다스리며 머리는 형체를 거느려서 다스린다. 형체와 기가 한데 어울려 뒤섞이고 신이 마음을 맡아보는데 이것이 삼재(三才)의 도(道)이다.

神統於心. 氣統於腎. 形統於首. 形氣交而神主乎其中, 三才之道也.

▣ 사람의 팔다리에 각각 맥(脈)이 있다. 1맥에 3부(部)가 있고 1부에 3후(候)가 있는데 천수(天數)에 응한 것이다.

人之四肢各有 也. 一 三部, 一部三候, 以應天數也.

▣ 심장은 신(神)을 갈무리하고 콩팥은 정(精)을 간직하며, 지라는 혼(魂)을 갈무리하고 쓸개는 백(魄)을 갈무리한다. 밥통은 음식물을 받아들여 삭여서 기(氣)는 허파로 보내고 혈(血)은 간으로 보내며, 수분은 오줌통과 창자로 보낸다.

心藏神. 腎藏精. 脾藏魂. 膽藏魄. 胃受物而化之, 傳氣於肺傳血於肝, 而傳水穀於脬腸矣.

▣ 하늘은 둥글고 땅은 네모지며, 하늘은 남쪽이 높고 북쪽이 낮다. 이 때문에 바라보면 비스듬한 덮개와 같다. 땅은 동남쪽이 낮고 서북쪽이 높기 때문에 동남쪽에 강이 많고 서북쪽에 산이 많다. 하늘은 땅을 덮고 땅은 하늘을 싣고 있어 하늘땅이 서로 받아들이고 있다. 그러므로 하늘 위에 땅이 있고 땅 위에 하늘이 있다.

天圓而地方. 天南高而北下, 是以望之如倚蓋焉. 地東南下西北高, 是以東南多水西北多山也. 天覆地, 地載天, 天地相函, 故天上有地, 地上有天.

▣ 하늘은 위에서 혼혼하여 측정할 수 없다. 그러므로 두수(斗數)를 보고 하늘을 살핀다. 북두칠성의 두병(斗柄)이 가리키는 곳이 하늘이 운

행하는 곳이다. 괴(魁)는 자방(子方)을 가리키고 표(杓)는 인방(寅方)을 가리키며, 성(星)은 인(寅)을 낮으로 삼는다. 두(斗)에 일곱 개의 별이 있기 때문에 낮은 10분(分)에 불과하다.

天渾渾於上而不可測也. 故觀斗數以占天也. 斗之所建天之行也. 魁建子, 杓建寅, 星以寅爲晝也. 斗有七星, 是以晝不過乎十分也.

▣ 하늘이 운행하는 까닭에 낮과 밤이 있고 해가 운행하기 때문에 추운 계절과 더운 계절이 있다. 더운 계절은 짧고 추운 계절은 긴데 하늘 땅이 서로 한데 어울려 뒤섞이기 때문이다. 왼쪽으로 돌고 오른쪽으로 운행하는 것은 하늘과 해가 서로 한데 어울려 뒤섞이기 때문이다.

天行所以爲晝夜. 日行所以爲寒暑. 夏淺冬深, 天地之交也. 左旋右行, 天日之交也.

▣ 해는 아침에 동쪽에 있고 저녁에 서쪽에 있는데 하늘의 운행을 따르기 때문이다. 여름에는 북쪽에 있고 겨울에는 남쪽에 있는 것은 하늘의 뒤섞임을 좇기 때문이다. 하늘은 한 바퀴를 운행하여 1성(星)을 넘는데 해의 운행에 응하기 때문이다. 봄에는 유방(酉方)을 향하고 여름에는 오방(午方)을 향하고 가을에는 묘방(卯方)을 향하고 겨울에는 자방(子方)을 향하는데 해의 뒤섞임에 응하기 때문이다.

日朝在東, 夕在西, 隨天之行也. 夏在北, 冬在南, 隨天之交也. 天一周而超一星, 應日之行也. 春酉正, 夏午正, 秋卯正, 冬子正, 應日之交也.

▣ 해는 천천히 나아가고 달은 빨리 물러간다. 해와 달이 한 번 만나서 한나절이 보태지고 한나절이 덜어진다. 그러므로 이것이 윤달의 나

머지이다. 해가 한 번 대운(大運)하여 6일이 올라가고 달이 한 번 대운하여 6일이 버려진다. 그러므로 이것이 윤달의 차이이다.

日以遲爲進. 月以疾爲退. 日月一會而加半日減半日. 是以爲閏餘也. 日一大運而進六日, 月一大運而退六日, 是以爲閏差也.

▣ 해가 양도(陽度)로 운행하면 남고 음도(陰度)로 운행하면 모자라는데 손님과 주인의 도이다. 달이 해에서 떨어지면 밝음이 생기기는 하나 더디고 해 가까이 가면 백(魄)이 생기는 데 빠르다. 이것은 임금과 신하의 의(義)이다. 양이 줄어들면 음이 생겨나기 때문에 해가 지면 달이 서쪽에서 떠오른다. 음이 성하면 양이 대들기 때문에 해가 바라보이면 달은 동쪽에서 떠오른다. 하늘은 아버지가 되고 해는 아들이 되기 때문에 하늘은 왼쪽으로 운행하고 해는 오른쪽으로 돈다. 해는 남편이고 달은 아내이기 때문에 해는 동쪽에서 솟아오르고 달은 서쪽에서 떠오른다.

日行陽度則贏, 行陰度則縮, 賓主之道也. 月去日則明生而遲, 近日則魄生而疾, 君臣之義也. 陽消則生陰, 故日下而月西出也. 陰盛則敵陽, 故日望而月東出也. 天爲父, 日爲子, 故天左旋日右行. 日爲夫, 月爲婦, 故日東出月西生也.

▣ 해와 달이 서로 일식 · 월식이 되는 것은 수(數)가 교류하기 때문이다. 해가 달을 바라보면 월식(月食)이고 달이 해를 가리면 일식(日食)인데 마치 물과 불이 서로 억제하고 제약하는 것과 같다. 이 때문에 군자는 슬기를 쓰고 소인은 힘을 쓴다.

日月相食, 數之交也. 日望月則月食, 月掩日則日食, 猶水火之相剋也. 是以君子用智, 小人用力.

▣ 해는 하늘을 따라 돌고 달은 해를 따라 돌며 별은 달을 따라 나타난다. 그러므로 별은 달을 본받고 달은 해를 본받으며 해는 하늘을 본받는다. 하늘은 반은 밝고 반은 어두우며, 해는 반은 남고 반은 모자라며, 달은 반은 차고 반은 이지러지며, 별은 반은 움직이고 반은 가만히 있는데 음양의 뜻이다.

日隨天而轉. 月隨日而行. 星隨月而見. 故星法月. 月法日. 日法天. 天半明半晦, 日半贏半縮, 月半盈半虧, 星半動半靜陰陽之義也.

▣ 하늘은 밤낮으로 늘 보이고 해는 낮에만 보이며, 달은 밤에 보이지만 반은 볼 수 없고 별은 반만 밤에 볼 수 있는데 이것은 귀천의 등급이다.

天晝夜常見. 日見於晝. 月見於夜而半不見. 星半見於夜. 貴賤之等也.

▣ 달은 낮에도 볼 수 있으므로 양 가운데 음이다. 별은 밤에도 볼 수 있으므로 음 가운데 양이다. 하늘은 홀수이고 땅은 짝수이다. 그러므로 천문(天文)을 살피는 사람은 별을 볼 뿐이고 지리(地理)를 살피는 사람은 산과 강을 볼 뿐이다. 별을 살펴보면 천체(天體)를 알 수 있고 산과 강을 살펴보면 지체(地體)를 알 수 있다. 천체는 만물을 받아들이고 지체는 만물을 지고 있으므로 체(體)는 도(道)로 돌아간다.

月晝可見也, 故爲陽中之陰. 星夜可見也, 故爲陰中之陽. 天奇而地耦, 是以占天文者觀星而已. 察地理者觀山水而已. 觀星而天體見矣. 觀山水而地體見矣. 天體容物, 地體負物. 是故體歸於道也.

▣ 남쪽의 맨 끝은 몹시 덥고 북쪽의 맨 끝은 몹시 춥다. 그러므로 남쪽은 녹아 있고 북쪽은 얼어 있기 때문에 만물이 살 수 없는 땅이다. 여

름에는 해가 북두칠성을 따라 북쪽에 치우쳐 있고 겨울에는 해가 북두칠성을 따라 남쪽에 치우쳐 있다. 그러므로 하늘땅이 한데 어울려 뒤섞여야 추운 계절과 더운 계절이 서로 대꾸하며, 추운 계절과 더운 계절이 서로 화합한 후에 만물이 비로소 생겨난다.

極南大暑. 極北大寒. 故南融而北結, 萬物之死地也. 夏則日隨斗而北. 冬則日隨斗而南. 故天地交而寒暑和寒暑和而物乃生也.

▣ 하늘은 강(剛)을 덕으로 삼기 때문에 유(柔)는 보이지 않는다. 땅은 유를 체(體)로 삼기 때문에 강은 생겨나지 못한다. 이 때문에 진괘(震卦)와 손괘(巽卦)는 하늘에서 양이고 땅에서 음이다. 양이 있어서 음이 본받으므로 지음(至陰)은 신(辰)이고 지양(至陽)은 일(日)인데 모두 하늘에 있어서이다. 그러나 땅은 물과 불뿐이다. 그러므로 땅에는 모두 질(質)을 가지고 있는 사물뿐이다. 음이 양을 굴복시켜야 형질(形質)이 생겨나고 양이 음을 굴복시켜야 성정(性情)이 생겨난다. 이 때문에 양은 음을 낳고 음은 양을 낳으며, 양은 음을 억제하고 제약하며 음은 양을 억제하고 제약한다. 양이 굴복시키지 못하는 것을 땅에서 볼 수 없고 음이 지지르지 못하는 것을 하늘에서 볼 수 없다. 양을 굴복시키는 것이 적은 것은 그 체(體)가 반드시 유(柔)하다. 그러므로 양을 두려워하지만 양을 쓴다. 양을 굴복시키는 것이 많은 것은 그 체가 반드시 강(剛)하다. 그러므로 양을 물리치고 음을 쓴다. 그러므로 물과 불은 움직이어 양을 따르고 흙과 돌은 가만히 있어 음을 따른다.

天以剛爲德, 故柔者不見. 地以柔爲體, 故剛者不生. 是以震巽, 天之陽也. 地陰也, 有陽而陰效之. 故至陰者辰也, 至陽者日也, 皆在乎天, 而地則水火而已. 是以地上皆有質之物. 陰伏陽而形質生. 陽伏陰而性情生. 是以陽生陰. 陰生陽. 陽剋陰. 陰剋陽. 陽之不可伏者不見於地.

陰之不可剋者不見於天. 伏陽之少者其體必柔是以畏陽而爲陽所用. 伏陽之多者其體必剛, 是以禦陽而爲陰所用. 故水火動而隨陽土石靜而隨陰也.

▣ 양이 음을 낳으므로 물이 먼저 이루어지고 음이 양을 낳으므로 불이 나중에 이루어진다. 음양은 상생(相生)하고 체(體)와 성(性)은 상수(相須)한다. 그러므로 양이 없어지면 음도 없어지고 음이 다하면 양도 다하게 된다.

陽生陰, 故水先成. 陰生陽, 故火後成陰陽相生也, 體性相須也, 是以陽去則陰竭陰盡則陽滅.

▣ 금(金)과 화(火)가 서로 지키면 흐르고 화(火)와 목(木)이 서로 얻으면 타는데 그 종류를 좇기 때문이다.

金火相守則流, 火木相得則然, 從其類也.

▣ 물이 추위를 만나면 얼고 불을 만나면 없어지게 되는데 그 이기는 바를 따르기 때문이다.

水遇寒則結遇火則竭, 從其所勝也.

▣ 양이 음을 만나면 비가 되고 음이 양을 만나면 바람이 되며, 강(剛)이 유(柔)를 만나면 구름이 되고 유가 강을 만나면 천둥이 된다. 음이 없으면 비가 되지 못하고 양이 없으면 천둥이 되지 못한다. 비는 유이며 음에 속한다. 음은 홀로 설 수 없기 때문에 양을 기다린 뒤에야 일어서게 된다. 천둥은 강이고 체(體)에 속한다. 체는 홀로 쓰이지 못하기 때문에 반드시 양을 기다린 뒤에야 드러나게 된다.

陽得陰而爲雨. 陰得陽而爲風. 剛得柔而爲雲柔得剛而爲雷. 無陰則不能爲雨. 無陽則不能爲雷. 雨柔也, 而屬陰. 陰不能獨立, 故待陽而後興. 雷剛也, 屬體體不能自用, 必待陽而後發也.

▣ 뜻이 있으면 반드시 말이 있고 말이 있으면 반드시 형상이 있으며 형상이 있으면 반드시 수(數)가 있다. 수가 만들어 정해지면 형상이 생겨나고 형상이 생겨나면 말이 뚜렷하여지고 말이 뚜렷해지면 뜻이 드러나게 된다. 형상과 수는 통발과 올무이고 말과 뜻은 물고기와 토끼이다. 물고기와 토끼를 잡으려면 반드시 통발과 올무를 가지고 해야 한다. 통발과 올무를 버리고 물고기와 토끼를 잡은 것을 아직 보지 못하였다. 하늘이 변하면 사람이 본받는다. 그러므로 원(元) · 형(亨) · 리(利) · 정(貞)은 역(易)의 변(變)이다. 사람이 행하면 하늘이 응한다. 그러므로 길(吉) · 흉(凶) · 회(悔) · 린(吝)은 역의 응(應)이다. 원(元)과 형(亨)을 변으로 삼고 이(利)와 정(貞)을 응으로 삼으며, 길(吉)과 흉(凶)을 응으로 삼고 회(悔)와 인(吝)을 변으로 삼는다. 원(元)하면 길(吉)하고 길하면 이(利)가 응한다. 형(亨)하면 흉(凶)하고 흉하면 정(貞)으로 응한다. 회(悔)하면 길하고 인(吝)하면 흉하다. 이 때문에 변 가운데에 응이 있고 응 가운데에 변이 있다. 변 가운데의 응은 천도(天道)이다. 그러므로 원이 변하게 되면 형이 응하고 이가 변하게 되면 정으로 응하게 된다. 응 가운데의 변은 인사(人事)이다. 그러므로 변하면 흉이고 응하면 길이며, 변하면 인이고 응하면 회이다. 회는 길의 먼저이고 인은 흉의 뿌리이다. 이 때문에 군자는 하늘을 따르지 사람을 좇지 않는다. 원(元)은 봄이고 인(仁)이다. 봄은 철의 첫머리이고 인은 덕의 으뜸이다. 때는 아직 왕성하지 않으나 덕은 넉넉하여 사람을 기른다. 그러므로 덕을 말하면서 때를 말하지 않는다. 형(亨)은 여름이고 예(禮)이다. 여름은 철의 한창이고

예는 덕의 아름다움이다. 한창은 반드시 쇠약해지는데 아름다움은 구원하지 못한다. 그러므로 때를 말하면서 덕을 말하지 않는다. 이 때문에 큰 것을 건원(乾元)이라 하고 상구(上九)에 회(悔)가 있다. 이(利)는 가을이고 의(義)이다. 가을은 철의 이루어짐이고 의는 덕의 한창이다. 만물이 바야흐로 이루어지면 이를 거두어야 하는데 의는 이와 통하지 않는다. 그러므로 때를 말하면서 덕을 말하지 않는다. 정(貞)은 겨울이고 지(智)이다. 겨울은 철의 끝머리이고 지(智)는 덕의 쇠함이다. 올바르면 길하고 올바르지 아니하면 흉하다. 그러므로 덕을 말하면서 때를 말하지 않는다. 이 때문에 이(利)와 정(貞)을 성정(性情)이라고 한다.

有意必有言. 有言必有象. 有象必有數. 數立則象生. 象生則言著. 言著則意顯. 象數, 則筌蹄也. 言意, 則魚兎也. 得魚 而謂必由筌蹄可也. 舍筌蹄而求魚免, 則未見其得也. 天變而人效之, 故元亨利貞, 易之變也. 人行而天應之, 故吉凶悔吝, 易之應也. 以元亨爲變則利貞爲應以吉凶爲應則悔吝爲變. 元則吉, 吉則利應之. 亨則凶, 凶則應之以貞. 悔則吉吝則凶. 是以變中有應, 應中有變也變中之應, 天道也. 故元爲變則亨應之. 利爲變則應之以貞應中之變, 人事也. 故變則凶應則吉, 變則吝. 應則悔也. 悔者吉之先, 而吝者凶之本, 是以君子從天不從人. 元者, 春也, 仁也. 春者時之始. 仁者德之長. 時則未盛而德足以長人, 故言德而不言時. 亨者, 夏也, 禮也. 夏者時之盛. 禮者德之文盛則必衰而文不足救之, 故言時而不言德. 故曰大哉乾元, 而上九有悔也. 利者, 秋也, 義也秋者時之成. 義者德之方. 萬物方成而獲利, 義者不通於利, 故言時而不言德也. 貞者, 冬也, 智也. 冬者時之末. 智者德之衰. 正則吉, 不正則凶, 故言德而不言時也. 故曰利貞者性情也.

▣ 크도다, 문왕(文王)이 역(易)을 지음이여! 그 천지의 용(用)을 얻었음이라! 그러므로 건괘(乾卦)와 곤괘(坤卦)가 한데 어울려 뒤섞이어 태괘

(泰卦)가 되고 감괘(坎卦)와 이괘(離卦)가 한데 어울려 뒤섞이어 기제괘(旣濟卦)가 되었다. 건괘는 자방(子方)에서 생겨나고 곤괘는 오방(午方)에서 생겨나며, 감괘는 인방(寅方)에서 마치고 이괘는 신방(申方)에서 끝나는데 하늘의 때에 응한 것이다. 건괘가 서북쪽에 놓여 있고 곤괘가 서남쪽에 물러나 있어 장남이 명령을 받들어 사업을 행하고 장녀가 어머니를 대신하며, 감괘와 이괘가 제자리를 찾고 태괘(兌卦)와 간괘(艮卦)가 짝을 이루는데 땅의 방(方)에 응한 것이다. 임금의 법이 여기에서 다하는 것이다.

至哉文王之作易也其得天地之用乎. 故乾坤交而爲泰, 坎離交而爲旣濟也. 乾生於子, 坤生於午, 坎終於寅, 離終於申, 以應天之時也. 置乾於西北, 退坤於西南, 長子用事而長女代母坎離得位, 兌艮爲耦, 以應地之方也. 王者之法其盡於是矣.

▣ 건괘와 곤괘는 하늘땅의 근본이고 이괘와 감괘는 하늘땅의 쓰임이다. 이 때문에 역은 건괘와 곤괘에서 시작하고 이괘와 감괘에서 가득하게 차며 기제괘(旣濟卦)와 미제괘(未濟卦)에서 끝맺게 된다. 그리고 태괘(泰卦)와 비괘(否卦)는 상경(上經)의 한복판이고 함괘(咸卦)와 항괘(恒卦)는 하경(下經)의 맨 처음인데 모두 그 쓰임을 말한 것이다.

乾坤, 天地之本. 離坎, 天地之用. 是以易始於乾坤, 中於離坎, 終於旣未濟, 而泰否爲上經之中, 咸恒爲下經之首. 皆言乎其用也.

▣ 곤괘는 서남쪽에서 세 딸을 거느리고 건괘는 동북쪽에서 세 아들을 거느린다. 상경은 3에서 시작하고 하경은 4에서 마치는데 모두 교태(交泰)의 뜻이다. 그러므로 역(易)은 용(用)인데 건(乾)은 9를 쓰고 곤(坤)

을 6을 쓰며 대연(大衍)은 49를 쓴다. 그러나 잠룡(潛龍)은 쓰지 않는다. 크도다, 용이여! 나는 여기에서 성인의 마음을 보았도다.

坤統三女於西南. 乾統三男於東北. 上經起於三, 下經終於四, 皆交泰之義也. 故易者用也. 乾用九, 坤用六, 大衍用四十九, 而潛龍勿用也. 大哉用乎, 吾於此見聖人之心矣.

▣ 도(道)는 하늘을 낳고 하늘은 땅을 낳는다. 공을 이루면 자신은 물러나므로 아들이 아버지를 이어받는다. 이 때문에 건괘는 한 자리 물러나 있는 것이다.

道生天. 天生地. 及其功成而身退故子繼父禪是以乾退一位也.

▣ 건괘와 곤괘가 한데 어울려 뒤섞이면 태괘(泰卦)가 되고 변하면 잡괘(雜卦)가 된다.

乾坤交而爲泰變而爲雜卦也.

▣ 건(乾) · 곤(坤) · 감(坎) · 리(離)는 상편(上篇)의 쓰임새이고 태(兌) · 간(艮) · 손(巽) · 진(震)은 하편(下篇)의 쓰임새이다. 이괘(頤卦) · 중부괘(中孚卦) · 대과괘(大過卦) · 소과괘(小過卦)는 이편(二篇)의 정(正)이다.

乾坤坎離爲上篇之用, 兌艮巽震爲下篇之用也. 頤中孚大過小過爲二篇之正也.

▣ 역(易)은 일음(一陰)과 일양(一陽)을 말하는 것이다. 진괘(震卦)와 태괘(兌卦)가 처음으로 교류한다. 그러므로 아침과 저녁의 위치에 해당

되고 이괘(離卦)와 감괘(坎卦)는 교류함의 막바지이다. 그러므로 자(子)와 오(午)의 위치에 해당한다. 손괘(巽卦)와 간괘(艮卦)는 비록 교류하지 아니하나 음양이 뒤섞여 있는 것과 같기 때문에 쓰임새 가운데의 편위(偏位)에 해당한다. 건괘와 곤괘는 순양(純陽)과 순음(純陰)이기 때문에 불용(不用)의 위에 해당한다.

易者, 一陰一陽之謂也. 震兌, 始交者也, 故當朝夕之位. 離坎交之極者也, 故當子午之位. 巽艮雖不交, 而陰陽猶雜也. 故當用中之偏位. 乾坤, 純陰陽也, 故當不用之位.

▣ 건괘와 곤괘는 세로로는 여섯 아들이 되고 가로로는 역(易)의 근본이 된다. 진괘(震卦)와 태괘(兌卦)는 가로로는 여섯 괘(卦)가 되고 세로로는 역의 쓰임새가 된다.

乾坤縱而六子橫易之本也. 震兌橫而六卦縱易之用也.

▣ 상(象)은 형(形)에서 생기고 수(數)는 질(質)에서 생기며, 명(名)은 언(言)에서 생기고 의(意)는 용(用)에서 생겨난다. 천하의 수는 이(理)에서 나오는데 이를 따르지 아니하면 술(術)로 들어가게 된다. 세상 사람들이 수(數)로써 술(術)에 들어가기 때문에 이(理)를 잃는 것이다.

象起於形. 數起於質. 名起於言. 意起於用. 天下之數出於理. 違乎理則入於術. 世人以數而入術, 故失於理也.

▣ 천하의 일은 모두 도(道)로 오는데 이리하면 근심이 이르지 아니한다.

天下之事皆以道致之, 則休戚不能至矣.

▣ 하늘에서 양은 남쪽에 있고 음은 북쪽에 있다. 땅에서 음은 남쪽에 있고 양은 북쪽에 있다. 사람에게서 양은 위에 있고 음은 아래에 있는데 한데 어울려 뒤섞이면 양은 아래로 내려가고 음은 위로 올라가게 된다.

天之陽在南而陰在北. 地之陰在南而陽在北. 人之陽在上而陰在下, 旣交則陽下而陰上.

▣ 하늘은 이(理)로 다하지만 형(形)으로 다하지 못한다. 혼천(渾天)의 술(術)은 형으로 하늘을 다하는데 어찌 가하리오!

天以理盡而不可以形盡. 渾天之術, 以形盡天, 可乎.

▣ 신(辰)의 수는 12이며, 해와 달이 교회(交會)하는 것을 신이라고 한다. 신은 하늘의 체(體)이다. 하늘의 체는 형체가 없는 기(氣)이다.

辰數十二, 日月交會謂之辰. 辰天之體也. 天之體, 無物之氣也.

▣ 정의(精義)하여 입신(入神)하여야 실제에 응용할 수 있다. 정의하지 못하면 입신하지 못하고 입신하지 못하면 실제에 응용할 수 없다.

精義入神以致用也. 不精義則不能入神, 不能入神, 則不能致用也.

▣ 다스림의 도는 반드시 그 변화에 통달하여야 하는데 고지식하여 변통이 없으면 할 수 없다. 비유하자면 봄철에 겨울의 명령을 내릴 수 없는 것과 같다.

爲治之道必通其變, 不可以膠柱, 猶春之時不可行冬之令也.

▣ 양의 수는 1이고 펼치면 10이 되는데 십간(十干)의 종류가 이것이다. 음수는 2이고 펼치면 12가 되는데 십이지(十二支)와 12월(月)의 종류가 이것이다.

陽數一, 衍之爲十, 十干之類是也. 陰數二, 衍之爲十二, 十二支十二月之類是也.

▣ 원(元) · 형(亨) · 리(利) · 정(貞)의 덕은 각각 길(吉) · 흉(凶) · 회(悔) · 린(吝)의 일을 포함한다. 비록 덕을 행하더라고 때를 어기면 마찬가지로 흉이 된다.

元亨利貞之德, 各包吉凶悔吝之事. 雖行乎德, 若違于時, 亦或凶矣.

▣ 초효(初爻)와 상효(上爻)는 같다. 그러나 상효는 초효에 미치지 못한다. 이효(二爻)와 오효(五爻)는 같다. 그러나 이효의 음중(陰中)은 오효의 양중(陽中)에 미치지 못한다. 삼효(三爻)와 사효(四爻)는 같다. 그러나 세 개의 효(爻)가 하괘(下卦)의 위에 있으므로 네 개의 효가 임금 가까이에 있는 것만 못하다.

初與上同然上亢不及初之進也. 二與五同, 然二之陰中不及五之陽中也. 三與四同然三處下卦之上, 不若四之近君也.

▣ 하늘에서 양은 남쪽에 있으므로 해가 그 곳에 있고 땅에서 강(剛)은 북쪽에 있으므로 산이 그 곳에 있다. 그러므로 땅은 서북쪽이 높고 하늘은 동남쪽이 높다.

天之陽在南故日處之. 地之剛在北, 故山處之. 所以地高西北, 天高東南也.

▣ 하늘의 신(神)은 해에 깃들어 있고 사람의 신은 눈에서 나타난다. 사람의 신은 깨어 있을 때는 심장에 깃들고 잘 때에는 신장에 깃드는데 하늘을 본받기 때문이다. 이것은 주야(晝夜)의 도이다.

天之神棲乎日. 人之神發乎目. 人之神, 寤則棲心寐則棲腎所以象天也. 晝夜之道也.

▣ 구름이 움직이면 비가 내리고 번개가 치며 천둥이 울리는데 이 또한 저마다 그 종류를 따르기 때문이다.

雲行雨施, 電發雷震, 亦各從其類也.

▣ 취(吹) · 분(噴) · 허(噓) · 가(呵)와 바람 · 비 · 구름 · 안개 · 천둥은 엇비슷한 것을 말함이다.

吹噴噓呵, 風雨雲霧雷, 言相類也.

▣ 만물은 각각 태극(太極) · 양의(兩儀) · 사상(四象) · 팔괘(八卦)의 차례를 가지고 있으며, 또한 예와 지금의 상(象)도 가지고 있다.

萬物各有太極兩儀四象八卦之次亦有古今之象.

▣ 구름에 수(水) · 화(火) · 토(土) · 석(石)의 다름이 있으며, 그 밖의 종류도 이와 같다.

雲有水火土石之異, 他類亦然.

▣ 동지(冬至)와 하지(夏至)는 서로 떨어져 있는데 동서의 도(度)는 얼추 180이고 남북의 도는 대략 60이다.

二至相去, 東西之度凡一百八十. 南北之度凡六十.

▣ 동지의 달이 운행하는 것은 하지의 해와 같고, 하지의 달이 운행하는 것은 동지의 해와 같다.

冬至之月所行如夏至之日. 夏至之月所行如冬至之日.

▣ 4정(正)은 건(乾) · 곤(坤) · 감(坎) · 리(離)이다. 그 상(象)을 살펴보면 반복(反覆)의 변화가 없는데 정(正)하기 때문이다.

四正者, 乾坤坎離也. 觀其象無反覆之變, 所以爲正也.

▣ 양(陽)이 음(陰) 가운데에 있으면 양이 역행(逆行)하고 음이 양 가운데에 있으면 음이 역행한다. 양이 양 가운데에 있고 음이 음 가운데에 있으면 순행(順行)한다. 이것은 참되고 빈틈없는 이치로 하도를 살펴보면 알 수 있다.

陽在陰中陽逆行. 陰在陽中陰逆行. 陽在陽中陰在陰中則皆順行. 此眞至之理按圖可見之矣.

▣ 저절로 그러하나 부득이 바뀌는 것은 내상(內象)과 내수(內數)이다. 다른 것은 모두 외상(外象)과 외수(外數)이다.

自然而然不得而更者, 內象內數也. 他皆外象外數也.

▣ 풀종류의 작은 것은 곤괘(坤卦)에 들어간다.

草類之細入于坤

▣ 오행(五行)의 목(木)은 만물의 유(類)이다. 오행의 금은(金)은 돌에서 나온다. 그러므로 수(水) · 화(火) · 토(土) · 석(石)은 금 · 목에 미치지 못한다. 금과 목은 그 사이에서 생겨난다.

五行之木, 萬物之類也. 五行之金, 出乎石也故火水土石不及金木金木生其間也.

▣ 천기(天氣)를 얻은 것은 움직이고 지기(地氣)를 얻은 것은 가만히 있는다.

得天氣者動得地氣者靜.

▣ 양의 유(類)는 원(圓)이나 형체를 이루면 방(方)이 되며, 음의 유는 방이나 형체를 이루면 원이 된다.

陽之類圓成形則方. 陰之類方成形則圓.

▣ 천도(天道)의 변(變)은 왕도(王道)의 권(權)과 같다.

天道之變, 王道之權也.

▣ 무릇 괘(卦)는 각각 성(性)과 체(體)를 가지고 있다. 그러나 모두 건괘(乾卦)와 곤괘(坤卦)의 문(門)을 떠나지 못한다. 예컨대 만물은 하늘로부터 성(性)을 받아 각각 그 성으로 되는데, 사람에게 있으면 사람의 성이 되고 길짐승과 날짐승에게 있으면 길짐승과 날짐승의 성이 되고 풀과 나무에 있으면 풀과 나무의 성이 된다.

夫卦各有性有體然皆不離乾坤之門, 如萬物受性于天, 而各爲其性也. 在人則爲人之性. 在禽獸則爲禽獸之性. 在草木則爲草木之性.

▣ 하늘은 기(氣)를 으뜸으로 하고 체(體)를 버금으로 한다. 땅은 체를 으뜸으로 하고 기를 버금으로 한다. 하늘에 있는 것과 땅에 있는 것도 이와 같다.

天以氣爲主體爲次. 地以體爲主氣爲次. 在天在地者亦如之.

▣ 기(氣)는 성(性)을 기르고 성은 기에 기댄다. 그러므로 기가 있으면 성도 있고 성이 움직이면 기도 움직인다.

氣則養性. 性則乘氣. 故氣存則性存. 性動則氣動也.

▣ 요임금 이전은 선천(先天)이고 요임금 이후는 후천(後天)이다. 후천은 법을 본받는다.

堯之前先天也. 堯之後, 後天也. 後天乃效法耳.

▣ 하늘의 상수(象數)는 깨달아 헤아릴 수 있다. 만일 그 신(神)의 조화는 깨달아 헤아릴 수 없다.

天之象數, 則可得而推, 如其神用則不可得而測也.

▣ 나무의 줄기와 가지는 토(土)와 석(石)이 된 것이므로 바뀌지 않으며, 잎과 꽃은 수(水)와 화(火)가 된 것이므로 변하여 바뀐다.

木之支榦, 土石之所成, 所以不易. 葉花, 水火之所成, 故變而易也.

▣ 자연히 그러한 것은 하늘인데 오직 성인(聖人)만이 탐구할 수 있다. 법을 본받는 것은 사람이다. 움직였다 멈추었다 하는 것은 비록 사

람이지만 이 또한 하늘이 하는 것이다.

自然而然者, 天也. 唯聖人能索之. 效法者, 人也. 若時行時止, 雖人也, 亦天.

▣ 생(生)은 성(性)이고 하늘이며, 성(成)은 형(形)이고 땅이다.

生者性, 天也. 成者形, 地也.

▣ 해가 땅 속으로 들어가는 것은 남녀교구하는 형상이다.

日入地中, 構精之象也.

▣ 체(體)는 4이고 변(變)은 6인데 신(神)과 기(氣)를 아울러 가지고 있기 때문이다. 기가 변하면 반드시 6이 되기 때문에 360이다.

體四而變六, 兼神與氣也. 氣變必六, 故三百六十也.

▣ 모든 일은 최고조에 이르지 아니하고 거의 10의 7에서 그친다. 대개 하짓날은 60에서 그친다. 게다가 아침과 저녁으로 나누어 빛깔을 구별할 수 있는 것은 거의 10의 7이다.

凡事爲之極幾十之七, 則可止矣. 蓋夏至之日止于六十兼之以晨昏分可辨色矣, 庶幾乎十之七也.

▣ 동쪽은 붉은빛, 남쪽은 흰빛, 서쪽은 누른빛, 북쪽은 검은빛인데 이것이 정색(正色)이다. 아침 · 한낮 · 해질녘 · 밤중을 살펴보면 알 수 있다.

東赤南白西黃北黑, 此正色也. 驗之于曉午暮夜之時, 可見之矣.

▣ 하도(河圖)에는 비록 글이 없지만 나는 종일토록 의논을 하여도 이에 떠나지를 못한다. 대개 천지만물의 이치는 그 속에서 다하기 때문이다.

圖雖無文, 吾終日言而未嘗. 離乎是, 蓋天地萬物之理盡在其中矣.

▣ 동지(冬至)의 자중(子中)은 음의 끝머리이고 춘분(春分)의 묘중(卯中)은 양의 한가운데이며, 하지(夏至)의 오중(午中)은 양의 끝머리이고 추분(秋分)의 유중(酉中)은 음의 한가운데이다. 무릇 360을 2로 나누면 180이 되는데 이것은 동지와 하지, 춘분과 추분이 서로 떨어진 수이다.

冬至之子中, 陰之極. 春分之卯中, 陽之中. 夏至之午中, 陽之極. 秋分之酉中, 陰之中, 凡三百六十, 中分之則一百八十, 此二至二分相去之數也.

▣ 양 가운데에 음이 있고 음 가운데에 양이 있는 것은 하늘의 도이다. 양 가운데 양은 해이며 서(暑)의 도이다. 양 가운데 음은 달인데 이것은 양의 종류이므로 낮에도 볼 수 있다. 음 가운데 양은 별인데 이 때문에 밤에 볼 수 있다. 음 가운데 음은 신(辰)인데 하늘의 땅이다.

陽中有陰, 陰中有陽, 天之道也. 陽中之陽, 日也. 暑之道也. 陽中之陰, 月也. 以其陽之類, 故能見于晝. 陰中之陽, 星也. 所以見于夜. 陰中之陰, 辰也. 天壤也.

▣ 기(氣)는 하나이며, 맡아보는 것은 건(乾)이다. 신(神)도 하나이며 기를 이용하여 변하기 때문에 유무(有無)와 사생(死生)의 사이를 마음대

로 드나들며, 방(方)이 없기에 헤아릴 수가 없다.

氣一而已, 主之者乾也. 神亦一而已, 乘氣而變化, 能出入于有無死生之間, 無方而不測者也.

▣ 간(干)은 줄기의 뜻이며 양이다. 지(支)는 가지의 뜻이며 음이다. 간은 10이고 지는 12인데 이것은 양수(陽數) 가운데에 음이 있고 음수(陰數) 가운데에 양이 있는 것이다.

干者幹之義陽也. 支者, 枝之義, 陰也. 干十而支十二, 是陽數中有陰, 陰數中有陽也.

▣ 건(乾)을 알지 못하면 성명(性命)의 이치를 알지 못한다.

不知乾, 無以知性命之理.

▣ 시(時)가 그러한 뒤에 말이 있고, 응(應)과 변(變)이 곧 말이기에 말은 나에게 있지 아니하다.

時然後言, 乃應變而言, 言不在我也.

▣ 인(仁)은 하늘땅과 짝이 되기에 인(人)이라고 일컫는다. 오직 인(仁)만을 참으로 인(人)이라고 할 수 있다.

仁配天地謂之人, 唯仁者眞可謂之人矣.

▣ 생(生)하고 성(成)하며, 성(成)하고 생(生)하는 것은 易의 도이다.

生而成, 成而生, 易之道也.

▣ 기(氣)는 신(神)의 집이고 체(體)는 기의 집이다.

氣者, 神之宅也. 體者, 氣之宅也.

▣ 물고기는 물 속에 사는 족속이고 곤충은 바람의 족속이다.

魚者, 水之族也. 蟲者, 風之族也.

▣ 하늘은 6이고 땅은 4이다. 하늘은 기(氣)를 질(質)로 삼고 신(神)을 신으로 삼는다. 땅은 질(質)을 질로 삼고 기를 신으로 삼는다. 오직 사람만이 만물을 아울러 가지므로 만물의 영(靈)이 된다. 짐승의 소리를 예로 들면 그 종류에 따라 각각 한 가지씩만을 갖고 있지만 사람은 능하지 않은 것이 없다. 이로써 다른 일을 헤아리면 마찬가지로 그러하지 않음이 없다. 오직 사람만이 하늘 · 땅 · 해 · 달과 어울리는 능력을 가지고 있으며, 다른 종류는 할 수 없다. 사람이 태어난 것을 참으로 귀하다고 할 수 있다. 하늘땅과 더불어 귀하지 스스로 귀한 것이 아니다. 하늘땅의 이치를 어기면 상서롭지 못함이 매우 크다. 눈과 입(혀)은 볼록하고 귀와 코는 구멍이다. 구멍은 냄새와 기를 받아들이는데 물체가 막지 못한다. 볼록한 것은 빛깔을 보고 맛을 가리는데 물체가 막을 수 있다. 이 넷은 비록 하나에서 형상이 생겨났으나 각각 그 넷을 갖추고 있다. 등불의 밝음과 어둠의 상태가 해와 달의 상(象)이다.

天六地四, 天以氣爲質而以神爲神. 地以質爲質, 而以氣爲神. 唯人兼乎萬物而爲萬物之靈. 如禽獸之聲, 以其類而各能得其一. 無所不能者人也. 推之他事, 亦莫不然. 唯人得天地日月交之用, 他類則不能也. 人之生, 眞可謂之貴矣. 天地與其貴而不自貴, 是悖天地之理, 不祥莫大焉. 目口凸而耳鼻竅. 竅者受臭嗅氣, 物或不能閉之. 凸者視色別味,物則能閉之也. 四者雖象于一, 而各備其四矣. 燈之明暗之境, 日月之象也.

▣ 달은 해의 그림자이고 정(情)은 성(性)의 그림자이다. 심장은 성이고 쓸개는 정이며, 성은 신(神)이고 정은 귀(鬼)이다.

月者日之影也情者性之影也. 心性而膽情 性神而情鬼.

▣ 물은 불의 땅이고 불은 물의 기(氣)이다. 검은빛은 흰빛의 땅이고 추위는 더위의 땅이다.

水者火之地. 火者水之氣黑者白之地. 寒者暑之地.

▣ 심장을 태극(太極)이라 하고, 또 도를 태극이라고 한다.

心爲太極又日道爲太極.

▣ 형체는 나눌 수 있고 신(神)은 나눌 수 없다.

形可分, 神不可分.

▣ 풀에 엎드리는 짐승의 털은 마치 풀의 줄기와 같고 숲에 깃들이는 새의 날개는 나무숲의 잎과 같은데 종류가 그렇게 시키는 것이다.

草伏之獸毛如草之莖. 林棲之鳥羽如林之葉類使之然也.

▣ 음사(陰事)가 절반을 훨씬 넘는데 대개 양은 1이고 음은 2이기 때문이다.

陰事太半蓋陽一而陰二也.

▣ 동지(冬至) 이후는 호(呼)가 되고 하지(夏至) 이후는 흡(吸)이 된다. 이것은 하늘땅의 1년의 호흡이다.

冬至之後爲呼夏至之後爲吸此天地一歲之呼吸也.

▣ 나무가 열매를 맺어 씨를 뿌리게 되면 또 자라서 나무가 되어 열매를 맺게 되는데 실제로 이 나무는 예전의 나무가 아니며, 이 나무의 신(神)은 둘이 아니다. 이것이 정말로 생생(生生)의 이치이다.

木結實而種之, 又成是木而結是實木非舊木也, 此木之神不二也. 此實生生之理也.

# 황극경세서(皇極經世書)·六

## 관물외편 · 하(觀物外篇 : 下)

▣ 사물로 사물을 기쁘게 하고 사물로 사물을 슬프게 하는 것은 발(發)하여 절도에 들어맞는 것이다.

以物喜物以物悲物此發而中節者也.

▣ 돌의 꽃은 염소(鹽消)의 종류이고 물 속의 나무는 산호(珊瑚)의 종류이다.

石之花鹽消之類是也. 水之木珊瑚之類是也.

▣ 물 속의 생물은 뭍의 생물과 다르지 아니하며, 각각 한열(寒熱)의 성질을 가지고 있다. 크게 비교하면 뭍은 양 가운데 음이고 물은 음 가운데 양이다.

水之物無異乎陸之物各有寒熱之性. 大較則陸爲陽中之陰, 而水爲陰中之陽.

▣ 일(日) · 월(月) · 성(星) · 신(辰)은 같이 하늘을 맡고 수(水) · 화(火) · 토(土) · 석(石)은 함께 땅을 맡으며, 이(耳) · 목(目) · 비(鼻) · 구(口)는 함께 머리를 맡고 수(髓) · 혈(血) · 골(骨) · 육(肉)은 같이 몸을 맡는다. 이것은 곧 5의 수이다.

日月星辰共爲天. 水火土石共爲地. 耳目鼻口共爲首. 髓血骨肉共爲身. 此乃五之數.

▣ 불은 무(無)에서 생기고 물은 유(有)에서 생긴다.

火生於無水生於有.

▣ 나와 사물이 없어지면 능히 사물을 사물로 볼 수 있다.

不我物則能物物.

▣ 신(辰)이 해에 이르면 생(生)이 되고 해가 신에 이르면 용(用)이 된다. 대개 따르면 생이 되고 거스르면 용이 된다.

辰至日爲生. 日至辰爲用. 蓋順爲生而逆爲用也.

▣ 역(易)에 384효(爻)가 있는데 이것이 진짜 천문(天文)이다.

易有三百八十四爻, 眞天文也.

▣ 매와 수리의 무리는 날것을 먹으나 닭과 오리의 무리는 날것만을 먹지 않는다. 범과 표범의 무리는 날것을 먹으나 고양이와 개는 날것을 먹고 또 곡식도 먹는다. 이렇게 유추하면 그 밖의 것들도 알 수 있다.

鷹鵰之類食生, 而雞鳧之類不專食生. 虎豹之類食生. 而猫犬之類食生又食穀. 以類推之, 從可知矣.

▣ 말과 소는 모두 음(陰)의 무리인데 자세히 나누면 말은 양이고 소는 음이다.

馬牛皆陰類. 細分之, 則馬爲陽而牛爲陰.

▣ 날짐승의 무리는 바람을 좋아하고 위로 날아오르는 것에 민첩하며, 길짐승의 무리는 땅을 좋아하고 아래로 뛰는 것에 능하다.

飛之類喜風而敏于飛上. 走之類喜土而利于走下.

▣ 날짐승과 곤충의 알은 열매 · 낟알과 같은 부류이다. 낟알의 종류에 씨앗이 많은데 곤충의 무리도 또한 그러하다.

禽蟲之卵, 果穀之類也. 穀之類多子. 蟲之類亦然.

▣ 누에의 종류는 올해는 누에나방으로 누에 자(子)이나 다음 해에는 누에子가 누에가 된다. 순무의 종류는 올해는 뿌리이면서 싹이고 다음 해에는 싹이면서 子가 된다.

蠶之類今歲蛾而子, 來歲則子而蠶蕪菁之類今歲根而苗, 來歲則苗而子.

▣ 하늘땅의 기운이 북쪽에서 남쪽으로 운행하면 다스려지고 남쪽에서 북쪽으로 운행하면 어지러워진다. 어지러움이 오래되면 다시 북쪽에서 남쪽으로 운행하게 된다. 천도(天道)와 인사(人事)가 모두 그러하다. 이로써 역대를 헤아리면 소장(消長)의 이치를 알 수 있다.

天地之氣運北而南則治南而北則亂. 亂久則復北而南矣. 天道人事皆然. 推之歷代, 可見消長之理也.

▣ 나에게 맡겨진 것은 정(情)이요, 정이 가려지면 어두워진다. 物에 말미암은 것은 성(性)이 되고 성은 신(神)이며 신인즉 명(明)이다.

任我則情, 情則蔽蔽則昏矣. 因物則性, 性則神, 神則明矣.

▣ 하늘에 숨고 땅에 숨으며 행하지 않아도 이른다. 음양으로 거느리지 못하는 것은 신(神)이다.

潛天潛地, 不行而至, 不爲陰陽所攝者, 神也.

▣ 물 속에 사는 것은 눈을 감지 아니하고 공중에 사는 것은 눈을 감는다. 길짐승의 무리는 윗눈썹이 아래로 감고 날짐승의 무리는 아랫눈썹이 위로 감는데 종류가 그렇게 시키는 것이다.

在水者不瞑, 在風者瞑, 走之類上睫接下, 飛之類下睫接上類使之然也.

▣ 물 속에 사는 것 가운데 용(龍)과 어룡(魚龍)은 날짐승과 같은 부류이고 거북과 수달은 길짐승과 같은 부류이다.

在水而鱗 飛之類也. 龜獺之類走之類也.

▣ 사상(四象)은 한데 어울려 뒤섞여야 용(用)이 된다. 해와 달은 하늘의 음과 양이고 물과 불은 땅의 음과 양이다. 성(星)과 신(辰)은 하늘의 강(剛)과 유(柔)이고 토(土)와 석(石)은 땅의 강과 유이다.

夫四象若錯綜而用之, 日月, 天之陰陽. 水火, 地之陰陽. 星辰, 天之剛柔. 土石, 地之剛柔.

▣ 하늘이 내리는 재앙은 열 가운데 하나라도 피할 수 없으며, 사람이 지은 재앙은 열 가운데 아홉을 피할 수 없다.

天之孽十之一不可違 人之孽十之九 不可逭.

▣ 양은 서서히 자라나고 음은 급하게 추워진다. 해가 영도(盈度)에 들면 음은 양에 따르고 해가 축도(縮度)에 들면 양이 음에 따른다.

陽主舒長. 陰主慘急. 日入盈度. 陰從于陽. 日入縮度. 陽從于陰.

▣ 날짐승이면서 걷는 것은 닭과 오리의 무리이고 길짐승이면서 나는 것은 용(龍)과 용마(龍馬)의 무리이다.

飛之走雞鳧之類是也. 走之飛龍馬之屬是也.

▣ 선천(先天)의 학문은 심(心)이고 후천(後天)의 학문은 적(迹)이다. 유무(有無)와 사생(死生)에 드나드는 것은 도이다.

先天之學, 心也. 後天之學, 迹也. 出入有無死生者, 道也.

▣ 신(神)은 있는 곳이 없으니 있지 않는 곳이 없다. 지인(至人)과 타심통자(他心通者)는 그 근본이 같다. 도(道)와 일(一)은 신(神)의 억지 이름이다. 신을 신이라고 하는 것이 참으로 옳은 말이다.

神無所在, 無所不在. 至人與他心通者, 以其本于一也. 道與一, 神之强名也. 以神爲神者, 至言也.

▣ 몸은 땅이며 정(靜)에 근본을 두고 있다. 이른바 움직이는 것은 기혈(氣血)이 그렇게 시키기 때문이다.

身地也, 本乎靜. 所以能動者, 氣血使之然也.

▣ 하늘땅은 만물을 낳고 성인은 만민(萬民)을 기른다.

天地生萬物. 聖人生萬民.

▣ 끊임없이 생기게 하고 종류를 늘리는 것은 하늘땅의 성공(成功)이고 나누어 기르고 종류를 가름하는 것은 성인의 성능(成能)이다.

生生長類, 天地成功. 別生分類, 聖人成能.

▣ 신(神)은 사람 몸의 주인이다. 자려고 하면 지라에 있고 잘 때에는 신장에 있으며, 깨려고 할 때는 간에 있고 깨어 있을 때는 심장에 있다.

神者人之主. 將寐在脾. 熟寐在腎. 將寤在肝. 正寤在心.

▣ 사물로 사물을 보는 것은 성(性)이고 나로 사물을 보는 것은 정(情)이다. 성은 공변되고 밝으며, 정은 편벽되고 어둡다.

以物觀物, 性也. 以我觀物情也. 性公而明. 情偏而暗.

▣ 양은 열고 나가는 것을 맡아보고 음은 닫고 들어오는 것을 맡아본다.

陽主闢而出. 陰主翕而入.

▣ 해가 물 속에 있으면 살고 떠나면 죽는데 교(交)와 불교(不交)를 이르는 것이다.

日在于水則生, 離則死, 交與不交之謂也.

▣ 음은 양과 대립하기에 2이다. 그러나 양이 오면 살고 양이 떠나가면 죽는다. 천지 만물의 생사(生死)는 음양이 맡아보며 1로 돌아간다.

陰對陽爲二. 然陽來則生, 陽去則死. 天地萬物生死主于陽則歸之于一也.

▣ 신(神)은 구역이 없으며, 성(性)은 질(質)이 있다.

神無方而性有質.

▣ 성(性)에서 발하면 정(情)에 나타나고 정에서 발하면 색(色)에 나타나는데 이것은 종류로 응하기 때문이다.

發于性則見于情發于情則見于色, 以類而應也.

▣ 하늘땅은 여름에 크게 깨어 있고, 사람의 신(神)은 심장에 있다.

天地之大寤在夏. 人之神則存于心.

▣ 하늘땅이 만물을 생기게 하였을지라도 만물은 만물이며, 도(道)가 하늘땅을 생기게 하였을지라도 하늘땅도 마찬가지로 만물이다.

以天地生萬物則以萬物爲萬物. 以道生天地則天地亦萬物也.

▣ 물 속에 사는 짐승의 족속은 음을 으뜸으로 하고 양을 다음으로 하며, 뭍에 사는 짐승의 무리는 양을 으뜸으로 하고 음을 다음으로 한다. 그러므로 물 속에 사는 짐승은 물에서 나오면 죽고 공중에 사는 짐승은 물 속에 들어가면 죽는다. 그러나 물 속에 드나드는 무리가 있는데 거북 · 게 · 거위 · 오리의 무리이다.

水之族以陰爲主, 陽次之陸之類以陽爲主, 陰次之. 故水類出水則死. 風類入水則死. 然有出入之類者, 龜蟹鵝鳧之類是也.

▣ 하늘땅이 한데 어울려 뒤섞임은 열 가운데 셋이다.

天地之交十之三.

▣ 1이 변하여 2가 되고 2가 변하여 4가 되며 3이 변하여 팔괘(八卦)를 이룬다. 4가 변하여 16이 되고 5가 변하여 32가 되며 6이 변하여 육십사괘(六十四卦)를 빠짐없이 갖춘다.

一變而二, 二變而四, 三變而八卦成矣. 四變而十有六, 五變而三十有二, 六變而六十四卦備矣.

▣ 천화(天火)는 형체가 없는 불이고 지화(地火)는 형체가 있는 불이다.

天火, 無體之火也. 地火, 有體之火也.

▣ 사람이 귀한 것은 만물의 형상을 아울러 가지고 있기 때문이다. 스스로 자기 자신을 중히 여기어 그 귀함을 얻기 때문에 만물의 형상을 쓸 수 있는 것이다.

人之貴兼乎萬類. 自重而得其貴所以能用萬類.

▣ 무릇 사람의 선악(善惡)은 말에 드러나고 행동으로 나타나게 되는데 이것을 사람은 겨우 깨달아 알게 된다. 그러나 마음에서 싹트고 생각에 나타나는 것을 귀신은 미리 깨달아 알아내니, 이 때문에 군자는 혼자 있을 때 더욱 조심한다.

凡人之善惡形于言發于. 行人始得而知之. 但萌諸心發于慮鬼神已得而知之矣. 此君子所以愼獨也.

▣ 기(氣)는 변(變)이고 형(形)은 화(化)이다.

氣變而形化.

▣ 사람은 만물의 성(性)을 빠짐없이 갖추고 있다.

人之類備乎萬物之性.

▣ 불은 형체가 없으나 사물로 말미암아 형체를 갖게 된다. 금석(金石)의 불은 초목(草木)의 불보다 세찬데 사물 때문에 그렇게 되는 것이다.

火無體因物以爲體. 金石之火烈于草木之火者, 因物而然也.

▣ 기(氣)와 형(形)이 기운차면 혼(魂)과 백(魄)도 왕성하며, 기와 형이 쇠약하면 혼과 백도 또한 따라서 쇠한다. 혼은 기를 따라 변하고 백은 형을 좇아 멈춘다. 그러므로 형체가 있으면 백이 있고 몸이 죽으면 백은 흩어져 없어진다.

氣形盛則魂魄盛. 氣形衰則魂魄亦從而衰矣. 魂隨氣而變魄隨形而止. 故形在則魄存, 形化則魄散.

▣ 사람의 신(神)은 천지의 신이다. 사람이 스스로 속이는 것은 천지를 속이는 것이기 때문에 삼가지 않을 수 있으랴!

人之神則天地之神. 人之自欺, 所以欺天地. 可不愼哉.

▣ 사람은 귀신을 두려워하는데 귀신도 마찬가지로 사람을 두려워한다. 사람이 착한 일을 많이 하면 양(陽)이 많아져 귀신이 더욱 두려워하게 되며, 남에게 못된 짓을 많이 하면 음(陰)이 많아져 귀신이 두려워하지 않게 된다. 대인(大人)은 귀신과 길흉(吉凶)을 같이하니 어찌 두려움이 있겠는가!

人之畏鬼. 亦有鬼之畏人. 人積善而陽多, 鬼益畏之矣. 積惡而陰多鬼弗畏之矣. 大人者與鬼神合其吉凶, 夫何畏之有.

▣ 지리(至理)의 학문은 지극한 정성이 아니면 이를 수 없다.

至理之學非至誠則不至.

▣ 물리(物理)의 학문은 통하지 아니하는 곳이 있는데 억지로 통하게 해서는 안 된다. 억지로 통하게 하면 주관적인 견해만 가지게 되고 주관적인 생각만 가지게 되면 이치를 잃게 되어 술(術)에 빠진다.

物理之學或有所不通, 不可以强通强通則有我, 有我則失理而入於術矣.

▣ 성(星)은 해의 나머지이고 신(辰)은 달의 나머지이다.

星爲日之餘. 辰爲月之餘.

▣ 별의 먼지같이 아주 자잘한 것이 떨어져서 언덕이 된다.

星之至微如塵沙者隕而爲堆阜.

▣ 마음은 하나여서 나누지 못하지만 온갖 변화에 응한다. 이것이 군자가 마음을 비워 마음이 움직이지 않는 이유이다.

心一而不分, 則能應萬變. 此君子所以虛心而不動也.

▣ 장(藏)은 하늘의 행함이고 부(府)는 땅의 행함이다. 하늘땅과 나란히 함께 하니 팔괘와 짝이 된다.

藏者, 天行也. 府者, 地行也. 天地竝行, 則配爲八卦.

▣ 성인은 사물을 이롭게 하지만 '나'는 없다.

聖人利物而無我.

▣ 밝은 것에 해와 달이 있고 어두운 것에 귀(鬼)와 신(神)이 있다.

明則有日月. 幽則有鬼神.

▣ 역(易)에 진수(眞數)가 있으니 3이다. 3의 하늘은 3에 3을 곱하면 9가 되고 2의 땅은 2에 3을 곱하면 6이 된다.

易有眞數, 三而已. 參天者三三而九. 兩地者倍三而六.

▣ 팔괘는 서로 한데 어울려 뒤섞이는데, 한데 어울려 뒤섞이어 육십사괘(六十四卦)를 이룬다.

八卦相錯者, 相交錯而成六十四也.

▣ 무릇 역(易)은 건괘(乾卦)와 곤괘(坤卦)에 근본을 두고 구괘(姤卦)와 복괘(復卦)에 삶을 둔다. 대개 강(剛)이 유(柔)와 한데 어울려 뒤섞이어 복괘가 되고 유가 강과 한데 어울려 뒤섞이어 구괘가 되는데 이로부터 끝없이 확대되는 것이다.

夫易根于乾坤而生于姤復. 蓋剛交柔而爲復. 柔交剛而爲姤, 自玆而無窮矣.

▣ 《소문(素問)》과 《음부경(陰符經)》은 전국(戰國)시대의 책이다.

素問陰符, 七國時書也.

▣ 성인의 육경(六經)은 혼연(渾然)하여 자취가 없는데 마치 천도(天道)와 같다. 그러므로 《춘추(春秋)》는 사실을 기록하여 그 속에서 선악(善惡)을 드러내었다.

夫聖人六經, 渾然無跡, 如天道焉. 故春秋錄實事, 而善惡形于其中矣.

▣ 중용(中庸)의 법에서 스스로 중(中)인 것은 하늘이고 스스로 외(外)인 것은 사람이다.

中庸之法, 自中者天也. 自外者人也.

▣ 운법(韻法)에서 개폐(開閉)는 율천(律天)이고 청탁(淸濁)은 여지(呂地)이다.

韻法開閉者律天. 淸濁者呂地.

▣ 운법에서 먼저 닫히고 나서 나중에 열리는 것은 봄이고 순전히 열리는 것은 여름이며 먼저 열리고 나서 나중에 닫히는 것은 가을이다. 겨울은 닫혀서 소리가 없다.

韻法, 先閉後開者春也. 純開者夏也. 先開後閉者, 秋也. 冬則閉而無聲.

▣ 《소문》의 비밀스런 말은 술(術)의 이치에서 지극하다고 말할 수 있다.

素問密語之類於術之理可謂至也.

■ 인(仁)에서 드러내고 용(用)에서 감추는데 맹자(孟子)는 용(用)을 잘 감추었다.

顯諸仁藏諸用孟子善藏其用乎.

■ 적연부동하여 근본으로 되돌아가 가만히 있는 것은 곤(坤)의 때이다. 감이수통하여 모든 천하의 일을 통하는 것은 가운데에서 양이 동한 것이다. 머리털조차 받아들일 수 있는 틈이 없는 것은 복괘(復卦)의 뜻이다.

寂然不動, 反本復靜, 坤之時也. 感而遂通天下之故陽動于中, 間不容髮復之義也.

■ 장자(莊子)와 순자(荀子)의 무리는 변(辯)을 잃었다.

莊荀之徒失之辯.

■ 동(東)은 봄의 소리이고 양(陽)은 여름의 소리이다. 이것을 작운(作韻)으로 보면 알맞은 바가 있다. 함(銜)은 무릇 겨울의 소리이다(함은 싸서 품는다는 의미이며 입이 다물어지니 겨울의 소리와 같다).

東爲春聲. 陽爲夏聲. 此見作韻者亦有所至也. 銜凡冬聲也.

■ 움직임이 보이지 않는데 움직이는 것은 속임이다. 비괘(否卦)의 때에 움직이는 것이 옳다. 움직임이 보이면서 움직이는 것은 진실되고 속임이 없다. 그러나 재앙이 있는 까닭은 양(陽)이 미약하여 응하지 못하기 때문이다. 응하여 움직이면 이롭다.

不見動而動, 妄也. 動于否之時是也. 見動而動則爲無妄. 然所以有災者, 陽微而無應也. 有應而動則爲益矣.

▣ 정기(精氣)는 물형(物形)이 되고 유혼(遊魂)은 변신(變神)이 된다. 또 이르기를 정기는 물체가 되고 유혼은 변용(變用)이 된다.

精氣爲物形也. 遊魂爲變神也. 又曰, 精氣爲物體也. 遊魂爲變用也.

▣ 군자의 학문은 자신을 윤택하게 하는 것을 근본으로 삼으며, 사람을 다스리고 사물에 응하는 것은 모두 그다지 요긴하지 않은 일이다.

君子之學, 以潤身爲本. 其治人應物, 皆餘事也.

▣ 전극(剸劇)은 재력(才力)이고 명변(明辯)은 지식(智識)이며 관홍(寬弘)은 덕기(德器)이다. 이 셋은 하나라도 빠져서는 안 된다.

剸劇者, 才力也. 明辯者, 智識也. 寬弘者, 德器也. 三者不可闕一.

▣ 덕이 없으면 사람을 꾸짖고 사람을 탓하며, 쉽게 노는 데에 빠져서 발전하지 못하게 된다.

無德者責人怨人易蒲蒲則止也.

▣ 용(龍)은 작아졌다 커졌다 할 수 있다. 그러나 제한이 있는데 음양의 기에 제한을 받는다. 때를 얻으면 변화하는데 끊임없이 변화할 수는 없다.

龍能大能小. 然亦有制之者, 受制於陰陽之氣. 得時則能變化, 變變則不能也.

▣ 백이(伯夷)는 의(義) 때문에 주(周)나라의 곡식을 먹지 않고 굶어 죽었는데 다만 인(仁)을 얻었을 뿐이다.

伯夷義不食周粟至餓且死, 止得爲仁而已.

▣ 세 사람이 같이 가면 반드시 스승이 있다 하는바, 한 고을의 어진 이를 사귀는 것에 이르나 천하의 현인이 천하에 족한 것이 아니라 위의 고인이 논한 바에 더 가하지 못한다.

三人行, 亦有師焉. 至于友一鄕之賢天下之賢. 以天下爲未足, 又至於上論古人, 無以加焉.

▣ 의(義)를 중히 여기면 안을 중시하고 이(利)를 중히 여기면 밖을 중시한다.

義重則內重利重則外重.

▣ 태(兌)는 '기쁘다'는 뜻이다. 다른 기쁨은 모두 해로움이 있다. 벗과 더불어 학문을 익히는 것보다 더한 기쁨이 없다. 그러므로 그 극한 것을 말하는 것이다.

兌說也. 其他說皆有所害. 惟朋友講習, 無說. 於此, 故言其極者也.

▣ 천리(天理)를 좇아 움직이는 것은 조화(造化)가 나에게 있기 때문이다.

能循天理動者, 造化在我也.

▣ 학문이 하늘과 사람에게 이르지 않으면 학문이라고 말할 수 없다.

學不際天人不足以謂之學.

▣ 군자는 역(易)에서 상(象) · 수(數) · 사(辭) · 의(意)를 연구하고 생각한다.

君子於易玩象, 玩數, 玩辭, 玩意.

▣ 일반 의사가 고칠 수 있는 병에 능하다고 해서 양의(良醫)라고 부르지 않으며, 일반 의사가 고칠 수 없는 병에 능해야 천하의 양의이다. 사람이 불가능한 일에 처하게 되면 불가능한 일을 해내게 된다.

能醫人能醫之疾, 不得謂之良醫. 醫人之所不能醫者, 天下之良醫也. 能處人所不能處之事則能爲人所不能爲之事也.

▣ 사람은 스스로 노는 데에 정신이 팔리는 것을 두려워한다. 노는 데에 정신이 팔리다 보면 발전하지 못하기 때문이다. 그러므로 우왕(禹王)은 노는 것과 일 없이 쉬는 것을 처음부터 하지 않았다. 그리고 어진 이이지만 배움에 힘쓰면서 늘 모자라고 깊은 데에 이르지 못하는 것같이 여겼기 때문에 존귀하게 되었다.

人患乎自蒲, 蒲則止也. 故禹不自蒲假, 所以爲賢雖學亦當常若不足不可臨深以爲高也.

▣ 사람이 참되게 마음을 쓰면 반드시 얻는 바가 있다. 다만 많고 적음의 다름이 있고 지식이 깊고 얕음이 있을 뿐이다.

人茍用心必有所得獨有多寡之異, 智識之有淺深也.

▣ 이치를 깊이 파고든 뒤에야 성(性)을 알 수 있고 성을 깨친 다음에야 명(命)을 알 수 있으며 명을 안 뒤에야 지극함을 알 수 있다.

理窮而後知性. 性盡而後知命命知而後知至.

▣ 무릇 잃은 곳에서 가장 중요한 것을 얻으면, 설령 얻었더라도 또한 기쁘지 아니하다. 만일 얻은 곳에서 가장 중요한 것을 잃을 경우, 잃으면 난처해지고 반드시 곤경에 이르게 될 것이다.

凡處失在得之先, 則得亦不喜若處得在失之先, 則失難處矣, 必至於隕穫.

▣ 사람은 덕기(德器)를 가진 뒤에는 기쁨과 노여움이 모두 거짓됨이 없게 되고 재상도 되고 필부도 되며, 학문이 천하보다 높은 데에 이르렀지만 있는 듯 없는 듯하다.

人必有德器然後喜怒皆不妄. 爲卿相爲匹夫, 以至學問高天下, 亦若無有也.

▣ 사람은 반드시 안이 무거워야 하는데 안이 무거우면 밖은 가볍다. 만일 안이 가벼우면 반드시 밖은 무겁다. 이익과 명예를 좋아하면 이르지 않는 데가 없게 된다.

人必內重內重則外輕. 苟內輕必外重, 好利好名無所不至.

▣ 천리(天理)를 깨달으면 몸만 윤택해지는 것이 아니고 마음도 윤택해지며, 마음만 윤택해지는 것이 아니고 성(性)과 명(命)도 윤택해진다.

得天理者不獨潤身亦能潤心不獨潤心, 至於性命亦潤.

■ 세상에 책을 본다고 말하는 사람은 많지만 책을 잘 보는 사람은 적다. 만일 천리(天理)와 참된 즐거움을 깨달았다면 어떤 책이라도 보지 못할 것이 없고 아무리 견고한 것이라도 깨뜨리지 못할 것이 없으며 어떤 이치라도 정밀하지 않으리오.

天下言讀書者不少, 能讀書者少. 若得天理眞樂, 何書不可讀何堅不可破. 何理不可精.

■ 역(曆)은 잘못이 있어서는 안 된다. 오늘날 역을 배우는 사람들은 다만 역법(曆法)만 알 뿐 역리(曆理)는 알지 못한다. 산가지를 펼칠 줄 알았던 사람은 낙하굉(落下閎)이고 천문을 미루어서 셈할 줄 알았던 사람은 감공(甘公)과 석신(石申)이었다. 낙하굉은 다만 역법만 알았고 양웅(揚雄)은 역법도 알고 역리도 알았다.

曆不能無差. 今之學曆者, 但知曆法, 不知曆理能布算者洛下閎也. 能推步者, 甘公石公也. 洛下閎但知曆法揚雄知曆法又知曆理.

■ 1년의 윤(閏)은 6음(六陰)과 6양(六陽)이다. 3년에 36일이 남으므로 3년마다 한 번의 윤년(閏年)을 두며, 5년에 60일이 남으므로 5년마다 두 번의 윤년을 둔다. 천시(天時) · 지리(地理) · 인사(人事) 이 세 가지를 알면 바뀌지 않게 된다.

一歲之閏, 六陰六陽. 三年三十六日, 故三年一閏. 五年六十日, 故五歲再閏. 天時, 地理, 人事, 三者知之不易.

■ 자성(資性)을 얻는 것은 하늘이고 학문으로 얻는 것은 사람이다. 자성은 안에서 나오고 학문은 밖에서 안으로 들어온다. 스스로의 정성

으로 밝아지는 것은 성(性)이며, 스스로의 밝음으로 정성을 다하는 것은 학문이다. 안회(顏回)는 노여움을 남에게 옮기지 아니하고 똑같은 잘못을 두 번 되풀이하지 아니하였는데, 노여움을 남에게 옮기고 잘못을 되풀이하는 것은 모두 정(情)이고 성(性)이 아니다. 성명(性命)에 이르지 못하면 학문을 좋아한다고 말할 수 없다.

資性, 得之天也. 學問, 得之人也. 資性由內出者也學問, 由外入者也. 自誠明, 性也. 自明誠學也顏子不遷怒不貳過. 遷怒貳過皆情也. 非性也不至於性命, 不足以謂之好學.

▣ 백이(伯夷)와 유하혜(柳下惠)는 성인의 한 부분을 얻었는데 백이는 성인의 청(淸)을 얻었고 유하혜는 성인의 화(和)를 얻었다. 공구(孔丘)는 청(淸)할 때도 있고 화(和)할 때도 있었으며, 행(行)할 때도 있고 멈출 때도 있었으므로 성인의 시(時)를 얻었다.

伯夷柳下惠得聖人之一端. 伯夷得聖人之淸. 柳下惠得聖人之和. 孔子時淸時和, 時行時止, 故得聖人之時.

▣ 태현(太玄)의 9일은 2괘(卦)와 같고 나머지 1괘는 4일 $\frac{1}{2}$과 같다.

太玄九日當兩卦, 餘一卦當四日半.

▣ 양웅(揚雄)은 《태현(太玄)》을 지었는데 하늘땅의 마음을 알았다고 말할 수 있다.

揚雄作玄, 可謂見天地之心者也.

▣ 군사를 부리는 방법은 반드시 백성이 잘살고 곡식창고가 꽉 차며 무기고에 무기로 가득하고 병사가 굳세며 명분이 바른 것을 기다려 하

늘의 도움이 있는 시기에 따르고 땅의 이로움을 얻은 뒤에 움직이는 것이다.

用兵之道, 必待人民富倉廩實府庫充兵强名正, 天時順地利得, 然後可擧.

▣ 역(易)은 형체가 없다. 가로되 이미 일정한 규칙이 있는 것은 형체가 있는 것이다. 형체가 있다고만 하는 것은 안 되는바, 고로 전요(典要)라 하는 것은 불가하다. 이미 법칙이 있으니 불변의 常인 것이요, 典要라 하는 것이 불가함은 變이 된다.

易無體也. 日, 旣有典常則是有體也. 恐遂以爲有體, 故日不可爲典要. 旣有典常常也. 不可爲典要變也.

▣ 장주(莊周)의 웅변은 수천 년 동안 한 사람뿐이었다. 예컨대 포정(敍丁)이 소를 잡으면서 말하기를 머뭇거리며 이곳저곳을 찬찬히 살펴본다고 한 것과 공구(孔丘)가 여량(呂梁)의 물을 보며 말하기를 촐랑촐랑 흘러가는 저 물은 사사로움이 없다고 한 것은 모두 지극히 이치에 맞는 말이다.

莊周雄辯, 數千年一人而已. 如敍丁解牛日　四顧孔子觀呂梁之水日蹈水之道無私. 皆至理之言也.

▣ 노자(老子)의 《도덕경(道德經)》은 대개 사물의 이치를 밝힌 것이다.

老子五千言, 大抵皆明物理.

▣ 지금 어떤 사람이 두 개의 대(臺)에 올라간다고 하자. 만일 두 개의

대가 높이가 똑같으면 높음을 알지 못한다. 한 개의 대가 높고 다른 한 개의 대가 낮은 뒤에야 높고 낮음을 알 수 있다.

今有人登兩臺. 兩臺皆等, 則不見其高. 一臺高然後知其卑下者也.

▣ 학문이 즐거움에 이르지 아니하면 학문이라고 말할 수 없다.

學不至於樂不可謂之學.

▣ 한 나라와 한 가정과 한 몸은 모두 같다. 한 몸을 감당할 수 있으면 한 가정을 감당할 수 있고 한 가정을 감당할 수 있으면 한 나라를 처리할 수 있으며 한 나라를 처리할 수 있으면 온 세상을 감당할 수 있다. 마음은 몸의 근본이고 가정은 나라의 근본이며 나라는 천하의 근본이다. 마음은 몸을 부릴 수 있는데 만일 마음이 하고자 하지 않는다면 몸이 어떻게 할 수 있겠는가?

一國一家一身皆同. 能處一身, 則能處一家. 能處一家, 則能處一國. 能處一國則能處天下. 心爲身本. 家爲國本. 國爲天下本. 心能運身. 苟心所不欲, 身能行乎.

▣ 사람의 정신은 감추고 쓰는 것을 귀하게 여긴다. 만일 밖으로 내보이면 손상되지 않을 수가 없을 것이다. 예컨대 날카로운 칼로 물건을 벨 때 만일 칼의 날카로움만 믿고 물건을 베려고 한다면 칼과 물건이 모두 망가지는 것과 같다.

人之精神, 貴藏而用之. 苟衒於外, 則鮮有不敗者. 如利刃物來則剸之若恃刃之利而求割乎物則刃與物俱傷矣.

▣ 말이 거짓 없는 참된 정성에서 나오면 마음은 수고롭지 않고 편안하며 남이 오래도록 믿는다. 거짓된 술수로 한때 남을 속일 수 있을지라도 오래지 않아 반드시 망하게 된다.

言發于眞誠, 則心不勞而逸人久而信之作僞任數, 一時或可以欺人, 持久必敗.

▣ 사람은 덕이 있는 것을 귀하게 여기는바 소인 가운데도 재주가 있는 사람이 있다. 그러므로 재주는 믿을 수 없고 덕은 얻기가 어렵다.

人貴有德小人有才者有之矣. 故才不可恃德不可有.

▣ 하늘 · 땅 · 해 · 달은 그지없을 뿐이다. 그러므로 사람은 멀리 있는 것은 감당할 수 있지만 가까이 있는 것은 보지 못한다.

天地日月, 悠久而已. 故人當存乎遠, 不可見其近.

▣ 군자는 시골에 살면 시골의 일을 하고 조정에 있으면 조정의 일을 한다. 그러므로 어느 곳에서든 스스로 만족하지 않음이 없다.

君子處畎畝, 則行畎畝之事. 居廟堂則行廟堂之事. 故無入不自得.

▣ 슬기로운 꾀는 더러 한 왕조에서 시행될 수 있으나 대개 때와 끝남이 있다. 오직 지극한 정성만이 하늘땅과 더불어 끝없이 오래간다. 하늘땅이 없어지면 지극한 정성도 사라지게 된다. 만일 하늘땅이 없어지지 않으면 지극한 정성도 사라지지 않는다.

智數或能施于一朝, 蓋有時而窮. 惟至誠與天地同久. 天地無則至誠可息. 苟天地不能無則至誠亦不息也.

▣ 집안에서 수레를 만들더라고 온 세상에 널리 쓰이게 되는데 수레바퀴가 서로 꼭 들어맞기 때문이다. 만일 의리(義理)에 따르고 인정(人情)에 어긋나지 않는다면 해와 달이 비추는 모든 곳에서 일할 수 있을 것이다.

室中造車, 天下可行軌轍合故也. 苟順義理合人情, 日月所照皆可行也.

▣ 중용(中庸)은 하늘에서 내려오고 땅 속에서 솟아나는 것이 아니고, 사물의 이치를 헤아리고 사람의 마음을 미루어 알며 그 마땅한 바를 행함으로써 얻어지는 것이다.

中庸非天降地出揆物之理度人之情行其所安, 是爲得矣.

▣ 온 세상의 슬기를 거두어 모아 지(智)로 삼고 온 세상의 착함을 거두어 모아 선(善)으로 여기면 넓고, 자기 것만을 쓰면 작다.

斂天下之智爲智, 斂天下之善爲善, 則廣矣自用則小.

▣ 한(漢)나라의 선비들은 경(經)에 반(反)하고 도(道)에 부합하는 것을 권(權)이라고 하였는데 일단을 얻은 것이다. 권은 물건의 무게를 고르게 하는 것이다. 성인이 권을 사용할 때 그 무게를 헤아려 쓰기 때문에 그 마땅함에 들어맞는다. 그러므로 집중(執中)하였더라도 권이 없으면 오히려 한쪽으로 치우치게 된다. 왕통(王通, 수나라 학자 문중자)이 말하기를 《춘추(春秋)》는 왕도(王道)의 권이라고 하였는데 왕통이 아니면 여기에 미치지 못하였을 것이다. 그러므로 권은 한 몸에 있으면 한 몸의 권이 되고 한 고을에 있으면 한 고을의 권이 되며 천하에 이르러서는 천하의 권이 된다. 쓰임이 비록 다르더라도 권은 하나이다.

漢儒以反經合道爲權, 得一端者也. 權所以平物之輕重聖人行權, 酌其輕重而行之, 合其宜而已. 故執中無權者猶爲偏也. 王通言春秋王道之權, 非王通莫能及此. 故權, 在一身則有一身之權在一鄕則有一鄕之權. 以至於天下則有天下之權. 用雖不同, 其權一也.

▣ 무릇 활에는 본디 세고 약함이 있다. 그러나 하나의 활을 두 사람이 잡아당기더라도 힘있는 사람은 활이 약하다고 생각할 것이고 힘없는 사람은 활이 세다고 여길 것이다. 그러므로 힘있는 사람은 자신의 힘이 남기에 활이 약하다고 여기고 힘없는 사람은 자기의 힘이 모자라기에 활이 세다고 생각하는데 어찌 생각이 심하지 않느냐? 활에 세고 약함이 있지 아니하고 두 사람의 힘에 세고 약함의 다름이 있을 뿐이다. 지금 한 대접의 음식이 앞에 놓여 있다고 하자. 두 사람이 너무 굶주리고 있다가 보았다면, 만일 서로 양보를 한다면 똑같이 음식을 먹을 수 있지만 서로 빼앗기 위해 다툰다면 싸움이 벌어질 뿐만 아니라 그 음식을 먹지 못하게 될 것이다. 이 둘은 모두 사람의 정(情)이다. 이것을 아는 자는 적고 이것을 알면 온 세상의 일은 모두 이와 같다고 생각할 것이다.

夫弓固有强弱. 然一弓二人張之, 則有力者以爲弓弱. 無力者以爲弓强. 故有力者不以己之力有餘而以爲弓弱, 無力者, 不以己之力不足而以爲弓强, 何不思之甚也. 一弓非有强弱也, 二人之力强弱不同也. 今有食一杯在前二人大 而見之, 若相讓, 則均得食矣. 相奪則爭, 非徒爭之而已, 或不得其食矣. 此二者皆人之情也, 知之者鮮. 知此, 則天下之事皆如是也.

▣ 역(易)은 성인이 군자를 많게 하고 소인을 적게 하는 수단이다. 많

게 함에 있어서 아직 그렇게 되지 않았을 때에 도와야 하고 적게 함에 있어서 아직 그렇게 되지 않았을 때에 막아야 한다. 한 번 적게 하고 한 번 많게 하며, 한 번 막고 한 번 돕는 것은 크고 넓어서 흔적이 없다. 천하의 지신(至神)이 아니면 그 누가 이와 같을 수 있겠는가?

夫易者, 聖人長君子消小人之具也. 及其長也, 闢之於未然. 及其消也, 闔之於未然. 一消一長, 一闔一闢, 渾渾然無跡. 非天下之至神, 其孰能與於此.

▣ 대과괘(大過卦)는 처음과 끝이 약하다. 그러므로 반드시 큰 덕과 높은 지체를 가진 뒤에야 구제받을 수 있다. 일정한 지체를 가지고 있더라도 허물이 용납되는 것이 있고 용납되지 않는 것이 있다. 큰 덕과 높은 지체를 가지고 있으며 허물이 용납된 사람은 이윤(伊尹)과 주공인데 그 사람들은 두려워하지 않았다. 큰 덕은 가지고 있으나 높은 지체를 가지고 있지 않으며 허물이 용납되지 않은 사람은 공구(孔丘)와 맹가(孟軻)인데 그 사람들은 걱정하지 않았다. 지체가 덕을 이기지 못하기 때문이다. 크도다, 위(位)여! 재주와 능력을 기다리는 집이라.

大過, 本末弱也. 必有大德大位, 然後可救. 常分有可過者, 有不可過者. 有大德大位, 可過者也, 伊周其人也, 不可懼也. 有大德無大位, 不可過也, 孔孟其人也, 不可悶也其位不勝德邪. 大哉位乎, 待才用之宅也.

▣ 복괘(復卦) 다음이 박괘(剝卦)인데 다스림은 어지러움에서 생겨남을 뚜렷하게 나타내 보인다. 구괘(姤卦) 다음은 쾌괘(夬卦)인데 어지러움은 다스림에서 생겨남을 뚜렷이 드러내 보인다. 아아! 박괘가 없으면 복괘가 없고 쾌괘가 없으면 구괘가 없을 것이다. 막을 것을 미리 막으면

나라가 강성해지고 자손이 번성하게 된다. 이 때문에 성인은 아직 그렇게 되지 않을 때 미리 막는 것을 귀하게 여기는데 이것을 역(易)의 큰 대강이라고 일컫는다.

復次剝, 明治生於亂乎. 姤次夬, 明亂生於治乎. 時哉時哉, 未有剝而不復, 未有夬而不姤者. 防乎其防, 邦家其長, 子孫其昌. 是以聖人貴未然之防, 是謂易之大綱.

▣ 선천(先天)의 학문은 심법(心法)이다. 그러므로 하도(河圖)는 모두 한복판으로부터 끝없는 변화가 일어나고 모든 일은 마음으로부터 생겨난다.

先天學, 心法也. 故圖皆自中起萬化. 萬事生乎心也.

▣ 선천의 학문은 성(誠)을 위주로 한다. 지극한 정성이면 신명(神明)에 통하고 지극한 정성이 아니면 도(道)를 깨칠 수 없다.

先天學主乎誠. 至誠可以通神明不誠則不可以得道.

▣ 선천도(先天圖)는 안에 동그라미가 있고 안에 또 동그라미가 있다. 즉 공허하므로 융통자재한다.

先天圖中環中也.

▣ 일을 할 때 반드시 능력을 헤아려야 하는데 능력을 헤아리면 오래 갈 수 있다.

事必量力. 量力故能久.

▣ 길을 갈 때 너그럽지 아니하면 안 되는데 너그러우면 거리낌이 적다.

所行之路不可不寬. 寬則少.

▣ 역(易)을 아는 사람은 설명을 인용할 필요가 없는데 이것이 역을 아는 것이다. 맹가(孟軻)는 일찍이 역을 말한 적이 없으나 그의 말 속에 역도(易道)가 들어 있다. 다만 아는 사람이 적을 뿐이다. 사람이 역을 잘 쓰는 것은 역을 제대로 안 것이다. 마치 맹자가 선(善)을 말하면서 역을 쓴 것과 같다.

知易者不必引用講解, 是爲知易孟子之言未嘗及易其間易道存焉. 但人見之者鮮耳. 人能用易, 是爲知易. 如孟子可謂善用易者也.

▣ 학문은 인사(人事) 가운데 가장 중요한 것이다. 오늘날의 경전(經典)은 옛 사람의 인사이다.

學以人事爲大. 今之經典古之人事也.

▣ 《춘추좌씨전(春秋左氏傳)》 · 《춘추공양전(春秋公羊傳)》 · 《춘추곡량전(春秋穀梁傳)》 외에 육순(陸淳) · 담조(啖助)도 함께 《춘추(春秋)》를 정리하였다.

春秋三傳之外, 陸淳啖助可以兼治.

▣ 이른바 황(皇) · 제(帝) · 왕(王) · 패(覇)는 삼황(三皇) · 오제(五帝) · 삼왕(三王) · 오패(五覇)만을 일컫는 것이 아니다. 다만 무위(無爲)를 쓰면 황이고 은혜와 믿음을 쓰면 제이며, 공정(公正)을 쓰면 왕이고 지력(智力)을 쓰면 패이다. 패 아래는 오랑캐이고 오랑캐 아래는 짐승이다.

所謂皇帝王霸者, 非獨謂三皇五帝三王五霸而已. 但用無爲則皇也. 用恩信則帝也. 用公正則王也. 用智力則霸也. 霸以下則夷狄. 夷狄而下, 是禽獸也.

▣ 계찰(季札)의 재주는 백이(伯夷)와 비슷하다.

季札之才近伯夷.

▣ 숙향(叔向) · 자산(子産) · 안자(晏子)의 재주는 서로 비슷하다.

叔向子産晏子之才相等.

▣ 관중(管仲)은 지혜와 권모술수로 사물의 이치를 늦게 알았지만 무릇 재주와 능력은 남보다 뛰어났다.

管仲用智數晩識物理. 大抵才力過人也.

▣ 오패(五霸)는 공로도 첫째이지만 허물도 첫째이다. 《춘추(春秋)》는 공구(孔丘)가 지은 형서(刑書)이다. 공로와 허물을 감추지 아니하였는데 성인은 먼저 공로를 칭찬하고 나서 나중에 허물을 깎아 내려서 폄하했다. 그러므로 죄인에게도 공로가 있으면 또한 반드시 기록하였으니 불가불 용서함이다.

五霸者功之首, 罪之魁也春秋者孔子之刑書也. 功過不相掩. 聖人先褒其功. 後貶其罪故罪人有功, 亦必錄之, 不可不恕也.

▣ 두 개의 관(觀)을 처음으로 지었다는 글에서 '처음'은 깎아 내려서 나쁘게 말한 것이며, 옛날에 없던 건축물을 새로 지은 일을 꾸짖는 것이다. 처음으로 육우(六羽)를 바쳤다는 글에서 '처음'은 칭찬한 것이며, 이

로써 옛날에 분에 넘치게 팔일(八佾)을 행한 사실을 드러내어 보인 것이다.

始作兩觀. 始者, 貶之也, 誅其舊無也. 初獻六羽. 初者, 褒之也, 以其舊僭八佾也.

▣ 어떤 사람이 《춘추》를 윤사로(尹師魯)에게서 받았는데 윤사로는 목백장(穆伯長)에게서 받았다. 어떤 사람이 나중에 목백장을 공격하며 말하기를 《춘추》에는 칭찬한 글은 없고 죄다 깎아 내려서 나쁘게 말한 것밖에 없다. 전술고(田述古)가 말하기를 "손복(孫復)이 또 이르기를 《춘추》에는 깎아 내려서 나쁘게 말하는 것만 있고 칭찬한 글이 없다"고 하였다. 말하건대 《춘추》에 예법(禮法)이 없다면 임금과 신하의 관계는 어지러워졌을 것이고, 그 기간에 능력이 있다는 것은 그다지 좋은 일이 아니었을 것인데 어떻게 좋아졌겠는가? 하물며 오패(五霸)는 참으로 천하에 공로가 있었지만 오히려 왕(王)에 미치지 못하였다. 오히려 오랑캐보다 나은 것이 없었는데 어떻게 함께 할 수 있었겠는가? 《춘추》를 정리할 때 명(名)과 실(實)을 가름하지 못하고 오패의 공로와 허물을 결정하지 못하면 《춘추》를 정리하였다고 말할 수 없다. 먼저 오패의 공로와 허물을 결정하고 나서 《춘추》를 정리하면 대의(大意)가 서게 된다. 만일 모든 일을 찾다 보면 두서가 없어지게 된다.

某人受春秋於尹師魯, 師魯受於穆伯長. 某人後復攻伯長曰春秋無褒皆是貶也. 田述古曰. 孫復亦云春秋有貶而無褒曰春秋禮法廢. 君臣亂. 其間有能爲小善者, 安得不進之也. 況五覇實有功於天下. 且五覇固不及於王, 不猶愈於夷狄乎. 安得不與之也. 治春秋者, 不辨名實不定五覇之功過, 則未可言治春秋. 先定五覇之功過而治春秋, 則大意立若事事求之, 則無緖矣.

▣ 무릇 사람이 배울 때 자기 주장을 지나치게 내세우는 잘못을 저지르게 된다.

凡人爲學, 失於自主張太過.

▣ 주(周)나라 평왕(平王)은 이름은 비록 임금이었으나 실제로는 작은 나라의 제후(諸侯)에도 미치지 못하였다. 제(齊)나라와 진(晉)나라는 비록 제후국(諸侯國)이었지만 실제로 임금을 참칭하였다. 이것이 《춘추》의 名과 實이다. 자공(子貢)이 노(魯)나라에서 초하루마다 조상에게 제사드릴 때 쓰는 양을 없애고자 하였는데 이때 양은 이름이고 예는 내용이다. 이름만 있고 내용이 없는 것은 오히려 이름과 내용이 모두 없는 것보다 낫다. 만일 이름이 남아 있다면 뒷세상에 만들 임금이 없다고 어찌 알겠는가? 이로서 기다리는 바가 있음이다.

平王名雖王, 實不及一小國之諸侯. 齊晋雖侯, 而實僭王. 此春秋之名實也. 子貢欲去告朔之 羊. 羊, 名也. 禮, 實也. 名存而實亡, 猶愈於名實俱亡. 苟存其名, 安知後世無王者作, 是以有所待也.

▣ 진(秦)나라 목공(繆公)은 주(周)나라에 공로가 있었으며 지난날의 허물을 고치고 착하게 되어 패자(霸者)의 우두머리가 되었다. 진(晉)나라 문후(文侯)는 대대로 임금에게 충성하였고 주나라 평왕(平王)이 낙양(洛陽)으로 서울을 옮기는 데 공로가 있었으므로 그 다음이며, 제(齊)나라 환공(桓公)은 제후들을 아홉 번이나 불러모아 전쟁을 일으키지 않도록 하였으므로 또 그 다음이며, 초(楚)나라 장왕(莊王)은 강대하였으므로 또 그 다음이다. 송(宋)나라 양공(襄公)은 비록 패자(霸者)이지만 힘이 미약하였고 제후들을 불러모았으나 초나라에게 붙잡혔으므로 패자

라 말하기에 부족하다. 《춘추》를 정리할 때 먼저 네 나라의 공로와 허물을 결정하지 못하면 일이 제대로 다스려지지 못하고 성인의 마음을 알지 못하게 된다. 춘추(春秋)시대에 공로가 있는 사람 가운데 이 네 나라 제후들보다 큰 사람을 아직 보지 못하였고, 허물이 있는 사람 가운데 이 네 나라 제후들보다 큰 사람을 또한 보지 못하였다. 그러므로 네 나라는 공로도 첫째이고 허물도 첫째이다.

秦繆公有功於周, 能遷善改過, 爲霸者之最. 晉文侯世世勤王, 遷平王於洛次之. 齊桓公九合諸侯不以兵車, 又次之楚莊强大, 又次之. 宋襄公雖霸而力微, 會諸侯而爲楚所執, 不足論也治春秋者, 不先定四國之功過, 則事無統理不得聖人之心矣. 春秋之間, 有功者未見大於四國者, 有過者亦未見大於四國者也. 故四國功之首罪之魁也.

▣ 사람들이 《춘추》를 말할 때 성명(性命)의 책이 아니라고 하는데 그렇지 않다. 책에 노(魯)나라 제후가 교외(郊外)에 나가 하늘과 땅에 제사 지낼 때 쓰는 소의 주둥이에 흠이 있자 다른 소를 고르고 그 소를 죽였으며, 삼망(三望) 때도 이와 같이 하였다는 기록이 있는데 이것은 천자만이 할 수 있는 교제(郊祭)를 노나라 제후가 하였기 때문에 깎아 내려서 나쁘게 말한 것이다. 성인이 어떻게 이러한 일을 받아들일 수 있겠는가? 사사로움이 없기 때문이다. 이것이 어찌 성명(性命)으로 말미암아 말한 것이 아니겠는가? 또 말하기를 《춘추》는 사건마다 포폄(褒貶)을 하였다고 하였는데 어찌 사람을 받아들일 때 사사로운 뜻으로 결정하겠는가? 사람들은 다만 《춘추》가 성인의 필삭(筆削)으로 천하의 지극히 공평함을 세웠다는 것만 알 뿐 성인이 공평하도록 한 까닭은 알지 못한다. 예컨대 소가 다친 것으로 인하여 노나라가 분수에 맞지 않게 교제(郊祭)

를 지낸 사실을 알 수 있고 육우(六羽)를 처음으로 바쳤다는 기록으로 인하여 노나라가 옛날에 분수에 맞지 않게 팔일(八佾)을 행하였다는 것을 알 수 있으며, 새로 치문(雉門)을 세운 것으로 인하여 옛날에 없던 치문을 세웠음을 알 수 있는데 이것들은 모두 성인이 그 속에 사사로운 마음을 둔 것이 아니다. 그러므로 《춘추》는 성(性)을 다한 책이라고 할 수 있다.

人言春秋非性命書, 非也. 至于書郊牛之口傷, 改卜牛又死猶三 此因魯事而貶之也. 聖人何容心哉無我故也. 豈非由性命而發言也. 又日, 春秋皆因事而褒貶豈容人特立私意哉. 人但知春秋聖人之筆削爲天下之至公, 不知聖人之所以爲公也. 如因牛傷則知魯之僭郊. 因初獻六羽則知舊僭八佾. 因新作雉門則知舊無雉門皆非聖人有意於其間故日春秋盡性之書也.

▣ 《춘추》는 임금은 약하게 하고 신하를 강하게 하기 위하여 지은 것이므로 명분(名分)의 책이라고 말할 수 있다.

春秋爲君弱臣强而作, 故謂之名分之書.

▣ 성인의 어려움은 인(仁) · 의(義) · 충(忠) · 신(信)을 잃지 않는 데 있다. 그럼 사업을 이루려면 어떻게 해야 하는가? 이 네 가지에 뛰어나야 한다.

聖人之難在不失仁義忠信而成事業何如則可在於絕四.

▣ 말은 사람이 빌려 타는 것인데 자신을 버리고 사람을 좇는다.

有馬者借人乘之舍己以從人也.

■ 어떤 사람이 묻기를 재주의 어려움은 무슨 말입니까? 대답하기를 큰일이 닥쳐야 재주의 어려움을 알기 때문이다. 또 묻기를 어찌 재주만 말합니까? 대답하기를 재주는 천하의 좋은 것이다. 배우는 사람들이 이루려는 것은 재주이다. 또 묻기를 옛 사람 가운데 학문을 하지 않고도 공업(功業)을 세운 사람이 있는데 구태여 학문을 할 필요가 있습니까? 대답하기를 주발(周勃)과 곽광(霍光)은 큰일을 이루었지만 배움이 없는 까닭에 선(善)을 다하지 못하였다. 사람이 배우지 아니하면 이치에 밝지 못하고 이치에 밝지 못하면 자기의 의견만을 굳게 내세워 우기어 조금도 융통성이 없게 된다. 사람이 남보다 뛰어난 재주를 가지고 있으면 반드시 강(剛)을 이기게 된다. 강(剛)을 알맞게 하면 근심과 재난에 처하더라도 충분히 사업을 이룬다. 만일 다른 데에 쓰면 반대로 사악하게 된다. 그러므로 공구(孔丘)가 말하기를 "신정(申棖)이 어찌하여 강(剛)을 얻었더라도 욕심을 가지고 있기 때문에 반드시 강을 잃게 된다"고 하였다.

或問才難何謂也曰臨大事然後見才之難也. 曰, 何獨言才曰才者天之良質也學者所以成其才也. 曰, 古人有不由學問而能立功業者何必曰學. 曰, 周勃霍光能成大事. 唯其無學故未盡善也. 人而無學則不能燭理不能燭理則固執而不通. 人有出人之才必以剛克. 中剛則足以立事業. 處患難. 若用於他. 反爲邪惡. 故孔子以申棖爲焉得剛旣有慾心必無剛也.

■ 군자는 의(義)에 밝기 때문에 어진 이이며, 소인은 이(利)에 밝을 뿐이다. 의와 이를 모두 잊을 수 있는 자는 오직 성인뿐이다. 군자는 의를 두려워하기에 하지 못하는 것이 있으며, 소인은 두려워하는 것이 아

예 없다. 성인은 마음이 하고 싶은 대로 하여도 규칙을 벗어나지 않기에 어찌 의를 두려워하리오?

君子喻於義賢人也. 小人喻於利而已義利兼忘者唯聖人能之君子畏義而有所不爲小人直不畏耳聖人則動不踰矩何義之畏乎.

▣ 안회(顔回)는 똑같은 잘못을 두 번 되풀이하지 아니하였다. 공구(孔丘)가 말하기를 "잘하지 못하는 것이 있음을 알지 않으면 안 되고 똑같은 일을 두 번 되풀이할 수 없음을 알아야 한다"고 하였다. 이것은 옳은 말이다. 모든 일은 한 번뿐이지 두 번 되풀이할 수는 없다. 한유(韓愈)는 바야흐로 마음으로부터 생각이 일어나려고 하면 곧바로 없애 버렸는데 이것은 안회와 일맥상통한다. 안회와 일맥상통한다는 말이 사사로운 개인의 의견이라면 어찌 도의에 맞겠는가? 어떤 사람이 묻기를 착한 사람과 사귀는 것이 나쁜 사람과 친하게 지내는 것보다 또한 낫지 않겠습니까? 대답하기를 성인은 이와 같지 않다. 사사로운 마음으로 착한 사람과 사귀는 것은 나쁜 사람과 똑같다.

顔子不貳過孔子曰, 有不善未嘗不知, 知之未嘗復行. 是也. 是一而不再也. 韓愈以爲將發於心而便能絕去是過與顔子也. 過與是爲私意焉能至於道哉. 或曰與善不亦愈於與惡乎. 曰聖人則不如是. 私心過與善惡同矣.

▣ 학문을 하고 심성을 수양하는 것이 올바른 도덕에 의하지 않음을 근심한다. 이욕(利慾)에서 멀어지는 것도 올바른 도덕에 의하는 것이며, 지극한 정성에 맡기면 통하지 않는 것이 없다. 하늘땅의 도는 올곧음이다. 마땅히 올곧음으로 구해야 하며, 만일 지혜와 권모술수로 잽싸게 구하려고 한다면 이것은 하늘땅에 굴복하고 인욕(人慾)에 따르는 것이므

로 또한 어렵지 않겠는가?

爲學養心患在不由直道. 去利欲由直道任至誠則無所不通天地之道直而已. 當以直求之. 若用智數由逕以求之, 是屈天地而徇人欲也. 不亦難乎.

▣ 일에는 크고 작음이 없으며 모두 천인(天人)의 이치를 가지고 있다. 마음과 몸가짐을 바르게 닦는 것은 사람이 하는 일이며, 때를 만나고 못 만나는 것은 하늘이 하는 일이다. 잃고 얻음에 마음이 움직이지 않는 것은 천명(天命)을 좇기 때문이다. 위태롭게 하고도 요행을 바라는 것은 천명을 거스르는 것이다. 구하는 것은 사람이 하는 일이고 얻을지 얻지 못할지를 가름하는 것은 하늘이 하는 일이다. 얻고 잃음에 마음이 움직이지 않는 것은 천명을 좇기 때문이다. 억지로 빼앗아 얻는 것은 천리(天理)를 거스르는 것이다. 천리를 거스르면 반드시 근심과 재난이 닥치게 된다.

事無巨細, 皆有天人之理. 脩身人也. 遇不遇, 天也. 得失不動心, 所以順天也. 行險僥倖是逆天也. 求之者人也得之與否天也得失不動心, 所以順天也强取必得, 是逆天理也逆天理者患禍必至.

▣ 노(魯)나라는 두 개의 관(觀)을 짓고 교외에서 대체(大禘)를 거행하였는데 모두 예(禮)가 아니다. 제후가 만일 해마다 체(禘)를 거행한다면 이것은 떳떳한 제사로 옳은 것이다. 그러나 5년마다 행하는 대체(大禘)에 대해서는 옳지 아니하다.

魯之兩觀郊天, 大禘, 皆非禮也. 諸侯苟有四時之禘, 以爲常祭可也. 至於五年大禘, 不可爲也.

▣ 중궁(仲弓)은 노나라 제후로 하여금 남면(南面)하여 정사를 돌보도록 하였다.

仲弓可使南面可使從政也.

▣ 어느 누가 문을 통하지 아니하고 밖으로 나올 수 있겠는가! 문은 도이다. 도에 의하지 않고 구제할 수 있는 것은 없다. 문으로 나오지 않는 것은 구멍을 뚫고 나오는 것과 같다.

誰能出不由戶. 戶道也. 未有不由道而能濟者也. 不由戶者開穴隙之類是也.

▣ 여러 사람의 의견을 많이 듣고서 좋은 것을 선택하여 따른다. 비록 여러 사람의 의견을 많이 들어도 반드시 좋은 것을 선택해서 따라야 한다. 많이 보고 지식을 쌓아서 다름을 구별해 낼 줄 알아야 한다. 비록 많이 보아도 반드시 구별할 수 있어야 한다.

多聞擇其善者而從之. 雖多聞必擇善而從之. 多見而識之識別也雖多見必有以別之.

▣ 어떤 사람이 묻기를 인(仁)에서 드러내고 용(用)에서 감춘다는 것은 무슨 말입니까? 대답하기를 해와 달이 비추고 사시(四時)가 1년을 이루는 것이 인에서 드러낸다는 것이며, 그 도수(度數)가 그렇다는 것만 알고 그렇게 된 까닭을 알지 못하는 것이 용에서 감춘다는 것이다.

或問顯諸仁藏諸用曰若日月之照臨, 四時之成歲是顯諸仁也. 其度數之然而不知其所以然是藏諸用也.

▣ 낙하굉(落下閎)은 전욱(顓頊)의 역(曆)을 고쳐서 태초력(太初曆)을

만들었으며, 양웅(揚雄)은 태초(太初)를 기준으로 삼아 《태현(太玄)》을 지었는데 무릇 81괘(卦)이며, 아홉으로 나누면 모두 2괘(卦)가 된다. 무릇 15를 14로 자세히 나누면 4½과 같으며, 1괘의 기(氣)가 한복판에서 일어나므로 중괘(中卦)를 첫머리로 한다.

落下閎改顓頊曆爲太初曆. 子雲準太初而作太玄, 凡八十一卦, 九分共二卦, 凡一五隔一四. 細分之, 則四分半當一卦氣起於中心, 故首中卦.

▣ 三天兩地는 의수(倚數)이지 하늘땅의 정수(正數)가 아니다. 의(倚)는 모방한다는 뜻이다. 하늘땅의 정수를 모방해서 생겨난 것이다.

參天兩地而倚數, 非天地之正數也. 倚者, 擬也. 擬天地正數而生也.

▣ 원(元) · 형(亨) · 리(利) · 정(貞)은 늘 변하여 바뀌며 일정하지 않은데 천도(天道)의 변(變)이다. 길(吉) · 흉(凶) · 회(悔) · 린(吝)은 늘 변하여 바뀌며 고정되어 있지 않은데 인도(人道)의 응(應)이다.

元亨利貞變易不常, 天道之變也. 吉凶悔吝, 變易不定, 人道之應也.

▣ 귀신은 형체가 없으나 용(用)을 가지고 있어서 정상(情狀)을 깨달아 알 수 있으며, 용(用)에 의하여 볼 수 있다. 사람의 귀 · 눈 · 코 · 입 · 손 · 발, 풀과 나무의 가지 · 잎 · 꽃 · 열매 · 빛깔은 모두 귀신이 하는 바이다. 착한 사람에게 복을 주고 사악한 사람에게 재앙을 내리는 것을 맡아보는 이는 누구인가? 총명함과 정직함을 가지고 있는 이는 누구인가? 빠르지 않지만 멀리 가게 하고 가지 않지만 이르게 하는 것을 맡은 이는 누구인가? 모두 귀신의 정상이다.

鬼神者無形而有用其情狀可得而知也. 於用則可見之矣. 若人之耳目鼻口手足草木之枝葉華實顔色皆鬼神之所爲也. 福善禍淫主之者誰邪. 聰明正直, 有之者誰邪不疾而遠不行而至, 任之者誰邪. 皆鬼神之情狀也.

▣ 역(易)에 의(意)와 상(象)이 있다. 의(意)를 세우는 것은 모두 상(象)을 드러내어 보이는 것이다. 아래의 세 가지를 거느리는데 언상(言象)을 가지고 있으면 사물에 얽매이지 않고 바로 말하여 사(事)를 뚜렷이 드러내 보이며, 상상(像象)을 가지고 있으면 하나의 사물에 얽매이지 않고 의(意)를 뚜렷하게 나타내 보이며, 그리고 수상(數象)을 가지고 있는데 7일, 8월, 3년, 10년 따위이다.

易有意象, 立意皆所以明象統下三者. 有言象不擬物而直言以明事. 有像象擬一物以明意. 有數象, 七日八月三年十年之類是也.

▣ 역(易)의 수는 하늘땅의 처음과 끝을 연구하는 것이다. 어떤 사람이 묻기를 하늘땅도 마지막과 처음이 있습니까? 대답하기를 소장(消長)이 있는데 어찌 마지막과 끝이 있겠는가! 하늘땅이 비록 크지만 이 또한 형(形)과 기(器) 두 가지 사물일 뿐이다.

易之數窮天地終始或日, 天地亦有終始乎. 日既有消長豈無終始天地雖大, 是亦形器乃二物也.

▣ 역(易)에 내상(內象)이 있는데 이치가 이것이다. 그리고 외상(外象)이 있는데 하나의 사물을 가리켜 변하지 않는 것이 이것이다.

易有內象理致是也有外象指定一物而不變者是也.

▣ 사람에게 있어서 건도(乾道)는 남자가 되고 곤도(坤道)는 여자가 된다. 사물에 있어서 건도는 양이 되고 곤도는 음이 된다.

在人則乾道成男坤道成女. 在物則乾道成陽, 坤道成陰.

▣ 신(神)은 구역이 없고 역(易)은 형체가 없다. 한 구역에 얽매여 변화하지 못하면 신이 아니며, 일정한 형체를 가지고 있어 변통하지 못하면 역이 아니다. 역이 비록 형체를 가지고 있으나 이 형체는 상(象)이다. 가상(假象)으로 형체를 보는 것이며 본래는 형체가 없는 것이다.

神無方而易無體滯於一方則不能變化非神也. 有定體則不能變通非易也. 易雖有體體者象也假象以見體而本無體也.

▣ 일음(一陰)과 일양(一陽)을 도라고 일컫는다. 도는 소리도 없고 형체도 없어서 깨달아 알 수가 없다. 그러므로 도로(道路)의 도(道)를 빌려서 이름으로 삼았는데, 사람이 다닐 때 반드시 길로 다니기 때문이다. 일음과 일양은 하늘땅의 도이다. 만물이 이로 말미암아 생겨나고 이로 말미암아 이루어진다.

一陰一陽之謂道道無聲無形不可得而見者也. 故假道路之道而爲名人之有行, 必由乎道. 一陰一陽天地之道也. 物由是而生由是而成者也.

▣ 일에는 크고 작은 것이 없으며 모두 도가 그 속에 있다. 편안한 마음으로 제 분수를 지키면 도라 이르고 그렇지 못하면 도가 아니라고 한다. 인(仁)에서 드러내는 것은 하늘땅이 만물을 낳는 공로이며, 사람이 깨달아 알 수 있다. 그러나 만물을 만드는 것은 사람이 깨달아 알 수 없는데 용(用)에서 감추기 때문이다.

事無大小皆有道在其間能安分則謂之道不能安分謂之非道顯諸仁者

天地生萬物之功, 則人可得而見也. 所以造萬物, 則人不可得而見, 是藏諸用也.

▣ 바른 음률(音律)의 수는 7에서 이루어지고 그친다. 하짓날의 해는 인시(寅時)에 솟아 나와 술시(戌時)에 저물며, 해시(亥時) · 자시(子時) · 축시(丑時) 이 3시(時)에는 해가 땅 속으로 들어가 보이지 않는다. 여기서 3수(數)를 쓰지 않는 것은 3시에 비교되기 때문이다. 그러므로 생물의 수도 그러한데 수가 아니면 쓰지 아니하고 수가 있어도 알 수 없다.

正音律數行至于七而止者, 以夏至之日出於寅而入於戌亥子丑三時則日入于地而目無所見, 此三數不行者, 所以比於三時也. 故生物之數亦然. 非數之不行也, 有數而不見也.

▣ 달의 몸체는 본디 검으나 해의 빛을 받아 희다.

月體本黑, 受日之光而白.

▣ 물은 사람의 몸에서 피이고 흙은 사람의 몸에서 살이다.

水在人之身爲血. 土在人之身爲肉.

▣ 하늘땅을 경륜(經綸)하는 것을 재(才)라 일컫고 원대한 계획을 세워 기필코 해내는 것을 지(志)라고 하며 한데 아우르고 받아들이는 것을 양(量)이라고 한다.

經綸天地之謂才. 遠擧必至之謂志并包含容之謂量.

▣ 육허(六虛)는 육위(六位)이다. 허(虛)는 변동하는 일을 기다린다.

六虛者六位也. 虛以待變動之事也.

▣ 형(形)이 있으면 체(體)가 있고 성(性)이 있으면 정(情)이 있다.

有形則有體有性則有情.

▣ 하늘은 용(用)을 맡고 땅은 체(體)를 맡아본다. 성인은 용을 맡아보고 백성은 체를 맡아서 한다. 그러므로 날마다 써도 알지 못한다.

天主用, 地主體. 聖人主用, 百姓主體. 故日用而不知.

▣ 쓸개와 콩팥은 음이고 심장과 지라는 양이다. 심장은 눈을 맡아보고 지라는 코를 맡는다.

膽與腎同陰. 心與脾同陽. 心主目. 脾主鼻.

▣ 양 가운데 양은 해이고 양 가운데 음은 달이며, 음 가운데 양은 별이고 음 가운데 음은 신(辰)이다. 유(柔) 가운데 유는 물이고 유 가운데 강(剛)은 불이며, 강 가운데 유는 흙이고 강 가운데 강은 돌이다.

陽中陽, 日也. 陽中陰, 月也. 陰中陽, 星也. 陰中陰, 辰也. 柔中柔, 水也. 柔中剛, 火也. 剛中柔, 土也. 剛中剛, 石也.

▣ 법(法)은 복희(伏羲)에서 시작하여 요임금 때에 이루어졌으며, 삼왕(三王) 때에 바뀌고 오패(五覇) 때에 최고조에 이르렀으며, 진(秦)나라 때에 끊어졌다. 만세의 치란(治亂)의 자취가 여기에서 벗어나지 못한다.

法, 始乎伏羲成乎堯革於三王, 極于五覇絕于秦. 萬世治亂之迹, 無以逃此矣.

▣ 해는 염통이 되고 달은 쓸개가 되고 별은 지라가 되고 신(辰)은 콩

팔이 되는데 장(臟)이다. 돌은 허파가 되고 흙은 간이 되고 불은 밥통이 되고 물은 오줌통이 되는데 부(腑)이다.

日爲心, 月爲膽, 星爲脾, 辰爲腎藏也. 石爲肺, 土爲肝, 火爲胃, 水爲膀胱府也.

▣ 역(易)의 생수(生數)는 129,600이며 도합 4,320세(世)이다. 이것은 소장(消長)의 대수(大數)이다. 확대하면 30년의 신수(辰數), 곧 그 수가 된다. 1년 360일이 4,320신(辰)을 얻고 여기에 30을 곱하면 그 수를 얻는다. 무릇 갑자(甲子)와 갑오(甲午)는 해의 첫머리이다. 이것을 경세(經世)의 수라고 하는데 해는 갑(甲), 달은 자(子), 별은 갑(甲), 신(辰)은 자(子)에서 시작한다. 또 말하기를 이것은 경세 일갑(經世日甲)의 수라고 하는데 달은 자(子), 별은 갑(甲), 신(辰)은 자(子)를 따른다.

易之生數一十二萬九千六百總爲四千三百二十世, 此消長之大數. 演三十年之辰數, 卽其數也. 歲三百六十日, 得四千三百二十辰. 以三十乘之, 得其數矣. 凡甲子甲午爲世首. 此爲經世之數, 始于日甲, 月子, 星甲, 辰子. 又云, 此經世日甲之數, 月子星甲辰子從之也.

▣ 콧구멍에서 나오는 더운 김은 눈으로 볼 수 있고 입에서 나오는 말은 귀로 들을 수 있는데 비슷한 것으로 응하기 때문이다.

鼻之氣目見之, 口之言耳聞之, 以類應也.

▣ 의개(倚蓋)의 견해에 의하면 곤륜산(崑崙山)이 사방으로 드리워져서 바다가 되었다고 하는데 이치를 헤아리면 그렇지 않다. 땅은 네모 반듯하여 움직이지 아니하고 가만히 있는데 어떻게 둥근 것을 얻어서 하늘처럼 움직이겠는가?

倚蓋之說, 崐崙四垂而爲海, 推之理則不然. 夫地直方而靜, 豈得如圓動之天乎.

▣ 조수(潮水)는 땅의 천식이며, 달에 응하는데 비슷한 것에 따르는 것이다.

海潮者, 地之喘息也. 所以應月者, 從其類也.

▣ 십간(十干)은 하늘이고 십이지(十二支)는 땅이다. 십간과 십이지는 하늘땅의 용(用)과 결합한다.

十干, 天也. 十二支, 地也. 支干配天地之用也.

▣ 짐승은 태어날 때 머리부터 나오고 식물은 뿌리부터 나온다. 머리부터 나오는 것은 목숨이 머리에 있고 뿌리부터 나오는 것은 목숨이 뿌리에 있다.

動物自首生. 植物自根生. 自首生, 命在首. 自根生, 命在根.

▣ 신(神)은 역(易)의 주인이다. 그러니까 구역이 없다. 역은 신의 용(用)이다. 그러니까 체(體)가 없다.

神者, 易之主也, 所以無方. 易者, 神之用也, 所以無體.

▣ 이치를 좇으면 상(常)이 되고 이치를 어기면 이(異)가 된다.

循理則爲常. 理之外則爲異矣.

▣ 풍(風)종류와 수(水)종류는 크기가 서로 반대이다.

風類水類小大相反.

▣ 진괘(震卦)는 용(龍)이 된다. 한 개의 양이 두 개의 음 아래에서 움직이는 것이 진괘이다. 깊은 못 속에 있는 짐승은 용이 아니고 무엇이겠는가!

震爲龍, 一陽動於二陰之下, 震也. 重淵之下有動物者, 豈非龍乎.

▣ 1, 10, 100, 1,000, 10,000, 100,000은 홀수로 하늘의 수이며 20, 120, 1,200, 12,000, 120,000은 짝수로 땅의 수이다.

一十百千萬億爲奇, 天之數. 二十百二十千二百萬二千億二萬爲偶, 地之數也.

▣ 하늘의 양은 동남쪽에 있으며 해와 달이 위치한다. 땅의 음은 서북쪽에 있으며 불과 돌이 위치한다.

天之陽在東南, 日月居之. 地之陰在西北, 火石處之.

▣ 불은 성(性)을 으뜸으로 삼고 체(體)를 버금으로 삼으며, 물은 체를 으뜸으로 삼고 성을 버금으로 삼는다.

火以性爲主體次之. 水以體爲主性次之.

▣ 양은 성(性)이고 음은 정(情)이며, 성은 신(神)이고 정은 귀(鬼)이다.

陽性而陰情. 性神而情鬼.

▣ 진괘(震卦)에서 시작하여 간괘(艮卦)에서 끝나는 한 단락은(제출호진 성언호간) 문왕(文王)의 팔괘에서 뚜렷하게 나타내 보였으며, 하늘땅이 위치를 정하는 한 단락은 복희(伏羲)의 팔괘에서 뚜렷이 드러내어 보

였다. 팔괘(八卦)가 서로 한데 어울려 뒤섞이는 것은 한데 뒤섞이어 이루어진 육십사괘에서 분명하게 드러내 보였다.

起震終艮一節, 明文王八卦也. 天地定位一節, 明伏羲八卦也. 八卦相錯者, 明交錯而成六十四也.

▣ 가는 것을 세는 것은 순(順)이다. 하늘을 따라 운행하는 것은 왼쪽으로 도는 것이다. 모두 이미 생겨난 괘(卦)이므로 가는 것을 센다고 한 것이다. 앞날을 미리 아는 것은 역(逆)이다. 하늘을 거슬러 운행하는 것은 오른쪽으로 도는 것이다. 모두 아직 생기지 아니한 괘이므로 앞날을 미리 안다고 한 것이다. 무릇 역(易)의 수는 짐작으로 인해 이루어진다. 이 한 단락은 하도(河圖)의 뜻을 직접 풀이한 것으로 사시(四時)를 미리 안다고 하는 것과 같다.

數往者順. 若順天而行, 是左旋也, 皆已生之卦也, 故云數往也. 知來者逆. 若逆天而行, 是右行也, 皆未生之卦也, 故云知來也. 夫易之數由逆而成矣. 此一節直解圖意, 若逆知四時之謂也.

▣ 《상서 · 요전(尙書 · 堯典)》의 1년은 366일이다. 무릇 해의 남은 나머지는 6이고 달의 모자라는 나머지 또한 6이다. 만일 해와 달의 나머지 12를 빼면 354가 된다. 이것이 곧 일행(日行)의 수이며, 12로 나누면 29일을 얻게 된다.

堯典朞三百六旬有六日. 夫日之餘盈也六, 則月之餘縮也亦六若去日月之餘十二, 則有三百五十四, 乃日行之數. 以十二除之, 則得二十九日.

▣ 50을 나누면 10이 된다. 만일 3의 하늘을 두 번 하면 6이 되고 2의 땅을 두 번 하면 4가 된다. 이것은 하늘땅이 태극(太極)의 수를 나눈 것이다. 하늘의 변(變)은 6이다. 6에 6을 곱하면 36이 되는데 이것은 건괘(乾卦) 1효(爻)의 수이다. 6효의 책(策)이 쌓여서 도합 216을 얻게 되는데 건괘의 책(策)이다. 6에 4를 곱하면 24가 되는데 이것은 곤괘(坤卦) 1효의 책이다. 6효의 수가 쌓여서 도합 144가 되는데 곤괘의 책이다. 2편(篇)의 책이 쌓이면 11,520이 된다.

五十分之則爲十若三天兩之則爲六兩地又兩之則爲四, 此天地分太極之數也. 天之變六. 六其六得三十六爲乾一爻之數也. 積六爻之策共得二百一十有六爲乾之策. 六其四得二十四爲坤一爻之策. 積六爻之數共得一百四十有四爲坤之策. 積二篇之策, 乃萬有一千五百二十也.

▣ 《소문(素問)》에 이르기를 폐는 살갗과 털을 맡아보고 심장은 힘줄을, 비장은 살을, 간은 힘살을, 콩팥은 뼈를 맡아본다고 하였는데 위에서 아래로, 밖에서 안으로 되어 있다. 심장은 피를, 신장은 뼈를 맡아보며 서로 교차한바 서로 교차하여 用이 된다.

素問肺主皮毛, 心脉脾肉, 肝筋腎骨, 上而下, 外而內也. 心血腎骨, 交法也. 交卽用也.

▣ 《주역(周易)》은 삼황(三皇)부터 시작하고 《상서(尙書)》는 이제(二帝)부터 시작하며, 《시경(詩經)》은 삼왕(三王)부터 시작하고 《춘추(春秋)》는 오패(五覇)부터 시작한다.

易始于三皇. 書始于二帝. 詩始于三王. 春秋始于五覇.

▣ 건괘(乾卦)를 하늘과 같다고 한 것은 상(象)을 근본으로 한 것이고, 금(金)과 같다고 한 것은 상(象)을 벌이어 놓은 것이다.

乾爲天之類, 本象也. 爲金之類, 列象也.

▣ 역(易)은 건괘(乾卦)와 곤괘(坤卦)에서 시작하고 감괘(坎卦)와 이괘(離卦)에서 가운데가 되며 수화(水火)의 기제괘(旣濟卦)와 미제괘(未濟卦)에서 끝맺게 되는데 모두 지극한 이치이다.

易之首于乾坤. 中于坎離. 終于水火之交不交. 皆至理也.

▣ 하늘과 땅이 나란히 함께 가면 장(藏)과 부(府)가 결합하게 되는데 4장(藏)은 하늘이고 4부(府)는 땅이다.

天地並行則藏府配. 四藏天, 四府地也.

▣ 건괘와 곤괘에서부터 감괘와 이괘까지는 천도(天道)이고, 함괘(咸卦)와 항괘(恒卦)에서부터 기제괘와 미제괘까지는 인사(人事)이다.

自乾坤至坎離, 以天道也. 自咸恒至旣濟未濟, 以人事也.

▣ 태극(太極)은 1이다. 움직이지 않고 가만히 있으면 2가 생겨나는데 2는 신(神)이다.

太極一也不動. 生二, 二則神也.

▣ 불은 습(濕)을 생기게 하고 물은 조(燥)를 생기게 한다.

火生濕. 水生燥.

▣ 신(神)은 수(數)를 낳고 수는 상(象)을 낳으며 상은 기(器)를 낳는다.

神生數. 數生象. 象生器.

▣ 태극이 움직이지 않고 가만히 있으면 성(性)이고 움직이면 신(神)이다. 신은 곧 수(數)이고 수는 곧 상(象)이며, 상은 곧 기(器)이고 기는 곧 변(變)인데 다시 신(神)으로 되돌아간다.

太極不動, 性也. 發則神. 神則數. 數則象. 象則器. 器之變, 復歸於神也.

▣ 복괘(復卦)에서 건괘(乾卦)까지 모두 120개의 양효(陽爻)가 있고 구괘(姤卦)에서 곤괘(坤卦)까지 모두 80개의 양효가 있으며, 구괘에서 곤괘까지 모두 120개의 음효(陰爻)가 있고 복괘에서 건괘까지 모두 80개의 음효가 있다.

復至乾凡百有二十陽, 姤至坤凡八十陽. 姤至坤凡百有二十陰, 復至乾凡八十陰.

▣ 건(乾)은 기(奇)이고 건(健)이다. 그러므로 온 세상의 굳센 것 가운데 하늘만한 것이 없다. 곤(坤)은 우(耦)이고 순(順)이다. 그러므로 온 세상의 순한 것 가운데 땅만한 것이 없으며, 이것은 하늘을 따르는 까닭이다. 진(震)은 기(起)이며 일양(一陽)이 움직인다. 기(起)는 움직인다는 뜻이다. 그러므로 온 세상의 움직임 가운데 천둥만한 것이 없다. 감(坎)은 함(陷)이고 일양(一陽)이 이음(二陰) 사이에 빠져 있다. 함(陷)은 '떨어지다'의 뜻이다. 그러므로 온 세상의 낮은 데에 있는 것 가운데 물만한 것이 없다. 간(艮)은 지(止)이고 일양(一陽)이 여기에서 그친다. 그러므로 온 세상의 움직이지 않는 것 가운데 산만한 것이 없다. 손(巽)은 입(入)

이고 일음(一陰)이 이양(二陽)의 사이에 들어가 있다. 그러므로 온 세상의 들어가는 것 가운데 바람만한 것이 없다. 이(離)는 여(麗)이며 일음(一陰)이 이양(離陽)에서 멀어져 간다. 그 괘(卦)는 한데 어울려 뒤섞이어 무늬를 이루어서 화려하다. 온 세상의 화려함 가운데 불만한 것이 없다. 그러므로 또 덧붙이는 것도 여(麗)라고 한다. 태(兌)는 열(說)이며 일음(一陰)이 밖으로 나와서 만물을 기쁘게 한다. 그러므로 온 세상의 기쁨 가운데 못만한 것이 없다.

乾奇也, 健也, 故天下之健莫如天. 坤耦也, 陰也, 順也, 故天下之順莫如地, 所以順天也. 震, 起也. 一陽起也. 起, 動也. 故天下之動莫如雷. 坎陷也. 一陽陷於二陰. 陷, 下也. 故天下之下莫如水. 艮, 止也. 一陽於是而止也. 故天下之止莫如山. 巽, 入也. 一陰入二陽之下. 故天下之入莫如風. 離, 麗也. 一陰離於二陽, 其卦. 錯然成文而華麗也. 天下之麗莫如火, 故又爲附麗之麗兌, 說也. 一陰出於外而說於物. 故天下之說莫如澤.

▣ 불은 안은 어둡고 밖은 밝다. 그러므로 이괘(離卦)는 양효(陽爻)가 밖에 있다. 불의 쓸모는 밖을 쓰는 것이다. 물은 밖은 어둡고 안은 밝다. 그러므로 감괘(坎卦)의 양효가 안에 있다. 물의 쓸모는 안을 쓰는 것이다.

火內暗而外明故離陽在外. 火之用, 用外也. 水外暗而內明, 故坎陽在內. 水之用, 用內也.

▣ 인모(人謀)는 인(人)이고 귀모(鬼謀)는 천(天)이다. 하늘과 사람이 함께 꾀하면 모든 것을 할 수 있고 일이 이루어지면 길하다.

人謀, 人也. 鬼謀, 天也. 天人同謀而皆可, 則事成而吉也.

▣ 탕왕(湯王)은 걸왕(桀王)을 내쫓고 무왕(武王)은 주왕(紂王)을 정벌

하였지만 시(弑)라고 하지 않는다. 맹가(孟軻)가 남자와 여자가 손수 물건을 주고받는 것은 예가 아니라고 하였는데 형수가 물에 빠졌을 때 손을 내미는 것은 권(權)이다. 그러므로 공구(孔丘)가 백이(伯夷)와 숙제(叔齊)를 높이고 또 탕왕과 무왕도 높였는데 백이와 숙제는 인(仁)이고 탕왕과 무왕은 의(義)이다. 오직 탕왕과 무왕만 되고 탕왕과 무왕이 아니면 이름을 빼앗는 것이다.

湯放桀武王伐紂而不以爲弑者, 若孟子言男女授受不親禮也, 嫂溺則援之以手. 權也. 故孔子旣尊夷齊, 亦與湯武. 夷齊仁也. 湯武義也. 唯湯武則可, 非湯武是簒也.

▣ 모든 괘는 건괘 · 곤괘와 한데 뒤섞이지 않으면 비괘(否卦) · 태괘(泰卦)에서 생겨난다. 비괘와 태괘는 건괘와 곤괘가 한데 뒤섞인 것이다. 건괘와 곤괘는 홀수와 짝수에서 생겨나고 홀수와 짝수는 태극에서 생겨난다.

諸卦不交於乾坤者, 則生於否泰. 否泰, 乾坤之交也. 乾坤起自奇偶. 奇偶生自太極.

▣ 태괘(泰卦)에서 비괘(否卦)까지의 사이에 고괘(蠱卦)가 있고, 비괘에서 태괘까지의 사이에 수괘(隨卦)가 있다.

自泰至否, 其間則有蠱矣. 自否至泰, 其間則有隨矣.

▣ 하늘이 나로 하여금 살아 있게 하는 것을 명(命)이라고 한다. 명이 나에게 있는 것을 성(性)이라 하고 성이 사물에 있는 것을 이(理)라고 한다.

天使我有是之謂命. 命之在我之謂性. 性之在物之謂理.

▣ 때를 따라 변하고 천하의 전고(典故)에 거스르지 않으면 예(禮)의 큰 벼리를 잃지 않으며, 때를 따라 변하고 천하의 이치에 거스르지 않으면 의(義)의 큰 위세를 잃지 않는데 이것이 군자의 도이다.

變從時而便天下之事不失禮之大經, 變從時而順天下之理不失義之大權者, 君子之道也.

▣ 초하룻날이 시작되면 양기(陽氣)가 북쪽에서 생겨나며, 북쪽에 이르러 다하게 되는데 이것을 변역(變易)의 순환이라고 한다.

朔易, 以陽氣自北方而生, 至北方而盡, 謂變易循環也.

▣ 봄은 양기가 위세를 손에 넣었으므로 가뭄이 많고, 가을은 음기가 위세를 얻었으므로 비가 많다.

春陽得權, 故多旱. 秋陰得權, 故多雨.

▣ 원(元)에 둘이 있는데 첫째가 하늘땅을 처음 낳은 태극이고, 둘째가 만물 속에 각각 있는 처음인데 생(生)의 근본이다.

元有二. 有生天地之始, 太極也. 有萬物之中各有始者, 生之本也.

▣ 오성(五星)의 학설은 감공(甘公)과 석신(石申)으로부터 비롯하였다.

五星之說, 自甘公石公始也.

▣ 하늘땅의 마음은 만물을 낳는 근본이다. 하늘땅의 정(情)은 정상(情狀)으로 귀신의 정상과 같다.

天地之心者, 生萬物之本也. 天地之情者, 情狀也. 與鬼神之情狀同.

▣ 하늘에 오신(五辰)이 있는데 일(日) · 월(月) · 성(星) · 신(辰)과 천(天) 이렇게 다섯이며, 땅에 오행(五行)이 있는데 금(金) · 목(木) · 수(水) · 화(火)와 토(土) 이렇게 다섯이다.

天有五辰, 日月星辰與天而爲五. 地有五行, 金木水火與土而爲五.

▣ 온천(溫泉)은 있지만 한화(寒火)는 없다. 음(陰)은 양(陽)을 따르지만 양은 음을 따르지 않기 때문이다.

有溫泉而無寒火, 陰能從陽而陽不能從陰也.

▣ 천둥이 있으면 번개가 있고 번개가 있으면 바람이 있다.

有雷則有電. 有電則有風.

▣ 나무의 단단함은 우레가 아니면 흔들려 움직이지 않고, 풀의 부드러움은 이슬이 아니면 촉촉하게 적시지 못한다.

木之堅, 非雷不能震. 草之柔, 非露不能潤.

▣ 사람의 슬기는 강하나 사물의 슬기는 약하다.

人智强則物智弱.

▣ 양수(陽數)는 360에서 남고 음수(陰數)는 360에서 모자라게 된다.

陽數於三百六十上盈. 陰數於三百六十上縮.

▣ 사람은 만물의 영장이지만 뛰는 짐승에 귀속된다. 뛰는 짐승은 음(陰)이다. 그러므로 120이 된다.

人爲萬物之靈, 寄類於走. 走陰也, 故百有二十.

▣ 비는 물에서 생기고 이슬은 흙에서 생기며, 우레는 돌에서 생기고 번개는 불에서 생긴다. 번개와 바람은 모두 양(陽)의 극이므로 번개가 있으면 반드시 바람이 있다.

雨生於水. 露生於土. 雷生於石. 電生於火. 電與風同爲陽之極故有電必有風.

▣ 장주(莊周)와 혜시(惠施)가 호수(濠水)의 징검다리 근처에서 노닐고 있었다. 장주가 말하였다. "피라미가 한가롭게 헤엄치고 있소. 이게 바로 물고기의 즐거움이란 거요." 이것은 자기의 성(性)을 다한 것이고 사물의 성(性)도 다한 것이다. 비단 물고기뿐만이 아니라 온 세상의 사물이 모두 그러하다. 장주 같은 사람을 사물에 밝은 사람이라고 할 수 있다.

莊子與惠子遊於濠梁之上. 莊子曰 魚出遊從容, 是魚之樂也. 此盡己之性能盡物之性也. 非魚則然天下之物皆然. 若莊子者, 可謂善通物矣.

▣ 장주가 지은 〈도척편(盜跖篇)〉에서, 막돼먹은 사람은 제아무리 뛰어난 성인이라도 교화시킬 수 없음을 밝혔다. 대개 상지(上智)와 하우(下愚)는 변하지 않기 때문이다.

莊子著盜跖篇, 所以明至惡雖至聖亦莫能化. 蓋上智與下愚不移故也.

▣ 노(魯)나라에 선비가 한 사람 있는데 공구(孔丘)이다.

魯國之儒一人者, 謂孔子也.

▣ 노담(老聃)은 역(易)의 본체를 알았다.

老子知易之體者也.

▣ 온 세상의 일은 처음에는 지나치게 조심하다가 마지막에는 흐지부지하게 되고, 처음에는 지나치게 삼가다가 끝판에는 엉성하게 된다. 하물며 처음부터 흐지부지하고 엉성하게 함에 있어서랴! 그러므로 조심하면 잃은 것이 적고 경솔하면 잃은 것이 많으며, 삼가면 잃은 것이 적고 엉성하면 잃은 것이 많다. 그래서 군자는 지나치게 조심하는 것을 근심하지 않고 항상 너무 경솔함을 근심하며, 너무 삼가는 것을 걱정하지 않고 박한 것을 걱정한다.

天下之事始過於重, 猶卒於輕. 始過於厚, 猶卒於薄. 況始以輕始以薄者乎. 故鮮失之重多失之輕. 鮮失之厚多失之薄. 是以君子不患過乎重, 常患過乎輕不患過乎厚常患過乎薄也.

▣ 《장자 · 제물론(莊子 · 齊物論)》은 교량(較量)에서 벗어나지 못하였다. 견주어 헤아리면 다투게 되고 다투게 되면 공평하지 않게 되며, 공평하지 않으면 뜻을 합하여 서로 잘 어울리지 못하게 된다.

莊子齊物, 未免乎較量較量則爭. 爭則不平. 不平則不和.

▣ 무사(無思)와 무위(無爲)는 신묘하게 하나의 경지에 이르는 것이다. 이른바 일이관지(一以貫之)이다. 성인은 이것으로 마음을 깨끗이 하고 조용한 데로 물러나 숨는다.

無思無爲者, 神妙致一之地也. 所謂一以貫之. 聖人以此洗心退藏於密.

▣ 인(仁)을 맡음에 있어서 스승에게 양보하지 않는 것도 사람의 도리를 다하는 것이다.

當仁不讓於師者, 進人之道也.

▣ 진(秦)나라 목공(穆公)이 정(鄭)나라를 공격하였으나 실패하자 잘못을 뉘우치고 스스로 맹서(盟誓)의 말을 하였다. 이것은 단지 패자(霸者)의 일에 머물지 않고 왕도(王道)에 가깝다. 뉘우치면 허물이 없어진다. 이것이 성인이 《상서(尙書)》의 끝머리에 기록하여 놓은 까닭이다.

秦穆公伐鄭敗而有悔過自誓之言, 此非止霸者之事, 幾於王道. 能悔則無過矣. 此聖人所以錄於書末也.

▣ 유현(劉絢)이 무위(無爲)에 대하여 물었다. 대답하기를 때가 그러한 뒤에 말하면 사람들은 그 말을 싫어하지 않으며, 즐겁게 한 뒤에 웃으면 사람들은 그 웃음을 싫어하지 않으며, 의로움을 행한 뒤에 얻으면 사람들은 그 얻음을 싫어하지 않는다. 이것이 이른바 무위이다.

劉絢問無爲. 對日. 時然後言, 人不厭其言. 樂然後笑, 人不厭其笑. 義然後取, 人不厭其取. 此所謂無爲也.

▣ 고수(瞽瞍)가 사람을 죽이자 순(舜)은 천하를 헌신짝 버리듯 팽개치고 아비를 몰래 업고 바닷가로 달아나 숨어 살며, 평생토록 기꺼이 즐거워하며 천하를 잊었다. 성인은 천하가 비록 크다 하나 천성이 좋아함을 바꾸지 않는다.

瞽瞍殺人, 舜視棄天下猶棄敝屣也, 竊負而逃遵海濱而處終身訢然樂而忘天下. 聖人雖天下之大, 不能易天性之愛.

▣ 문중자(文中子)가 말하기를 쉽게 기뻐하는 사람은 반드시 슬픔이 많고 가벼이 베푸는 사람은 반드시 빼앗기를 좋아한다. 어떤 사람이 묻기를 천하가 모두 이익을 다투고 의(義)를 내팽개치는데 나만 홀로 어찌 합니까? 문중자가 대답하기를 그 다투는 바를 버리고 내버리는 것을 얻어서 가지면 이 또한 군자가 아니리오! 이와 같은 것은 예의(禮義)의 말이다. 속마음으로 판단함이 오래이다. 이와 같은 것은 조화(造化)의 말이다.

文中子曰, 易樂者必多哀. 輕施者必好奪. 或曰, 天下皆爭利棄義, 吾獨若之何. 子曰. 舍其所爭, 取其所棄, 不亦君子乎若此之類, 禮義之言也. 心迹之判久矣. 若此之類, 造化之言也.

▣ 장주(莊周)의 성격은 호탕하다. 여량(呂梁)의 일은 말한 것이 지극하였고, 〈도척(盜跖)〉에서 어찌할 도리가 없는 일을 말하였는데 비록 성인일지라도 어찌할 수 없을 것이다. 〈어부(漁父)〉에서 억지로 해서는 안 됨을 말하였는데 비록 성인일지라도 억지로 해서는 안 될 것이다. 이 말은 유위(有爲)와 무위(無爲)의 이치에 대한 것으로 이치를 따르면 무위이고 억지로 하면 유위이다.

莊子氣豪. 若呂梁之事, 言之至者也. 盜跖, 言事之無可奈何者雖聖人亦莫如之何. 漁父, 言事之不可强者雖聖人亦不可强. 此言有爲無爲之理, 順理則無爲, 强則有爲也.

▣ 쇠는 모름지기 100번을 담금질한 뒤에야 정철(精鐵)이 되는데 사람도 마찬가지이다.

金須百鍊然後精, 人亦如此.

▣ 불교(佛敎)는 군신(君臣) · 부자(父子) · 부부(夫婦)의 도리를 저버렸으니 어찌 자연의 이치리오!

佛氏棄君臣父子夫婦之道, 豈自然之理哉.

▣ 도에 뜻을 둔 것을 한마디로 말하면 지(志)라고 하는데 어떤 일에 마음을 두어 깊이 생각하는 것을 말한다. 덕은 나에게 이르는 것이고 형체가 있으므로 의지할 수 있다. 덕은 인(仁)에 온 마음을 다 기울이는 것이므로 의지할 수 있다고 말한 것이다.

志於道者, 統而言之志者, 潛心之謂也. 德者, 得於己, 有形故可據德主於仁, 故日依.

▣ 《장자(莊子)》에 이르기를 숙수(熟手)가 음식을 잘못 만든다고 신주나 축문이 술통과 적대(炙臺)를 들고 그를 대신할 수는 없다고 하였다. 이것은 군자의 사려범위는 자신의 지위를 벗어나지 않으며, 현재의 지위에서 생각한다는 뜻이다.

莊子日, 紋人雖不治紋尸祝不越樽俎而代之. 此君子思不出其位, 素位而行之意也.

▣ 진(晉)나라의 호석고(狐射姑)가 양처보(陽處父)를 죽였는데, 《춘추(春秋)》는 진(晉)나라에서 대부(大夫) 양처보를 죽였다고만 쓰고 앞부분은 빼고 말하지 않았다. 임금이 꼼꼼하지 않으면 신하를 잃으므로 나라에서 죽였다고 쓴 것이다.

晉狐射姑 殺陽處父春秋書晉殺其大夫陽處父 上漏言也. 君不密則失臣故書國殺.

▣ 사람이 중화지기(中和之氣)를 얻으면 강유(剛柔)가 고르게 되는데, 양이 많으면 강(剛)에 치우치고 음이 많으면 유(柔)에 치우친다.

人得中和之氣則剛柔均陽多則偏剛. 陰多則偏柔.

▣ 사람이 도(道)를 파고들 때 마땅히 귀신이 엿보지 못하는 데에 이르러야 지극하다고 할 수 있다.

人之爲道當至於鬼神不能窺處, 是爲至矣.

▣ 역(易)을 만드는 것은 앎을 훔치는 것이다. 성인은 천하만물의 이치를 알고, 한 이치로써 모든 것을 일관한다.

作易者其知盜乎, 聖人知天下萬物之理而一以貫之.

▣ 맛있는 국은 서로 어울리게 할 수 있고 현주(玄酒)는 스며들게 할 수 있다. 곧 조화(造化)도 마찬가지로 서로 어울리게 하고 스며들게 할 수 있다.

大羹可和玄酒可漓則是造化亦可和可漓也.

▣ 하루의 사물이 있고 한 달의 사물이 있고 한 시간의 사물이 있고 한 해의 사물이 있고 10년의 사물이 있으며, 심지어 100년 · 1,000년 · 10,000년의 사물이 모두 있다. 하늘땅도 또한 사물이며 수(數)를 가지고 있다.

有一日之物. 有一月之物. 有一時之物. 有一歲之物. 有十歲之物至於百千萬皆有之. 天地亦物也, 亦有數焉.

▣ 태극(太極)은 도의 극(極)이고 태현(太玄)은 도의 현(玄)이며, 태소(太素)는 빛깔의 바탕이고 태일(太一)은 수의 시작이며, 태초(太初)는 일의 맨 처음인데 그 이루는 바는 똑같다.

太極道之極也. 太玄道之玄也. 太素, 色之本也. 太一, 數之始也. 太初, 事之初也. 其成功則一也.

▣ 처지를 바꾸어 생각하면 자기 생각이 없어진다.

易地而處則無我也.

▣ 음은 양의 그림자이고 귀신은 사람의 그림자이다.

陰者陽之影.

▣ 기(氣)는 6변(變)하고 체(體)는 4분(分)한다.

鬼者人之影也.氣以六變體以四分.

▣ 위쪽에서 아래쪽으로 향하여 오는 것을 임(臨)이라 하고, 위에서 아래로 향하여 보는 것을 관(觀)이라고 한다.

以尊降卑曰臨. 以上觀下曰觀.

▣ 제 생각으로 터무니없는 짐작을 하지 않고 큰소리 치지 않고 자신의 행위만이 옳다고 굳게 내세우지 않고 제 생각만을 우기지 않았다. 이것은 합하여 말하면 하나이고 나누어서 말하면 둘이며, 합하여 말하면 둘이고 나누어서 말하면 넷이다. 처음부터 제 생각으로 터무니없는 짐작을 하게 되면 제 생각만을 우기게 되며, 제 생각으로 터무니없는 짐작

을 한 뒤에는 큰소리 치게 된다. 큰소리 치는 것은 제 생각으로 터무니없는 짐작을 하는 것에서 생긴다. 자신의 행위만이 옳다고 굳게 내세운 뒤에는 제 생각만을 우기게 되는데 제 생각만을 우기는 것은 자신의 행위만이 옳다고 굳게 내세우는 데서 생긴다. 제 생각으로 터무니없는 짐작을 하는 것은 생각을 가지고 있기에 먼저 큰소리를 치게 되며, 자신의 행위만이 옳다고 굳게 내세우는 것은 융통성이 없으므로 제 생각만을 우기게 된다.

毋意毋必毋固毋我. 合而言之則一, 分而言之則二. 合而言之則二, 分而言之則四. 始於有意成於有我有意然後有必, 必生於意. 有固然後有我, 我生於固. 意有心, 必先期, 固不化. 我有己也.

▣ 기억하고 있다. 남의 질문에 대답이나 하는 학문은 아직 사업을 이루기에는 부족하다.

記問之學, 未足以爲事業.

▣ 지혜롭도다. 장량(張良)은 그 용(用)을 잘 감추었다.

智哉留侯, 善藏其用.

▣ 생각이 한 번 일어나면 귀신이 깨달아 알게 된다. 그러므로 군자는 혼자 있을 때에도 삼가지 않을 수 없다.

思慮一萌鬼神得而知之矣. 故君子不可不愼獨.

▣ 때가 그렇게 된 뒤에 말하는 것은 말에 제 생각이 없는 것이다.

時然後言, 言不在我也.

▣ 배움은 멈추지 않는 데 있다. 그러므로 왕통(王通)이 말하기를 한 평생을 다 바쳐 하는 것이다.

學在不止. 故王通云, 沒身而已.

▣ 성(誠)은 성(性)을 주장하는 연장으로 단서도 없고 방향도 없다.

誠者主性之具, 無端無方者也.

# 황극경세서(皇極經世書) · 七

외서편

## 어초문대(漁樵問對)

▣ 고기잡이가 이수(伊水)가에서 낚시를 드리우고 있었다. 나무꾼이 지나가다 짊어진 짐을 벗어 놓고 너럭바위 위에 앉아 쉬면서 고기잡이에게 물었다. "고기는 좀 낚았습니까?" 고기잡이가 대답하였다. "예!" 나무꾼이 물었다. "낚싯바늘에 미끼가 없어도 됩니까?" 고기잡이가 대답하였다. "안 됩니다." 또 대답하였다. "낚이지 않습니다. 미끼는 물고기에게 먹음직스럽지만 해를 줍니다. 사람은 물고기를 이롭게 하는 척하면서 날찍을 얻습니다. 그 이로움은 같지만 해로움은 다릅니다." 나무꾼이 말하였다. "외람되지만 좀 여쭙겠습니다. 왜 그렇습니까?" 고기잡이가 대답하였다. "당신은 나무꾼입니다. 나와 하는 바가 다르므로 어떻게 나의 일을 알겠습니까? 그러나 당신을 위해 말해 보겠습니다. 그대의 이익은 나의 이익과 같고 그대의 손해 또한 나의 손해와 같지만, 당신은 작은 것만 알 뿐 큰 것을 알지 못합니다. 물고기가 먹기에 이로우면 나 또한 먹기에 이롭고 물고기가 먹기에 해로우면 나 또한 먹기에 해롭습니다. 당신은 물고기가 종일토록 먹을 것을 얻는 것이 이롭다는 것만 알지 물고기가 종일토록 먹을 것을 얻지 못하더라도 해가 되지 않는다는 것을 어찌 알겠습니까? 이와 같이 미끼의 해로움은 크고 낚싯바늘의 해로움은 가볍습니다. 당신은 내가 종일토록 물고기를 잡는 것이 이롭다는 것만 알지 내가 종일토록 물고기를 잡지 못하더라도 해가 되지 않는다는 것을 어찌 알겠습니까? 이처럼 나의 손해는 크지만 물고기의 손해는 적습니다. 물고기 한 마리로 사람의 한 번 먹거리를 해결하면 물고기

의 손해가 크며, 사람의 한 몸으로 물고기의 한 번 끼닛거리를 해결한다면 사람의 손해 또한 큽니다. 또 큰 강이나 큰 바다에서 낚시질을 한다면 입장이 바뀔 걱정을 하지 않아도 됨을 어찌 알겠습니까? 물고기는 물에서 유리하고 사람은 뭍에서 유리합니다. 물과 뭍은 다르지만 그 이로움은 똑같습니다. 물고기는 미끼 때문에 해를 입고 사람은 재물 때문에 해를 입습니다. 미끼와 재물은 다르지만 그 해로움은 똑같습니다. 다시 어떻게 저것과 이것을 꼭 나눌 수 있겠습니까? 당신은 체(體)를 말할 수 있지만 용(用)을 알지 못합니다."

나무꾼이 또 물었다. "물고기를 날로 먹습니까?" 고기잡이가 말하였다. "삶아 먹습니다." 나무꾼이 말하였다. "저의 땔감으로 당신의 물고기를 삶겠군요!" 고기잡이가 말하였다. "그렇습니다." 나무꾼이 말하였다. "나는 쓸모가 그대에게 있음을 알겠습니다." 고기잡이가 말하였다. "그러나 당신은 당신의 땔감이 나의 물고기를 삶는 것만 알지 당신의 땔감이 나의 물고기를 어떻게 삶는 줄은 모릅니다. 땔감으로 물고기를 삶아 먹은 지는 오래되었습니다. 그대를 기다리지 않아도 알 수 있습니다. 만약 세상 사람들이 불이 땔감을 부린다는 것을 알지 못한다면 당신의 나무가 산처럼 쌓여 있어도 그것만으론 어찌하지 못하겠지요!" 나무꾼이 말하였다. "바라건대 그 도리를 듣고 싶습니다."

고기잡이가 말하였다. "불은 동(動)에서 생겨나고 물은 정(靜)에서 생겨납니다. 동정(動靜)은 상생(相生)하고 물과 불은 상식(相息)합니다. 물과 불은 용(用)이고 풀과 나무는 체(體)입니다. 용(用)은 이로움에서 생겨나고 체(體)는 해로움에서 생겨납니다. 이해(利害)는 정(情)에서 나타나고 체용(體用)은 성(性)에 숨습니다. 일성(一性)과 일정(一情)은 성인이 아울러 갖추고 있습니다. 당신의 땔감은 나의 물고기와 같습니다. 불이 없으면 모든 것이 썩어서 아무 쓸모가 없게 됩니다. 또한 사람의 몸을 기를 수 있겠습니까?" 나무꾼이 말하였다. "불의 보람이 땔감보다 큼을 잘 알겠습니다. 사물을 잘 태우는데 꼭 땔감을 기다린 뒤에 태울 필요가 있습니까?" 고기잡이가 말하였다. "땔감은 불의 체(體)이고 불은 땔감의 용(用)입니다. 불은 체가 없으니 땔감을 기다린 뒤에야 체가 있게 되고 땔감은 용이 없으니 불을 기다린 뒤에야 용이 있게 됩니다. 그러므로 무릇 체를 가지고 있는 사물은 모두 불에 탑니다." 나무꾼이 말하였다. "물에도 체(體)가 있습니까?" 고기잡이가 말하였다. "그렇습니다."

나무꾼이 말하였다. "불이 물을 태울 수 있습니까?" 고기잡이가 말하였다. "불의 성질은 맞아들일 수는 있지만 따르지 못하므로 꺼져 버리고, 물의 형체는 따를 수는 있지만 맞아들이지 못하므로 뜨거워집니다. 그러므로 온천(溫泉)은 있으나 한화(寒火)는 없는데 상식(相息)을 말하는 것입니다." 나무꾼이 말하였다. "불의 도는 용(用)에서 생기는데 이 또한 체(體)가 있는지요?" 고기잡이가 말하였다. "불은 용(用)을 으뜸으로 삼고 체(體)를 버금으로 삼기 때문에 움직이고, 물은 체를 으뜸으로 삼고 용을 버금으로 삼기 때문에 움직이지 않고 가만히 있는 것입니다. 불에도 체가 있고 물에도 용이 있으므로 상제(相濟)하고 상식(相息)할 수 있습니다. 비단 물과 불만 그러한 것이 아니고 천하의 사물이 모두 그러한 것입니다. 용(用)에 있어서는 어떤 것인지요!" 나무꾼이 말하기를 "용(用)에 대해서 들을 수 있습니까?" 고기잡이가 가로되 "뜻으로 들을 수 있는 것은 사물의 성(性)이고 말로 전할 수 있는 것은 사물의 정(情)이며, 상상하여 구할 수 있는 것은 사물의 형(形)이고 살펴서 얻을 수 있는 것은 사물의 체(體)입니다. 용(用)은 만물을 오묘하게 말하는 것으로 뜻으로 깨달을 수 있지만 말로 전할 수 없습니다."

나무꾼이 이르기를 "말로 알려 줄 수 없다는 것은 당신이 깨달아 알지 못하는 것 아닙니까?" 고기잡이가 가로되 "내가 깨달아 아는 바를 말로 알려 줄 수 없습니다. 비단 나만 말로 전해 줄 수 없는 것이 아니라 성인도 말로 알려 줄 수 없습니다." 나무꾼이 말하였다. "성인이 말로 전해 줄 수 없다면 육경(六經)은 성인의 말씀이 아니라 말입니까?" 고기잡이가 말하였다. "때가 그러한 뒤에 말한것인 바 어찌 말이 있겠습니까!" 나무꾼이 칭찬하며 말하였다. "하늘땅의 도는 사람에게 빠짐없이 갖추어져 있고 만물의 도는 자기에게 갖추어져 있으며, 여러 오묘한 도는 신(神)에 갖추어져 있어 천하의 일을 끝마칠 수 있으니 또 무엇을 걱정하리오. 내가 지금 이후에야 마음으로 형(形)을 좇는 일이 중요하다는 것을 알았고 그대의 학문 근처에도 미치지 못함을 알았습니다." 그리고 나서 땔감을 쪼개어 물고기를 구워 먹으면서 역(易)에 대하여 의논하였다.

漁者垂釣于伊水之上. 樵者過之. 弛 息肩坐于磐石之上而問于漁者曰魚可鉤取乎. 曰然. 曰, 鉤非餌可乎. 曰否. 曰, 非鉤也. 餌也. 魚利食而見害. 人利魚而蒙利. 其利同也其害異也. 敢問何故. 漁者曰. 子樵者也, 與吾異治. 安得侵吾事乎. 然亦可以爲子試言之. 彼之利, 猶此之利也. 彼之害, 亦猶此之害也. 子知其小, 未知其大. 魚之利食吾亦利乎食也. 魚之害食吾亦害乎食也. 子知魚終日得食爲利, 又安知魚終日不得食不爲害. 如是, 則食之害也重, 而鉤之害也輕. 子知吾終日得魚爲利, 又安知吾終日不得魚不爲害也. 如是則吾之害也重, 魚之害也輕. 以魚之一身當人之一食, 則魚之害多矣. 以人之一身當魚之一食, 則人之害亦多矣. 又安知釣乎大江大海則無易地之患焉. 魚利乎水. 人利乎陸. 水與陸異, 其利一也. 魚害乎餌. 人害乎財. 餌與財異, 其害一也. 又何必分乎彼此哉. 子之言體也, 獨不知用爾樵者又問曰, 魚可生食乎. 曰. 烹之可也. 曰, 必吾薪濟子之魚乎. 曰然. 曰, 吾知有用乎子矣. 曰. 然則子知子之薪能濟吾之魚, 不知子之薪所以能濟吾之魚也. 薪之能濟魚久矣, 不待子而後知. 苟世未知火之能用薪, 則子之薪雖積丘山獨且奈何哉樵者曰, 願聞其方. 曰, 火生于動. 水生于靜.

動靜之相生. 水火之相息. 水火, 用. 草木, 體也. 用生于利. 體生于害. 利害見乎情. 體用隱乎性. 一性一情聖人成能. 子之薪, 猶吾之魚. 微火, 則皆爲腐臭朽壞而無所用矣. 又安能養人七尺之軀哉. 樵者曰, 火之功大於薪, 固已知之矣. 敢問善灼物何必待薪而後傳. 漁者曰, 薪火之體也. 火, 薪之用也. 火無體待薪然後爲體. 薪無用, 待火然後爲用. 是故凡有體之物皆可焚之矣. 曰, 水有體乎. 曰然. 曰, 火能焚水乎. 曰. 火之性能迎而不能隨故滅. 水之體能隨而不能迎, 故熱. 是故有溫泉而無寒火, 相息之謂也. 曰, 火之道生於用, 亦有體乎. 曰, 火以用爲本, 以體爲末, 故動. 水以體爲本, 以用爲末, 故靜. 是火亦有體水亦有用也. 故能相濟, 又能相息. 非獨水火則然, 天下之事皆然. 在乎用之何如爾. 樵者曰, 用可得聞乎. 曰. 可以意得者, 物之性也. 可以言傳者, 物之情也. 可以象求者, 物之形也. 可以數取者物之體也. 用也者, 妙萬物爲言者也. 可以意得而不可以言傳. 曰, 不可以言傳, 則子惡得而知之乎. 曰, 吾所以得而知之者固不能言傳非獨吾不能傳之以言聖人亦不能傳之以言也. 曰, 聖人旣不能傳之以言, 則六經非言也邪. 曰時然後言, 何言之有. 樵者贊曰, 天地之道備於人萬物之道備於身. 衆妙之道備於神. 天下之能事畢矣. 又何思何慮. 吾而今而後知事心踐形之爲大. 不及子之問幾至於殆矣. 乃析薪烹魚而食之, 飫而論易.

▣ 나무꾼과 고기잡이는 이수(伊水)가에서 노닐었다. 고기잡이가 탄식하며 말하였다. "아아, 만물의 많음이여! 잡됨이 맨 처음으로 되지 않았구나. 내가 하늘과 땅 사이에 노닐면서 만물은 모두 무심(無心)으로 다다를 수 있음을 알았도다. 당신이 아니면 내가 누구와 더불어 돌아가리오."

나무꾼이 말하였다. "외람되지만 좀 여쭙겠습니다. 무심으로 천지만물에 이를 수 있는 방법을 알려 주십시오?" 고기잡이가 말하였다. "무심

(無心)은 무의(無意)란 말입니다. 무의(無意)의 의(意)라야 나와 사물의 구분이 없어집니다. 나와 사물의 구분이 없어진 뒤에야 사물을 사물로 대할 수 있게 됩니다." 나무꾼이 말하였다. "무엇을 나라 하고 무엇을 사물이라 합니까?" 고기잡이가 말하였다. "나를 가지고 사물을 좇아가면 나 또한 사물이 되고 말며 사물로 나를 좇아오게 하면 사물 또한 내가 됩니다. 나와 사물이 모두 뜻을 가지고 있기 때문입니다. 따라서 분명히 천지 역시 만물이며, 만물 또한 나이며, 나 또한 만물입니다. 어떤 사물이 내가 되지 않겠으며 어느 내가 사물이 되지 않겠습니까? 이와 같으면 천지를 주재할 수 있으며 귀신을 다스릴 수 있거늘, 하물며 사람이야 어떠하며 사물이야 어떠하리오!"

나무꾼이 고기잡이에게 물었다. "하늘은 무엇에 의지합니까?" 고기잡이가 대답하였다. "땅에 의지합니다." 나무꾼이 물었다. "땅은 무엇에 의지합니까?" 고기잡이가 말하였다. "하늘에 의지합니다." 나무꾼이 말하였다. "그렇다면 하늘과 땅은 무엇에 의지합니까?"

고기잡이가 말하였다. "스스로 서로 의지합니다. 하늘은 형(形)에 의지하고 땅은 기(氣)에 의지합니다. 그 형은 한계가 있지만 그 기는 한계가 없습니다. 유무(有無)는 상생(相生)하고 형기는 상식(相息)합니다. 끝맺으면 처음이 있다는 것이고 끝과 처음 사이에 하늘땅이 존재하고 있습니다. 하늘은 용(用)을 으뜸으로 삼고 체(體)를 버금으로 삼으며, 땅은 체를 으뜸으로 삼고 용을 버금으로 삼습니다. 용(用)의 드나듦을 알맞게 하는 것을 신(神)이라 하고 체(體)의 있음과 없음을 말하는 것을 성(聖)이라고 합니다. 오직 신(神)과 성인만이 하늘땅에 참여할 수 있고 소인은 날마다 써도 모릅니다. 그러므로 해(害)가 생겨나고 실제 내용이 없어지게 되는 우려가 있게 됩니다. 名은 實의 손님이며, 이익은 손해의 주인입니다. 이름은 모자라는 데서 생겨나고 이익은 남는 데서 잃게 됩니다.

해는 남는 데서 생겨나고 사실은 모자라는 데서 잃게 됩니다. 이것은 이치의 일반적인 규칙입니다. 몸을 기르는 자는 반드시 이익을 위해 하는데 탐욕스러운 사람은 몸으로 이익을 좇기 때문에 손해가 생깁니다. 출세를 하려는 자는 반드시 명예를 위하여 하는데 보통 사람들은 몸으로 명예를 좇기 때문에 실제를 잃게 됩니다. 남의 재물을 몰래 훔치는 것을 도둑이라고 합니다. 처음으로 훔칠 때에는 오로지 많지 않음을 두려워하지만 그 나쁜 짓이 드러나 알려지게 되면 오직 많음을 두려워합니다. 재물과 장물(贓物)은 같은 물건입니다. 그러나 그 이름이 둘인 것은 이익과 손해가 있기 때문입니다. 다른 사람의 훌륭한 점을 훔치는 것을 요행(徼幸)이라고 합니다. 처음으로 할 때에는 오로지 많지 않음을 두려워하지만 그 짓이 드러나 알려지게 되면 오직 많음을 두려워하게 됩니다. 명예와 헐뜯음은 같은 일이지만 명칭이 둘인 것은 이름과 실제가 있기 때문입니다. 무릇 조정(朝廷)으로 말하자면 명예가 모여드는 곳이고 시장은 이익이 모이는 곳으로 다툼이 벌어지는 곳이 아니겠습니까! 비록 하루에 아홉 번을 옮기고 하나의 재물을 가지고 열 곱절을 남긴다 하더라도 어찌 손해가 생기고 실제를 잃지 않을 수 있겠습니까? 그러므로 싸움이란 이익을 취하는 실마리가 되고 양보는 명예를 좇는 근본이 됨을 알 수 있습니다. 이익이 이르면 손해가 생겨나고 명예를 얻게 되면 실제를 상실하게 됩니다. 이익이 이르고 명예를 얻게 되더라도 손해가 생기고 실제를 상실할 걱정을 하지 않을 수 있는 것은 오로지 덕성을 갖추고 있는 사람만이 할 수 있습니다. 하늘이 땅에 의지하고 땅이 하늘에 붙어 있는 것이 어찌 서로 멀기만 하겠습니까?"

漁者與樵者遊於伊水之上. 漁者歎曰. 熙熙乎萬物之多. 未始有雜吾知遊乎天地之間萬物皆可以無心而致之矣非子則吾孰與歸焉. 樵者曰

敢問無心致天地萬物之方漁者曰. 無心者無意之謂也. 無意之意不我物也不我物然後能物物曰, 何謂我, 何謂物. 曰. 以我徇物則我亦物也. 以物徇我, 則物亦我也. 我物皆致意由是明. 天地亦萬物也, 何天地之有焉. 萬物亦天地也, 何萬物之有焉. 萬物亦我也, 何萬物之有焉. 我亦萬物也, 何我之有焉. 何物不我何我不物. 如是, 則可以宰天地. 可以司鬼神. 而況於人乎況於物乎. 樵者問漁者曰, 天何依曰. 依乎地. 地何附. 曰, 附乎天. 曰然則天地何依何附. 曰. 自相依附. 天依形. 地附氣. 其形也有涯. 其氣也無涯. 有無之相生形氣之相息, 終則有始. 終始之間, 天地之所存乎. 天以用爲本, 以體爲末. 地以體爲本, 以用爲末利用出入之謂神. 名體有無之謂聖. 唯神與聖能參乎天地者也. 小人則日用而不知, 故有害生實喪之患也. 夫名也者, 實之客也. 利也者, 害之主也. 名生於不足. 利喪於有餘. 害生於有餘. 實喪於不足. 此理之常也. 養身者必以利. 貪夫則以身徇利, 故有害生焉. 立身必以名. 衆人則以身徇名, 故有實喪焉. 竊人之財謂之盜. 其始取之也, 唯恐其不多也. 及其敗露也, 唯恐其多矣. 夫賄之與贓一物也, 而兩名者, 利與害故也. 竊人之美謂之徼. 其始取之唯恐其不多也. 及其敗露也, 唯恐其多矣. 夫譽與毁一事也, 而兩名者名與實故也. 凡言朝者, 萃名之所也. 市者, 聚利之地也. 能不以爭處乎其間, 雖一日九遷, 一貨十倍, 何害生實. 喪之有耶. 是知爭也者, 取利之端也讓也者趨名之本也. 利至則害生. 名興則實喪利至名興而無害生實喪之患唯有德者能之. 天依地. 地附天. 豈相遠哉.

▣ 고기잡이가 나무꾼에게 말하였다. “천하가 앞으로 다스려지려 하면 사람들은 반드시 행위를 숭상하고 천하가 앞으로 어지러워지려 하면 사람들은 반드시 말을 숭상하게 됩니다. 행위를 숭상하면 독실한 풍속이 행해지고 말을 숭상하면 괴상한 풍속이 유행하게 됩니다. 천하가 장차 다스려지려 하면 사람들은 반드시 의(義)를 떠받들게 되고 천하가 장

차 어지러워지려 하면 사람들은 반드시 이(利)를 떠받들게 됩니다. 의를 숭상하게 되면 겸양의 풍속이 행해지게 되고 이를 숭상하게 되면 빼앗는 풍속이 유행하게 됩니다. 삼왕(三王)은 행위를 숭상하였고 오패(五覇)는 말을 숭상하였습니다. 행위를 숭상하는 자는 반드시 의(義)로 들어가고 말을 숭상하는 자는 반드시 이(利)로 들어갑니다. 의와 이가 서로 떨어진 거리가 어찌 이처럼 멉니까! 이로써 입으로 말하는 것이 몸으로 행하는 것보다 못하고 몸으로 행하는 것이 마음으로 다하는 것보다 못하다는 것을 알겠습니다. 입으로 말하는 것은 사람이 얻어서 듣고 몸으로 행하는 것은 사람이 얻어서 보며 마음으로 다하는 것은 신(神)이 얻어서 알게 됩니다. 사람의 슬기로움을 오히려 속이지 못하는데, 하물며 귀신의 슬기로움이야! 이로써 입에 부끄러움이 없는 것은 몸에 부끄러움이 없는 것보다 못하고 몸에 부끄러움이 없는 것은 마음에 부끄러움이 없는 것보다 못하다는 것을 알겠습니다. 입으로 짓는 허물에 쉬움이 없다면 몸으로 짓는 허물에 어려움이 없습니다. 몸으로 짓는 허물에 쉬움이 없다면 마음으로 짓는 허물에 어려움이 없습니다. 이미 마음속에 허물이 없다면 어떤 어려움이 있겠습니까! 아, 마음속에 허물이 없는 사람을 만나서 함께 마음을 이야기하리오!"

漁者謂樵者曰. 天下將治, 則人必尙行也. 天下將亂, 則人必尙言也. 尙行, 則篤實之風行焉. 尙言, 則詭譎之風行焉. 天下將治, 則人必尙義也. 天下將亂, 則人必尙利也. 尙義, 則謙讓之風行焉. 尙利, 則攘奪之風行焉. 三王尙行者也. 五覇尙言者也. 尙行者必入於義. 尙言者必入於利也. 義利之相去, 一何如是之遠耶. 是知言之于口, 不若行之于身. 行之于身, 不若盡之于心. 言之于口, 人得而聞之. 行之于身, 人得而見之. 盡之于心, 神得而知之. 人之聰明猶不可欺, 況神之聰明乎. 是知無愧于口, 不若無愧于身. 無愧于身, 不若無愧于心. 無口過易,無身過難. 無身過. 易, 無心過難. 旣無心過, 何難之有. 吁. 安得無心過之人與之語心哉.

▣ 고기잡이가 나무꾼에게 말하였다. "당신은 천지만물을 살피는 방법을 알고 있습니까?" 나무꾼이 말하였다. "모릅니다. 바라건대 그 방법을 듣고 싶습니다." 고기잡이가 말하였다. "무릇 사물을 살핀다는 것은 눈으로 살펴보는 것이 아닙니다. 눈으로 보는 것이 아니고 마음으로 보는 것입니다. 마음으로 보는 것이 아니고 이(理)로 보는 것입니다. 천하의 사물에 이(理)가 없는 것이 없고 성(性)이 없는 것이 없으며 명(命)이 없는 것이 없습니다. 이(理)라는 것은 깊이 파고든 뒤에야 알 수 있고 성(性)이라는 것은 다한 뒤에야 알 수 있으며 명(命)이란 것은 이른 뒤에야 알 수 있습니다. 이 세 가지 앎이 바로 천하의 참 앎입니다. 모름지기 성인만이 허물이 없으며, 허물이 있으면 성인이라고 할 수 없습니다. 무릇 거울은 밝게 할 수 있기 때문에 만물의 형체를 숨지 못하게 합니다. 비록 거울이 만물의 형체를 숨지 못하게 한다 하더라도 물이 만물의 형체를 한결같이 비추는 것만 못합니다. 비록 물이 만물의 형체를 한결같이 비춘다 하더라도 또 성인이 만물의 마음을 하나로 볼 수 있는 것만 못합니다. 성인이 만물의 마음을 하나로 볼 수 있는 것은 성인이 반관(反觀)할 수 있기 때문입니다. 반관이라는 것은 나로써 물체를 살피는 것이 아닙니다. 나로써 물체를 살피는 것이 아니라 물체로써 물체를 살피는 것을 말합니다. 이미 물체로써 물체를 살필 수 있다면 어찌 또 내가 그 사이에 있을 수 있겠습니까? 이로써 나 또한 남이고 남 또한 나이며 나와 남은 모두 물체임을 알겠습니다.

천하의 눈을 자기의 눈으로 삼으니 그 눈이 보지 않은 것이 없고 천하의 귀를 자기의 귀로 삼으니 그 귀가 듣지 않은 것이 없으며, 천하의 입을 자기의 입으로 삼으니 그 입이 말하지 않은 것이 없고 천하의 심장을 자기의 심장으로 삼으니 그 심장이 꾀하지 않은 것이 없습니다. 무릇 천하의 관(觀)이 봄에 있어서 어찌 넓지 않겠습니까. 천하의 청(聽)이 들음에 있어서 어찌 멀지 않겠습니까. 천하의 언(言)이 말함에 있어서 어찌 높지 않겠습니까. 천하의 모(謀)가 안락함에 있어서 어찌 크지 않겠습니까. 무릇 보는 것이 더없이 넓고 듣는 것이 더없이 멀며 말하는 것이 더없이 높고 안락함이 더없이 큰 것은 더없이 넓고 더없이 멀며 더없이 높고 더없이 큰 일입니다. 이 가운데에서 하나라도 그러하지 않으면 어찌 지신(至神) · 지성(至聖)이라고 할 수 있겠습니까? 오로지 나만 말하는 지신 · 지성이 아니고 천하가 말하는 지신 · 지성이라야 합니다. 오로지 한 시대의 천하가 말하는 지신 · 지성이 아니고 천만세(千萬世)의 천하가 말하는 지신 · 지성이라야 합니다. 이것을 거쳐가야만 모르거나 혹 알 수 있습니다.

漁者謂樵者曰. 子知觀天地萬物之道乎. 樵者曰. 未也, 願聞其方. 漁者曰. 夫所以謂之觀物者, 非以目觀之也. 非觀之以目而觀之以心也. 非觀之以心而觀之以理也. 天下之物莫不有理焉. 莫不有性焉. 莫不有命焉. 所以謂之理者, 窮之而後可知也. 所以謂之性者盡之而後可知也. 所以謂之命者, 至之而後可知也. 此三知者, 天下之眞知也. 雖聖人無以過之也. 而過之者, 非所以謂之聖人也. 夫鑑之所以能爲明者, 謂其能不隱萬物之形也. 雖然鑑之能不隱萬物之形, 未若水之能一萬物之形也. 雖然, 水之能一萬物之形, 又未若聖人之能一萬物之情也. 聖人之所以能一萬物之情者, 謂其聖人之能反觀也. 所以謂之反觀者不以我觀物也. 不以我觀物者, 以物觀物之謂也. 旣能以物觀物, 又安有我於其間哉. 是知我亦人也. 人亦我也. 我與人皆物也. 此所以能用天下之目爲己之目, 其目無所不觀矣. 用天下之耳爲己之耳, 其耳無所不聽矣. 用天下之口爲己之口, 其口無所不言矣. 用天下之心爲己之心, 其心無所不謀矣. 夫天下之觀, 其于見也不亦廣乎. 天下之聽, 其于聞也不亦遠乎. 天下之言, 其于論也不亦高乎. 天下之謀其于樂也不亦大乎. 夫其見至廣. 其聞至遠. 其論至高. 其樂至大. 能爲至廣至遠至高至大之事而中無一爲焉豈不謂至神至聖者乎. 非唯吾謂之至神至聖者乎. 而天下謂之至神至聖者乎. 非唯一時之天下謂之至神至聖者乎. 而千萬世之天下謂之至神至聖者乎. 過此以往, 未之或知也已.

▣ 나무꾼이 고기잡이에게 물었다. "당신은 어떤 방법으로 물고기를 잡습니까?" 고기잡이가 대답하였다. "저는 여섯 가지 연장으로 물고기를 잡습니다." 나무꾼이 물었다. "여섯 가지 연장을 갖추는 것은 하늘로 말미암은 것입니까?" 고기잡이가 대답하였다. "여섯 가지 연장을 갖추어 물고기를 잡는 것은 사람이지만 여섯 가지 연장을 갖추어 물고기를 잡도록 하는 것은 사람이 아닙니다." 나무꾼이 그 말을 알아듣지 못하고 그 방법을 물었다. 고기잡이가 말하였다. "여섯 가지 연장이란 낚싯대 · 낚싯줄 · 낚시찌 · 낚싯봉(봉돌) · 낚싯바늘 · 낚싯밥(미끼)입니다. 이 가운데 한 가지라도 빠지면 물고기를 잡지 못합니다. 그러나 여섯 가지 연장을 빠짐없이 갖추고도 물고기를 잡지 못하는 것은 사람이 하는 것이 아닙니다. 여섯 가지 연장을 갖추고도 물고기를 잡지 못할 수는 있지만 여섯 가지 연장을 갖추지 않고도 물고기를 잡을 수는 없습니다. 이로써 여섯 가지 연장을 갖추는 것은 사람이지만 물고기를 잡고 잡지 못하는 것은 하늘에 달려 있음을 알겠습니다. 여섯 가지 연장을 갖추지 않아서 물고기를 잡지 못하는 것은 하늘 탓이 아니고 사람 탓입니다."

樵者問漁者日, 子以何道而得魚. 日. 吾以六物具而得魚. 日. 六物具也豈由天乎. 曰. 具六物而得魚者, 人也. 具六物而所以得魚者非人也. 樵者未達請問其方. 漁者曰. 六物者竿也, 綸也, 浮也, 沉也, 鉤也, 餌也. 一不具, 則魚不可得. 然而六物具而不得魚者, 非人也. 六物具而不得魚者有焉, 未有六物不具而得魚者也. 是知具六物者, 人也. 得魚與不得魚者天也. 六物不具而不得魚者, 非天也, 人也.

▣ 나무꾼이 말하였다. "귀신에게 기도하여 복을 구하는 사람이 있는데, 복은 기도하여 구할 수 있으며 구한다고 얻을 수 있습니까. 외람되지만 그 연유를 여쭙겠습니다." 고기잡이가 말하였다. "선과 악을 말하는 것은 사람이고 화와 복은 하늘에 달려 있습니다. 천도(天道)는 착한 사람에게 복을 주고 나쁜 사람에게 재앙을 내리는데 귀신이 하늘을 거스를 수 있겠습니까? 스스로 지은 허물은 참으로 피하기 어려운데 하늘이 내리는 재앙을 없애 달라고 빌 수 있겠습니까? 덕을 닦고 선을 쌓는 것은 군자가 늘 하는 것인바 어찌 그 사이에 다른 하찮은 일이 있겠습니까?" 나무꾼이 말하였다. "착한 일을 했는데 재앙을 만나고 나쁜 일을 했는데 복을 받는 것은 어째서입니까?" 고기잡이가 말하였다. "행(幸)과 불행(不幸)이 있기 때문입니다. 행과 불행은 운명이고 당(當)과 부당(不當)은 연분입니다. 운명과 연분에서 사람이 어떻게 벗어날 수 있겠습니까!" 나무꾼이 말하였다. "무엇을 연분이라 하고 무엇을 운명이라 합니까?" 고기잡이가 말하였다. "소인이 복을 받는 것은 연분이 아니고 운명이며, 마땅히 재앙을 당하는 것은 연분이지 운명이 아닙니다. 군자가 재앙을 당하는 것은 연분이 아니고 운명이며, 마땅히 복을 받는 것은 연분이지 운명이 아닙니다."

樵者曰, 人有禱鬼神而求福者. 福可禱而求耶, 求之而可得耶, 敢問其所以. 曰. 語善惡者, 人也. 禍福者天也. 天道福善而禍淫, 鬼神其能違天乎. 自作之咎固難逃已. 天降之災禳之奚益脩德積善, 君子常分安有餘事於其間哉. 樵者曰, 有爲善而遇禍, 有爲惡而獲福者, 何也. 漁者曰. 有幸與不幸也. 幸不幸, 命也. 當不當, 分也. 一命一分, 人其逃乎. 曰, 何謂分何謂命. 曰. 小人之遇福, 非分也, 有命也. 當禍, 分也非命也君子之遇禍, 非分也, 有命也. 當福分也非命也.

▣ 고기잡이가 나무꾼에게 말하였다. "사람이 이른바 친하다고 하는 것은 아버지와 아들 사이보다 더한 것이 없습니다. 사람이 이른바 소원하다고 하는 것은 길을 가다 만난 사람보다 더한 것이 없습니다. 이해(利害)가 마음에 있게 되면 아버지와 아들 사이도 길을 가다 만난 사람보다 더 멀어지게 됩니다. 부자(父子)의 도리는 천성(天性)입니다. 이해는 오히려 빼앗을 수 있지만 천성은 그리할 수 없습니다. 무릇 이해가 사람에게 옮겨짐이 이와 같이 심각하니 어찌 삼가지 않을 수 있겠습니까? 길에 오가는 사람을 만나면 그냥 지나치고 서로 해하려는 마음을 전혀 가지지 않는데 이해가 앞에 없기 때문입니다. 이해가 앞에 있으면 길에 오가는 사람과 부자의 사이를 또 어찌 가릴 수 있겠습니까? 길에 오가는 사람은 의(義)로써 서로 사귈 수 있는데 하물며 아버지와 아들의 친함에 있어서랴! 무릇 의(義)는 양보의 근본이고 이(利)는 다툼의 실마리입니다. 사양하면 인(仁)을 얻게 되고 다투면 해(害)를 입게 됩니다. 인과 해가 어찌 이다지도 멉니까? 요임금과 순임금도 사람이고 걸왕(桀王)과 주왕(紂王)도 사람입니다. 사람과 사람은 같지만 인(仁)과 해(害)는 다릅니다. 인은 의(義)로 인하여 생기고 해는 이(利)로 인하여 생깁니다. 이(利)를 의(義)로써 하지 않으면 신하가 임금을 죽이는 일이 벌어지게

되고 자식이 아버지를 죽이는 일이 일어나게 됩니다. 어찌 길에 오가는 사람과 서로 만나 하루 동안 사귀어 길 복판에서 소매를 붙잡는 것과 같겠습니까."

漁者謂樵者曰. 人之所謂親莫如父子也. 人之所謂 莫如路人也. 利害在心, 則父子過路人遠矣. 父子之道天性也, 利害猶或奪之, 況非天性者乎. 夫利害之移人如是之深也, 可不愼乎. 路人之相逢則過之固無相害之心焉. 無利害在前故也. 有利害在前, 則路人與父子又奚擇焉. 路人之能相交以義又何況父子之親乎. 夫義者讓之本也. 利者爭之端也讓則有仁. 爭則有害仁與害, 何相去之遠也. 堯舜亦人也桀紂亦人也. 人與人同而仁與害異爾. 仁因義而起害因利而生. 利不以義, 則臣弑其君者有焉. 子弑其父者有焉. 豈若路人之相逢一日而交袂于中逵者哉.

▣ 나무꾼이 고기잡이에게 말하였다. "저는 일찍부터 땔감을 짊어지고 다녔습니다. 100근을 짊어지고도 제 몸이 다치지 않는데 여기에 10근을 보태면 곧바로 제 몸이 다칩니다. 외람되지만 그 까닭을 좀 여쭙겠습니다." 고기잡이가 말하였다. "나무하는 것은 저는 모릅니다. 그러나 저의 일로 살펴보건대 처지를 바꾸어 생각하면 모두 그러할 것입니다. 저는 일찍이 낚시로 큰 물고기를 잡은 적이 있었습니다. 저는 물고기와 맞붙어 싸웠는데 낚싯대를 버리고자 하여도 버릴 수 없었고 물고기를 낚아 올리려 하여도 힘에 부쳐 못하였습니다. 종일토록 물고기와 싸운 뒤에 잡았습니다. 어찌 물에 빠질 우려가 없었을 것이며 몸이 다칠 우려가 없었겠습니까? 물고기와 땔감은 다르지만 탐욕을 내어 다치는 것은 똑같습니다. 100근은 힘이 안에서 분담하지만 10근은 힘이 밖에서 분담합니다. 힘이 밖에서 분담하면 비록 털 하나라도 해가 될 것인데 하물며

10근은 어떻겠습니까? 제가 물고기를 탐내는 것이 어찌 당신이 땔감을 탐내는 것과 다르겠습니까? 나무꾼이 탄식하며 말하였다. "저는 오늘 이후에야 힘을 헤아려 움직이는 것이 슬기롭다는 것을 알았습니다."

樵者謂漁者曰, 吾嘗負薪矣. 擧百斤而無傷吾之身, 加十斤則遂傷吾之身, 敢問何故漁者曰樵則吾不知之矣. 以吾之事觀之則易地皆然. 吾嘗釣而得大魚, 與吾交戰. 欲棄之則不能捨. 欲取之則未能勝. 終日而後獲幾有沒溺之患矣非直有身傷之患耶. 魚與薪則異也, 其貪而爲傷則一也. 百斤力分之內者也. 十斤, 力分之外者也. 力分之外, 雖一毫猶且爲害而況十斤乎. 吾之貪魚亦何以異子之貪薪乎. 樵者歎曰. 吾而今而後知量力而動者智矣哉.

▣ 나무꾼이 고기잡이에게 말하였다. "당신은 역(易)의 도에 대하여 알고 있습니까? 외람되지만 좀 여쭙겠습니다. 역에 태극(太極)이 있는데 태극은 무엇입니까?" 고기잡이가 말하였다. "무위(無爲)의 근본입니다." 나무꾼이 말하였다. "태극은 양의(兩儀)를 낳는다고 하는데 양의는 하늘과 땅을 일컫습니까?" 고기잡이가 말하였다. "양의는 하늘과 땅의 뿌리인데 하늘땅뿐만이 아닙니다. 태극은 나뉘어 둘이 됩니다. 먼저 하나를 얻어서 하나가 되고 그 다음에 하나를 얻어서 둘이 됩니다. 일(一) · 이(二)를 양의(兩儀)라고 합니다." 나무꾼이 말하였다. "양의는 사상(四象)을 낳는다고 하는데 사상은 무엇입니까?" 고기잡이가 말하였다. "대상(大象)은 음(陰) · 양(陽) · 강(剛) · 유(柔)를 말합니다. 음과 양이 있은 뒤에 하늘이 생겨나고 강과 유가 있은 뒤에 땅이 생겨날 수 있습니다. 입공(立功)의 근본은 바로 이 극(極)에 있습니다." 나무꾼이 말하였다. "사상은 팔괘(八卦)를 낳는다고 하는데 팔괘는 무엇입니까?" 고기잡이가

말하였다. "건(乾) · 곤(坤) · 리(離) · 감(坎) · 태(兌) · 간(艮) · 진(震) · 손(巽)을 말합니다. 성함과 쇠퇴함 · 마지막과 처음이 그 사이에서 서로 번갈아듭니다. 이어받아 거듭하면 육십사괘(六十四卦)가 생겨나는데 이로써 역의 도가 비로소 갖추어지게 됩니다."

樵者謂漁者曰, 子可謂知易之道矣. 吾敢問易有太極. 太極, 何物也. 曰. 無爲之本也. 太極生兩儀. 兩儀, 天地之謂乎. 曰. 兩儀天地之祖也, 非止爲天地而已也. 太極分而爲二. 先得一爲一. 後得一爲二. 一二, 謂兩儀曰, 兩儀生四象. 四象, 何物也. 曰. 大象謂陰陽剛柔有陰陽然後可以生天. 有剛柔然後可以生地. 立功之本於斯爲極. 曰, 四象生八卦. 八卦, 何謂也. 曰. 謂乾, 坤, 離, 坎, 兌, 艮, 震, 巽之謂也. 迭相盛衰終始於其間矣. 因而重之, 則六十四由是而生也, 而易之道始備矣.

▣ 나무꾼이 고기잡이에게 말하였다. "복괘(復卦)로 어떻게 하늘땅의 마음을 알 수 있는지요?" 고기잡이가 말하였다. "먼저 양(陽)이 다 없어진 뒤에 양이 비로소 생겨나는데 하늘과 땅이 처음으로 생기는 무렵이고 가운데로는 해와 달이 처음으로 한 바퀴 운행한 때이며 끝으로는 성신(星辰)의 마지막과 처음의 시기입니다. 만물의 죽음과 삶, 추운 계절과 더운 계절이 번갈아들며 낮과 밤이 바뀌는 것이 이 곳에서 나타나지 않음이 없습니다. 하늘땅은 맨 마지막에는 변하는데 변하면 통하게 되고 통하면 오래가게 됩니다. 그러므로 상(象)에 말하기를 선왕(先王)은 이 날에 이르러 폐관(閉關)하고 장사꾼과 나그네는 나다니지 않는다고 하였습니다. 임금이 방위를 살피지 않는 것은 천명을 좇기 때문입니다."

樵者問漁者曰, 復何以見天地之心乎. 曰. 先陽已盡後陽始生, 則天地始生之際. 中則當日月始周之際. 末則當星辰終始之際. 萬物死生, 寒暑代謝, 晝夜遷變, 非此無以見之. 當天地窮極之所必變. 變則通, 通則久. 故象言先王以至日閉關商旅不行, 后不省方, 順天故也.

▣ 나무꾼이 고기잡이에게 말하였다. "무망괘(无妄卦)는 재앙이라고 하는데 그 까닭을 외람되지만 좀 여쭙겠습니다." 고기잡이가 말하였다. "망(妄)은 '속이다'의 뜻입니다. 이 괘를 얻으면 반드시 재앙이 있게 됩니다. 속이는 것은 허망함이 있습니다. 천명을 좇아 움직였는데도 화(禍)가 이르면 그것은 화가 아니고 재(災)입니다. 예컨대 농사꾼이 풍년만 생각하고 부지런히 농사를 짓지 않아 황폐하게 되었다면 어찌 화(禍)가 아니겠습니까! 농사꾼이 부지런히 농사를 지었는데도 물이 가물어 황폐하게 되었다면 어찌 재(災)가 아니겠습니까! 그러므로 상(象)에 이르기를 선왕(先王)은 왕성할 때를 만나면 만물을 기르고 속임이 없는 것을 소중하게 여깁니다."

樵者謂漁者曰, 无妄災也. 敢問其故. 曰. 妄則欺也, 得之必有禍. 欺有妄也. 順天而動有禍及者, 非禍也, 災也. 猶農有思 而不勤稼穡者其荒也, 不亦禍乎. 農有勤稼穡而復敗諸水旱者其荒也, 不亦災乎. 故象言先王以茂對時育萬物, 貴不妄也.

▣ 나무꾼이 물었다. "구괘(姤卦)는 어떤 것입니까?" 고기잡이가 말하였다. "구(姤)는 '만나다'의 뜻입니다. 유(柔)가 강(剛)을 만나는 것입니다. 쾌괘(夬卦)와 정반대입니다. 쾌괘는 씩씩한 것을 괴롭히면서 시작하

지만 구괘는 씩씩한 것을 만나면서 시작합니다. 음이 양을 만나면서 시작하므로 구괘라고 부릅니다. 구괘를 살펴보면 하늘땅의 마음을 또한 알 수 있습니다. 성인의 덕화(德化)가 여기에 미치니 번창하지 않는 것이 없습니다. 그러므로 상(象)에 이르기를 명령을 사방에 내리고 서리를 밟듯이 조심하라고 한 것이 여기에 있습니다."

樵者問曰, 姤, 何也. 曰. 姤遇也. 柔遇剛也. 與夬正反. 夬始逼壯. 姤始遇壯. 陰始遇陽, 故稱姤焉. 觀其姤, 天地之心亦可見矣. 聖人以德化及此, 罔有不昌. 故象言施命誥四方. 履霜之愼, 其在此也.

▣ 고기잡이가 나무꾼에게 말하였다. "봄은 양(陽)의 첫머리이고 여름은 양의 최고조이며, 가을은 음의 첫머리이고 겨울은 음의 최고조입니다. 양이 시작하면 따뜻하고 양의 최고조에 이르면 더우며, 음이 시작하면 서늘하고 음이 최고조에 이르면 춥습니다. 따뜻하면 만물이 생겨나고 더우면 만물이 자라며, 서늘하면 만물이 지워지고 추우면 만물이 죽습니다. 모두 일기(一氣)이지만 그것을 나누면 넷이 됩니다. 만물을 생하는 것도 마찬가지입니다."

漁者謂樵者曰春爲陽始. 夏爲陽極. 秋爲陰始. 冬爲陰極. 陽始則溫陽極則熱. 陰始則涼. 陰極則寒溫則生物. 熱則長物. 涼則收物. 寒則殺物. 皆一氣其別而爲四焉. 其生萬物也亦然.

▣ 나무꾼이 고기잡이에게 말하였다. "사람이 만물 가운데에서 가장 신령스럽다고 하는데 어째서 그런지 알고 싶습니다." 고기잡이가 말하

였다. "눈으로 만물의 빛깔을 받아들이고 귀로 만물의 소리를 받아들이며, 코로 만물의 냄새를 받아들이고 입으로 만물의 맛을 받아들일 수 있습니다. 소리 · 빛깔 · 냄새 · 맛은 만물의 체(體)이고, 귀 · 눈 · 입 · 코는 만인(萬人)의 용(用)입니다. 체(體)에는 정해진 작용이 없고 오직 변(變)이 작용이며, 작용에는 정해진 체가 없고 오직 화(化)가 체입니다. 체와 용이 한데 어울려 뒤섞이는데 사람과 만물의 도가 이 때문에 갖추어지게 됩니다.

그러므로 사람도 또한 물체이고 성인(聖人)도 또한 사람입니다. 하나의 물체에 해당하는 물체가 있고 열의 물체에 해당하는 물체가 있으며, 백의 물체에 해당하는 물체가 있고 천의 물체에 해당하는 물체가 있으며, 만(萬)의 물체에 해당하는 물체가 있고 억(億)의 물체에 해당하는 물체가 있으며, 조(兆)의 물체에 해당하는 물체가 있습니다. 하나의 물체가 조(兆)의 물체에 해당하는 것이 어찌 사람이 아니겠습니까! 한 사람에 해당하는 사람이 있고 열 사람에 해당하는 사람이 있으며, 백 사람에 해당하는 사람이 있고 천 사람에 해당하는 사람이 있으며, 만 사람에 해당하는 사람이 있고 억(億)의 사람에 해당하는 사람이 있으며, 조(兆)의 사람에 해당하는 사람이 있습니다. 한 사람이 조(兆)의 사람에 해당하는 자가 어찌 성인이 아니겠습니까! 이로써 사람은 만물 가운데에서 가장 뛰어나고 성인은 사람 가운데에서 가장 뛰어나다는 것을 알겠습니다.

물체 가운데에서 가장 좋은 것을 물체 중의 물체라고 하며, 사람 가운데에서 가장 빼어난 것을 사람 중의 사람이라고 합니다. 물체 가운데의 물체는 지물(至物)을 말함이고 사람 가운데의 사람은 지인(至人)을 말합니다. 하나의 지물은 하나의 지인에 해당하니 어찌 성인이 아니겠습니까. 사람들이 성인이 아니라고 하는 것을 나는 믿지 못하겠습니다. 무엇 때문인가? 일심(一心)으로 만심(萬心)을 살피고 일신(一身)으로 만신(萬

身)을 살피며, 일물(一物)로 만물(萬物)을 살피고 일세(一世)로 만세(萬世)를 살피기 때문입니다. 또 마음으로 하늘의 뜻을 대신하고 입으로 하늘의 말을 대신하며, 손으로 하늘의 일을 대신하고 몸으로 하늘의 임무를 대신하기 때문입니다. 또 위로 천시(天時)를 알고 아래로 지리(地理)를 알며 가운데로 물정(物情)에 밝고 인사(人事)를 환하게 알기 때문입니다. 또 하늘땅의 온갖 조화를 죄다 알고 예와 지금을 꿰뚫으며 인물의 겉과 속을 환하게 알기 때문입니다.

아아, 성인이여! 세세토록 성인을 본받지 않으리오. 저는 눈으로 보아 알 수 없습니다. 비록 눈으로 보아 알 수 없을지라도 마음을 살피고 자취를 살펴서 그 체(體)와 용(用)을 찾아 깊이 연구한다면 억만 년일지라도 알 수 있습니다. 사람들이 나에게 묻기를 천지의 밖에 따로 천지만물이 있으며 이 천지만물과 다릅니까! 저는 그것을 알지 못합니다. 나뿐이 아니라 성인도 알지 못하는 것입니다. 무릇 지(知)라는 것은 마음으로 깨달아 아는 것이고 언(言)이라는 것은 입으로 깨달아 말하는 것입니다. 이미 마음으로 깨달아 알지 못하는데 또 어떻게 입으로 깨달아 말을 하겠습니까? 마음으로 깨달아 알지 못하는 것을 망지(妄知)라 하고 입으로 깨달아 말하지 못하는 것을 망언(妄言)이라고 합니다. 내 어찌 망인(妄人)을 좇아 망지 · 망언을 하겠습니까!"

樵者問漁者曰, 人之所以能靈于萬物者, 何以知其然耶. 漁者對曰. 謂其目能收萬物之色, 耳能收萬物之聲, 鼻能收萬物之氣, 口能收萬物之味. 聲色氣味者萬物之體也. 目耳鼻口者萬人之用也. 體無定用, 惟變是用. 用無定體, 惟化是體. 體用交, 而人物之道於是乎備矣. 然則人亦物也. 聖人亦人也. 有一物之物. 有十物之物. 有百物之物. 有千物之物. 有萬物之物. 有億物之物. 有兆物之物. 生一一之物, 當兆物之物者, 豈非人乎. 有一人之人. 有十人之人. 有百人之人. 有千人之人. 有萬人之人. 有億人之人. 有兆人之人. 生一一之人, 當兆人之人者, 豈非聖乎. 是知人也者, 物之至者也. 聖也者, 人之至者也. 物之至者, 始得謂之物之物也. 人之至者, 始得謂之人之人也. 夫物之至者, 至物之謂也. 而人之至者, 至人之謂也. 以一至物而當一至人, 則非聖而何. 人謂之不聖, 則吾不信也. 何哉, 謂其能以一心觀萬心, 一身觀萬身, 一物觀萬物, 一世觀萬世者焉. 又謂其能以心代天意, 口代天言, 手代天工, 身代天事者焉. 又謂其能以上識天時, 下盡地理, 中盡物情, 通照人事者焉. 又謂其能以彌綸天地, 出入造化, 進退今古, 表裏人物者焉. 噫. 聖人者非世世而效聖焉, 吾不得而目見之也. 雖然, 吾不得而目見之, 察其心, 觀其跡, 探其體, 潛其用, 雖億萬年亦可以理知之也. 人或告我曰, 天地之外別有天地萬物, 異乎此天地萬物, 則吾不得而知已. 非唯吾不得而知之也, 聖人亦不得而知之也. 凡言知者, 謂其心得而知之也. 言言者, 謂其口得而言之也. 旣心尙不得而知之, 口又惡得而言之乎. 以心不可得知而知之, 是謂妄知也. 以口不可得言而言之, 是謂妄言也. 吾又安能從妄人而行妄知妄言者乎.

▣ 고기잡이가 나무꾼에게 말하였다. "공구(孔丘)가 말하기를 은(殷)나라는 하(夏)나라의 예(禮)를 이어받았으니 그 덜고 보탬을 알 수 있고 주(周)나라는 은나라의 예를 이어받았으니 그 덜고 보탬을 알 수 있습니다. 설령 주나라를 이어받은 것이 비록 100세라도 알 수 있습니다. 무릇 이와 같은바 어찌 100세에 그치리오. 억천만세(億千萬世)도 가히 알 수 있으리라. 사람들은 모두 공자가 공자인 줄은 알지만 공자가 왜 공자인 줄은 모르며 공자가 왜 공자인 줄을 알려고 하지 않습니다. 만일 공자가 왜 공자인 줄을 꼭 알려고 한다면 천지를 버리고 어찌하리오. 사람들은 모두 천지가 천지인 줄은 알지만 천지가 왜 천지인 줄은 모르며 천지가 왜 천지인 줄을 알려고 하지 않습니다. 만일 천지가 왜 천지인 줄을 꼭

알려면 동정(動靜)을 버리고 어찌하리오. 무릇 일동(一動) · 일정(一靜)은 천지의 지극히 오묘함이고, 일동 · 일정의 사이는 천지인(天地人)의 지극히 오묘하고 오묘함입니다. 그러므로 공자가 삼재(三才)의 도에서 다하여 놓았는데 그 행적에 자취가 없음이라. 따라서 말씀하시기를 나는 아무런 말도 하지 않고자 한다 하였습니다. 또 가로되 하늘이 어떤 말을 하겠는가? 사시(四時)가 행하고 만물이 생겨남이 이와 같음을 이르는 것입니다."

漁者謂樵者曰. 仲尼有言曰, 殷因於夏禮所損益可知也. 周因於殷禮所損益可知也. 其或繼周者雖百世可知也. 夫如是, 則何止千百世而已哉, 億千萬世皆可得而知之也. 人皆知仲尼之爲仲尼, 不知仲尼之所以爲仲尼. 不欲知仲尼之所以爲仲尼則已, 如其必欲知仲尼之所以爲仲尼, 則捨天地將奚之焉. 人皆知天地之爲天地, 不知天地之所以爲天地. 不欲知天地之所以爲天地則已, 如其必欲知天地之所以爲天地, 則捨動靜將奚之焉. 夫一動一靜者天地之至妙者與. 夫一動一靜之間者天地人之至妙至妙者與. 是知仲尼之所以盡三才之道者謂其行無轍跡也. 故有言曰予欲無言. 又曰, 天何言哉, 四時行焉, 百物生焉其此之謂與.

▣ 고기잡이가 나무꾼에게 말하였다. "크도다, 권(權)과 변(變)이여! 성인이 아니면 이를 다하지 못할 것입니다. 변(變)이 있은 뒤에야 하늘 땅의 소장(消長)을 알 수 있고 권(權)이 있은 뒤에야 천하의 가벼움과 무거움을 알 수 있습니다. 소장은 때이고 가벼움과 무거움은 일입니다. 때에 비괘(否卦)와 태괘(泰卦)가 있고 일에 손괘(損卦)와 익괘(益卦)가 있습니다. 성인이 때를 따라 비괘와 태괘의 도를 알지 못하면 어떻게 변(變)

이 하는 바를 알겠습니까? 성인이 때를 따라 손괘와 익괘의 도를 알지 못하면 어떻게 권(權)이 하는 바를 알겠습니까? 소장(消長)을 다루는 것이 변이고 가벼움과 무거움을 가름하는 것이 권입니다. 이로써 권과 변이 성인의 일도(一道)임을 알겠습니다."

漁者謂樵者曰. 大哉權之與變乎, 非聖人無以盡之. 變然後知天地之消長. 權然後知天下之輕重. 消長時也. 輕重事也. 時有否泰. 事有損益. 聖人不知隨時否泰之道奚由知變之所爲乎. 聖人不知隨時損益之道奚由知權之所爲乎. 運消長者變也. 處輕重者權也. 是知權之與變聖人之一道耳.

▣ 나무꾼이 고기잡이에게 말하였다. "사람이 죽어도 모든 것을 알 수 있습니까?" 고기잡이가 말하였다. "있습니다." 나무꾼이 말하였다. "어떻게 그러한지 알 수 있습니까?" 고기잡이가 말하였다. "사람으로 알 수 있습니다." 나무꾼이 말하였다. "무엇을 사람이라고 합니까?"

고기잡이가 말하였다. "눈 · 귀 · 코 · 입 · 심장 · 쓸개 · 지라 · 혈맥의 기를 오롯이 가지고 있는 것을 사람이라고 합니다. 심장의 신령함을 신(神)이라 하고 쓸개의 신령함을 백(魄)이라 하며, 지라의 신령함을 혼(魂)이라 하고 혈맥의 신령함을 정(精)이라고 합니다. 심장의 신은 눈에 나타나는데 이것을 본다고 합니다. 혈맥의 정은 귀에 나타나는데 이것을 듣는다고 합니다. 지라의 혼은 코에 나타나는데 이것을 냄새를 맡는다고 합니다. 쓸개의 백은 입에 나타나는데 이것을 말한다고 합니다. 이 여덟 가지를 빠짐없이 갖춘 뒤에야 사람이라고 일컫습니다. 무릇 사람이란 천지만물의 빼어난 기(氣)입니다. 그러나 또 들어맞지 않는 것도 있으며, 저마다 그 비슷한 것을 찾습니다. 만일 온전하게 얻어 가진 사람이라면 전인(全人) 가운데 전인이라고 합니다. 완전한 종류는 천지만물의 중기(中氣)로 덕을 오롯이 갖춘 사람이라고 합니다. 덕을 오롯이 갖춘 사람은 사람 가운데 사람입니다. 사람 가운데 사람은 인인(仁人)을 일컫습니다. 오직 전인(全人)이 된 뒤에야 주관할 수 있습니다.

사람의 삶은 기가 도는 것을 말하고 사람의 죽음은 형체가 되돌아간 것을 말합니다. 기가 돌면 신과 혼이 한데 어울려 뒤섞이고 형체가 되돌아가면 정과 백이 남게 됩니다. 신과 혼은 하늘에서 떠돌고 정과 백은 땅으로 되돌아갑니다. 하늘에서 떠도는 것을 양행(陽行)이라 하고 땅으로 되돌아가는 것을 음반(陰返)이라고 합니다. 양행은 낮에 나타나고 밤에 숨으며, 음반은 밤에 나타나고 낮에 숨습니다. 그러므로 해는 달의 형체이고 달은 해의 그림자이며, 양은 음의 형체이고 음은 양의 그림자이며, 사람은 귀신의 형체이고 귀신은 사람의 그림자임을 알겠습니다. 사람들은 귀신은 형체가 없어서 알지 못한다고 하는데 저는 그 말을 믿을 수 없습니다."

樵者謂漁者曰, 人謂死而有知有諸. 曰. 有之. 曰, 何以知其然. 曰. 以人知之. 曰, 何者謂之人. 曰. 目耳鼻口心膽脾腎之氣全謂之人. 心之靈曰神膽之靈曰魄. 脾之靈曰魂. 腎之靈曰精. 心之神發乎目, 則謂之視. 腎之精發乎耳, 則謂之聽. 脾之魂發乎鼻, 則謂之臭. 膽之魄發乎口, 則謂之言. 八者具備然後謂之人. 夫人者, 天地萬物之秀氣也. 然而亦有不中者, 各求其類也. 若全得人類, 則謂之曰全人之人. 夫全類者, 天地萬物之中氣也. 謂之曰全德之人也. 全德之人者人之人者也. 夫人之人者, 仁人之謂也. 唯全人然後能當之. 人之生也, 謂其氣行. 人之死也, 謂其形返. 氣行則神魂交. 形返則精魄存. 神魂行于天. 精魄返于地. 行于天, 則謂之曰陽行. 返于地, 則謂之曰陰返. 陽行則晝見而夜伏者也. 陰返則夜見而晝伏者也. 是故知日者月之形也. 月者, 日之影也. 陽者, 陰之形也. 陰者, 陽之影也. 人者, 鬼之形也. 鬼者, 人之影也. 人謂鬼無形而無知者吾不信也.

▣ 고기잡이가 나무꾼에게 물었다. "소인(小人)이 없어질 수 있을까요?" 나무꾼이 말하였다. "그렇지 않을 것입니다. 군자는 양의 정기(正氣)를 받고 태어나지만 소인은 음의 사기(邪氣)를 받고 태어납니다. 음이 없으면 양도 이루어지지 못합니다. 소인이 없으면 군자가 이루지 못합니다. 오직 그 사에 성함과 쇠퇴함이 있습니다. 양이 6분(分)이면 음이 4분이고, 음이 6분이면 양이 4분입니다. 음과 양은 서로 반씩을 차지하는데 곧 각각 5분씩을 차지합니다. 이로써 군자와 소인의 때에 성함과 쇠퇴함이 있음을 알 수 있습니다. 잘 다스려진 태평한 세상에는 군자가 6분입니다. 군자가 6분이면 소인은 4분으로 소인이 결코 군자를 억누를 수 없습니다. 어지러운 세상에는 이와 반대입니다. 임금은 임금의 도리를 다하고 신하는 신하의 구실을 다하며, 아버지는 아버지의 도리를 다하고 자식은 자식의 도리를 다하며, 형은 형의 도리를 다하고 아우는 아우의 구실을 다하며, 남편은 남편의 도리를 다하고 아내는 아내의 도리를 다하는 것을 일러 편안한 마음으로 제 분수를 지킨다고 합니다. 임금이 임금의 도리를 다하지 않고 신하가 신하의 구실을 다하지 않으며, 아버지가 아버지의 도리를 다하지 못하고 자식이 자식의 도리를 다하지 못하며, 형이 형의 도리를 다하지 못하고 아우가 아우의 구실을 다하지 못하며, 남편이 남편의 도리를 다하지 못하고 아내가 아내의 도리를 다하지 못하는 것을 일러 제 분수를 잃었다고 합니다. 이러한 까닭으로 세상이 다스려지고 어지러워지게 됩니다.

군자는 늘 행동이 말을 이기며, 소인은 항상 말이 행동을 이깁니다. 그러므로 세상이 다스려지면 독실한 선비가 많아지고 세상이 어지러워지면 겉만 꾸미는 선비가 많아집니다. 독실한 선비가 적으면 일을 이루지 못하고 겉만 꾸미는 선비가 적으면 일을 그르치지 않습니다. 이루어지는 것이 많으면 나라가 흥성하고 그르치는 것이 많으면 나라가 멸망하게 됩니다. 집안도 마찬가지로 이에 따라 흥하고 망하게 됩니다. 무릇 집안을 일으키고 나라를 흥성하게 하는 사람과 나라를 멸망시키고 집안을 거덜나게 하는 사람의 차이가 어찌 이다지도 크단 말입니까!"

漁者問樵者曰, 小人可絕乎. 曰不可. 君子稟陽正氣而生小人稟陰邪氣而生. 無陰則陽不成. 無小人則君子亦不成. 唯以盛衰乎其間也. 陽六分則陰四分. 陰六分, 則陽四分. 陽陰相半, 則各五分矣. 由是知君子小人之時有盛衰也. 治世則君子六分. 君子六分, 則小人四分. 小人固不勝君子矣. 亂世則反是. 君君臣臣, 父父子子, 兄兄弟弟, 夫夫婦婦, 謂各安其分也. 君不君, 臣不臣, 父不父, 子不子, 兄不兄, 弟不弟, 夫不夫, 婦不婦, 謂各失其分也. 此則由世治世亂使之然也. 君子常行勝言. 小人常言勝行. 故世治則篤實之士多. 世亂則緣飾之士衆篤實鮮不成事. 緣飾鮮不敗事. 成多國興. 敗多國亡. 家亦由是而興亡也. 夫興家興國之人, 與亡國亡家之人, 相去一何遠哉.

▣ 나무꾼이 고기잡이에게 물었다. "사람이 이른바 재주라고 하는 것이 이로운 것인지 해로운 것인지 알고 싶습니다." 고기잡이가 말하였다. "재주는 하나이고 이해(利害)는 둘입니다. 재주에 바른 것이 있고 바르지 못한 것이 있습니다. 재주가 바르면 이로움이 남과 자신에게 미치게 되나 재주가 바르지 못하면 자신에게는 이롭지만 남에게는 해를 끼치게

됩니다."

나무꾼이 말하였다. "바르지 못한데 어떻게 재주를 가질 수 있습니까?" 고기잡이가 말하였다. "사람이 능하지 못한 바를 능하게 하는데 어찌 재주라고 할 수 없겠습니까. 성인이 재주의 어려움을 안타까워하는 것은 천하의 일을 이루고서도 바른 데로 돌아가는 사람이 적기 때문입니다. 만일 바른 데로 돌아가지 못한다면 재주는 재주일 뿐 인(仁)이라고 말하기 어렵습니다. 비유하자면 약으로 병을 치료하는 것과 같습니다. 독약(毒藥)도 때에 따라 쓸 수 있는데 한 번은 쓸 수 있으나 두 번 써서는 안 됩니다. 병이 나으면 빨리 낫는데 그렇지 않으면 사람을 죽이게 됩니다. 보통 약은 날마다 써도 괜찮지만 중병(重病)은 고칠 수 없습니다. 중병도 치료하고 사람에게 해를 끼치지 않는 것을 예나 지금이나 사람들은 양약(良藥)이라고 합니다. 《주역(周易)》에 이르기를 대군(大君)이 천명을 얻어 나라를 세우고 물려줄 때 소인을 쓰지 않는다고 하였습니다. 이와 같지만 소인도 때가 되면 쓸 수 있습니다. 그러나 시대가 태평하고 안정적일 때 쓰는 것은 옳지 않습니다. 《시경(詩經)》에 이르기를 다른 산의 돌도 옥을 다듬는 데 필요하다고 하였는데 소인의 재주도 그러하지 않을까요!"

樵者問漁者曰, 人所謂才者有利焉, 有害焉者, 何也. 漁者曰. 才一也, 利害二也. 有才之正者. 有才之不正者. 才之正者, 利乎人而及乎身者也. 才之不正者, 利乎身而害乎人者也. 曰, 不正則安得謂之才. 曰. 人所不能而能之, 安得不謂之才. 聖人所以惜乎才之難者, 謂其能成天下之事而歸之正者寡也. 若不能歸之以正, 才則才矣難乎語其仁也. 譬猶藥之療疾也, 毒藥亦有時而用也, 可一而不可再也. 疾愈則速已, 不已則殺人矣. 平藥則常日而用之可也, 重疾非所以能治也. 能驅重疾而無害人之毒者, 古今人所謂良藥也. 易曰, 大君, 有命開國承家,小人勿用. 如是則小人亦有時而用之. 時平治定, 用之則否. 詩云 山之石可以攻玉, 其小人之才乎.

▣ 나무꾼이 고기잡이에게 말하였다. "나라의 흥망과 재능의 사정(邪正)에 대해 그 명(命)을 꼭 듣고 싶습니다. 그리고 사람을 어떻게 가려서 쓰는지요?"

고기잡이가 말하였다. "신하를 선택하는 것은 임금이고 임금을 선택하는 것은 신하입니다. 현명한 사람과 어리석은 사람이 각각 그 부류를 따라 그리하는데 어찌하리오. 요임금과 순임금 같은 임금이 있으면 반드시 요임금과 순임금 같은 신하가 있으며, 걸왕(桀王)과 주왕(紂王) 같은 임금이 있으면 반드시 걸왕과 주왕 같은 신하가 있습니다. 요임금과 순임금 같은 신하가 걸왕과 주왕의 시대에 태어나고 걸왕과 주왕 같은 신하가 요임금과 순임금의 시대에 태어나면 반드시 쓸모가 없을 것입니다. 비록 화(禍)가 복(福)이 되더라도 할 수 있을까요! 무릇 윗사람이 좋아하는 바는 반드시 아랫사람도 좋아하게 되는데 마치 그림자와 울림과 같습니다. 어찌 몰아붙인다고 해서 그렇게 되겠습니까. 윗사람이 의(義)를 좋아하면 아랫사람도 반드시 의(義)를 좋아하게 되어 불의(不義)가 멀어지게 됩니다. 윗사람이 이익을 좋아하면 아랫사람도 이익을 좋아하게 되어 불리(不利)가 멀어지게 됩니다. 이익을 좋아하는 사람이 많아지면 천하는 날로 쇠퇴해지고 의(義)를 좋아하는 사람이 많아지면 천하는 날로 흥성하게 됩니다. 날로 흥성하면 번창하게 되고 날로 쇠퇴하면 멸망하게 됩니다. 흥성함과 쇠퇴함 · 번창함과 멸망함이 어찌 이다지도 멀단 말입니까. 그리고 흥성하고 쇠퇴하고 번창하고 망하는 것은 윗사람이 좋아하는 바에 달려 있습니다. 잘 다스려진 태평한 세상에 소인이 없없을 것이며, 어지러운 세상에 군자가 없었겠습니까? 쓰이지 못하면 어떻게 선악(善惡)을 행할 수 있겠습니까."

나무꾼이 말하였다. "착한 사람은 늘 적고 나쁜 사람은 늘 많으며, 태평한 세상은 적고 어지러운 세상은 많은데 어째서 그러한지 알고 싶습니다." 고기잡이가 말하였다. "사물을 살펴보건대 어떤 사물이 그러하지 않겠습니까. 비유하자면 모든 오곡(五穀)에도 김을 매 주어도 싹이 나지 않는 것이 있고 김을 매 주지 않아도 잘 자라는 것이 있습니다. 쑥이나 강아지풀은 김을 안 매 주어도 오히려 생겨납니다. 김을 맴에 지극하게 하여도 그 끝이 어찌 되는지 모르는 것이니, 이로써 군자와 소인의 도(道)가 유래가 있음을 알겠습니다. 군자는 착한 일을 보면 좋아하고 나쁜 일을 보면 멀리합니다. 소인은 착한 일을 보면 시새움하고 나쁜 일을 보면 좋아합니다. 선악(善惡)이 각각 그 부류를 따르기 때문입니다. 군자는 착한 일을 보면 나아가고 나쁜 일을 보면 따르지 않습니다. 소인은 착한 일을 보면 따르지 않고 나쁜 일을 보면 나아갑니다. 군자는 의(義)를 보면 변화하고 이익을 보면 멈춥니다. 소인은 의(義)를 보면 멈추고 이익을 보면 변합니다. 의(義)를 보고 변화하면 사람에게 이롭고 이익을 보고 변하면 사람에게 해롭습니다. 사람에게 이로운 것과 사람에게 해로운 것이 어찌 이다지도 멀단 말입니까! 집과 나라는 똑같습니다. 잘될 때에는 군자가 많고 소인이 적으며, 망할 때에는 소인은 많고 군자는 적습니다. 군자가 많으면 떠나는 것은 소인이고 소인이 많으면 떠나는 것은 군자입니다. 군자는 살리는 것을 좋아하고 소인은 죽이는 것을 좋아합니다. 살리는 것을 좋아하면 세상이 다스려지고 죽이는 것을 좋아하면 세상이 어지러워집니다. 군자는 의(義)를 좋아하고 소인은 이익을 좋아합니다. 태평한 세상에는 의를 좋아하고 어지러운 세상에는 이익을 좋아하는데 그 이치는 하나입니다."

낚시꾼이 말을 끝맺자 나무꾼이 말하였다. "저는 옛적에 복희(伏羲)가 있는 것을 알았는데 오늘에야 그 참모습을 본 것 같습니다." 절을 하고 사례를 한 다음 아침 일찍 떠나갔다.

樵者謂漁者日, 國家之興亡與夫才之邪正, 則固得聞命矣. 然則何不擇其人而用之. 漁者曰. 擇臣者君也. 擇君者臣也. 賢愚各從其類而爲奈何. 有堯舜之君, 必有堯舜之臣. 有桀紂之君, 必有桀紂之臣. 堯舜之臣生乎桀紂之世, 猶桀紂之臣生乎堯舜之世, 必非其所用也. 雖欲爲禍爲福, 其能行乎. 夫上之所好, 下必好之, 其若影響. 豈待驅率而然耶. 上好義, 則下必好義, 而不義者遠矣. 上好利, 則下必好利, 而不利者遠矣. 好利者衆, 則天下日削矣. 好義者衆, 則天下日盛矣. 日盛則昌. 日削則亡. 盛之與削, 昌之與亡, 豈其遠乎在上之所好耳. 夫治世何嘗無小人. 亂世何嘗無君子. 不用則善惡何由而行也. 樵者曰, 善人常寡而不善人常衆, 治世常少而亂世常多, 何以知其然耶. 曰. 觀之於物, 何物不然. 譬諸五穀, 耘之而不苗者有矣. 蓬莠不耘而猶生. 耘之而求其盡也, 亦末如之何矣. 由是知君子小人之道有自來矣. 君子見善則喜之, 見不善則遠之. 小人見善則疾之, 見不善則喜之. 善惡各從其類也. 君子見善則就之, 見不善則違之. 小人見善則違之, 見不善則就之. 君子見義則遷, 見利則止. 小人見義則止, 見利則遷. 遷義則利人. 遷利則害人. 利人與害人, 相去一何遠耶. 家與國一也. 其興也, 君子常多而小人常鮮. 其亡也, 小人常多而君子常鮮. 君子多而去之者小人也. 小人多而去之者君子也. 君子好生. 小人好殺. 好生則世治. 好殺則世亂. 君子好義. 小人好利. 治世則. 好義. 亂世則. 好利. 其理一也. 釣者談已, 樵者曰. 吾聞古有伏羲, 今日如覩其面焉. 拜而謝之及旦而去.

# 황극경세서(皇極經世書)·원문

性理大全書卷之七

皇極經世書一

邵伯溫曰皇極經世書凡十二卷其一之二則總元會運世之數易所謂天地之數也三之四以會經運列世數與歲甲子下紀帝堯至于五代歷年表以見天下離合治亂之迹以天時而驗人事者也五之六以運經世列世數與歲甲子下紀自帝堯至于五代書傳所載興廢治亂得失邪正之迹以人事而驗天時者也自七之十則以陰陽剛柔之數窮律呂聲音之數以律呂聲音之數窮動植飛走之數易所謂萬物之數也其十一之十二則論皇極經世之所以爲書窮日月星辰飛走動植之數以盡天地萬物之理述皇帝王霸之事以明大中至正之道陰陽之消長古今之治亂較然可見矣故書謂之皇極經世篇謂之觀物焉◯西山蔡氏曰皇極經世之書康節先生以爲先天之學其道一本於伏羲卦圖但其用字立文自爲一家引經引義別爲一說故學者多所疑惑要當且以康節之書反覆涵泳使倫類精熟脉絡通貫然後有得若其宗要則明道先生所謂加一倍法也是故由用而之體則自一而二自二而四自四而

八自八而十六自十六而三十二自三十二而六十四即體而之用則自六十四而三十二自三十二而十六自十六而八自八而四自四而二自二而一者太極也所謂一動一靜之間者也蓋嘗謂體天地之撰者至於易而止矣不可以有加矣揚氏之太玄八十一首關氏之洞極二十七象司馬氏之潛虛五十五行皆不知而作者也天奇地耦之畫陽九陰六之數四千九十有六之變萬有一千五百二十之策有以加乎此哉康節之學雖作用不同而其實則伏羲所畫之卦也故其書以日月星辰水火土石盡天地之體用以暑寒晝夜雨風露雷盡天地之變化以性情形體走飛草木盡萬物之感應以元會運世歲月日辰盡天地之終始以皇帝王霸易書詩春秋盡聖賢之事業自秦漢以來一人而已耳

嵩山晁氏曰邵雍堯夫隱居博學尤精於易能前知來物撰皇極經世書以元經會以運經世起於堯即位之元年甲辰終於周顯德五年己未編年紀興亡治亂以符其學世稱康節之易先天之嗣也有觀物內外篇內篇解則其子伯溫所著也○趙氏震曰皇極經世書元會運世六卷凡三十四篇如易上經聲音律呂四卷凡十六篇如易之下經觀物十二篇之文所以暢二數之義如易之有繫辭焉夫道不囿於數而數實該乎道昔之負才氣者雖使十年不仕而事於數康節殆未之許吁是豈易言也哉

按本書六十二篇并門弟子所記外篇上下通六十有四篇其首三十四篇則以元會運世相經。横列甲子，繫歲紀事，以驗夫天時人事之得失。其次十六篇則以聲音律吕更唱迭和，爲之圖三千八百四十，以窮夫萬物之數。其後內外十四篇之文，則皆所以敷暢前二數之義也。然前之二數，邵伯温氏嘗著一元消長等圖以括其要約。後西山蔡氏因其圖而推衍之，著爲經世指要一書，足以盡了五十篇之義。而晦庵朱子謂其於康節之書推究縝密矣。故今不復具載康節全書，但取蔡氏指要諸圖，增以諸家釋例，纂爲二卷，列於內外十四篇之首，庶幾觀者即圖以明其數，因文以求其理，則由約可以該博。復以漁樵問答及無名公傳附於後者，因其文意與是書有相發明故也。

## 纂圖指要上

西山蔡氏曰。龍馬負圖，伏羲因之以畫八卦。重之爲六十四卦。初未有文字，但陽奇陰耦卦畫次序而已。今世所傳伏羲八卦圖，以圓函方者是也。康節曰。上古聖人皆有易，但作用不同。今之易，文王之易也，故謂之周易。若然，則所謂三易者，皆本於伏羲之圖，而取象繫辭以定吉凶者，名不同耳。連山首艮，歸藏首坤，周易首乾。連山歸藏雖不傳，意其作用必與周易大異。然作用雖異，其爲道則同一太極也。皇極經世之書，命數定象，自爲一家。古所未有，學者所未見，然亦皆出於伏羲卦畫奇耦之序，其爲道亦同一太極也。今以伏羲卦圖列之

於前而以皇極經世蹟之於後則大略可見矣

伏羲始畫八卦圖

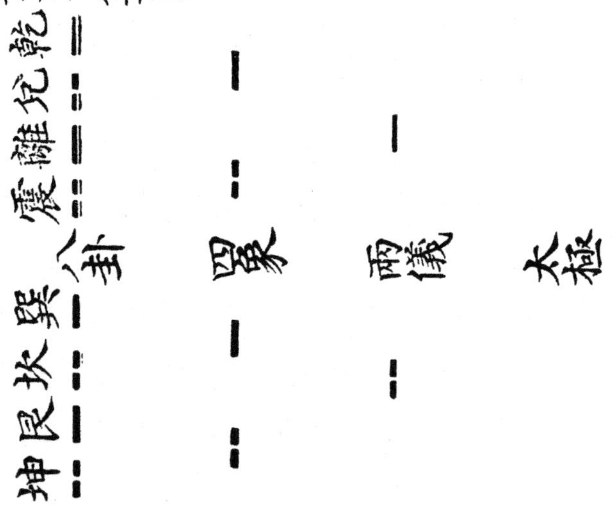

西山蔡氏曰。大傳曰。易有太極。是生兩儀。兩儀生四象。
四象生八卦。八卦定吉凶。吉凶生大業。其法自一而二。
自二而四。自四而八。實則太極判而爲陰陽。陰陽之中
又有陰陽。出於自然。不待智營而力索也。其叙言自乾而
至坤。若以陰陽先後爲數也

八卦正位圖

邵伯温曰。先君云天地定位。乾與坤對也。山澤通氣。艮與兌對也。雷風相薄。震與巽對也。水火不相射。離與坎對也。此伏羲之易也。乾之初交於坤之初得震。故爲長男。坤之初交於乾之初得巽。故爲長女。乾之二交於坤之二得坎。故爲中男。坤之二交於乾之二得離。故爲中女。乾之上交於坤之上得艮。爲少男。坤之上交於乾之上得兌。爲少女。乾坤大父母也。故能生八卦。復姤小父母也。故能生六十四卦。復之初九交於姤之初六得一陽。姤之初六交於復之初九得一陰。復之二交於姤之二得二陽。姤之二交於復之二得二陰。復之三交於姤之三得四陽。姤之三交於復之三得四陰。復之四交於姤之四得八陽。姤之四交於復之四得八陰。復之五交於姤之五得十六陽。姤之五交於復之五得十六陰。復之上交於姤之上得三十二陽。姤之上交於復之上得三十二陰。陰陽男女皆得順行。此所以生六十四卦也

○西山蔡氏曰。大傳曰。天地定位。山澤通氣。雷風相薄水火不相射。八卦相錯。數往者順。知來者逆。是故易逆數也。其法自子中至午中爲陽。初四爻皆陽。中前二爻皆陰。後二爻皆陽。上一爻爲陰。二爻爲陽。三爻爲陰。四爻爲陽。自午中至子中爲陰。初四爻皆陰。中前二爻爲

陽。後二爻爲陰。上。一爻爲陽。二爻爲陰。三爻爲陽。四爻爲陰。在陽中上二爻。則先陰而後陽陽生於陰也。在陰中上二爻。則先陽而後陰陰生於陽也。其叙始震終坤者。以陰陽消息爲數也

## 八卦重爲六十四卦圖

乾 夬 大有 大壯 小畜 需 大畜 泰 履

兌 ䷹
睽 ䷥
歸妹 ䷵
中孚 ䷼
節 ䷻
損 ䷨
臨 ䷒
同人 ䷌
革 ䷰
離 ䷝

豐 ䷶
家人 ䷤
既濟 ䷾
賁 ䷕
明夷 ䷣
无妄 ䷘
隨 ䷐
噬嗑 ䷔
震 ䷲
益 ䷩

屯 頤 復 姤 大過 鼎 恒 巽 井 蠱

升 訟 困 未濟 解 渙 坎 蒙 師 遯

咸 ䷞ 旅 ䷷ 小過 ䷽ 漸 ䷴ 蹇 ䷦ 艮 ䷳ 謙 ䷎ 否 ䷋ 萃 ䷬ 晉 ䷢

豫 ䷏ 觀 ䷓ 比 ䷇ 剝 ䷖ 坤 ䷁

西山蔡氏曰。八卦重而爲六十四卦。一卦之上各有八卦也。實則自八而十六。自十六而三十二。自三十二而六十四也。大傳曰。因而重之。爻在其中矣者。是也。此陰陽流行之數。前三十二卦爲陽。後三十二卦爲陰。古往

今來者也



# 六十四卦方圓圖

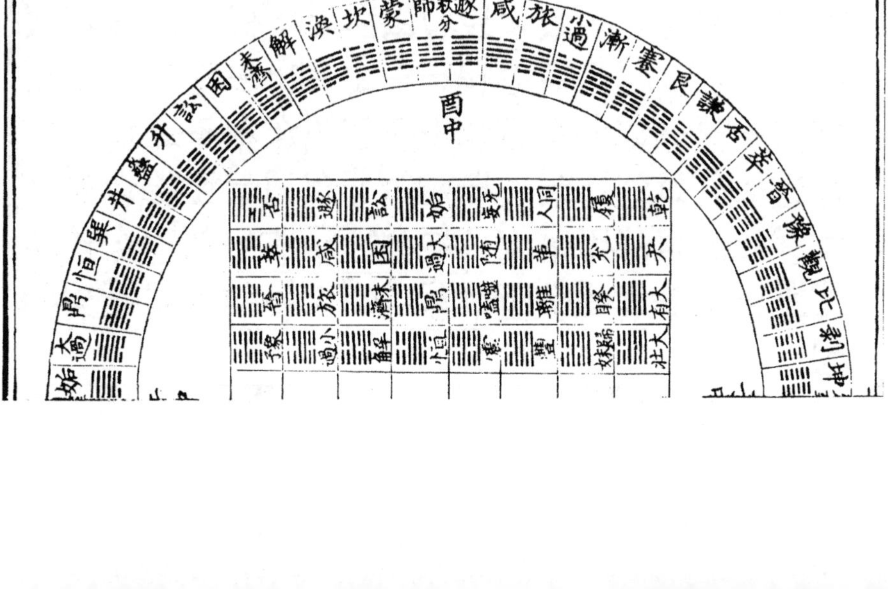

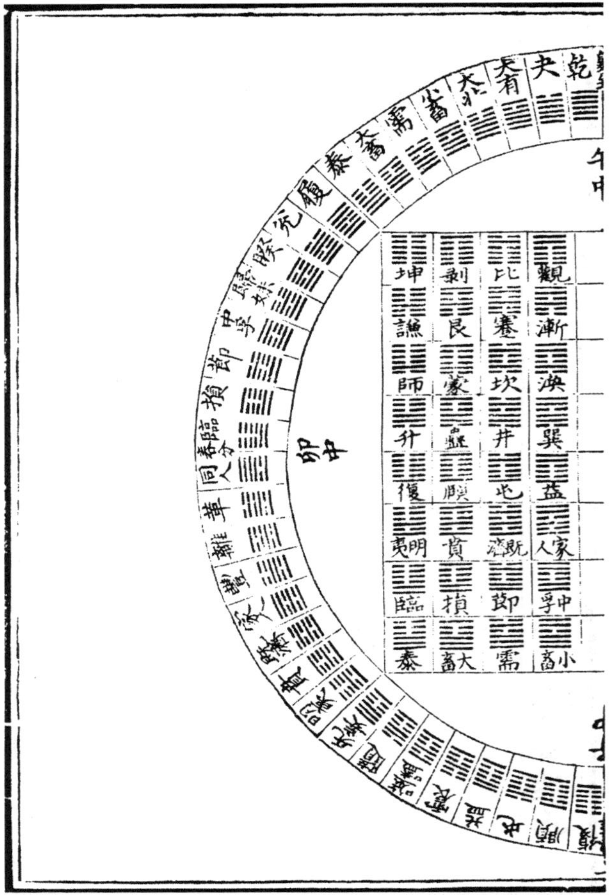

邵伯溫曰。先君曰。上世聖人皆有易作用不同。其道一也。今之易經文王之易也。故謂之曰周易。伏羲之易無文字語言。獨有卦畫次序而已。孔子於繫辭實述之矣。圓者爲天。方者爲地。天地之理皆在是也。○西山蔡氏曰。六十四卦圓布者。乾盡午中。坤盡子中。離盡卯中。坎盡酉中。陽生於子中。極於午中。陰生於午中。極於子中。其陽在南。其陰在北。方布者。乾始於西北。坤盡於東南。其陽在北。其陰在南。此二者。陰陽對待之數。圓於外者爲陽。方於中者爲陰。圓者動而爲天。方者靜而爲地者也

陽九陰六用數圖

老陽用九數

老陰用六數

四因九得三十有六。是爲老陽之數

四因六得二十有四。是爲老陰之數

六因三十有六得二百一十有六。是爲乾卦之數

六因二十有四得一百四十有四。是爲坤卦之數

以二百一十有六合一百四十有四。得三百六十

爲一朞之數

月日時同

陽爻一百九十二。以三十二因二百一十有六。得六千

九百一十有二之數

陰爻一百九十二。以三十二因一百四十有四。得四千

六百有八之數 六十四卦中三百八十四爻。陰陽各居其半。故用三十二因之

以六千九百一十有二合四千六百有八。得萬有

一千五百二十。是爲萬物之數

少陽數七

少陰數八

四因七得二十有八。是爲少陽之數

四因八得三十有二。是爲少陰之數

六因二十有八得一百六十有八。是爲乾卦之數
六因三十有二得一百九十有二。是爲坤卦之數
以一百六十有八合一百九十有二。亦得三百六十。是爲一朞之數
陽爻一百九十二。以三十二因一百六十有八。得五千三百七十有六之數
陰爻一百九十二。以三十二因一百九十有二。得六千一百四十有四之數
以五千三百七十有六合六千一百四十有四。亦得萬有一千五百二十。是爲萬物之數。聖人所以不書者。以周易用九六而不用七八也

朱子曰。二篇之策當萬物之數者。不是萬物盡於此數。只是取象自一而萬。以萬數來當萬物之數耳

性理大全書卷之七

# 性理大全書卷之八

## 皇極經世書二

### 纂圖指要下

#### 經世衍易圖

| | | | | | | | |
|---|---|---|---|---|---|---|---|
| 太陽 ⚊ | 太陰 ⚋ | 少陽 ⚊ | 少陰 ⚋ | 少剛 ⚊ | 少柔 ⚋ | 太剛 ⚊ | 太柔 ⚋ |
| 陽 ⚊ | | 陰 ⚋ | | | 剛 ⚊ | | 柔 ⚋ |
| | 動 ⚊ | | | | | 靜 ⚋ | |

一動一靜之間

西山蔡氏曰。一動一靜之間者易之所謂太極也。動靜者易所謂兩儀也。陰陽剛柔者易所謂四象也。太陽太陰少陽少陰少剛少柔太剛太柔者易所謂八卦也

經世天地四象圖

太陽 日 暑 性
目 元 皇
太陰 月 寒 情
耳 會 帝
少陽 星 晝 形
鼻 運 王
少陰 辰 夜 體
口 世 伯
少剛 石 雷 木
色 歲 易

少柔 土 露 草
聲 月 書
太剛 火 風 飛
氣 日 詩
太柔 水 雨 走
味 辰 春秋

西山蔡氏曰。動者爲天。天有陰陽(陽者動之始。陰者動之極。)陰陽之中又各有陰陽。故有太陽太陰少陽少陰。太陽爲日。太陰爲月。少陽爲星。少陰爲辰。是爲天之四象。日爲暑。月爲寒。星爲晝。辰爲夜。四者天之所變也。暑變物之性。寒

變物之情。晝變物之形。夜變物之體。萬物之所以感於
天之變也。靜者爲地。地有柔剛。柔者靜之始剛者靜之極。剛柔之中
又有剛柔。故有太剛太柔少剛少柔。太柔爲水。太剛爲
火。少柔爲土。少剛爲石。是爲地之四象。水爲雨。火爲風。
土爲露。石爲雷。此四者地之所以化也。雨化物之走。風化
物之飛。露化物之草。雷化物之木。萬物之所以應於地
之化也。暑變走飛草木之性。寒變走飛草木之情。晝變
走飛草木之形。夜變走飛草木之體。雨化性情形體之
走。風化性情形體之飛。露化性情形體之草。雷化性情
形體之木。天地變化。參伍錯綜而生萬物也。萬物之感

於天之變。性者善目。情者善耳。形者善鼻。體者善口。萬
物應於地之化。飛者善色。走者善聲。木者善氣。草者善
味。蓋其所感應有不同。故其所善亦有異。至於人則得
天地之全。暑寒晝夜無不變。雨風露雷無不化。性情形
體無不感。走飛草木無不應。目善萬物之色。耳善萬物
之聲。鼻善萬物之氣。口善萬物之味。蓋天地萬物皆陰
陽剛柔之分。人則兼備乎陰陽剛柔。故靈於萬物而能
與天地參也。人而能與天地參。故天地之變。有元會運
世。而人事之變。亦有皇帝王伯。元會運世有春夏秋冬。
爲生長收藏。皇帝王伯有易書詩春秋。爲道德功力。是

故元會運世春夏秋冬生長收藏各相因而爲十六皇帝王伯易書詩春秋道德功力亦各相因而爲十六十六者四象相因之數也凡天地之變化萬物之感應古今之因革損益皆不出乎十六十六而天地之道畢矣故物之巨細人之聖愚亦以一十百千四者相因而爲十六千千之物爲細物千千之民爲至愚一一之物爲巨物一一之民爲聖人蓋人者萬物之最靈聖人者又人倫之至也自天地觀萬物則萬物爲萬物自太極觀天地則天地亦物也人而盡太極之道則能範圍天地曲成萬物而造化在我矣故其說曰一動一靜天地之至妙歟一動一靜之間天地人之至妙歟一動一靜之間者非動非靜而主乎動靜所謂太極也又曰思慮未起鬼神莫知不由乎我更由乎誰所謂範圍天地曲成萬物造化在我者也蓋超乎形器非數之能及矣雖然是亦數也伊川先生曰數學至康節方及理康節之數先生未之學至其本原則亦不出乎先生之說矣

# 經世天地始終之數圖

| | | | | | |
|---|---|---|---|---|---|
| 一一 | 乾 一 | 元之元 | 日之日 | 乾之乾 |
| 一二 | 夬 十二 | 元之會 | 日之月 | 乾之兌 |
| 一三 | 大有 三百六十 | 元之運 | 日之星 | 乾之離 |
| 一四 | 大壯 四千三百二十 | 元之世 | 日之辰 | 乾之震 |
| 一五 | 小畜 十二萬九千六百 | 元之歲 | 日之石 | 乾之巽 |
| 一六 | 需 一百五十五萬五千二百 | 元之月 | 日之土 | 乾之坎 |
| 一七 | 大畜 四千六百六十五萬六千 | 元之日 | 日之火 | 乾之艮 |
| 一八 | 泰 五萬五千九百八十七萬二千 | 元之辰 | 日之水 | 乾之坤 |
| 二一 | 履 十二 | 會之元 | 月之日 | 兌之乾 |
| 二二 | 兌 一百四十四 | 會之會 | 月之月 | 兌之兌 |
| 二三 | 睽 四千三百二十 | 會之運 | 月之星 | 兌之離 |
| 二四 | 歸妹 五萬一千八百四十 | 會之世 | 月之辰 | 兌之震 |
| 二五 | 中孚 一百五十五萬五千二百 | 會之歲 | 月之石 | 兌之巽 |
| 二六 | 節 一千八百六十六萬二千四百 | 會之月 | 月之土 | 兌之坎 |
| 二七 | 損 五萬五千九百八十七萬二千 | 會之日 | 月之火 | 兌之艮 |
| 二八 | 臨 六十七萬一千八百四十六萬四千 | 會之辰 | 月之水 | 兌之坤 |

三一 同人三百六十 運之元 星之日 離之乾

三二 革四千三百二十 運之會 星之月 離之兌

三三 離一十二萬九千六百 運之運 星之星 離之離

三四 豐一百五十五萬五千二百 運之世 星之辰 離之震

四一 无妄四千三百二十 世之元 辰之日 震之乾

四二 隨五萬一千八百四十 世之會 辰之月 震之兌

四三 噬嗑一百五十五萬五千二百 世之運 辰之星 震之離

四四 震一千八百六十六萬二千四百 世之世 辰之辰 震之震

三五 家人四千六百六十五萬六千 運之歲 星之石 離之巽

三六 既濟五萬五千九百八十七萬二千 運之月 星之土 離之坎

三七 賁一百六十七萬九千六百一十六萬 運之日 星之火 離之艮

三八 明夷二千一十五萬五千三百九十二萬 運之辰 星之水 離之坤

四五 益五萬五千九百八十七萬二千 世之歲 辰之石 震之巽

四六 屯六十七萬一千八百四十六萬四千 世之月 辰之土 震之坎

四七 頤二千一十五萬五千三百九十二萬 世之日 辰之火 震之艮

四八 復二萬四千一百八十六萬四千七百四萬 世之辰 辰之水 震之坤

| | | | | |
|---|---|---|---|---|
| 五一 | 姤 | 十二萬九千六百 | 歲之元 石之日 | 巽之乾 |
| 五二 | 大過 | 一百五十五萬五千二百 | 歲之會 石之月 | 巽之兌 |
| 五三 | 鼎 | 四千六百六十五萬六千 | 歲之運 石之星 | 巽之離 |
| 五四 | 恒 | 五萬五千九百八十七萬二千 | 歲之世 石之辰 | 巽之震 |
| 六一 | 訟 | 一百五十五萬五千二百 | 月之元 土之日 | 坎之乾 |
| 六二 | 困 | 一千八百六十六萬二千四百 | 月之會 土之月 | 坎之兌 |
| 六三 | 未濟 | 五萬五千九百八十七萬二千 | 月之運 土之星 | 坎之離 |
| 六四 | 解 | 六十七萬一千八百四十六萬四千 | 月之世 土之辰 | 坎之震 |

| | | | | |
|---|---|---|---|---|
| 五五 | 巽 | 一百六十七萬九千六百一十六萬 | 歲之歲 石之石 | 巽之巽 |
| 五六 | 井 | 二千一十五萬五千三百九十二萬 | 歲之月 石之土 | 巽之坎 |
| 五七 | 蠱 | 六萬四百六十六萬一千七百六十萬 | 歲之日 石之火 | 巽之艮 |
| 五八 | 升 | 七十二萬五千五百九十四萬一千一百二十萬 | 歲之辰 石之水 | 巽之坤 |
| 六五 | 渙 | 二千一十五萬五千三百九十二萬 | 月之歲 土之石 | 坎之巽 |
| 六六 | 坎 | 二萬四千一百八十六萬四千七百四萬 | 月之月 土之土 | 坎之坎 |
| 六七 | 蒙 | 七十二萬五千五百九十四萬一千一百二十萬 | 月之日 土之火 | 坎之艮 |
| 六八 | 師 | 八百七十萬七千一百二十九萬三千四百四十萬 | 月之辰 土之水 | 坎之坤 |

| | | |
|---|---|---|
| 七一 | 遯四千六百六十五萬六千 | 日之元 火之日 艮之乾 |
| 七二 | 咸五萬五千九百八十七萬二千 | 日之會 火之月 艮之兌 |
| 七三 | 旅一百六十七萬九千六百一十六萬 | 日之運 火之星 艮之離 |
| 七四 | 小過二千一十五萬五千三百九十二萬 | 日之世 火之辰 艮之震 |
| 八一 | 否五萬萬五千九百八十七萬二千 | 辰之元 水之日 坤之乾 |
| 八二 | 萃六十七萬一千八百四十六萬四千 | 辰之會 水之月 坤之兌 |
| 八三 | 晉二千一十五萬五千三百九十二萬 | 辰之運 水之星 坤之離 |
| 八四 | 豫二萬四千一百八十六萬四千七百四萬 | 辰之世 水之辰 坤之震 |

| | | |
|---|---|---|
| 七五 | 漸六萬四百六十六萬一千七百六十萬 | 日之歲 火之石 艮之巽 |
| 七六 | 蹇七十二萬五千五百九十四萬一千二百二十萬 | 日之月 火之土 艮之坎 |
| 七七 | 艮二百一十七萬六千七百八十二萬三千三百六十萬 | 日之日 火之火 艮之艮 |
| 七八 | 謙二千六百一十三萬一千三百八十八萬三百二十萬 | 日之辰 火之水 艮之坤 |
| 八五 | 觀七十二萬五千五百九十四萬一千一百二十萬 | 辰之歲 水之石 坤之巽 |
| 八六 | 比八百七十萬七千一百二十九萬三千四百四十萬 | 辰之月 水之土 坤之坎 |
| 八七 | 剝二千六百一十二萬一千三百八十八萬三百二十萬 | 辰之日 水之火 坤之艮 |
| 八八 | 坤三萬四千三百四十五萬六千六百五十六萬三千八百四十萬 | 辰之辰 水之水 坤之坤 |

邵伯温曰陽一陰二故陽之生陰二而六之爲十二陰之生陽三而十之爲三十又曰以日經日爲元之元其數一日之數一故也以日經月爲元之會其數十二月之數十二故也以日經星爲元之運其數三百六十星之數三百六十故也以日經辰爲元之世其數四千三百二十辰之數四千三百二十故也○西山蔡氏曰天地之數窮于八八故元會運世歲月日辰之數極于六十四也陽數以三十起者一月有三十日一世有三十年也陰數以十二起者一日有十二辰一歲有十二月也天地之數至于八八而遂窮乎曰窮則變變則生蓋

生生而不窮者也元會運世即歲月日辰日月星辰即水火土石猶形影聲響也故經世舉元會運世而不及歲月日辰舉日月星辰而不及水火土石也

黃氏瑞節曰經世天地始終之數以十二三十反覆乘之也元之元一元之會十二是以十二乘一也元之運三百六十是以三十乘十二也元之世四千三百二十是以十二乘三百六十也經世之元會運世歲月日辰即易之乾兌離震巽坎艮坤也元之元即乾之乾元之會即乾之兌元之運即乾之離元之世即乾之震元之歲即乾之巽元之月即乾之坎元之日即乾之艮元之辰即乾之坤會之元以下放此

# 經世六十四卦之數圖 即先天圖

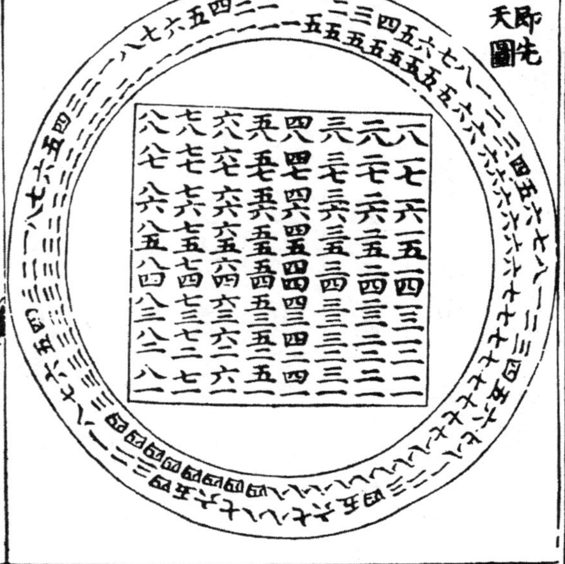

邵伯温曰乾之數一兌之數二離之數三震之數四巽之數五坎之數六艮之數七坤之數八交相重而爲六十四焉乾兌離震在天爲陽在地爲剛在天則居東南在地則居西北巽坎艮坤在天爲陰在地爲柔在天則居西北在地則居東南陰陽相錯天文也剛柔相交地理也○西山蔡氏曰八卦之數乾一兌二離三震四巽五坎六艮七坤八先天之序也一一爲乾以至八八爲坤參伍錯綜無不備也圓者爲天方者爲地一二三四爲陽五六七八爲陰即先天圖也一一起于南八八終于北者以少爲息多爲消也

# 經世一元消長之數圖 朞數

| 元 | 會 | 運 | 世 | | | |
|---|---|---|---|---|---|---|
| 日 甲 | 月 子一 | 星 三十 | 辰 三百六十 | 年 一萬八百 | 復 ䷗ | |
| | 月 丑二 | 星 六十 | 辰 七百二十 | 年 二萬一千六百 | 臨 ䷒ | |
| | 月 寅三 | 星 九十 | 辰 一千八十 | 年 三萬二千四百 | 泰 ䷊ | 開物 星之己七十六 |
| | 月 卯四 | 星 一百二十 | 辰 一千四百四十 | 年 四萬三千二百 | 大壯 ䷡ | |
| | 月 辰五 | 星 一百五十 | 辰 一千八百 | 年 五萬四千 | 夬 ䷪ | |
| | 月 巳六 | 星 一百八十 | 辰 二千一百六十 | 年 六萬四千八百 | 乾 ䷀ | 唐堯始星之癸一百八十辰二千一百五十七 |
| | 月 午七 | 星 二百一十 | 辰 二千五百二十 | 年 七萬五千六百 | 姤 ䷫ | 夏殷周秦兩漢兩晉十六國南北朝隋唐五代宋 |
| | 月 未八 | 星 二百四十 | 辰 二千八百八十 | 年 八萬六千四百 | 遯 ䷠ | |
| | 月 申九 | 星 二百七十 | 辰 三千二百四十 | 年 九萬七千二百 | 否 ䷋ | |
| | 月 酉十 | 星 三百 | 辰 三千六百 | 年 一十萬八千 | 觀 ䷓ | |
| | 月 戌十一 | 星 三百三十 | 辰 三千九百六十 | 年 一十一萬八千八百 | 剝 ䷖ | 閉物 星之戊三百一十五 |
| | 月 亥十二 | 星 三百六十 | 辰 四千三百二十 | 年 一十二萬九千六百 | 坤 ䷁ | |

邵伯溫曰日爲元元之數一月爲會會之數十二星爲
運運之數三百六十辰爲世世之數四千三百二十則
是一元統十二會三百六十運四千三百二十世一世
三十年則一十二萬九千六百年一十二萬九千六百
年是爲一元之數一元在大化之中猶一年也自元之
元至辰之元自元之辰至辰之辰而後數窮矣窮則變
變則生蓋生生而不窮也經世但著一元之數舉一隅
而已引而伸之則窮天地之數可知矣日甲日之數一
歲一周月子至亥月之數十二歲十二周也星三百六
十隨天而轉日一周歲三百六十周也一日十二辰積

一歲之辰則歲四千三百二十辰也自子至巳作息自
午至亥作消作息則陽進而陰退作消則陰進而陽退
開物於月之寅星之巳七十有六閉物於月之戌星之
戌三百一十有五月至巳之終當辰之二千一百六十
爲陽極陰陽之餘空各六月至亥之終當辰之四千三
百二十爲陰極陰陽之餘空各六凡二十有四以當易
六十四卦三百八十四爻之數焉除四正卦凡六四六
二十四三百八十有四去其二十有四則所存者三百
六十也四正卦謂乾坤坎離居四方之正位反復不變
故謂之四正經世一元之運數與成數焉消息盈虧之

法在其間矣所以藏諸用也唐堯起於月之巳星之癸一百八十辰之二千一百五十七推而上之堯得天地之中數也故孔子贊堯曰唯天爲大唯堯則之蕩蕩乎民無得名焉巍巍乎其有成功煥乎其有文章揚雄亦謂法始乎伏羲而成乎堯蓋自極治之盛莫過乎堯先乎此者有所未至後乎此者有所不及考之曆數稽之天時質之人事若合符節嗚呼盛哉○西山蔡氏曰一元之數即一歲之數也一元有十二會三百六十運四千三百二十世猶一歲十二月三百六十日四千三百二十辰也前六會爲息後六會爲消即一歲之自子至



巳爲息自午至亥爲消開物於星之七十六猶歲之驚蟄也閉物於三百一十五猶歲之立冬也一元有十二萬九千六百歲一會有十二萬九千六百月一運有十二萬九千六百日一世有十二萬九千六百辰皆自然之數非有所牽合也或曰氣盈於三百六十六朔虛於三百五十四今經世之數槩以三百六十爲率何也曰所以藏諸用也消息盈虛之法在其間矣唐堯始於星之癸一百八十辰之二千一百五十七何也曰以今日天地之運日月五星之行推而上之因以得之也嗟夫皇極一元之運始於日甲月子星甲辰子者豈特曆數

之用而已哉一陽初動萬物未生是聖人所以見天地
之心又以範圍天地曲成萬物者也非元氣之會聰明
過人者其孰與此豈特曆數之用而已哉又曰元會運
世之數大而不可見分釐絲毫之數小而不可察所可
得而數者卽日月星辰而知之也一世有三十歲一月
有三十日故歲與日之數三十一歲有十二月一日有
十二辰故月與辰之數十二自歲月日辰之數推而上
之得元會運世之數推而下之得分釐絲毫之數三十
與十二反覆相乘爲三百六十故元會運世歲月日辰
八者之數皆三百六十以三百六十乘三百六十爲十

二萬九千六百故元有十二萬九千六百歲會有十二
萬九千六百月運有十二萬九千六百日世有十二萬
九千六百辰歲有十二萬九千六百分月有十二萬九
千六百釐日有十二萬九千六百毫辰有十二萬九千
六百絲皆天地自然非假智營力索而天地之運日月
之行氣朔之盈虛五星之伏見朓朒屈伸交食淺深之
數莫不由此由漢以來以曆數名家者惟太初大衍耳
惟太初以四千六百一十七歲爲元以八十一爲分大
衍之曆乃以一百六十三億七千四百五十九萬五千
二百爲元三千四十爲分皆附會牽合以此求天地之

數安得無差

朱子曰經世書以十二辟卦管十二會綳定時節却就中推吉凶消長堯時正是乾卦九五〇論十二卦
則陽始於子而終於巳陰始於午而終於亥論四時之氣則陽始於寅而終於未陰始於申而終於丑此
二說者雖若小差而所爭不過二位蓋子位一陽雖生而未出乎地至寅位泰卦則三陽之生方出地上
而溫厚之氣從此始焉巳位乾卦六陽雖極而溫厚之氣未終故午位一陰雖生而未害於陽必至未位
遯卦而後溫厚之氣始盡也其午位陰巳生而嚴凝之氣及申方始亥位六陰雖極而嚴凝之氣至丑方
盡義亦放此蓋地中之氣難見而地上之氣易識故周人以建子爲正雖得天統而孔子之論爲邦乃以
夏時爲正蓋取其陰陽始終之著明也按圖以推其說可見〇邵子皇極經世書以元統十二會爲一元
一萬八百年爲一會初間一萬八百年而天始開又一萬八百年而地始成又一萬八百年而人始生邵
子於寅上方始註一開物字蓋初間未有物只是氣塞及天開此子後便有一塊查滓在其中漸漸凝結
而成地初則溶軟後漸堅實今山形自高而下便如水漾沙之勢以此知必是先有天方有地有天地交
感方始生出物來〇問天開於子地闢於丑人生於寅其說是如何曰此是邵子皇極經世中說今不可
知他只是以數推得如此他說寅上生物是到其上方有人物也有一元十二會三十運十二世十二萬
九千六百年爲一元歲月日時元會運世皆自十二而三十自三十而十二至堯時會在巳午之間今漸
又未矣至成上說開物到那裏則不復有人物矣問不知人物消磨盡時天地壞也不壞曰也須一場鶻
突既有形氣如何得不壞但一箇壞了便有一箇生得來〇黃氏瑞節曰一元消長圖蓋以本書約之也
今詳本書曰甲一位爲一元該十二萬九千六百年此一元總數也其所以得一元之數者由十二會積
之也月子一位爲一會該一萬八百年至月亥十二位爲十二會該十二萬九千六百年屬上日甲統之
也其所以得十二會之數者由三十運積之也星甲一位爲一運該三百六十年至三十位爲三十運該
一萬八百年屬上月子統之過此屬月丑統之其所以得三十運之數者由十二世積之也辰子一位爲

一世該三十年至辰亥十二位爲十二世該三百六十年偶上星甲統之過此偶星乙統之蓋由世積而
爲運運積而爲會會積而爲元即由時積而爲日日積而爲月月積而爲歲也邵伯溫所謂一元之數在
天地之間猶一年是已然邵子此數何從而知其始何從而知其終耶善乎西山先生之言曰以今日天
地之運日月五星之行推而上之因以得之也故曰堯得天地之中數斯言何謂也蓋堯之時在日甲月
巳星癸辰申當十二萬九千六百年之半以上爲六萬四千八百年之已往以下爲六萬四千八百年之
方來是以謂中數也堯而後可遞而推矣○元氏明善曰禹即位後八年得甲子初入午會前至元元年
甲子初入午會第十一運從天開甲子至泰定甲子得六萬八千八百二十一年○臨川吳氏曰一元凡
十二萬九千六百歲分爲十二會一會計一萬八百歲天地之運至戌會之中爲閉物兩間人物俱無矣
如是又五千四百年而戌會終自亥會始五千四百年當亥會之中而地之重濁凝結者悉皆融散與輕
清之天混合爲一故曰渾沌清濁之混逐漸轉甚又五千四百年而亥會終昏暗極矣是天地之一終也

貞下起元又肇一初爲子會之始仍是混沌是謂大始言一元之始也是謂太一言清濁之氣混合爲一
而未分也自此逐漸開明又五千四百年當子會之中輕清之氣騰上有日有月有星有辰日月星辰四
者成象而共爲天又五千四百年當子會之終故曰天開於子濁氣雖摶在中間然未凝結堅實故未有
地又五千四百年當丑會之中重濁之氣凝結者始堅實而成土石濕潤之氣爲水流而不凝燥烈之氣
爲火顯而不隱水火土石四者成形而共爲地故曰地闢於丑又五千四百年而丑會終又自寅會之始
五千四百年當寅會之中兩間人物始生故曰人生於寅也

# 經世四象體用之數圖 萬物之數

日日聲平闢
多良千刀妻
宮心●●●
日日聲七下唱地之用
音一百五十二是謂平
聲闢音平聲闢音一千
六十四
日日聲平之一闢
闢音清 和律
一之一 一音古字和 / 一聲至十聲

水水音開清
古黑安夫卜東
乃走思■■■
水水音九上和天之用
聲一百一十二是謂開
音清聲開音清聲一千
八
水水音開之一清
平聲闢 唱呂
一之一 一音至十二音 / 一聲多字唱

一之二 二音黑字和 / 一聲至十聲
一之三 三音安字和 / 一聲至十聲
一之四 四音夫字和 / 一聲至十聲
一之五 五音卜字和 / 一聲至十聲
一之六 六音東字和 / 一聲至十聲
一之七 七音乃字和 / 一聲至十聲
一之八 八音走字和 / 一聲至十聲
一之九 九音思字和 / 一聲至十聲
一之十 一聲至十聲
一之十一 一聲至十聲
一之十二 一聲至十聲

一之二 一音至十二音 / 二聲良字唱
一之三 一音至十二音 / 三聲千字唱
一之四 一音至十二音 / 四聲刀字唱
一之五 一音至十二音 / 五聲妻字唱
一之六 一音至十二音 / 六聲宮字唱
一之七 一音至十二音 / 七聲心字唱
一之八 一音至十二音
一之九 一音至十二音
一之十 一音至十二音

日月聲平翕
禾光元毛衰
龍○●●●
日月聲七下唱地之用
音一百五十二是謂平
聲翕音平聲翕音一千
六十四
日月聲平之二翕
開音濁和律 二之一 一音□字和 一聲至十聲
二之二 二音黃字和

水火音開濁
□黃□父步兒
內自寺■■■
水火音九上和天之用
聲一百一十二是謂開
音濁聲開音濁聲一千
八
水火音開之二濁
平聲翕唱呂 二之一 一音至十二音 一聲禾字唱
二之二 二聲光字唱

二之三 三音□字和
二之四 四音父字和
二之五 五音步字和
二之六 六音兒字和
二之七 七音內字和
二之八 八音自字和
二之九 九音寺字和
二之十
二之十一
二之十二

二之三 三聲元字唱
二之四 四聲毛字唱
二之五 五聲衰字唱
二之六 六聲龍字唱
二之七 七聲○字唱
二之八
二之九
二之十

日星聲平闢　水土音開清
開丁臣牛○　坤五母武普土
魚男●●●　老草□■■■
日星聲七下唱地之用　水土音九上和天之用
音一百五十二是謂平　聲一百一十二是謂開
聲闢音平聲闢音一千　音清聲開音清聲一千
六十四　八
日星聲平之三闢　水土音開之三清
(開音清 和律) 三之一 (一音坤字和 一聲至十聲)　(平聲闢 唱呂) 三之一 (一音至十二音 一聲開字唱)
三之二 二音五字和　三之二 二聲丁字唱
三之三 三音母字和　三之三 三聲臣字唱
三之四 四音武字和　三之四 四聲牛字唱
三之五 五音普字和　三之五 五聲○字唱
三之六 六音土字和　三之六 六聲魚字唱
三之七 七音老字和　三之七 七聲男字唱
三之八 八音草字和　三之八
三之九 九音□字和　三之九
三之十　三之十
三之十一
三之十二

日辰聲平翕

田兄君○龜

烏○●●●

日辰聲七下唱地之用音一百五十二是謂平聲翕音平聲翕音一千六十四

日辰聲平之四翕

開音濁和律 四之一 一聲音□字和 至十聲

四之二 二音吾字和

四之三 三音目字和

四之四 四音文字和

四之五 五音旁字和

四之六 六音同字和

四之七 七音鹿字和

四之八 八音曹字和

四之九 九音□字和

四之十

四之十一

四之十二

水石音開濁

□吾月文旁同

鹿曹□■■■

水石音九上和天之用聲一百一十二是謂開音濁聲開音濁聲一千八

水石音開之四濁

平聲翕唱呂 四之一 一音田字唱 至十二音

四之二 二聲兄字唱

四之三 三聲君字唱

四之四 四聲○字唱

四之五 五聲龜字唱

四之六 六聲烏字唱

四之七 七聲○字唱

四之八

四之九

四之十

月日聲上闢
可兩典早子
孔審●●●
月日聲七下唱地之用
音一百五十二是謂上
聲闢音上聲闢音一千
六十四
月日聲上之一闢
發音清和律
一之一 一音甲字和 一聲至十聲
一之二 二音花字和

火水音發清
甲花亞法百丹
妳哉三山莊卓
火水音十二上和天之
用聲一百一十二是謂
發音清聲發音清聲一
千三百四十四
火水音發之一清
上聲闢唱呂
一之一 一音至十二音 一聲可字唱
一之二 二聲兩字唱

一之三 三音亞字和
一之四 四音法字和
一之五 五音百字和
一之六 六音丹字和
一之七 七音妳字和
一之八 八音哉字和
一之九 九音三字和
一之十 十音山字和
一之十一 十一音莊字和
一之十二 十二音卓字和

一之三 三聲典字唱
一之四 四聲早字唱
一之五 五聲子字唱
一之六 六聲孔字唱
一之七 七聲審字唱
一之八
一之九
一之十

月月聲上翕
火廣犬寶○
甬○●●●
月月聲七下唱地之用
音一百五十二是謂上
聲翕音上聲翕音一千
六十四
月月聲上之二翕
發音濁和律 二之一 一音口字和 一聲至十聲
二之二 二音華字和

火火音發濁
口華爻凡白大
南在口士乍宅
火火音十二上和天之
用聲一百一十二是謂
發音濁聲發音濁聲一
千三百四十四
火火音發之二濁
上聲翕唱呂 二之一 一音至十二音 一聲火字唱
二之二 二聲廣字唱

二之三 三百爻字和
二之四 四音凡字和
二之五 五音白字和
二之六 六音大字和
二之七 七音南字和
二之八 八音在字和
二之九 九音口字和
二之十 十音士字和
二之十一 十一音乍字和
二之十二 十二音宅字和

二之三 三聲犬字唱
二之四 四聲寶字唱
二之五 五聲○字唱
二之六 六聲甬字唱
二之七 七聲○字唱
二之八
二之九
二之十

月星聲上闢
宰井引斗○
昆抉●●●
月星聲七下唱地之用
音一百五十二是謂上
聲闢音上聲闢音一千
六十四
月星聲上之三闢
發音清 和律 三之一 一音巧字和 一聲至十聲
三之二 二音充字和

火土音發清
巧充馬曉朴貪
冷来口匚又拆
火土音十二上和天之
用聲一百一十二是謂
發音清聲發音清聲一
千三百四十四
火土音發之三清
上聲闢 唱 三之一 一聲宰字唱 一音至十二音
三之二 二聲井字唱

三之三 三音馬字和
三之四 四音曉字和
三之五 五音朴字和
三之六 六音貪字和
三之七 七音冷字和
三之八 八音来字和
三之九 九音口字和
三之十 十音匚字和
三之十一 十一音又字和
三之十二 十二音拆字和

三之三 三聲引字唱
三之四 四聲斗字唱
三之五 五聲○字唱
三之六 六聲昆字唱
三之七 七聲抉字唱
三之八
三之九
三之十

月辰聲上翕
每永允○水
虎○●●●
月辰聲七下唱地之用
音一百五十二是謂上
聲翕音上聲翕音一千
六十四
月辰聲上之四翕
發音濁和律 四之一 一音□字和聲至十聲
四之二 二音牙字和
四之三 三音皃字和
四之四 四音萬字和
四之五 五音排字和
四之六 六音覃字和
四之七 七音犖字和
四之八 八音才字和
四之九 九音□字和
四之十 十音□字和
四之十一 十一音崇字和
四之十二 十二音茶字和

火石音發濁
□牙皃萬排覃
犖才□□崇茶
火石音十二上和天之
用聲一百一十二是謂
發音濁聲發音濁聲一
千三百四十四
火石音發之四濁
上聲翕唱呂 四之一 一音至十二音一聲每字唱
四之二 二聲永字唱
四之三 三聲允字唱
四之四 四聲○字唱
四之五 五聲水字唱
四之六 六聲虎字唱
四之七 七聲○字唱
四之八
四之九
四之十

星日聲去闢
个向旦孝四
衆禁●●●
星日聲七下唱地之用
音一百五十二是謂去
聲闢音去聲闢音一千
六十四
星日聲去之一闢
收音清和律
一之一 一音九字和聲至十聲
一之二 二音香字和

土水音收清
九香乙□丙帝
女足星手震中
土水音十二上和天之
用聲一百一十二是謂
收音清聲收音清聲一
千三百四十四
土水音收之一清
去聲闢唱呂
一之一 一音至十二音聲个字唱
一之二 二聲向字唱

一之三 三音乙字和
一之四 四音口字和
一之五 五音丙字和
一之六 六音帝字和
一之七 七音女字和
一之八 八音足字和
一之九 九音星字和
一之十 十音手字和
一之十一 十一音震字和
一之十二 十二音中字和

一之三 三聲旦字唱
一之四 四聲孝字唱
一之五 五聲四字唱
一之六 六聲衆字唱
一之七 七聲禁字唱
一之八
一之九
一之十

星月聲去翕

化况半報帥

用○●●●

星月聲七下唱地之用音一百五十二是謂去聲翕音去聲翕音一千六十四

星月聲去之二翕

收音濁和律 二之一 一音近字和 一聲至十聲

二之二 二音雄字和

土火音收濁

近雄王□萠第

年匠象石□直

土火音十二上和天之用聲一百一十二是謂收音濁聲收音濁聲一千三百四十四

土火音收之二濁

去聲翕唱呂 二之一 一音至十二音 一聲化字唱

二之二 二聲况字唱

| | |
|---|---|
| 二之三 | 三音王字和 |
| 二之四 | 四音□字和 |
| 二之五 | 五音萠字和 |
| 二之六 | 六音第字和 |
| 二之七 | 七音年字和 |
| 二之八 | 八音匠字和 |
| 二之九 | 九音象字和 |
| 二之十 | 十音石字和 |
| 二之十一 | 十一音□字和 |
| 二之十二 | 十二音直字和 |

| | |
|---|---|
| 二之三 | 三聲半字唱 |
| 二之四 | 四聲報字唱 |
| 二之五 | 五聲帥字唱 |
| 二之六 | 六聲用字唱 |
| 二之七 | 七聲○字唱 |
| 二之八 | |
| 二之九 | |
| 二之十 | |

星星聲去闢
愛亘艮奏○
去夂●●●
星星聲七下唱地之用音一百五十二是謂去聲闢音去聲闢音一千六十四
星星聲去之三闢
收音清和律
三之一 一音丘字和聲至十聲
三之二 二音仰字和

土土音收清
丘仰美□品天
呂七□耳赤丑
土土音十二上和天之用聲一百一十二是謂收音清聲收音清聲一千三百四十四
土土音收之三清
去聲闢唱呂
三之一 一音至十二音聲愛字唱
三之二 二聲亘字唱

三之三 三音美字和
三之四 四音□字和
三之五 五音品字和
三之六 六音天字和
三之七 七音呂字和
三之八 八音七字和
三之九 九音□字和
三之十 十音耳字和
三之十一 十一音赤字和
三之十二 十二音丑字和

三之三 三聲艮字唱
三之四 四聲奏字唱
三之五 五聲○字唱
三之六 六聲去字唱
三之七 七聲夂字唱
三之八
三之九
三之十

星辰聲去翕
退瑩巽○貴
兑○●●●
星辰聲七下唱地之用
音一百五十二是謂去
聲翕音去聲翕音一千
六十四
星辰聲去之四翕
收音濁和律
四之一 一音乾字和 一聲至十聲
四之二 二音月字和

土石音收濁
乾月眉□平田
離全□二辰呈
土石音十二上和天之
用聲一百一十二是謂
收音濁聲收音濁聲一
千三百四十四
土石音收之四濁
去聲翕唱呂
四之一 一音至十二音 一聲退字唱
四之二 二聲瑩字唱

四之三 三音眉字和
四之四 四音□字和
四之五 五音平字和
四之六 六音田字和
四之七 七音離字和
四之八 八音全字和
四之九 九音□字和
四之十 十音二字和
四之十一 十一音辰字和
四之十二 十二音呈字和

四之三 三聲巽字唱
四之四 四聲○字唱
四之五 五聲貴字唱
四之六 六聲兑字唱
四之七 七聲○字唱
四之八
四之九
四之十

辰日聲入闢

舌○○岳日

○○●●●

辰日聲七下唱地之用音一百五十二是謂入聲闢音入聲闢音一千六十四

辰日聲入之一闢

閉音清和律

一之一 一音癸字和 一聲至十聲

一之二 二音血字和

石水音閉清

癸血一飛必■

■■■■■■

石水音五上和天之用聲一百一十二是謂閉音清聲閉音清聲五百六十

石水音閉之一清

入聲闢唱呂

一之一 一音至十二音 一聲舌字唱

一之二 二聲○字唱

一之三 三音一字和

一之四 四音飛字和

一之五 五音必字和

一之六

一之七

一之八

一之九

一之十

一之十一

一之十二

一之三 三聲○字唱

一之四 四聲岳字唱

一之五 五聲日字唱

一之六 六聲○字唱

一之七 七聲○字唱

一之八

一之九

一之十

辰月聲入翕
八○○霍骨
○十●●●
辰月聲七下唱地之用
音一百五十二是謂入
聲翕音入聲翕音一千
六十四
辰月聲入之二翕
閉音濁和律 二之一 一音揆字和 一聲至十聲
二之二 二音賢字和
二之三 三音寅字和
二之四 四音吠字和
二之五 五音鼻字和
二之六
二之七
二之八
二之九
二之十
二之十一
二之十二

石火音閉濁
揆賢寅吠鼻■
■■■■■■
石火音五上和天之用
聲一百一十二是謂閉
音濁聲閉音濁聲五百
六十
石火音閉之二濁
入聲翕唱呂 二之一 一音至十二音 一聲八字唱
二之二 二聲○字唱
二之三 三聲○字唱
二之四 四聲霍字唱
二之五 五聲骨字唱
二之六 六聲○字唱
二之七 七聲十字唱
二之八
二之九
二之十

| | |
|---|---|
| 辰星聲入闢 | 石土音闢清 |
| ○○○六德 | 弄口米尾匹■ |
| ○○●●● | ■■■■■■ |
| 辰星聲七下唱地之用 | 石土音五上和天之用 |
| 音一百五十二是謂入 | 聲一百一十二是謂闢 |
| 聲闢音入聲闢音一千 | 音清聲闢音清聲五百 |
| 六十四 | 六十 |
| 辰星聲入之三闢 | 石土音闢之三清 |
| 闢音清 和律 三之一 一音弄字和 聲至十字聲和 | 入唱 聲呂 闢 三之一 一音至十二唱 聲○字 |
| 三之二 二音口字和 | 三之二 二聲○字唱 |
| 三之三 三音米字和 | 三之三 三聲○字唱 |
| 三之四 四音尾字和 | 三之四 四聲六字唱 |
| 三之五 五音匹字和 | 三之五 五聲德字唱 |
| 三之六 | 三之六 六聲○字唱 |
| 三之七 | 三之七 七聲○字唱 |
| 三之八 | 三之八 |
| 三之九 | 三之九 |
| 三之十 | 三之十 |
| 三之十一 | |
| 三之十二 | |

| 辰 | 石 |
|---|---|
| 辰辰聲入翕 | 石石音閉濁 |
| ○○○玉北 | 蚪堯民未𥎊■ |
| ○妾●●● | ■■■■■■ |
| 辰辰聲七下唱地之用 | 石石音五上和天之用 |
| 音一百五十二是謂入 | 聲一百一十二是謂閉 |
| 聲翕音入聲翕音一千 | 音濁聲閉音濁聲五百 |
| 六十四 | 六十 |
| 辰辰聲入之四翕 | 石石音閉之四濁 |
| 閉音濁和律 四之一 一音蚪字和 聲至十聲 | 入聲翕唱呂 四之一 一音至十二音 一聲○字唱 |
| 四之二 二音堯字和 | 四之二 二聲○字唱 |
| 四之三 三音民字和 | 四之三 三聲○字唱 |
| 四之四 四音未字和 | 四之四 四聲王字唱 |
| 四之五 五音𥎊字和 | 四之五 五聲北字唱 |
| 四之六 | 四之六 六聲○字唱 |
| 四之七 | 四之七 七聲妾字唱 |
| 四之八 | 四之八 |
| 四之九 | 四之九 |
| 四之十 | 四之十 |
| 四之十一 | |
| 四之十二 | |

正聲

| | | 一 | 聲 | 二 | 聲 |
|---|---|---|---|---|---|
| 平 | 日 | 多禾 | 開回 | 良光 | 丁兄 |
| 上 | 月 | 可火 | 宰每 | 兩廣 | 井永 |
| 去 | 星 | 个化 | 愛退 | 向況 | 亘瑩 |
| 入 | 辰 | 舌八 | ○○ | ○○ | ○○ |

| 三 | 聲 | 四 | 聲 | 五 | 聲 | 六 |
|---|---|---|---|---|---|---|
| 千元 | 臣君 | 刀毛 | 牛○ | 妻衰 | ○龜 | 宮龍 |
| 典犬 | 引允 | 早寶 | 斗○ | 子○ | ○水 | 孔甬 |
| 旦半 | 艮巽 | 孝報 | 奏○ | 四帥 | ○貴 | 衆用 |
| ○○ | ○○ | 岳霍 | 六玉 | 日骨 | 德北 | ○○ |

正音

| | | 音 | 一 | 音 | 二 |
|---|---|---|---|---|---|
| 開 | 水 | 古□ | 坤□ | 黑黃 | 五吾 |
| 發 | 火 | 甲□ | 巧□ | 花華 | 瓦牙 |
| 收 | 土 | 九近 | 丘乾 | 香雄 | 仰月 |
| 閉 | 石 | 癸揆 | 弃虯 | 血賢 | □堯 |

| 音 | 三 | 音 | 四 | 音 | 五 | 音 |
|---|---|---|---|---|---|---|
| 安□ | 母目 | 夫父 | 武文 | 卜步 | 普旁 | 東兌 |
| 亞爻 | 馬皃 | 法凡 | 晚萬 | 百白 | 朴排 | 丹大 |
| 乙王 | 美眉 | □□ | □□ | 丙葡 | 品平 | 帝弟 |
| 一寅 | 米民 | 飛吠 | 尾未 | 必鼻 | 匹瓶 | ■■ |

| | | | | | | |
|---|---|---|---|---|---|---|
| 聲 | 九 | 聲 | 八 | 聲 | 七 | 聲 |
| ●● | ●● | ●● | ●● | ○男 | ○心 | 烏魚 |
| ●● | ●● | ●● | ●● | ○坎 | ○審 | 虎鼠 |
| ●● | ●● | ●● | ●● | ○欠 | ○禁 | 兔去 |
| ●● | ●● | ●● | ●● | 妥○ | 十○ | ○○ |

| | | | | | | |
|---|---|---|---|---|---|---|
| 九 | 音 | 八 | 音 | 七 | 音 | 六 |
| □□ | 寺思 | 曹草 | 自走 | 鹿老 | 内乃 | 同土 |
| □□ | □三 | 才采 | 在哉 | 犖冷 | 南妳 | 覃貪 |
| □□ | 象星 | 全七 | 匠足 | 離呂 | 年女 | 田天 |
| ■■ | ■■ | ■■ | ■■ | ■■ | ■■ | ■■ |

| | | | | | | |
|---|---|---|---|---|---|---|
| | | | | | 聲 | 十 |
| | | | | | ●● | ●● |
| | | | | | ●● | ●● |
| | | | | | ●● | ●● |
| | | | | | ●● | ●● |

| | | | | | |
|---|---|---|---|---|---|
| 十二 | 音 | 十一 | 音 | 十 | 音 |
| ■■ | ■■ | ■■ | ■■ | ■■ | ■■ |
| 茶拆 | 宅卓 | 崇又 | 乍莊 | □□ | 士山 |
| 呈丑 | 直中 | 辰赤 | □震 | 二耳 | 石手 |
| ■■ | ■■ | ■■ | ■■ | ■■ | ■■ |

邵伯溫曰。太陽之數十。少陽之數十。太剛之數十。少剛之數十。太陽少陽太剛少剛之數凡四十。太陰之數十二。少陰之數十二。太柔之數十二。少柔之數十二。太陰少陰太柔少柔之數凡四十有八。以四因四十得一百六十。以四因四十八得一百九十二。以一百六十因一百九十二得三萬七百二十。是謂動植之全數。一百六十內去太陰少陰太柔少柔之體數四十八。得一百一十二。一百九十二內去太陽少陽太剛少剛之體數四十。得一百五十二。是謂動植之用數。以一百一十二唱一百五十二得一萬七千二十四。以一萬七千二十四唱一萬七千二十四。得二萬八千九百八十一萬六千五百七十六。是謂動植之通數。物有聲色氣味。可考而見。唯聲爲甚。有一物則有一聲。有聲則有音。有律則有呂。故窮聲音律呂。以窮萬物之數。數亦以四爲本。本乎四象故也。自四象而爲八卦。自八卦而爲六十四。天地萬物之數備于其間矣。此與前元會運世其法同。日日聲。卽元之元。日之日也。日月聲。卽元之會。日之月也。日星聲。則元之運。日之星也。日辰聲。則元之世。日之辰也。自餘皆可以類推之也。○西山蔡氏曰。凡太陽太剛少陽少剛之體數皆十。(康節曰。陽數一。衍之爲十) 又日月星辰四象相

因而爲十六。以十因十六爲一百六十。凡太陰太柔少
陰少柔之體數皆十二 康節曰。陰數二。衍之爲十二 。又水火土石四
象相因亦爲十六。以十二因十六爲一百九十二。爲日
月星辰水火土石之體。以一百六十因一百九十二。得
三萬七百二十爲動。以一百九十二因一百六十。亦得
三萬七百二十爲植。是爲動植之全數。於一百六十中
去太陰少陰太柔少柔之體數四十八。得一百一十二
爲日月星辰之用數。於一百九十二中去太陽少陽太
剛少剛之體數四十。得一百五十二。爲水火土石之用
數。以一百一十二因一百五十二。得一萬七千二十四

爲動物之用數。一百五十二因一百一十二。亦得一萬
七千二十四爲植物之用數。又以一萬七千二十四乘
一萬七千二十四。得二萬八千九百八十一萬六千五
百七十六爲動植通數。凡日月星辰暑寒晝夜性情形
體耳目口鼻元會運世皇帝王伯之數皆百六十。水火
土石雨風露雷走飛草木色聲氣味歲月日辰易書詩
春秋之數皆一百九十二。其去體得用。宛轉相因同一
法也。物有色聲氣味。唯聲爲盛。且可以書別。故以正聲
之平上去入。正音之開發收閉。列而爲圖。以見聲音之
全數。其○有其聲而無其字者也。其□有其音而無其

字者也但以上下聲音調之則自可通其●即所去之
四十八其■即所去之四十也陽數用十陰數用十二
者即易之陽數用九陰數用六也○鍾氏過曰右圖天
之體數四十地之體數四十八天數以日月星辰相因
爲一百六十地數以水火土石相因爲一百九十二於
天數內去地之體數四十八得一百一十二是謂天之
用聲於地數內去天之體數四十得一百五十二是謂
地之用音凡日月星辰四象爲聲水火土石四象爲音
聲有清濁音有闢翕遇奇數則聲爲清音爲闢遇偶數
則聲爲濁音爲翕聲皆爲律音皆爲呂以律唱呂以呂和

律天之用聲別以平上去入者一百一十二皆以開發
收閉之音和之地之用音別以開發收閉者一百五十
二皆以平上去入之聲唱之據圖觀之直看則第一字
爲日聲水音第二字爲月聲火音第三字爲星聲土音
第四字爲辰聲石音橫看則第一行爲日聲水音第二
行爲月聲火音第三行爲星聲土音第四行爲辰聲石
音

鍾氏過曰伊川文人云音非有異同人有異同人非有異同方有異同謂風土殊而呼吸異故也東方之
音在齒舌南方之音在脣舌西方之音在腭舌北方之音在喉舌便于喉者不利于脣便于齒者不利于
腭由是訛正牽乎僻論是非出乎曲說紛然殽亂于天下矣不有正聲正音烏能正之哉噫聲音之生也

久矣其必待人而後正者耶人能正而復有待者耶知其說者從天地之道而不爲私焉始可與言聲音
者矣天有陰陽地有剛柔律有闢翕呂有唱和一陰一陽交而日月星辰備焉一柔一剛交而金木水火
備焉一闢一翕交而平上去入備焉一唱一和交而開發收閉備焉日月星辰備而萬情生焉金木水火
備而萬形成焉平上去入備而萬聲生焉開發收閉備而萬音生焉律隨天而變呂隨地而化闢隨陽而
出翕隨陰而入唱隨剛而上和隨柔而下然後律呂隨音宮徵角羽之道各得其正矣陽生日陰生月剛
生星柔生辰剛生金柔生土陽生火陰生水日月星辰金土火水而天地正焉是知律呂聲音之道可以
行天地矣日生目月生耳星生鼻辰生口金生氣土生味火生色水生聲目耳鼻口氣味色聲正而人道
正焉是知律呂聲音之道可以行人事矣目之體數十耳之體數十二鼻之體數十口之體數十二氣之
體數十味之體數十二色之體數十聲之體數十二進目鼻氣色之體數退耳口味聲之體數是爲正律
之用數進耳口味聲之體數退目鼻氣色之體數是爲正呂之用數以正律之用數協正呂之用數是謂

正音之用數以正呂之用數和正律之用數是謂正聲之用數正律之用數一百一十二正呂之用數一
百五十二正聲之用數萬有七千二十四正音之用數萬有七千二十四律感呂而聲生焉呂感律而音
生焉律呂與天地同和聲音與律呂同順是故古之聖王見天地萬物之情暢然後作樂以崇之命工以
和之以詩言志以歌永言以聲依永以律和聲此所謂八音克諧而百獸率舞人神以和而鳳凰來儀則
是學也豈直言釋音文義而已哉○祝氏泌曰宮商角徵羽分太少爲十聲管以十千六律六呂合爲十
二音管以十二支攝之以聲音之字母二百六十四聲分平上去入音分開發收閉鋪布悉備爲圖三千
八百四十圖各十六聲十六音總三萬四千四十八音聲蓋取天聲有字無字與無聲字一百六十位地
音有字無字與無音字一百九十二位衍忒而成之聲之位去不用之四十八止百十二所以括唐韻之
內外八轉而分平上去入也音之位去不用之四十止百五十二所以括切字母唇舌牙齒喉而分開發
收閉也謂之無聲百六十位中有位而調不出者謂之無音百九十二位中有位而切不出者以聲音統

攝萬物之變。及於無聲無音則備矣。其間有聲有音雖無字。皆洪纖高下遂其生育者也。若有聲而無音
有音而無聲則天地不相唱和。獨陽不生。獨陰不成。圖有其位。實無其物也。聲音字母二百六十四相交
而互變。始於一萬七千二十四。極於二萬八千九百八十一萬六千五百七十六以取掛一之二百五十
六卦。以觀天地萬物之進退盈虛消長也。○上官氏萬里曰。自胡僧了義以三十六字爲翻切母。奪造化
之巧。司馬公指掌圖爲四聲等字。蒙古韻以一聲該四聲。皆不出了義區域。蓋但欲爲翻切用而未及於
物理也。惟皇極用聲音之法。超越前古。以聲起數。以數合卦。而萬物可得而推矣。詳見祝氏鈐。祝氏又
或與康節異同處○彭氏長庚曰。鄭夾漈云。四聲爲經。七音爲緯。江左之儒爲韻書。知縱有四聲而不
知衡有七音。縱成經。衡成緯。經緯不交。所以失立韻之源。今考經世書聲爲律。音爲呂。律爲唱。呂爲和。一
經一緯一縱一衡而聲音之全數具矣。聲有十。音有十二者。如甲至癸十。子至亥十二也。於聲之用數中
去音之體數四十八。於音之用數中去聲之體數四十者。如天數無地數無一也。以聲配音而切韻生

焉。翕闢清濁辨焉。三萬四千四十八音聲在其中矣。天下之聲既具。而天下之色若臭若味皆在其中矣。
此所以爲萬物之數也○黃氏瑞節曰。邵子之書。伯溫略發其微。至祝氏而其說詳。其用異。蔡氏蓋由博
而之約也。右四象體用圖。取本書隱括爲凡例。令以本書詳之。日月星辰四象爲聲。日月星辰又自相加。
水火土石四象爲音。水火土石又自相加。亦如八卦相加爲六十四也。其爲圖凡三十二。平上去入各聲
爲四圖。共一十六圖。開發收閉各音爲四圖。共一十六圖。聲之數。每圖一千六十四。十六圖共一萬七千
二十四。音之數。間有出入。十六圖亦一萬七千二十四。蓋平上去入開發收閉。分布細推以得之也。蔡氏
取十聲爲十圖。取十二音爲十二圖。如第一聲圖多字平聲而可个舌上去入三聲隨之矣。第一音圖古
字開音而甲九癸發收閉三音隨之矣。至於一萬七千二十四之數。但以一百十二因之。百五十二。以一
百五十二因一百十二而得之亦合。此其所以爲自然之妙也。若夫以聲起數。以數合卦。則具祝氏鈐。而
邵子未言。蔡氏未用云

邵伯溫系述曰。至大之謂皇。至中之謂極。至正之謂經。
至變之謂世。大中至正應變無方之謂道。以道明道道
非可明。以物明道道斯見矣。物者道之形體也。生於道
而道之所成也。道變而爲物。物化而爲道。由是知道亦
物也物亦道也。孰知其辨哉。故善觀道者必以物。善觀
物者必以道。謂得道而忘物則可矣。必欲遠物而求道。
不亦妄乎。有物之大莫若天地。然則天地安從生。道生
天地。而太極者道之全體也。太極生兩儀。兩儀形之判
也。兩儀生四象四象生而後天地之道備焉。立天之道
曰陰與陽。立地之道曰柔與剛。陰陽變於上而日月星

辰生焉。剛柔化於下而水火土石成焉。日月星辰成象
於天。水火土石成體於地。象動於上而萬時生焉。體交
於下而萬物成焉。時有消長。物有動植飛走。消長
盈虛者時之變也。動植飛走者物之類也。時以變起物
以類應時之與物有數存焉。數者何也。道之運也。理之
會也。陰陽之度也。萬物之紀也。定於幽而驗於明。藏於
微而顯於著。所以成變化而行鬼神者也。道生一。一爲
太極。一生二。二爲兩儀。二生四。四爲四象。四生八。八爲
八卦。八卦生六十四。六十四具而後天地萬物之道備
矣。天地萬物莫不以一爲本。原於一而衍之以爲萬窮

天下之數而復歸于一。一者何也。天地之心也。造化之
源也。曰為元。元者氣之始也。其數一。月為會。會者數之
交也。其數十二。星為運。運者時之行也。其數三百六十。
辰為世。世者變之終也。其數四千三百二十。觀一歲之
數。則一元之數覩矣。以大運而觀一元。則一元一歲之
大者也。以一元而觀一歲。則一歲一元之小者也。一元
統十二會。三百六十運。四千三百二十世。歲月日時各
有數焉。一歲統十二月。三百六十日。四千三百二十時。
刻分毫釐絲忽眇沒亦有數焉。皆統於元而宗於一。終
始往來而不窮。在天則為消長盈虛。在人則為治亂興

廢。皆不能逃乎數也。太陽為日。太陰為月。少陽為星。少
陰為辰。太剛為火。太柔為水。少剛為石。少柔為土。陽之
數十。陰之數十二。剛之數十。柔之數十二。太陽少陽太
剛少剛之本數凡四十。太陰少陰太柔少柔之本數凡
四十有八。四而因之。得一百六十。是謂太陽少陽太
剛少剛之體數。得一百九十有二。是謂太陰少陰太柔
少柔之體數。以陰陽剛柔之體數互相進退。是謂太陽
少陽太剛少剛太陰少陰太柔少柔之用數。太陽少陽
太剛少剛之用數一百一十二。太陰少陰太柔少柔之
用數一百五十二。以陰陽剛柔之用數更唱迭和。各得

萬有七千二十四是謂日月星辰水火土石變化之數
日月星辰之變數水火土石之化數是謂動植之數以
日月星辰水火土石變化之數再相唱和得二萬八千
九百八十一萬六千五百七十六是謂動植之通數本
數者數之始也體數者數之成也用數者數之變也致
用則體數退矣體數退則本數藏矣體退而本藏則變
化見矣故謂之變化之數變化者生生不窮之謂也萬
物者動植之謂也故謂之動植之數萬物之數滋而生
焉故謂之動植之通數有數則有物數盡則物窮矣有
物則有數物窮則數盡矣然數無終盡數盡則復物無

終窮物窮則變變故能通復故能久日月星辰變乎暑
寒晝夜者也水火土石化乎雨風露雷者也暑寒晝夜
天之變而唱乎地者也雨風露雷者地之化而和乎天者
也一唱一和而後物生焉暑寒晝夜變乎性情形體者
也雨風露雷化乎走飛草木者也性情形體本乎天而
感乎地者也走飛草木本乎地而應乎天者也一感一
應而後物成焉一唱一和一感一應者天地之道萬物
之情也天地之道萬物之情其唯誠之謂乎凡在天地
之間蠻夷華夏皆人也動植飛走皆物也人各有品物
各有類品類之間有理有數存焉推之於天地而後萬

物之理昭焉。賾之於陰陽而後萬物之數覩焉。天氣下
降地氣上躋陽唱於前陰和於後然後物生焉。天地有
至美陰陽有至精物之得者或粹或駁或淳或漓故萬
物之類或巨或細或惡或良或正或邪或柔或剛咸其
自取之耳。至于聲色形氣各以其類而得焉可考而知
聲音爲甚聲者陽也而生于天音者陰也而出乎地。知
聲音之數而後萬物之數覩矣。知聲音之理而後萬物
之理得矣。人之有類亦由物之有類也人類之數亦由
物類之數也。備天地兼萬物而合德于太極者其唯人
乎。日用而不知者百姓也。反身而誠之者君子也。因性

而由之者聖人也。故聖人以天地爲一體萬物爲一身。
善救而不棄曲成而不遺以成能其中焉。生物之道矣
類屬陽地類屬陰陽爲動陰爲植陽之陽爲飛陰之陰
爲走動而飛者親上走而植者親下。天有至粹地有至
精人類得之則爲明哲飛類得之則爲鸞鳳走類得之
則爲麒麟介類得之則爲龜龍草類得之則爲芝蘭木
類得之則爲松柏石類得之則爲金玉萬物莫不以其
類而有得者焉。天有至戾地有至幽人類得之則爲妖
孽飛類得之則爲梟鴟走類得之則爲虎狼介類得之
則爲虺蜴草類得之則爲至毒木類得之則爲不材石

類得之則爲霹靂萬物亦皆不以其類而有得者焉天地氤氳萬物化醇言致一也感應之不一則氣不祥氣不祥則生物不美是故致治之世則賢人衆多鳳龍游於沼鳳鳥翔于庭天降甘露地出醴泉百穀用成庶草蕃廡順氣之應也衰亂之世則反此逆氣之應也逆順之應由人心之感焉故古之聖人自昭明德協和萬邦災害不生禍亂不作日月星辰不忒其序風雨晦暘不失其常山川鬼神以寧鳥獸魚鼈咸若天人之際安可忽哉大哉時之與事乎聖人所以極深而研幾也時若天也事若人也時動而事起天運而人從猶形行而影

會聲發而響應與時行而不留天運而不停違之則害逆之則凶故聖人與天並行而不逆與時俱遊而不違是以自天祐之吉無不利時不能違天物不能違時聖人不能違物時不能違天故天運而必變物不能違時故時變而必化聖人不能違物故物化而必順聖人唯不能違物故天亦不能違聖人定以先天而天弗違後天而奉天時天之時由人之事乎人之事由天之時乎故天有是時則人有是事人有是事則天有是時與事而應時若其惟人乎有其時而無其人則時不足以應有其人而無其時則事不足以興有其人而無其時則

有之矣有其時而無其人蓋未之有也故消息盈虛者天之時也治亂興廢者人之事也有消長盈虛而後有春夏秋冬有治亂興廢而後有皇帝王伯唐虞者其中天而興乎堯舜者其應運而生乎何天時人事之相驗歟先之者則未之或至後之者則無以尚之其猶夏之將至日之向中乎故聖人刪書斷自唐虞時之盛也脩經始於周平道之衰也故聖人懼之以二百四十二年之事繫之以萬世之法法者何也君臣父子夫婦人道之大倫也性之者聖人也誠之者君子也違之者小人也亡之者禽獸也興之則爲治廢之則爲亂用之則爲中國舍之則爲夷狄五伯去王也遠矣不猶愈於狄乎當世之諸侯去伯也遠矣鄰於狄也不亦近乎微聖人之生春秋之作則天下後世之人其被髮左衽矣春秋有天道焉有地道焉有人道焉王者舉而用之則帝王之功豈難致哉

性理大全書卷之八

# 性理大全書卷之九

## 皇極經世書三 邵伯溫解

### 觀物内篇之一

物之大者無若天地然而亦有所盡也

乾陽物也坤陰物也乾坤謂之物則天地亦物也天地有物之大者耳既謂之物則亦有所盡也然有所謂悠久無疆者固未嘗盡也

天之大陰陽盡之矣地之大剛柔盡之矣

立天之道曰陰與陽立地之道曰柔與剛天地之道不過陰陽剛柔而已

陰陽盡而四時成焉剛柔盡而四維成焉夫四時四維者天地至大之謂也

陰陽消長而爲寒暑一寒一暑而四時成焉剛柔交錯而有夷險一夷一險而四維成焉四時者天之道四維者地之理也萬物由是而生由是而成也萬物由是而生由是而成斯所以爲大者也

凡言大者無得而過之也亦未始以大爲自得故能成其大豈不謂至偉至偉者歟

大哉乾元萬物資始至哉坤元萬物資生物之資始資生可謂大矣然不自以爲大故能成其大也

天生于動者也地生于靜者也一動一靜交而天地之道盡之矣動之始則陽生焉動之極則陰生焉一陰一陽交而天之用盡之矣靜之始則柔生焉靜之極則剛生焉一剛一柔交而地之用盡之矣

天圓故主動地方故主靜動之始則陽生本乎動者也天雖主動動之極則陰生有時而靜矣靜之始則柔生本乎靜者也地雖主靜靜之極則剛生有時而動矣此所謂一動一靜交而天地之道盡之矣蓋言其體則天動而地靜言其用則天有陰陽陰靜而陽動也地有柔剛柔靜而剛動也是天地皆有動靜也此所謂一陰一陽交而天之用盡之矣一剛一柔交而地之用盡之矣

動之大者謂之太陽動之小者謂之少陽靜之大者謂之太陰靜之小者謂之少陰

統言之則曰陰陽剛柔陰陽剛柔又有小大則爲太陽少陽太陰少陰太剛少剛太柔少柔也

太陽爲日

日者至陽之精也故太陽爲日在地則爲火先天圖以乾爲日乾之位在正南

太陰爲月

月者至陰之精得日氣而有光故太陰爲月在地則爲

水。先天圖以兌爲月。兌之位在東南

少陽爲星

星者日之餘。有光而見。故少陽爲星。在地則爲石。先天圖以離爲星。離之位在正東

少陰爲辰。日月星辰交而天之體盡之矣

辰者天之土。不見而屬陰。故少陰爲辰。在地則爲土。先天圖以震爲辰。震之位在東北

太柔爲水

水者天下至柔之物也。其性潤下。故太柔爲水。在天則爲月。先天圖以坤爲水。坤之位在正北

太剛爲火

火者天下至剛之物也。其性炎烈。故太剛爲火。在天則爲日。先天圖以艮爲火。艮之位在西北

少柔爲土

土之爲物亦柔也。其性輭緩。故少柔爲土。在天則爲辰。先天圖以坎爲土。坎之位在正西

少剛爲石

石亦剛物也。其性堅。故少剛爲石。在天則爲星。先天圖以巽爲石。巽之位在西南。此圖繫辭所謂天地定位。山澤通氣。雷風相薄。水火不相射。是也。此所謂伏羲八卦

也。或曰。皇極經世捨金木水火土而用水火土石。何也。曰。日月星辰。天之四象也。水火土石。地之四體也。金木水火土者。五行也。四象四體。先天也。五行。後天也。先天後天之所自出也。水火土石。五行之所自出也。水火土石。本體也。金木水火土。致用也。以其致用。故謂之五行。行乎天地之間者也。水火土石。蓋五行在其間矣。金出於石而木生於土。有石而後有金。有土然後有木。金者從革而後成。木者植物之一類也。是豈捨五行而不用哉。五行在其間者此之謂也。皇極經世用水火土石。以其本體也。洪範用金木水火土。以其致用也。皆有所主。其歸則一。

或曰。先天圖八卦次序與所爲之物與周易不同。何也。曰。先天圖八卦次序始於乾而終於坤。此先天也。伏羲八卦也。周易自帝出乎震至成言乎艮。此文王八卦也。非獨八卦如此。六十四卦亦不同也。伏羲易無文字。獨有卦圖陰陽消長而已。孔子於繫辭亦嘗言之矣。聖人立法不同。其道則相爲先後終始而未嘗不同也。此皆有至理。在乎信道者詳考焉

水火土石交而地之體盡之矣

混成一體謂之太極。太極旣判。初有儀形。謂之兩儀。兩儀又判而爲陰陽剛柔。謂之四象。四象又判。而爲太陽

少陽太陰少陰太剛少剛太柔少柔而成八卦。太陽少
陽太陰少陰成象於天而爲日月星辰。太剛少剛太柔
少柔成形於地而爲水火土石。八者具備然後天地之
體備矣。天地之體備而後變化生成萬物也。所謂八者
亦本乎四而已。在天成象日也。在地成形火也。陽燧取
於日而得火。火與日本乎一體也。在天成象月也。在地
成形水也。方諸取於月而得水。水與月本乎一體也。在
天成象星也。在地成形石也。星隕而爲石。石與星本乎
一體也。在天成象辰也。在地成形土也。自日月星之外
高而蒼蒼者皆辰也。自水火石之外廣而厚者皆土也。

辰與土本乎一體也。天地之間猶形影聲響之相應。象
見乎上。體必應乎下。皆自然之理也。蓋日月星辰猶人
之有耳目口鼻。水火土石猶人之有血氣骨肉。故謂之
天地之體。陰陽剛柔則猶人之精神而所以主耳目口
鼻血氣骨肉者也。故謂之天地之用。夫太極者。在天地
之先而不爲先。在天地之後而不爲後。終天地而未嘗
終。始天地而未嘗始。與天地萬物圓融和會而未嘗有
先後始終者也。有太極則兩儀四象八卦以至於天地
萬物固已備矣。非謂今日有太極而明日方有兩儀後
日乃有四象八卦也。雖謂之曰太極生兩儀兩儀生四

象也象生八卦其實一時具足如有形則有影有一則有二有三以至於無窮皆然是故知太極者有物之先本已混成有物之後未嘗虧損自古及今無時不存無時不在萬物無所不稟則謂之曰命萬物無所不本則謂之曰性萬物無所不主則謂之曰天萬物無所不生則謂之曰心其實一也古之聖人窮理盡性以至于命則盡心知性以知天存心養性以事天皆本乎此也

**日爲暑**

太陽爲日暑亦至陽之氣也

**月爲寒**

太陰爲月寒亦至陰之氣也

**星爲晝**

少陽爲星晝亦屬陽

**辰爲夜**

少陰爲辰夜亦屬陰

**暑寒晝夜交而天之變盡之矣**

日月星辰交而後有暑寒晝夜之變有暑寒晝夜之變而後歲成焉

**水爲雨**

雨者水氣之所化

火爲風

風者。火氣之所化

土爲露

露者。土氣之所化

石爲雷

雷者。石氣之所化。然四者又交相化焉。故雨有水雨。有火雨。有土雨。有石雨。水雨則爲霧霈之雨。火雨則爲苦暴之雨。土雨則爲霢霂之雨。石雨則爲雹凍之雨。所感之氣如此。皆可以類推也

雨風露雷交而地之化盡之矣

水火土石交而後有雨風露雷之化。有雨風露雷之化而後物生焉

暑變物之性

物之性屬陽。故爲暑之所變

寒變物之情

物之情屬陰。故爲寒之所變

晝變物之形

形可見。故屬陽。爲晝之所變

夜變物之體

體有質。故屬陰。爲夜之所變

性情形體交而動植之感盡之矣

性情形體交而後有動植之感。感者唱也。陽唱乎陰也

雨化物之走

雨潤下故走之類感雨而化

風化物之飛

風飄揚故飛之類感風而化

露化物之草

露濡潤故草之類感露而化

雷化物之木

雷奮迅而出故木之類感雷而化。然飛走草木又更相交錯而化。如木之類亦有木之木。有木之草。木之飛。木之走。其他皆可以類推也

走飛草木交而動植之應盡之矣

走飛草木交而後有動植之應。應者和也。陰和乎陽也。性情形體本乎天者也。飛走草木本乎地者也。本乎天者有感焉。本乎地者有應焉。一感一應。天地之道萬物之理也

走感暑而變者性之走也。感寒而變者情之走也。感晝而變者形之走也。感夜而變者體之走也。飛感暑而變者性之飛也。感寒而變者情之飛也。感晝而變者形之飛也。感

夜而變者體之飛也。草感暑而變者性之草也。感寒而變者情之草也。感晝而變者形之草也。感夜而變者體之草也。木感暑而變者性之木也。感寒而變者情之木也。感晝而變者形之木也。感夜而變者體之木也。性應雨而化者走之性也。應風而化者飛之性也。應露而化者草之性也。應雷而化者木之性也。情應雨而化者走之情也。應風而化者飛之情也。應露而化者草之情也。應雷而化者木之情也。形應雨而化者走之形也。應風而化者飛之形也。應露而化者草之形也。應雷而化者木之形也。體應雨而化者走之體也。應風而化者飛之體也。應露而化者草之體也。應雷而化者木之體也

天地之生物所以萬殊而不同者以感應之交錯也。感應之交錯所以謂之變化也。易曰方以類聚物以羣分此之謂也

性之走善色。情之走善聲。形之走善氣。體之走善味。性之飛善色。情之飛善聲。形之飛善氣。體之飛善味。性之草善色。情之草善聲。形之草善氣。體之草善味。性之木善色。情之木善聲。形之木善氣。體之木善味。走之性善耳。飛之性善目。草之性善口。木之性善鼻。走之情善耳。飛之情善目。草之情善口。木之情善鼻。走之形善耳。飛之形善目。草之

形善口木之形善鼻走之體善耳飛之體善目草之體善
口木之體善鼻
物有聲色氣味人有耳目口鼻此又言人物之有所合
也天地之生物皆以其類而有所合焉
夫人也者暑寒晝夜無不變雨風露雷無不化性情形體
無不感飛走草木無不應所以目善萬物之色耳善萬物
之聲鼻善萬物之氣口善萬物之味靈於萬物不亦宜乎
暑寒晝夜無所不變雨風露雷無所不化性情形體無
所不感飛走草木無所不應然後能生而爲人故唯人
爲能目善萬物之色耳善萬物之聲鼻善萬物之氣口

善萬物之味不獨耳目口鼻能善萬物之聲色氣味而
心之官又能善萬物之理此所以靈于萬物也蓋天地
巨物也分而爲萬物萬物各得天地之一端能備天地
兼萬物者人之謂也故能與天地並立而爲三才孟子
曰萬物皆備於我唯聖人然後能踐形能踐形則能反
身而誠之求諸己而天下之理得矣衆人則日用而不
知役於萬物而喪其良貴雖謂之人曾何異於物哉

觀物內篇之二

人之所以能靈于萬物者謂其目能收萬物之色耳能收
萬物之聲鼻能收萬物之氣口能收萬物之味聲色氣味

者萬物之體也目耳鼻口者萬人之用也

人有耳目口鼻物有聲色氣味人之耳目口鼻能收物之聲色氣味者蓋以人之與物本乎天地之一氣同乎天地之一體也是故聖人盡己之性能盡人之性盡人之性能盡物之性己之與人人之與物本乎一道故也

體無定用惟變是用用無定體惟化是體體用交而人物之道于是乎備矣

體本無體故惟化是體用本無用故惟變是用體用變化天地之至妙者也自非聖人孰能與於此

然則人亦物也聖亦人也有一物之物有十物之物有百物之物有千物之物有萬物之物有億物之物有兆物之物生一一之物當兆物之物者豈非人乎有一人之人有十人之人有百人之人有千人之人有萬人之人有億人之人有兆人之人生一一之人當兆人之人者豈非聖乎是知人也者物之至者也聖也者人之至者也物之至者始得謂之物之物也人之至者始得謂之人之人也夫物之物者至物之謂也人之人者至人之謂也以一至物而當一至人則非聖而何人謂之不聖則吾不信也

物有巨細人有賢愚有一物之物有十物之物有百物之物有千物之物有萬物之物有億物之物有兆物之

物物之巨細如此生一一之物能當兆物者人之謂也
言人能兼兆物也有一人之人有十人之人有百人之
人有千人之人有萬人之人有億人之人有兆人之人
人之賢愚如此生一一之人能當兆人者聖人之謂也
言聖人能兼兆人也聖人非徒能兼兆人又能兼兆物
能兼兆物兆人又能兼天地者聖人之謂也兼兆物則
謂之至物兼兆人則謂之至人至物者物之物也至人
者人之人也以一至物當一至人則謂之聖人麒麟之
於走獸鳳凰之於飛鳥物之至者也聖人之於人人之
至者也天下之物或相倍蓰或相千萬物之不齊物之

情也物之不齊如此唯聖人能盡之者以能兼兆物兼
兆人又能兼天地故也

何哉謂其能以一心觀萬心一身觀萬身一物觀萬物一
世觀萬世者焉

天下人之心一人之心是也故能以一心觀萬心天下
人之身一人之身是也故能以一身觀萬身萬物之理
一物之理是也故能以一物觀萬物萬世之事一世之
事是也故能以一世觀萬世聖人能兼天地人物又能
兼古今故能如此

又謂其能以心代天意口代天言手代天工身代天事者

焉
聖人心合天意。言行皆與天合。故能以心代天意。口代
天言。手代天工。身代天事。天地以無心爲心。天何所容
心哉。故唯能無心而後能代天意。天何言哉。四時行焉
百物生焉。天何言哉。故唯能無言而後能代天言。雲行
雨施。品物流形。天何爲哉。故唯能無爲而後能代天工
天事焉
又謂其能以上識天時。下盡地理。中盡物情。通照人事者
焉
知陰陽消長之道。故能上識天時。知剛柔夷險之理。故
能下盡地理。知巨細品類之別。故能中盡物情。達利害
成敗之幾。故能通照人事
又謂其能以彌綸天地。出入造化。進退今古。表裏人物者
焉
能與天地參。故能彌綸天地。能顯諸仁藏諸用。故能出
入造化。能通乎晝夜之道。故能進退古今。能盡人之性
以盡物之性。故能表裏人物
噫。聖人者非世世而效聖焉。吾不得而目見之也。雖然吾
不得而目見之。察其心。觀其迹。探其體。潛其用。雖億萬千
年亦可以理知之也

聖人不世出也。故曰非世世而效聖焉。察心觀迹探體
潛用。先聖後聖其道一也。或見而知之。或聞而知之。故
雖億千萬年。亦可以理知之。猶旦暮之間也

人或告我曰天地之外別有天地萬物異乎此天地萬物。
則吾不得而知之。非惟吾不得而知之也。聖人亦不得而
知之也。凡言知者。謂其心得而知之也。言言者。謂其口得
而言之也。既心尚不得而知之。口又惡得而言之乎。以心
不可得知而知之。是謂妄知也。以口不可得言而言之。是
謂妄言也。吾又安能從妄人而行妄知妄言者乎

天地萬物皆一本。故雖萬殊。理無異致。乾坤之道。簡易
而已。易簡而天下之理得矣。妄言妄知者。未知易簡之
道。奮私智肆邪說以滅天理。孟子所謂惡夫鑿者也

## 觀物內篇之三

易曰。窮理盡性以至於命。所以謂之理者。物之理也。所以
謂之性者。天之性也。所以謂之命者。處理性者也。所以能
處理性者。非道而何

理性命皆一也。至於命則理性之所處矣。三者皆在於
道。故曰所以能處理性者非道而何

是知道爲天地之本

道生天地。故道爲天地之本

天地爲萬物之本
天地生萬物故天地爲萬物之本
以天地觀萬物則萬物爲物以道觀天地則天地亦爲萬
物
道生天地故道爲天地之本以道觀天地則天地爲道
之物也天地生萬物故天地爲萬物之本以天地觀萬
物則萬物爲天地之物也道則無有際天地則有盡
有盡則所以爲道之物也天地則無不覆載物則有窮
有窮則所以爲天地之物也
道之道盡之于天矣

道皆備於我則能盡天下之理能盡天下之理則能盡
民而後可以治民矣
天之能盡物則謂之曰昊天
天之於物無不發生故能盡物
人之能盡民則謂之曰聖人
聖人之於人也無不仁愛故能盡人
謂昊天能異乎萬物則非所以謂之昊天也謂聖人能異
乎萬民則非所以謂之聖人也萬民與萬物同則聖人固
不異乎昊天者矣然則聖人與昊天爲一道聖人與昊天
爲一道則萬民與萬物亦可以爲一道也一世之萬民與

一世之萬物既可以爲一道則萬世之萬民與萬世之萬
物亦可以爲一道也明矣
昊天之與萬物同乎一道故不異乎萬物聖人之與萬
民同乎一道故不異乎萬民萬民與萬物同乎一道則
聖人與昊天亦同乎一道矣一世之萬物與一世之萬
民同乎一道則萬世之萬物與萬世之萬民亦同乎一
道矣天下無二道聖人無兩心物也民也聖人也天也
其道一也故古之聖人以一心而推萬心以一物而觀
萬物以一世而知萬世者蓋由斯道也
夫昊天之盡物聖人之盡民皆有四府焉昊天之四府者

春夏秋冬之謂也陰陽升降于其間矣聖人之四府者易
書詩春秋之謂也禮樂汚隆于其間矣春爲生物之府夏
爲長物之府秋爲收物之府冬爲藏物之府號物之庶謂
之萬雖曰萬之又萬其庶能出此昊天之四府者乎易爲
生民之府書爲長民之府詩爲收民之府春秋爲藏民之
府號民之庶謂之萬雖曰萬之又萬其庶能出此聖人之
四府者乎昊天之四府者時也聖人之四府者經也昊天
以時授人聖人以經法天天人之事當如何哉
昊天以四府盡物聖人以四府盡民天之四府時也聖
人之四府經也天時聖經相因而成天時則陰陽升降

而爲春夏秋冬。聖經則禮樂汚隆而爲易書詩春秋。春
夏秋冬、易書詩春秋皆有生長收藏之道。其道更相爲
消長汚隆萬物萬民盡于其閒矣。故皆謂之曰四府

觀物內篇之四

觀春則知易之所存乎
易者。三皇之事業也。三皇之時如春
觀夏則知書之所存乎
書者。五帝之事業也。五帝之時如夏
觀秋則知詩之所存乎
詩者。三王之事業也。三王之時如秋
觀冬則知春秋之所存乎
春秋者。五伯之事業也。五伯之時如冬
易之易者生生之謂也。易之書者。生長之謂也。易之詩者
生收之謂也。易之春秋者生藏之謂也。書之易者長生之
謂也。書之書者長長之謂也。書之詩者長收之謂也。書之
春秋者長藏之謂也。詩之易者收生之謂也。詩之書者收
長之謂也。詩之詩者收收之謂也。詩之春秋者收藏之謂
也。春秋之易者藏生之謂也。春秋之書者藏長之謂也。春
秋之詩者藏收之謂也。春秋之春秋者藏藏之謂也
天時迭爲消長聖經更爲汚隆其道如此。可以意會不

可以言求也

生生者脩夫意者也。生長者脩夫言者也。生收者脩夫象者也。生藏者脩夫數者也。長生者脩夫仁者也。長長者脩夫禮者也。長收者脩夫義者也。長藏者脩夫智者也。收生者脩夫性者也。收長者脩夫情者也。收收者脩夫形者也。收藏者脩夫體者也。藏生者脩夫聖者也。藏長者脩夫賢者也。藏收者脩夫才者也。藏藏者脩夫術者也

意言象數言其本末。仁義禮智言其先後。性情形體言其大小。聖賢才術言其優劣

脩夫意者三皇之謂也。脩夫言者五帝之謂也。脩夫象者三王之謂也。脩夫數者五伯之謂也

皇帝王伯之道如此

脩夫仁者有虞之謂也。脩夫禮者有夏之謂也。脩夫義者有商之謂也。脩夫智者有周之謂也

仁義禮智在人則與性俱生。在時則有先後之序

脩夫性者文王之謂也。脩夫情者武王之謂也。脩夫形者周公之謂也。脩夫體者召公之謂也

德有大小則化有淺深

脩夫聖者秦穆之謂也。脩夫賢者晉文之謂也。脩夫才者齊桓之謂也。脩夫術者楚莊之謂也

秦穆改過自悔得聖之事而已

皇帝王伯者易之體也虞夏商周者書之體也文武周召者詩之體也秦晉齊楚者春秋之體也

易以道陰陽陰陽消長唯其時而已故皇帝王伯所以爲易之體也書以道事帝王之迹存焉故虞夏商周所以爲書之體也詩以道志始於二南而終於雅頌故文武周召所以爲詩之體也春秋以道名分至於五伯名分亂矣仲尼以春秋正其名分春秋皆五伯之事也故秦晉齊楚者春秋之體也

意言象數者易之用也仁義禮智者書之用也性情形體者詩之用也聖賢才術者春秋之用也

三皇修夫意五帝修夫言三王修夫象五伯修夫數易具是四者故意言象數爲易之用有虞修夫仁有夏修夫禮有商修夫義有周修夫智故仁義禮智爲書之用文王修夫性武王修夫情周公修夫形召公修夫體故性情形體爲詩之用秦穆修夫聖晉文修夫賢齊桓修夫才楚莊修夫術故聖賢才術所以爲春秋之用也

用也者心也體也者迹也心迹之間有權存焉者聖人之事也

心無所在而無所不在故以用言迹有方所故以體言

心迹體用之間有權存焉則所謂體無定用唯變是用
用無定體唯化是體者也如是則心迹體用俱以泯矣
文中子所謂適道者不知其殊也唯聖人為能盡之竊
嘗論之心迹之義大矣哉聖人方其寂然不動則烏有
所謂心迹者焉雖鬼神莫得而窺也及其酬酢應變吉
凶與民同患則心迹於是乎判矣莊子所謂迹者人之
所履豈其所履哉信斯言也徒徇聖人之迹而不達聖
人之心是皆膠柱鼓瑟刻舟記劒者也蓋天下之理一
涉乎事物則必有迹有迹則有方所若聖人之心則無
所在亦無所不在無方所者也古之善學聖人者求其

心而不求其迹如曾子謂孔子言喪欲速貧死欲速朽
有子獨以謂非君子之言有為而言之也苟直以其言
為然而不知其所以言則失聖人之心矣是泥乎迹者
也若有子可謂能知聖人之心者也古人有以不學柳
下惠而學柳下惠者亦此之類也嗚呼不知聖人之心
而徒徇聖人之迹則害於道害於道者楊墨之徒是也
學者宜有以辨之竊聖人之迹而為姦為惡者則害於
國家害於國家者莽卓之徒是也人君宜有以辨之學
者不知辨則卒至於無父無君人君不知辨則至於竊
國弒君嗚呼自非聖智其孰能辨之哉

三皇同意而異化。五帝同言而異教。三王同象而異勸。五伯同數而異率。同意而異化者必以道。以道化民者民亦以道歸之。故尚自然。夫自然者無爲無有之謂也。無爲者非不爲也。不固爲者也。故能廣。無有者非不有也。不固有者也。故能大。廣大悉備而不固爲固有者。其惟三皇乎。是故知能以道化天下者。天下亦以道歸焉。所以聖人有言曰。我無爲而民自化。我無事而民自富。我好靜而民自正。我無欲而民自朴。其斯之謂歟。

含容不顯之謂意。意在理中。未見乎迹者也。任理則無爲。所以爲三皇。帝則有教。有教則有言。王則事功著。故有象。伯則任智力。故曰同數而異率。任理無爲。夫何言哉。以道化天下者也。以道化天下。故天下以道歸焉

三皇同仁而異化。五帝同禮而異教。三王同義而異勸。五伯同智而異率。同禮而異教者必以德。以德教民者民亦以德歸之。故尚讓。夫讓也者。先人後己之謂也。以天下授人而不爲輕。若素無之也。受人之天下而不爲重。若素有之也。若素無素有者。謂不己無己有之也。若己無己有。則擧一毛以取與于人。猶有貪鄙之心生焉。而況天下者乎。能知其天下之天下非己之天下者。其惟五帝乎。是故知能以德教天下者。天下亦以德歸焉。所以聖人有言曰。垂

於掌教而天下治蓋取諸乾坤其斯之謂歟
并包徧覆之謂仁三皇之道也帝則有儀有物故曰同
禮而異教王則有刑有政故曰同義而異勸伯則智力
相尚故曰同智而異率有儀有物以德教天下者也故
天下以德歸焉
三皇同性而異化五帝同情而異教三王同形而異勸五
伯同體而異率同形而異勸者必以功以功勸民者民亦
以功歸之故尚政夫政也者正也以正正夫不正之謂也
天下之正莫如利民焉天下之不正莫如害民焉能利民
者正則謂之曰王矣能害民者不正則謂之曰賊矣以利

除害安有去王耶以王去賊安有弑君耶是故知王者正
也能以功正天下之不正者天下亦以功歸焉所以聖人
有言曰天地革而四時成湯武革命順乎天而應乎人其
斯之謂歟
皇盡性而已帝則見於事矣故曰同情王則法度備故
曰同形伯則威力窮極矣故曰同體法度備則形見于
天下矣形見于天下以功勸天下者也以功勸天下故
天下以功歸焉
三皇同聖而異化五帝同賢而異教三王同才而異勸五
伯同術而異率同術而異率者必以力以力率民者民亦

以力歸之故尚爭夫爭也者爭夫利者也取與利不以義
然後謂之爭小爭交以言大爭交以兵爭夫強弱者也猶
借夫名焉者謂之曲直名也者命物正事之稱也利也者
養人成務之具也名不以仁無以守業利不以義無以居
功利不以功居名不以業守則亂矣民所以必爭之也五
伯者借虛名以爭實利者也帝不足則王王不足則伯伯
又不足則夷狄矣若然則五伯不謂無功于中國語其王
則未也過夷狄則遠矣周之東遷文武之功德于是乎盡
矣猶能維持二十四君王室不絕如綫夷狄不敢屠害中
原者猶五伯借名之力也是故知能以力率天下者天下

亦以力歸焉所以聖人有言曰眇能視跛能履履虎尾咥
人凶武人爲于大君其斯之謂歟
三皇之治不見形迹莫得而名焉故不言而民自化其
道則同其所以爲化則異故曰同聖而異化五帝則有
言有教故曰同賢而異教五帝固聖矣而謂之同賢者
其道則聖其事則已見乎迹方之於三皇之道則爲賢
也三王興事造業唯恐不及故曰同才而異勸五伯則
詭譎相勝無所不至然猶假乎正也故曰同術而異率
五伯以術以率則專用變詐威力矣故天下以力歸焉
力有強弱故尚爭尚爭者爭乎利者也五伯爭利而猶

假虛名者尚有所畏憚也然名不以仁利不以義此所以爲伯也王者則唯仁義而已五伯雖不若王猶能有功于時過於夷狄遠矣周之東遷與滅亡無異尚能維持數百年者蓋由五伯有尊王室之名也能以力率天下有尊王室之名是猶眇能視跛能履履虎尾咥人凶武人爲于大君者也履之九三以剛處剛者也以剛處剛而不中故有武人爲于大君之象伯者之事有類于此

夫意也者盡物之性也言也者盡物之情也象也者盡物之形也數也者盡物之體也仁也者盡人之聖也禮也者盡人之賢也義也者盡人之才也智也者盡人之術也盡物之性者謂之道盡物之情者謂之德盡物之形者謂之功盡物之體者謂之力盡人之聖者謂之化盡人之賢者謂之教盡人之才者謂之勸盡人之術者謂之率

意言象數性情形體仁義禮智聖賢才術道德功力化教勸率此皇帝王伯之事皆相因而成者也

道德功力者存乎體者也化教勸率者存乎用者也體用之間有變存焉者聖人之業也夫變也者昊天生萬物之謂也權也者聖人生萬民之謂也非生物非生民而得謂之權變乎

有道德功力而後有化教勸率道德功力不同故化教
勸率有異時使之然也存乎體者言乎其體也存乎用
者言乎其用也體用之間有權存焉者變以隨時也變
以隨時者聖人之事也天道不變生成息矣聖人無權
教化隳矣非生物非生民而謂之權變則一歸于詐而
已矣惡孰大焉得謂之權變乎

觀物內篇之五

善化天下者止于盡道而已善教天下者止于盡德而已
善勸天下者止于盡功而已善率天下者止于盡力而已
以道德功力為化者乃謂之皇矣以道德功力為教者乃
謂之帝矣以道德功力為勸者乃謂之王矣以道德功力
為率者乃謂之伯矣

化教勸率道德功力皇帝王伯之事也時異則人異人
異則事異故不同如此

以化教勸率為道者乃謂之易矣以化教勸率為德者乃
謂之書矣以化教勸率為功者乃謂之詩矣以化教勸率
為力者乃謂之春秋矣此四者天地始則始焉天地終則
終焉始終隨乎天地者也

皇帝王伯時也易書詩春秋經也天時聖經相為表裏
皆相因而成也

夫古今者在天地之間猶旦暮也以今觀今則謂之今矣以後觀今則今亦謂之古矣以今觀古則謂之古矣以古自觀則古亦謂之今矣是知古亦未必爲古今亦未必爲今皆自我而觀之也安知千古之前萬古之後其人不自我而觀之也

有今故有古有古故有今以今觀今則謂之今以後觀今則今亦謂之古矣如是則今亦未必爲今也以今觀古則謂之古矣以古自觀則古亦謂之今矣如是則古亦未必爲古也古亦未必爲古今亦未必爲今皆自我而觀之也自我而觀之者觀之以道也以道觀之則何

古今之有焉無古無今則古今猶旦暮之間也聖人通乎晝夜之道而知能通晝夜之道則能通古今能通古今則能通萬世故雖千古之前萬古之後皆可以自我而觀之也

若然則皇帝王伯者聖人之時也易書詩春秋者聖人之經也

天時聖經不異惟聖人爲能知時作經以爲民極

時有消長經有因革時有消長否泰盡之矣經有因革損益盡之矣

時有消長故有否泰經有因革故有損益非聖人不能

體消長。知損益

否泰盡而體用分。損益盡而心迹判。體與用分。心與迹判。

聖人之事業于是乎備矣。

時有否泰之異。故體用於是乎分。事有損益之異。故心迹於是乎判。聖人之事業在乎體用心迹之間。體用心迹之間盡有權與變存焉。知權與變然後能盡體用心迹。體用心迹一也。因時而有所分判。然未嘗分判也。卒歸乎一而已矣。

所以自古當世之君天下者其命有四焉。一曰正命。二曰受命。三曰改命。四曰攝命。正命者因而因者也。受命者因而革者也。改命者革而因者也。攝命者革而革者也。因而因者長而長者也。因而革者長而消者也。革而因者消而長者也。革而革者消而消者也。

正命。天命之也。受命。人授之也。人授之者。受之於人也。如書所謂正月上日。受終于文祖是也。改命。有所改革。如易所謂湯武革命是也。其事雖不同。皆天也。攝命者以臣行君之事者也。此明皇帝王伯之事也。因而因。則無爲而已。因而革。舜循堯道而有所變。以隨時也。革而因者。武王伐商。乃反商政。政由舊是也。革而革者。時變之極。則一切變矣。長而長爲春。長而消爲夏。消而長爲秋。消而消爲冬。時之消長。其變如此。

革而革者。一世之事業也。革而因者。十世之事業也。因而革者。百世之事業也。因而因者。千世之事業也。可以因則因。可以革則革者。萬世之事業也。一世之事業者。非五伯之道而何。十世之事業者。非三王之道而何。百世之事業者。非五帝之道而何。千世之事業者。非三皇之道而何。萬世之事業者。非仲尼之道而何。是知皇帝王伯者。命世之謂也。仲尼者。不世之謂也。

伯以力服人。以力服人者。止于其身。故其事業一世而已。王者以功及民。以功及民者。其效遠。故其事業可以至于十世。帝以德敎民。以德敎民者。得其心。漸民也深。故其事業可以至于百世。皇以道化民。道能久。故其事業可以至于千世。可因則因。可革則革。通萬世而無弊者。孔子之事業也。故孟子謂生民以來。未有夫子也。命世也。謂得位而在上者也。不世也。謂不得位而在下者也。雖然。孔子不得位而在下。其道實出帝王之上。而能用乎皇帝王伯者也。故孟子謂孔子集大成者也。

仲尼曰。殷因於夏禮。所損益可知也。周因於殷禮。所損益可知也。其或繼周者。雖百世可知也。夫如是。則何止于百世而已哉。億千萬世皆可得而知之也。

商周革命者也。而亦有所因。故商因於夏禮。周因於商禮。禹湯武王皆聖人也。其道則同。不得不因。其時則異。不得不革。故皆有所損益。唯聖人不苟同。亦不苟異。與時偕行。知所損益。以一世而知萬世。故雖億千萬年皆可得而知之。何止于百世可知而已。所以可得而知之者。豈有他哉。以理知之故也

人皆知仲尼之爲仲尼。不知仲尼之所以爲仲尼。不欲知仲尼之所以爲仲尼則已。如其必欲知仲尼之所以爲仲尼。則捨天地將奚之焉。人皆知天地之爲天地。不知天地之所以爲天地。不欲知天地之所以爲天地則已。如其必欲知天地之所以爲天地。則捨動靜將奚之焉

仲尼之道不異天地。欲知仲尼。觀天地則知仲尼矣。天地之道不過動靜而已。欲知天地。觀動靜則知天地矣。立天之道曰陰與陽。立地之道曰柔與剛。陰陽剛柔者。動靜之本也。然天地何嘗有心於動靜哉。蓋時焉而已矣。仲尼之不異天地。亦時焉而已矣。故孟子謂孔子聖之時者也

夫一動一靜者。天地至妙者歟。夫一動一靜之間者。天地人之至妙至妙者歟。是故知仲尼之所以能盡三才之道者。謂其行無轍迹也。故有言曰。予欲無言。又曰。天何言哉

四時行焉百物生焉。其斯之謂歟
一動一靜者。天地之妙用也。一動一靜之間者。天地人之妙用也。陽闢而爲動。陰闔而爲靜。所謂一動一靜者也。不役乎動。不滯乎靜。非動非靜。而主乎動靜者。一動一靜之間者也。自靜而觀動。自動而觀靜則有所謂動靜。方靜而動。方動而靜。不拘於動靜則非動非靜者也。易曰復其見天地之心乎。天地之心。蓋於動靜之間有以見之。夫天地之心於此而見之聖人之心。即天地之心也。亦於此而見之。雖顚沛造次。未嘗離乎此也。中庸曰。道不可須臾離也。可離非道也。退藏於密則以此洗

心焉。吉凶與民同患則以此齋戒焉。夫所謂密。所謂齋戒者。其在動靜之間乎。此天地之至妙至妙者也。聖人作易。蓋本於此。世儒昧於易本。不見天地之心。見其一陽初復。遂以動爲天地之心。乃謂天地以生物爲心。噫。天地之心何止於動而生物哉。見其五陰在上。遂以靜爲天地之心。乃謂動復則靜。行復則止。噫。天地之心何止於靜而止哉。爲虛無之論者則曰。天地以無心爲心。噫。天地之心一歸于無則造化息矣。蓋天地之心不可以有無言而未嘗有無。亦未嘗離乎有無者也。不可以動靜言而未嘗動靜。亦未嘗離乎動靜者也。故於動靜

之間有以見之。然動靜之間。間不容髮。豈有間乎。唯其
無間。所以爲動靜之間也。獨揚子雲知易之本以作玄。
始于中首。象中孚。次以周首。象復。中者天下之大本。所
謂天地之心也。故其首辭曰。陽氣潛萌于黃鍾之宮。信
無不在其中。天地之道可謂至信矣。所謂信者。有以見
天地之心乎。在人則誠也。故天地聖人之心。至信至誠。
悠久而不息。所以爲天地人之至妙至妙者也。雖然。天
地之心所可見者。亦不過乎因時順理而已。因時順理。
所以謂之道也。聖人由道而行。豈有轍迹哉。嗚呼。所謂
動靜之間者。千聖之所歸。萬生之所息。能至此。則可以

知變化之道。可以知死生之說。不能至此。則非所以謂
之聖人也。不能知此。則非所以謂之賢人也。外于此者。
皆邪說妄行也。先君皇極經世書。蓋本於此。所以觀物
篇首明天地動靜。而此又明動靜之間。天地人之至妙
至妙者焉。學者欲求其至。在乎默而識之。不可以言傳
也

觀物內篇之六

孔子贊易自羲軒而下。序書自堯舜而下。刪詩自文武而
下。脩春秋自桓文而下。自羲軒而下。祖三皇也。自堯舜而
下。宗五帝也。自文武而下。子三王也。自桓文而下。孫五伯

也
易書詩春秋皇帝王伯聖人之事業盡在于是矣仲尼
祖三皇宗五帝子三王孫五伯其道大德尊如此中庸
曰仲尼祖述堯舜而不曰三皇尊之而不可以言名也
憲章文武而不及五伯卑之而有所不足道也此則兼
擧之矣孫五伯可謂卑之也然聖人作春秋雖五伯猶
或取之以其有功于一時也故曰桓公九合諸侯不以
兵車管仲之力也微管仲吾其被髮左袵矣聖人之心
公天下也如此春秋者聖人之刑賞也五伯雖得罪於
聖人及其有功亦在所不掩也嗚呼治天下者賞善刑

惡能如聖人之心以公天下則四海之內無思不服儻
徇好惡之私則刑賞濫矣刑賞濫而天下未有不亂者
也
祖三皇尚賢也宗五帝亦尚賢也三皇尚賢以道五帝尚
賢以德子三王尚親也孫五伯亦尚親也三王尚親以功
五伯尚親以力
三皇五帝之治皆尚賢者也而三皇以道五帝以德二
王五伯之治皆尚親者也而三王以功五伯以力以道
則爲化以德則爲教以功則爲勸以力則爲率道德則
無親疎之間功力則有違從之異然而力率天下而親

之則狹矣。此皇帝王伯之所以分也

嗚呼。時之既往億千萬年。時之未來亦億千萬年。仲尼中間生而爲人。何祖宗之寡而子孫之多邪。所以重贊堯舜至禹曰禹吾無間然矣

時之既往時之未來皆有億萬之數。所以爲古今也。仲尼在古今之間。何祖宗之寡子孫之多。謂治世少而亂世多。聖君少而庸君多也。三王方三皇五帝時雖不同。然固已鮮矣。後世不止雜乎伯而伯亦有所不足也。仲尼贊堯則曰惟天爲大。惟堯則之。贊舜則曰君哉舜也。無爲而治者其舜也歟。至禹則曰菲飲食而致孝乎鬼神。惡衣服而致美乎黻冕。卑宮室而盡力乎溝洫。禹吾無間然矣。文王則曰三分天下有其二。以服事殷。周之德可謂至德也已。湯武則曰順乎天而應乎人。嗚呼。文王之德與舜禹並可謂至矣

仲尼後禹千五百餘年。今之後仲尼又千五百餘年。雖不敢比仲尼上贊堯舜禹。豈不敢比孟子上贊仲尼乎

仲尼後禹千五百餘年。今之後仲尼又千五百餘年。蓋道之相傳無古今之異。仲尼傳堯舜禹者也。孟子傳仲尼者也。吾先君子蓋學孔孟者也

人謂仲尼惜乎無土。吾獨以爲不然。獨夫以百畝爲土。大

夫以百里爲土。諸侯以四境爲土。天子以九州爲土。仲尼
以萬世爲土。若然。則孟子言自生民以來未有如孔子也。
斯亦未爲之過矣
一夫之土百畝而已。大夫之土百里而已。諸侯之土四
境而已。天子之土九州而已。皆有窮極者矣。仲尼之道
通萬萬世而無弊。豈萬世之所尊者也。故曰仲尼以萬世
爲土。非特萬世也。言亘古今。窮天地。一人而已。故孟子曰。
自生民以來未有夫子也
夫。人不能自富。必待天與其富。然後能富。人不能自貴。必
待天與其貴。然後能貴。若然。則富貴在天也。不在人也。有

求而得之者。有求而不得者矣。是繫乎天者也。功德在人
也。不在天也。可脩而得之。不脩則不得。是非繫乎天也。繫
乎人者也。夫人之能求而得富貴者。求其可得者也。非其
可得者。非所以能求之也。昧者不知。求而得之。則謂其己
之能得也。故矜之。求而失之。則謂其人之不與也。故怨之。
如知其己之所以能得。人之所以能與。則天下安有不知
量之人邪
富貴在天。不可求而得。功德在人。所可脩而至。不可求
而得。故必曰有命。所可脩而至。故不可不勉。世之人不
務脩其所可至。而務求其所不可得。惑之甚也。故夫得

之則患得之既得之則患失之得之則矜誇失之則怨懟苟能知已得之之人與之皆天也如是則安有不知量之人哉

天下至富也天子至貴也豈可妄意求而得之也雖曰天命亦未始不由積功累行聖君艱難以成之庸君暴虐以壞之是天與是人與是知人作之咎固難逃已天降之災禳之奚益積功累行君子常分非有求而然也有求而然者所謂利乎仁者也君子安有餘事于其間哉然而有幸有不幸者始可以語命也已

聖人之大寶曰位天寶命之故堯命舜天之曆數在爾躬舜亦以此命禹天位豈容求而得者不可求而得況可以不道而取之邪此篇戒亂臣賊子使之知天命之可畏也積功累行人之所當爲君子豈有求而然必自積行累功以得之不積行累功以得之者或有之矣終亦必亡而已積行累功而不得者亦有之矣君子乃謂之命也已

夏禹以功有天下夏桀以虐失天下殷湯以功有天下殷紂以虐失天下周武以功有天下周幽以虐失天下三者雖時不同其成敗之形一也

夏禹商湯周武其功德在民深矣其創法垂統至矣後

平王東遷文武之業盡矣故無功以復王室赧王西走危亡之勢極矣故無虐以喪王室皆不足道也竊嘗論之桀紂幽厲皆暴君也自平王至赧皆庸君也庸暴雖殊皆足以亡其國然暴君身爲不善其亡也速其爲天下害也淺庸君未必能爲大惡而天下之爲惡者皆得以肆其惡其亡也緩其爲天下害也深故桀紂身爲不善湯武誅放而天下寧幽厲亦可謂暴矣獨以文武之澤未泯止亡其身而國之未亡幸也自平至赧無顯着之惡而其庸則甚矣其後有五伯有戰國有暴秦民墜塗炭五百餘年而天下受其害至漢而後始定考之歷

世子孫雖中才之君能保尚其基業謹守其法度兢兢業業而勿失雖百世可也夏則太康已失邦而其後有桀商太甲已不明而其後有紂周昭王已南征不返而其後有幽厲詩云赫赫宗周褒姒滅之蓋周至幽厲雖曰未亡其實亡矣獨以文武之澤未斬國之典刑尚存故至赧王而後失之其祖宗之艱難積累以得之其後亡國敗家之人庸愚暴虐以失之若出一塗書曰爲善不同同歸于治爲惡不同同歸于亂此之謂也

平王東遷無功以復王業赧王西走無虐以喪王室威令不逮一小國諸侯仰存于五伯而已此又奚足道哉

代亦莫不然西漢自元成而下皆庸君也卒致新室之
亂卒天下未厭漢光武中興東漢自桓靈而下皆庸君
也卒致董卓之亂而後有三國有南北朝又分而爲十
六國羯胡腥羶濱汚中原民墜塗炭又四百餘年而天
下受其害至隋而後始定隋煬帝暴君也身爲不善以
亡其國不旋踵有唐以興而天下寧唐自肅宗而下多
庸君也當時藩鎭固已暴橫于外宦豎又且擅權于內
其後有五季又分而爲十國皆得以肆其惡民墜塗炭
又二百年至本朝而後大定則暴君之爲天下害也淺
庸君之爲天下害也深繇可見矣

伯時無真王者出焉雖有虛名與杞宋其誰曰少異是時
也春秋之作不亦宜乎
當是時也天下無王矣孔子之作春秋所以明王道而
存王者之禮法也使之得位則行之矣孟子告齊梁之
君亦必以王道者以此也
仲尼脩經周平王之時書錄于晉文侯詩列爲王國風春
秋始于魯隱公周勢盡于末流矣
孟子曰王者之迹熄而後詩亡詩亡然後春秋作周平
之時王者之迹熄矣故春秋之所以作也書錄於文侯
之命周之東遷晉鄭焉依文侯猶知尊周有功于時故

聖人取之始于典謨終之以文侯之命與秦誓則其時其事可知之矣王者之迹熄而雅頌不作周室之微不絶如綫四郊之外皆非已有與一小國亦何以異所存獨王者之虛名耳故黍離之詩列于國風也春秋始于魯隱魯周公之國周公之禮樂典章具在于魯至隱公之世周公之業衰矣此春秋之所以始隱又當周平之時也易終于未濟卦一治一亂而未始有窮也

予非知仲尼者學爲仲尼者也禮樂征伐自天子出而出自諸侯天子之重去矣宗周之功德自文武出而出自幽厲文武之基息矣由是犬戎得以侮中國周之諸侯非一獨晉能攘去戎狄徙王東都洛邑用存王國爲天下伯者之倡秬鬯圭瓚之錫其能免乎

聖人人倫之至能盡君君臣臣父父子子兄兄弟弟夫夫婦婦之道正心誠身以治天下國家此蓋孔子之志也禮樂征伐威福之大柄也臣下得而擅之則人君之權移于下矣蓋由君非其君臣非其臣欲不亂其可得乎周之幽厲小人而乘君子之器者也盜斯奪之矣故犬戎得以侮中國晉文侯獨能攘戎狄而遷周于洛知有君臣之義未同於夷狄其功亦可尚矣此書所以有文侯之命也

傳稱子貢欲去魯告朔之餼羊。孔子曰。賜也。爾愛其羊。我愛其禮。是知名存實亡者。猶愈于名實俱亡者矣。禮雖廢而羊存。則後世安知有不復行禮者矣。晉文公尊王雖用虛名。猶能力使天下諸侯知有周天子。而不敢以兵加之也。及晉之衰也。秦由是敢滅周。斯愛禮之言。信不誣矣

孔子之時。魯國告朔之禮廢已久矣。而餼羊猶存。子貢獨見其禮已久廢。餼羊徒有虛名。故欲去之。聖人用心深遠。以謂爾愛其羊。我愛其禮。禮雖廢而羊猶存。後世安知不有因其羊而行禮循其名而求其實者乎。豈不愈於羊禮俱廢名實皆亡者也。故晉文公有尊王之名而尚能有功一時。所以聖人亦取之也。孟子謂好名之人能讓千乘之國。好名之人於道雖爲未至。已能讓千乘之國。則與夫見利忘義貪取苟得無所顧藉者。蓋有間矣。或曰。好名之人。矯僞不情。烏足貴哉。愚獨不然。矯僞爲善。豈不賢於矯僞爲惡者乎。竊嘗論之。爲人君者能知堯舜之名爲可好。則莫不願爲堯舜。好之而不已。行之而彌久。是亦堯舜而已。爲人臣者能知稷契之名爲可好。則莫不願爲稷契。好之而不已。行之而彌久。是亦稷契而已。志於道者能知孔顏之名爲可好。好之而不已。行之而彌久。是亦孔顏而已。嗚呼。名者治世脩身

之具也。焉可一日闕於天下。但患人不知所以好之耳。
豈不貴哉。
齊景公嘗一日問政于孔子。孔子對曰。君君臣臣父父子
子。公曰。善哉。信如君不君。臣不臣。父不父。子不子。雖有粟。
吾得而食諸。是天時也。諸侯僭天子。陪臣執國命。祿去公室。
政出私門。景公自不能上奉周天子。欲其臣下奉己。不亦
難乎。厥後齊卒爲田氏所移。夫齊之有田氏者。亦猶晉
之有三家也。亦猶周之有五伯也。韓趙魏之于晉也。既立
其功。又分其地。既卑其主。又專其國。田氏之于齊也。既得
其祿。又專其政。既殺其君。又移其祚。其如天下之事。豈無

斷乎。履霜之戒。豈可不思乎。
君臣父子。天下之達道。人之大倫。所以維持天下者。以
此。用之則治。捨之則亂。古今一也。周之衰。三綱五常絕
矣。豈惡君弑父。無所不至。以君臣父子之道不明故也。諸
侯既僭天子矣。大夫安得不僭諸侯。大夫既僭諸侯矣。
陪臣安得不僭大夫。故雖管仲。邦君樹塞門。管氏亦樹
塞門。邦君爲兩君之好有反坫。管氏亦有反坫。管氏猶
不知禮。況其餘乎。其甚則魯之三家以雍徹用八佾舞
于庭。是以陪臣僭天子也。陪臣而僭天子。況於執國命
乎。始於僭偏。卒於攘奪。勢必然也。故田氏之於齊。韓趙

魏之於晉。終逐其君而盜其國。嚮使齊晉之君不敢僭
周。則所謂田氏與三大夫者。其敢逐其君而盜其國乎。
上之所好。下必有甚焉。出乎爾者。反乎爾。不思之甚矣。
易曰。履霜堅冰至。君子方履霜之時。固已知堅冰之必
至。宜辨之早也

僭稱王者。往也。能往天下者。可以王也。周之衰也。諸侯不
朝天子久矣。及楚預中國會盟。仲尼始進爵爲子。其僭王
也。不亦陋乎

楚蠻夷之國。春秋書曰楚子。而僭王。僭之甚者也

夫以力勝人者。人亦以力勝之。吳嘗破越而有輕楚之心。
及其破楚。又有驕齊之志。貪婪攻取。不顧德義。侵侮晉
專以夷狄爲事。遂復爲越所滅。越又不監之。其後復爲楚
所滅。楚又不監之。其後復爲秦所滅。秦又不監之。其後復
爲漢所代。恃強凌弱。與虎豹何以異乎。非所以謂之中國
義理之師也

吳楚秦越。皆蠻夷之國。恃强凌弱。不顧德義。方之齊晉
有間矣

宋之爲國也。爵高而力卑者乎。盟不度德。會不量力。區區
與諸侯並驅中原。恥居其後。其于伯也。不亦難乎

宋襄公亦嘗主盟。而衰弱無術。不足道也

周之同姓諸侯而克永世者獨有燕在焉燕處北陸之地去中原特遠苟不隨韓趙魏齊楚較利刃爭虛名則足以養德待時觀諸侯之變秦雖虎狼亦未易加害延十五六年後天下事未可知也

燕居朔方固爲强大與齊趙相抗苟不與諸國爭勝負而脩召公之政以治其國有可以興王之理也而乃遣一刺客以入暴秦自取滅亡可哀也已

中原之地方九千里古不加多而今不加少然而有祚長祚短地大地小者攻守異故也自三代以降漢唐爲盛秦界于周漢之間矣秦始盛于穆公中于孝公終于始皇起于西夷遷于岐山徙于咸陽兵瀆宇內血流天下呑吐四海庚革今古雖不能比德三代非晉隋可同年而語也其祚之不永得非用法太酷殺人之多乎所以仲尼序書終于秦誓一事其言不亦遠乎

秦穆公能改過自誓伯之優者也故序書上自典誥下及秦誓聖人猶取之而不廢是亦不得中行而與之必也狂狷乎之義也王者不作近於王道者雖一善必錄聖人之心如此然終于秦誓則世之盛衰道之汚隆可知之矣穆公有此一善可稱宜乎國以盛强其後始皇并吞海内而乃尚刑好殺止於二世以取滅亡蓋秦夷

秋之國尚刑好殺乃其所習又况本以商鞅之法其貽
謀慘刻少恩有自來矣
夫好生者生之徒也好殺者死之徒也周之好生也以義
漢之好生也亦以義秦之好殺也以利楚之好殺也亦以
利周之好生也以義而漢且不及秦之好殺也以利而楚
又過之天之道人之情又奚擇于周秦漢楚哉擇乎善惡
而已是知善也者無敵于天下而天下共善之惡也者亦
無敵于天下而天下亦共惡之天之道人之情又奚擇于
周秦漢楚哉擇于善惡而已
仁者好生不仁者好殺好生者王好殺者亡好生者天
祐之人愛之好殺者天怒之人惡之周漢以好生而興
秦楚以好殺而廢天之興廢人之去就在乎仁與不仁
而已

性理大全書卷之九

性理大全書卷之十

皇極經世書四

觀物內篇之七

昔者孔子語堯舜則曰垂衣裳而天下治語湯武則曰順
乎天而應乎人斯言可以該古今帝王受命之理也堯禪
舜以德舜禪禹以功以德帝也以功亦帝也然而德下一
等則入于功矣湯伐桀以放武伐紂以殺以放王也以殺
亦王也然而放下一等則入于殺矣是知時有消長事有
因革前聖後聖非出於一途哉

堯舜禪讓湯武征伐其事則異其道則同以德以功以
放以殺時之消長事之因革不同如此至於征伐放殺
非聖人之所欲蓋有不得已者焉聖人所同者心所異
者跡故前聖後聖非出於一途而聖人求乎心之所同
而不求乎跡之所同苟姑同乎跡而不同乎心則爲姦
爲惡何所不至不可不辨也然所謂下一等者孔子序
書賛堯舜禹亦有詳略謂韶盡美矣又盡善也武盡美
矣未盡善也聖人蓋有深意焉

天與人相爲表裏天有陰陽人有邪正邪正之由繫乎上
之所好也上好德則民用正上好佞則民用邪邪正之由
有自來矣雖聖君在上不能無小人是難其爲小人雖庸

君在上不能無君子。是難其爲君子。自古聖君之盛未有如唐堯之世君子何其多邪。時非無小人也。是難其爲小人也。故君子多也。所以雖有四凶不能肆其惡。自古庸君之盛未有如殷紂之世小人何其多邪。時非無君子也。是難其爲君子。故小人多也。所以雖有三仁不能遂其善。是知君擇臣臣擇君者。是繫乎人也。君得臣臣得君者。是非繫乎人也。繫乎天者也。

天與人。常相須而成者也。天有陰陽。人有邪正。正爲君子。邪爲小人。君子小人相爲盛衰。猶陰陽之相爲消長。聖人之於易否泰之言詳矣。且治世非無小人也。亂世非無君子也。君子在內小人在外。所以爲泰而天下治矣。君子在外小人在內。所以爲否而天下亂矣。君子小人。無世無之。在乎人君所好所用而已。人君好德則民用正而君子進小人退矣。人君好佞則民用邪而小人進君子退矣。唐堯之時非無小人也。君子在內而衆。小人在外而寡。則小人不勝君子也。故雖有四凶亦不能害君子。商紂之世非無君子也。君子在外而寡。小人在內而衆。則君子不能勝小人也。故雖有三仁而不能去小人。所謂內外者。不獨在位在野而已。但信而任之則爲內。疎而遠之則爲外。上好正而信任君子。則小人遠矣。不必待屛絶誅竄而後爲外也。上好邪而信任小人。
則君子遠矣。不必待斥逐放棄而後爲外也。所謂小人
者聖人亦未嘗疾之已甚也。但使君子在上小人在下。
各得其所而已。君子在上。則足以制小人。小人在下。則
順以從君子。如是則天下未有不治者也。若夫疾惡而
不能去。去惡而無其術者。適所以致禍亂之道也。嗚呼。
君子小人用與不用。實繫上之所好。上之所好。實繫天
下治亂。可不愼哉

賢愚人之本性。利害民之常情。虞舜陶于河濱。傅說築于
巖下。天下皆知其賢。而百執事不爲之擧者。利害使之然
也。吁。利害叢于中而矛戟森于外。又安知有虞舜之聖而
傅說之賢哉。河濱非禪位之所。巖下非求相之方。昔也在
億萬人之下。而今也在億萬人之上。相去一何遠之甚也。
然而必此云者。貴有名者也

唐堯之擧舜。商宗之用說。蓋有素矣。猶歷試諸難。稽之
夢卜。所以厭天下之心也。雖舜之聖。說之賢。苟爲利害
所蔽。人亦安知其聖賢哉。故堯高宗不得不如此。貴乎
有名也

易曰。坎有孚維心亨。行有尚。中正行險。往且有功。雖危無
咎。能自信故也。伊尹以之。是知古之人。患名過實者有之

矣其間有幸與不幸者雖聖人人力有不及者矣伊尹行
冢宰居責成之地借使避放君之名豈曰不忠乎則天下
之事去矣又安能正嗣君成終始之大忠者乎吁若委寄
于匪人三年之間其如嗣君何則天下之事亦去矣又安
有伊尹也坎有孚維心亨不亦近之乎

有伊尹之位有伊尹之時有伊尹之德有伊尹之心忠
於社稷公於天下則可雖曰放君所不避也苟無其位
無其時無其德無其心不忠不公則爲簒也烏可哉故
必如坎之維心亨行有尚而後可以濟乎坎也

易曰由豫大有得勿疑朋盍簪剛徤主豫動而有應群疑
乃亡能自彊故也周公以之是知聖人不能使人無謗能
處謗者也周公居總己當任重之地借使避滅親之名豈
曰不孝乎則天下之事去矣又安能保嗣君成終始之大
孝者乎吁若委寄于匪人七年之間其如嗣君何則天下
之事亦去矣又安有周公也由豫大有得勿疑朋盍簪不
亦近之乎

有周公之位有周公之時有周公之德有周公之心忠
於社稷公於天下則可雖曰誅兄放弟所不避也苟無
其位無其時無其德無其心不忠不公則是大惡也烏
可哉故必如豫之大有得勿疑朋盍簪而後可以主豫

也
夫天下將治則人必尚行也天下將亂則人必尚言也尚
行則篤實之風行焉尚言則詭譎之風行焉天下將治則
人必尚義也天下將亂則人必尚利也尚義則謙讓之風
行焉尚利則攘奪之風行焉
治世務本故尚行亂世務末故尚言務本則君子之事
也故篤實之風所以行也務末則小人之事也故譎詐
之風所以行也治世樂與故尚義亂世樂取故尚利尚
義則君子之事也故謙讓之風所以行也尚利則小人
之事也故攘奪之風所以行也皆本乎上之所好與夫

君子小人之進退而已
三王尚行者也五伯尚言者也尚行者必入于義也尚言
者必入于利也義利之相去一何遠之如是耶
三王用忠信以行實事故尚行五伯用譎詐以假虛名
故尚言所尚不同如此王伯之所以異也
是知言之于口不若行之于身行之于身不若盡之于心
言之于口人得而聞之行之于身人得而見之盡之于心
神得而知之人之聰明猶不可欺況神之聰明乎是知無
愧于口不若無愧于身無愧于身不若無愧于心無口過
易無身過難無身過易無心過難既無心過何難之有吁

安得無心過之人而與之語心哉是故知聖人所以能立于無過之地者謂其善事于心者也

君子言之不出恥躬之不逮故徒言之不若躬行之行之者或安而行之或利而行之或勉强而行之安而行之者行之以無事盡于心者也孟子所謂舜由仁義行者是也利而行之勉强而行之者雖曰行之而心或有所未盡故不若盡心之爲善也既能行之久而必有所至及其成功則一矣言之于口則人得而聞之行之于身則人得而見之盡之于心則神得而知之所謂盡之于心者默而成之不言而信者也不言而信則神得而



知之者也故君子不欺暗室不愧屋漏以神之聰明不可欺也無愧于口不若無愧于身無愧于身不若無愧于心謂行之于身不若盡之于心也無口過易能愼言語則無口過矣無身過難能踐履則無身過矣無身過易無心過難既無心過何難之有所謂心過者不必待見於事爲之際思慮一萌苟離于道是爲過矣既無心過何思何慮寂然不動感而遂通何難之有也能無心過者其惟聖人乎聖人與天地合其德與日月合其明與四時合其序與鬼神合其吉凶何過之有未至於聖人則未能無過故孔子謂顏淵爲好學則曰不貳過又

曰有不善未嘗不知。知之未嘗復行。始可以謂之無身過者也。及其問仁。則告之以非禮勿視。非禮勿聽。非禮勿言非禮勿動。至於非禮勿動。則使之進於無心過之地也。故又曰回也其心三月不違仁。夫心有一所動而在乎非禮。則遠于仁矣。顔子至於三月不違仁。則幾乎聖者也。此道之妙不可以言傳。學者當盡心焉

觀物內篇之八

仲尼曰。韶盡美矣。又盡善也。武盡美矣。未盡善也。又曰。管仲相桓公霸諸侯。一匡天下。民到于今受其賜。微管仲吾其被髮左衽矣。是知武王雖不逮舜之盡善盡美。以其解天下之倒懸。則下于舜一等耳。桓公雖不逮武之應天順人。以其霸諸侯一匡天下。則高于狄亦遠矣。以武比舜。則不能無過。比桓則不能無功。以桓比狄。則不能無功。比武則不能無過。漢氏宜立乎桓武之間矣。

此言帝王之異。霸之於王固遠。然亦有功于時。故聖人猶取之。漢不純乎王而雜乎霸者也。舜武皆聖人也。所以異者時不同故也

是時也。非會天下民厭秦之暴且甚。雖十劉季百子房其如人心未易何

人君所恃以安者人心而已。人心既去。一夫而已。故書

謂之獨夫紂也

且古今之時則異也而民好生惡死之心非異也自古殺人之多未有如秦之甚天下安有不厭之乎夫殺人之多不必以刃謂天下之人無生路可移也而又況以刃多殺天下之人乎

得民心以仁失民心以不仁仁者好生不仁者好殺以虐政殺之以白刃殺之其殺一也然白刃之所殺猶有能免者虐政之所殺則無所逃矣故虐政甚於白刃也己殺之使人殺之其殺一也己殺之所殺猶寡使人殺之則所殺者衆矣故使人殺之甚於己殺之也使人殺之謂以虐政殺之也以虐政殺之者謂天下之人無生路可趨也故虐政甚於白刃也又況既以虐政殺之而又加之以白刃殺之耶于是時也天下之生靈墜于塗炭可知之矣

秦二世萬乘也求爲黔首而不能得漢劉季匹夫也免爲元首而不能已萬乘與匹夫相去有間矣然而有時而代之者謂其天下之利害有所懸之耳

利民則匹夫可以爲元首害民則元首欲爲匹夫而不能利害之間如此可不畏哉可不慎哉

天之道非禍萬乘而福匹夫也謂其禍無道而福有道也

人之情非去萬乘而就匹夫也。謂其去無道而就有道也。
萬乘與匹夫。相去有間矣。然而有時而代之者。謂其自以
天下之利害有所懸之耳
天之禍福。視民之去就。民之去就。視君之仁與不仁。君
之仁與不仁。在乎利民害民而已。利民。則天降之福。害
民。則天降之禍。人君始于利民害民。而天之禍福卒及
其身及其子孫。可不畏哉。可不慎哉
日旣沒矣。月旣望矣。皇不能不希矣。非皇之希。是皇難乎
其爲光矣。能爲其光。若不亦希乎。漢唐旣創業矣。帝王旣
擅權矣。臣不能不希矣。非臣之希。是臣難乎其爲忠矣。能
爲其忠。若不亦希乎。
忠臣之節。見於危難。故曰不亦希乎。
是知任天下事易。死天下事難。死天下事易。成天下事難。
苟成之。又何計乎死與生也。如其不成。雖死奚益。況其有
正與不正者乎。與其死于不正。孰若生于正。與其生于不
正。孰若死于正。在乎忠與智者之一擇焉。死固可惜。貴乎
成天下之事也。如其敗天下之事。一死奚以塞責。生固可
愛。貴乎成天下之事也。如其敗天下之事。一生何以收功
任天下之事易於死天下之事。死天下之事易於成天
下之事。故聖人貴成天下之事。而不計乎死與生也。生

而敗天下之事。生以害益。死而不能成天下之事。死以
害益。生也。死也。君子未嘗有所擇。所擇者。正與不正而
已。不正而死。不若正而生。不正而生。不若正而死。君子
無求生以害仁。不貴乎苟生以敗天下之事也。有殺身
以成仁。貴乎成天下之事而死之以正也。至于死。則非
君子之所得已。不得已而死。死而能有所成。則死猶生
也。故君子必死之。雖然。惟聖人無死地。無死地者。不獨
能知幾而又且見于未萌也。所以能見於未萌者。以明
乎理故也。如舜不爲象所害。孔子不爲匡人桓魋所殺
是也。凡能爲人所害所殺者。謂之仁。謂之難。則可不可

以謂之聖也。然聖人非臨難苟免。蓋不至于苟免之地
也。苟不能見於未萌。不幸而至于難。權輕重而義有所
在。死其所當死。亦聖人之所許也。若子路之死於蒯聵。
可以死。可以無死。死傷勇者也。故孔子謂柴也其來乎。
由也其死矣。孔子不以柴之來爲非。則知由之死未爲
是也。方子路之未死。孔子已謂若由也不得其死然。則
知子路之死。聖人之所不取也。子畏於匡。顏淵後。孔子
曰。吾以汝爲死矣。顏淵曰。子在。回何敢死。使孔子死於
匡。則顏淵必死之矣。若顏淵可謂知所事知所死矣。後
世之人不明義理。不擇所事而死於其難。若有之矣。是

特犬馬之忠而已。比之責主以爲利者固有間然皆不
得其死者也。嗚呼。君子之出處所與所事實死生之所
繫。可不擇哉

噫。能成天下之事。又能不失其正而生者。非漢之留侯唐
之梁公而何。微斯二人。則漢唐之祚或幾乎移矣。豈若虛
生虛死者焉。夫虛生虛死者。譬之蕭艾。忠于智者不由乎
其間矣

留侯梁公於漢唐。其功大矣。古之成大事者。不務爲區
區之小忠以投人之耳目。志於遠者大者而已

觀物內篇之九

仲尼曰善人爲邦百年亦可以勝殘去殺。誠哉是言也。自
極亂至于極治必三變矣

變極亂爲極治亦必有漸。故必至于三變也

三皇之法無殺。五伯之法無生。伯一變至于王矣。王一變
至于帝矣。帝一變至于皇矣。其于生也非百年而何

古者謂三十年爲一世。天時人事更一世則變。變極治
而爲極亂。變極亂而爲極治。皆有漸次。世變至于三。則
幾百年也

是知三皇之世如春。五帝之世如夏。三王之世如秋。五伯
之世如冬。如春溫如也。如夏燠如也。如秋凄如也。如冬洌

如也
皇帝王伯春夏秋冬其時如此溫燠淒冽其變如此
春夏秋冬者昊天之時也易書詩春秋者聖人之經也天
時不差則歲功成矣聖經不忒則君德成矣
天時聖經其道一也歲功君德由此而成也
天有常時聖有常經行之正則正矣行之邪則邪矣邪正
之間有道在焉行之正則謂之正道行之邪則謂之邪道
邪正由人乎由天乎
君子則正小人則邪邪正在人而所以使邪正之得行
則在天故曰由人乎由天乎君子小人正道邪道猶天

之有消息盈虛消息盈虛莫非天也雖曰天亦由乎人
也故聖人獨責於人盡人事而後可以言天也苟一切
歸之於天則人事廢矣是猶未嘗播種耕耘而罪歲者
也
天由道而生地由道而成物由道而形人由道而行天地
人物則異也其于由道一也
嘗謂萬物莫不由之之謂道天地人物皆由乎道者也
夫道也者道也道無形行之則見于事矣如道路之道坦
然使千億萬年行之人知其歸者也
道無形跡故名之曰道以謂如道路之道名之曰道則

已在乎形跡之間矣。然則道果何在乎。易曰一陰一陽
之謂道。孟子曰萬物莫不由之之謂道。又曰道若大路
然。使天下之人由此而求之也。聖人語道止可至此。存
學者潛心焉。旣由乎道則知所歸矣
或曰。君子道長則小人道消。君子道消則小人道長。長者
是。則消者非也。消者是則長者非也。何以知正道邪道之
然乎。吁。賊夫人之論也
有君子之道。有小人之道。君子小人之進退。猶陰陽之
消長也。一陰一陽。一消一長。天之道也。然聖人未嘗不
助陽而抑陰。進君子而退小人。蓋陽之與君子。助而進

之猶不足。陰之與小人。抑而退之猶不能。人事不可以
不盡。人事旣盡其成敗則繫乎天。非人力之所及也。故
治亂。天也。君子不謂之天。有人事存焉故也
不曰。君行君事。臣行臣事。父行父事。子行子事。夫行夫事。
妻行妻事。君子行君子事。小人行小人事。中國行中國事。
夷狄行夷狄事。謂之正道。君行臣事。臣行君事。父行子事。
子行父事。夫行妻事。妻行夫事。君子行小人事。小人行君
子事。中國行夷狄事。夷狄行中國事。謂之邪道
君行君事。臣行臣事。父行父事。子行子事。夫行夫事。妻
行妻事。君子行君子事。小人行小人事。中國行中國事。

夷狄行夷狄事則上下各得其所而天下治矣故謂之
正道反此則亂矣故謂之邪道
至于三代之世治未有不治人倫之爲道也三代之世亂
未有不亂人倫之爲道也後世之慕三代之治世者未有
不正人倫者也後世之慕三代之亂世者未有不亂人倫
者也
所以謂之人倫者尊卑上下於得其理而已得其理則
治失其理則亂治則興亂則亡自古皆然也嗚呼人倫
不明而欲治天下其可得乎是以堯以是傳之舜舜以是傳
之禹三代之聖君莫不由此以治天下孔孟莫不以此

垂教於萬世楊氏爲我是無君也墨氏兼愛是無父也
無父無君是禽獸也爲我兼愛豈不美哉其弊則至於
無父無君爲天下之害也大矣
自三代而下漢唐爲盛未始不由治而興亂而亡況其不
盛于漢唐者乎
三代之盛王皆由明人倫而興其後世皆由廢人倫而
亡漢唐不逮三代之盛其興也亦莫不由此而興其亡
也亦莫不由此而亡如唐之太宗人倫已不甚明矣故
其後世數致禍亂嗚呼有天下者人之大倫其可廢乎
捨是則與禽獸夷狄奚擇夷狄之相殘禽獸之相食以

兼人倫故也
其興也又未始不由君道盛父道盛夫道盛君子之道盛
中國之道盛其亡也又未始不由臣道盛子道盛妻道盛
小人之道盛夷狄之道盛
臣不尊君子不順父妻不從夫夷狄之凌中國小人之
勝君子皆亂之道也
噫二道對行何故治世少而亂世多君子少而小人多
邪曰豈不知陽一而陰二乎
亂世多而治世少小人多而君子少由天之陰陽陽數
奇而陰數耦陰常多於陽而陽常少於陰故君子之進

也常難而退也常易小人之進也常易而退也常難理
如是也
天地尚由是道而生況其人與物乎人者物之至靈者也
物之靈未若人之靈尚由是道而生又況人靈于物者乎
是知人亦物也以其至靈故特謂之人也
天地人物皆由道而生人靈於物者也靈於物故能宰
萬物

觀物內篇之十

日經天之元月經天之會星經天之運辰經天之世以日
經日則元之元可知之矣以日經月則元之會可知之矣

以日經星則元之運可知之矣。以日經辰則元之世可知之矣。以月經日則會之元可知之矣。以月經月則會之會可知之矣。以月經星則會之運可知之矣。以月經辰則會之世可知之矣。以星經日則運之元可知之矣。以星經月則運之會可知之矣。以星經星則運之運可知之矣。以星經辰則運之世可知之矣。以辰經日則世之元可知之矣。以辰經月則世之會可知之矣。以辰經星則世之運可知之矣。以辰經辰則世之世可知之矣。

皇極經世則日月星辰元會運世以相經而皆有數存焉

元之元一。元之會十二。元之運三百六十。元之世四千三百二十。會之元十二。會之會一百四十四。會之運四千三百二十。會之世五萬一千八百四十。演運之元三百六十。運之會四千三百二十。運之運一十二萬九千六百。運之世一百五十五萬五千二百。世之元四千三百二十。世之會五萬一千八百四十。世之運一百五十五萬五千二百。世之世一千八百六十六萬二千四百

以日經日爲元之元其數一。日之數一故也。以日經月爲元之會其數十二。月之數十二故也。以日經星爲元之運其數三百六十。星之數三百六十故也。以日經辰

爲元之世。其數四千三百二十。辰之數四千三百二十
故也。則是日爲元。月爲會。星爲運。辰爲世。此皇極經世
一元之數也。一元象一年。十二會象十二月。三百六十
運象三百六十日。四千三百二十世象四千三百二十
時也。蓋一年有十二月。三百六十日。四千三百二十時
故也。經世一元十二會。三百六十運。四千三百二十世。
一世三十年。是爲一十二萬九千六百年。是爲皇極經
世一元之數。一元在大化之間。猶一年也。自元之元更
相變而至于辰之元。自元之辰更相變而至于辰之辰
而後數窮矣。窮則變。變則生生而不窮也。皇極經世但

著一元之數。使人引而伸之。可至于終而復始也。其法
皆以十二三十相乘。十二三十。日月之數也。其數見于
前。此不復詳。其消息盈虧之說不著于書。使人求而得
之。蓋藏諸用也。此易所謂天地之數也
元之元。以春行春之時也。元之會。以春行夏之時也。元之
運。以春行秋之時也。元之世。以春行冬之時也。會之元。以
夏行春之時也。會之會。以夏行夏之時也。會之運。以夏行
秋之時也。會之世。以夏行冬之時也。運之元。以秋行春之
時也。運之會。以秋行夏之時也。運之運。以秋行秋之時也。
運之世。以秋行冬之時也。世之元。以冬行春之時也。世之

會以冬行夏之時也世之運以冬行秋之時也世之世以
冬行冬之時也

春夏秋冬一歲之運其變如此在大運亦然不過乎陰
陽消長而已

皇之皇以道行道之事也皇之帝以道行德之事也皇之
王以道行功之事也皇之伯以道行力之事也帝之皇以
德行道之事也帝之帝以德行德之事也帝之王以德行
功之事也帝之伯以德行力之事也王之皇以功行道之
事也王之帝以功行德之事也王之王以功行功之事也
王之伯以功行力之事也伯之皇以力行道之事也伯之

帝以力行德之事也伯之王以力行功之事也伯之伯以
力行力之事也

皇帝王伯一世之事其道如此在萬世亦然不過乎因
革而已

時有消長事有因革非聖人無以盡之所以仲尼曰可與
共學未可與適道可與適道未可與立可與立未可與權
是知千萬世之時千萬世之經豈可畫地而輕言哉

時有消長事有因革消長之有變因革之有權千萬世
之時千萬世之事非變非權其孰能盡之能盡權變者
其惟聖人乎賢人則猶有所未盡也小人而曰權變則

詳而已矣

三皇春也五帝夏也三王秋也五伯冬也七國冬之餘冽也漢王而不足晉伯而有餘三國伯之雄者也十六國伯之叢者也南五代伯之借乘也北五朝伯之傳舍也隋晉之子也唐漢之弟也隋季諸郡之伯江漢之餘波也唐季諸鎭之伯日月之餘光也後五代之伯日未出之星也

三皇不言而化故於時爲春五帝典章備矣故於時爲夏三王法度成矣故於時爲秋五伯刑殺尚矣故於時爲冬得時之正者皇帝王伯而已漢雜乎伯故王而不足晉劣於漢故伯而有餘三國伯之盛强者也自十六國至于南北朝皆不足乎伯者也隋方之於晉猶父子也唐方之於漢猶兄弟也皆不足于王而雜乎伯者也隋季諸郡唐季諸鎭及乎五季皆不足道也故曰江漢之餘波日月之餘光日未出之星也

自帝堯至于今上下三千餘年前後百有餘世書傳可明紀者四海之內九州之間或合或離或治或隳或强或羸或唱或隨未始有兼世而能一其風俗者吁古者謂三十年爲一世豈徒然哉俟化之必洽敎之必浹民之情始可以一變矣苟有命世之人繼世而興焉則雖民如夷狄三變而帝道可擧惜乎時無百年之世世無百年之人比其

有代。則賢之與不肖何止于相半也。時之難不其然乎。人
之難不其然乎
上論歷代之治亂。此又論治世少亂世多。蓋自堯舜以來。
一治一亂興廢之間。不過一二世。而其風已衰矣。自極
亂而至極治。俟化之必洽。教之必浹。天下始一變矣。古
者謂三十年爲一世。不獨天時之變如此。在人事一變。
亦非三十年則不可。苟有命世之人。繼世而興。雖民如
夷狄。三變而帝道可舉。三變則百年矣。故必百年而後
功成治定也。然時無百年之世。世無百年之人。比其有
代。子孫又未必皆賢。而不克嗣述者多矣。時之難如此。

人之難又如此。則治世所以少而亂世所以多也

觀物內篇之十一

太陽之體數十。太陰之體數十二。少陽之體數十。少陰之
體數十二。少剛之體數十。少柔之體數十二。太剛之體數
十。太柔之體數十二。進太陽少陽太剛少剛之體數。退太
陰少陰太柔少柔之體數。是謂太陽少陽太剛少剛之用
數。進太陰少陰太柔少柔之體數。退太陽少陽太剛少剛
之體數。是謂太陰少陰太柔少柔之用數。太陽少陽太剛
少剛之體數一百六十。太陰少陰太柔少柔之體數一百
九十二。太陽少陽太剛少剛之用數一百一十二。太陰少

陰太柔少柔之用數一百五十二。以太陽少陽太剛少剛
之用數唱太陰少陰太柔少柔之用數。是謂日月星辰之
變數。以太陰少陰太柔少柔之用數和太陽少陽太剛少
剛之用數。是謂水火土石之化數。日月星辰之變數一萬
七千二十四。謂之動數。水火土石之化數一萬七千二十
四。謂之植數。再唱和日月星辰水火土石之變化通數二
萬八千九百八十一萬六千五百七十六。謂之動植通數
日爲太陽其數十。月爲太陰其數十二。星爲少陽其數
十。辰爲少陰其數十二。石爲少剛其數十。土爲少柔其
數十二。火爲太剛其數十。水爲太柔其數十二。太陽少

陽太剛少剛之本數四十。太陰少陰太柔少柔之本數
四十有八。以四因四十得一百六十。以四因四十八。得
一百九十二。是謂太陽少陽太陰少陰太剛少剛太柔
少柔之體數。一百六十數之內退四十八。得一百一十
二。一百九十二數內退四十。得一百五十二。是謂太陽
少陽太陰少陰太剛少剛太柔少柔之用數也。陰陽剛
柔互相進退。去其體數而所存者謂之用數。陰陽剛柔
所以相進退者陽中有陰陰中有陽剛中有柔柔中有
剛。天地交際之道也。以一百一十二因一百五十二。得
一萬七千二十四。謂之水火土石之化數。以一百五十

二因一百一十二得一萬七千二十四謂之日月星辰
之變數變數謂之動數化數謂之植數以一萬七千二
十四因一萬七千二十四得二萬八千九百八十一萬
六千五百七十六是謂動植之通數此易所謂萬物之
數也或曰經世之數與大衍之數不同何也曰易用九
六經世用十二用十二用極數也十去其一則九
矣十二分而爲二則六矣故日陽也止于十月陰也止
于十二此之謂極數大衍經世皆本於四四者四象之
數也故大衍四四因九得三十六是爲乾一爻之策數
四因六得二十四是爲坤一爻之策數六因三十六得

二百一十有六是爲乾一卦之策數六因二十四得百
四十有四是爲坤一卦之策數乾坤之策凡三百六十
也三十二因二百一十六得六千九百一十有二是爲
三十二陽卦之策數三十二因百四十有四得四千六
百有八是爲三十二陰卦之策數合二篇之策凡萬有
一千五百二十也如太玄之數則用三數聖賢立法不
同其所以爲數則一也

日月星辰者變乎暑寒晝夜者也水火土石者化乎雨風
露雷者也暑寒晝夜者變乎性情形體者也雨風露雷者
化乎走飛草木者也暑變飛走草木之性寒變飛走草

之情。晝變飛走木草之形。夜變飛走木草之體。雨化性情形體之走。風化性情形體之飛。露化性情形體之草。雷化性情形體之木

有日月星辰則有暑寒晝夜。蓋日爲暑。月爲寒。星爲晝辰爲夜也。有水火土石則有雨風露雷。蓋水爲雨。火爲風。土爲露。石爲雷也。有暑寒晝夜則有性情形體。蓋暑變物之性。寒變物之情。晝變物之形。夜變物之體也。有雨風露雷則有飛走木草。蓋雨化物之走。風化物之飛。露化物之草。雷化物之木也。暑寒晝夜雨風露雷又相交感而變化焉。此萬物之所以生也

性情形體者。本乎天者也。飛走木草者。本乎地者也。本乎天者。分陰分陽之謂也。本乎地者。分柔分剛之謂也。夫分陰分陽分柔分剛者。天地萬物之謂也。備天地萬物者。人之謂也

天地陰陽萬物由之以生。人備天地萬物而靈于萬物者也

## 觀物內篇之十二

有日日之物者也。有日月之物者也。有日星之物者也。有日辰之物者也。有月日之物者也。有月月之物者也。有月星之物者也。有月辰之物者也。有星日之物者也。有星月

之物者也。有星星之物者也。有星辰之物者也。有辰日之
物者也。有辰月之物者也。有辰星之物者也。有辰辰之物
者也。

日日之物太陽之太陽者也。日月之物太陽之太陰者
也。日星之物太陽之少陽者也。日辰之物太陽之少陰
者也。月日之物太陰之太陽者也。月月之物太陰之太
陰者也。月星之物太陰之少陽者也。月辰之物太陰之
少陰者也。星日之物少陽之太陽者也。星月之物少陽
之太陰者也。星星之物少陽之少陽者也。星辰之物少
陽之少陰者也。辰日之物少陰之太陽者也。辰月之物

少陰之太陰者也。辰星之物少陰之少陽者也。辰辰之
物少陰之少陰者也。物之感化如此

日日物者飛飛也。日月物者飛走也。日星物者飛木也。日
辰物者飛草也。月日物者走飛也。月月物者走走也。月星
物者走木也。月辰物者走草也。星日物者木飛也。星月物
者木走也。星星物者木木也。星辰物者木草也。辰日物者
草飛也。辰月物者草走也。辰星物者草木也。辰辰物者草
草也。

飛飛者飛之捷者也。飛走者飛而走者也。飛木者飛而
類乎木者也。飛草者飛而類乎草者也。走飛者走而飛

者也。走走者走而走者也。走木者走而類乎木者也。走
草者走而類乎草者也。木飛者木之類乎飛者也。木走
者木之類乎走者也。木木者木之木者也。木草者木之類
乎草者也。草飛者草之類乎飛者也。草走者草之類乎
走者也。草木者草之類乎木者也。草草者草之草者也。
物之氣類如此
有皇皇之民者也。有皇帝之民者也。有皇王之民者也。有
皇伯之民者也。有帝皇之民者也。有帝帝之民者也。有帝
王之民者也。有帝伯之民者也。有王皇之民者也。有王帝
之民者也。有王王之民者也。有王伯之民者也。有伯皇之
民者也。有伯帝之民者也。有伯王之民者也。有伯伯之民
者也
無爲之謂皇。尚德之謂帝。尚功之謂王。尚力之謂伯。皇
皇之民者皇之皇者也。皇帝之民者皇之帝者也。皇王
之民者皇之王者也。皇伯之民者皇之伯者也。帝皇之
民者帝之皇者也。帝帝之民者帝之帝者也。帝王之民
者帝之王者也。帝伯之民者帝之伯者也。王皇之民者
王之皇者也。王帝之民者王之帝者也。王王之民者王
之王者也。王伯之民者王之伯者也。伯皇之民者伯之
皇者也。伯帝之民者伯之帝者也。伯王之民者伯之王

者也。伯伯之民者。伯之伯者也。均爲皇也。均爲帝也。均
爲王也。均爲伯也。其世數汚隆不同如此

皇皇民者士士也。皇帝民者士農也。皇王民者士工也。皇
伯民者士商也。帝皇民者農士也。帝帝民者農農也。帝王
民者農工也。帝伯民者農商也。王皇民者工士也。王帝民
者工農也。王王民者工工也。王伯民者工商也。伯皇民者
商士也。伯帝民者商農也。伯王民者商工也。伯伯民者商
商也

由道之謂士。務本之謂農。興作之謂工。趨利之謂商。皇
帝王伯世數不同如此。故士農工商民俗之汚隆不同

如此

飛飛物者性性也。飛走物者性情也。飛木物者性形也。飛
草物者性體也。走飛物者情性也。走走物者情情也。走木
物者情形也。走草物者情體也。木飛物者形性也。木走物
者形情也。木木物者形形也。木草物者形體也。草飛物者
體性也。草走物者體情也。草木物者體形也。草草物者體
體也

性情形體有同異。所以物之有氣類也

士士民者仁仁也。士農民者仁禮也。士工民者仁義也。士
商民者仁智也。農士民者禮仁也。農農民者禮禮也。農工

民者禮義也。農商民者禮智也。工士民者義仁也。工農民者義禮也。工工民者義義也。工商民者義智也。商士民者智仁也。商農民者智禮也。商工民者智義也。商商民者智智也

仁義禮智有等差。民俗之所以不同也

飛飛之物一之一。飛走之物一之十。飛木之物一之百。飛草之物一之千。走飛之物十之一。走走之物十之十。走木之物十之百。走草之物十之千。木飛之物百之一。木走之物百之十。木木之物百之百。木草之物百之千。草飛之物千之一。草走之物千之十。草木之物千之百。草草之物千之千

飛飛之物一之一。謂爲一物而兼兆物者也。自此各有等差。以至於草草之物。物之極細者也。故爲千之千。物之巨細如此

士士之民一之一。士農之民一之十。士工之民一之百。士商之民一之千。農士之民十之一。農農之民十之十。農工之民十之百。農商之民十之千。工士之民百之一。工農之民百之十。工工之民百之百。工商之民百之千。商士之民千之一。商農之民千之十。商工之民千之百。商商之民千之千

土土之民一之一。謂爲一人而兼兆人者也。自此各有等差。以至於商商之民。民之極細者也。故爲千之千人之賢愚如此

一一之飛當兆物。一十之飛當億物。一百之飛當萬物。一千之飛當千物。十一之走當億物。十十之走當萬物。十百之走當千物。十千之走當百物。百一之木當萬物。百十之木當千物。百百之木當百物。百千之木當十物。千一之草當千物。千十之草當百物。千百之草當十物。千千之草當一物

此物之所以有巨細也

一一之士當兆民。一十之士當億民。一百之士當萬民。一千之士當千民。十一之農當億民。十十之農當萬民。十百之農當千民。十千之農當百民。百一之工當萬民。百十之工當千民。百百之工當百民。百千之工當十民。千一之商當千民。千十之商當百民。千百之商當十民。千千之商當一民

此人之所以有賢愚也

爲一一之物能當兆物者非巨物而何。爲一一之民能當兆民者非巨民而何。爲千千之物能分一物者非細物而何。爲千千之民能分一民者非細民而何

爲一一之物能當兆物者謂以一物而可以兼兆物。物之至者也。爲一一之民能當兆民者。謂以一民而可以兼兆民。人之至者也。爲千千之物而分一物者。物之細者也。爲千千之民而分一民者。人之細者也

固知物有大小。民有賢愚。移昊天生兆物之德而生兆民。則豈不謂至神者乎。移昊天養兆物之功而養兆民。則豈不謂至聖者乎。吾而今而後知踐跡爲大。非大聖大神之人。豈有不負於天地者矣

物有巨細。民有賢愚。皆由所稟而然。萬物各得天地之一端。萬物之中復有巨細。人能兼萬物而亦有賢愚之異。猶物之有巨細也。聖人則既兼兆物矣。又能兼兆民。非獨兼人兼物也。又能兼天地。能兼天地。故能彌綸天地。能兼兆物。故能曲成萬物。能兼兆民。故能通天下之志。此所以能生兆物養兆民也。人之一身實具天地萬物。唯聖人則能反身而誠踐而履之。如是則不負于天地矣

夫所以謂之觀物者。非以目觀之也。非觀之以目而觀之以心也。非觀之以心而觀之以理也

以目觀物見物之形。以心觀物見物之情。以理觀物。盡物之性

天下之物莫不有理焉。莫不有性焉。莫不有命焉。所以謂之理者窮之而後可知也。所以謂之性者盡之而後可知也。所以謂之命者至之而後可知也。此三知者天下之眞知也。雖聖人無以過之也。而過之者非所以謂之聖人也

窮理盡性以至于命。是謂眞知。聖人亦不過如是而已矣

夫鑑之所以能爲明者謂其能不隱萬物之形也。雖然鑑之能不隱萬物之形未若水之能一萬物之形也。雖然水之能一萬物之形又未若聖人能一萬物之情也。聖人之所以能一萬物之情者謂其聖人之能反觀也

鑑以金爲之。工出人手。鎔冶模範有所不同。則其明之照物有時乎差矣。故不若水之爲明出於自然也。水能照表不能照裏。微風過之。淸明動於上。重濁亂于下。則不得大形之正矣。故不若聖人之明也。聖人之明表裏洞照。幽明必燭。天下之物無出之者。以其能反觀也。能反觀者以萬物皆備於我。自我而觀之也。自我而觀物。則能物物而不物於物。不物於物。故能以物觀物。能以物觀物者能無我故也

所以謂之反觀者不以我觀物也。不以我觀物者以物觀物之謂也。既能以物觀物。又安有我於其間哉

能明乎理則能反觀能反觀則能無我不以我觀物者
能無我故也爲天下之害者莫大乎有我有我則無自
而可矣世之人所以至於以是爲非以非爲是以善爲
惡以惡爲善以治爲亂以亂爲治以君子爲小人以小
人爲君子顚倒錯亂無所不至者皆以我爲之蔽也故
君子之患在蔽於我衆人之患在蔽於物蔽於我蔽於
物君子衆人雖不同其害道一也
是知我亦人也人亦我也我與人皆物也
人之生也同乎天地我之與人人之與物本乎一道故
聖人盡己之性以盡人之性盡人之性以盡物之性親

親而仁民仁民而愛物老吾老以及人之老幼吾幼以
及人之幼其趨利避害好生惡死之心我之與人人之
與物未嘗異也一有我於其間則責於己無所不恕責
於人無所不備施於己無所不厚施於人無所不薄推
是心以往則無所不至是皆聖人之罪人也
此所以能用天下之目爲己之目其目無所不觀矣用天
下之耳爲己之耳其耳無所不聽矣用天下之口爲己之
口其口無所不言矣用天下之心爲己之心其心無所不
謀矣夫天下之觀其于見也不亦廣乎天下之聽其于聞
也不亦遠乎天下之言其于論也不亦高乎天下之謀其

于樂也不亦大乎
聖人能同乎天。能同乎天故能同乎人。能同乎人。故能
用天下之目爲己之目。天下之耳爲己之耳。天下之口
爲己之口。天下之心爲己之心。孟子曰。大舜善與人同。
所以能明四目達四聰。蓋由斯道也
夫其見至廣。其聞至遠。其論至高。其樂至大。能爲至廣至
遠至高至大之事而中無一爲焉。豈不謂至神至聖者乎。
非唯吾謂之至神至聖者乎。而天下謂之至神至聖者乎。
非唯一時之天下謂之至神至聖者乎。而千萬世之天下
謂之至神至聖者乎。過此以往。未之或知也已

此篇明觀物之大旨。所以謂之觀物者。天地亦物也。而
況於己乎。己亦物矣。而況於人乎。人亦物矣。而況於物
乎。夫天地人物至于一。己皆同乎物矣。然後能觀物。觀
物之旨。不亦深乎。天地之大。有生之類。皆物也。物皆有
理。自非有道者。其孰能觀之哉。所以謂之觀物者。非以
目觀之。而觀之以心也。非觀之以心。而觀之以理也。以
目觀物者。見於前而忘其後。得於近而遺於遠。烏足以
盡天下之物哉。以心觀物者。有所忿懥則不得其正。有
所恐懼則不得其正。有所好樂則不得其正。有所憂患
則不得其正。烏足以盡天下之物哉。以理觀物。則是

非非善善惡惡無遠無近無前無後無得而逃於吾之
所觀矣無得而逃於吾之所觀則天下之理皆得矣天
下之理皆得所以能窮理盡性以至於命也理者窮之
而後知性者盡之而後知命者至之而後知此三知者
聖人之眞知也知是三者則其於天下之事何所不知
矣夫鑑之能不隱萬物之形不若水之能一萬物之形
水之能一萬物之形不若聖人之能一萬物之情聖人
之能一萬物之情以其能反觀也所以謂之反觀者不
以我觀物也不以我觀物者以物觀物之謂也如是則
以身觀身以家觀家以國觀國以天下觀天下亦從而

可知矣且我亦人也則烏有所謂我哉我與人皆物也
則烏有所謂物哉無物無人無我矣然後能用天下之
目爲己之目用天下之耳爲己之耳用天下之口爲己
之口用天下之心爲己之心能合天下之耳目心口其
於聞見謀論不亦廣大高遠乎唯其用天下聞見謀論
以爲聞見謀論則夫何爲哉無爲而已矣故曰能爲至
廣至遠至高至大之事而中無一爲焉豈不謂至神至
聖者乎如是則天下之能事畢矣故曰過此以往未之
或知也

性理大全書卷之十

性理大全書卷之十一

皇極經世書五

觀物外篇上

邵伯溫曰康節先君旣捐館門弟子記其平生之言合二卷雖以次筆授不能無小失然足以發明成書者爲多故名之曰觀物外篇○張氏嵲曰先生觀物有內外篇內篇先生所著之書也外篇門弟子所記先生之言也內篇理深而數略外篇數詳而理顯學先天者當自外篇始

天數五地數五合而爲十數之全也天以一而變四地以一而變四四者有體也而其一者無體也是謂有無之極也天之體數四而用者三不用者一也地之體數四而用者三不用者一也是故無體之一以況自然也不用之一以況道也用之者三以況天地人也

體者八變用者六變是以八卦之象不易者四反易者二以六卦變而成八也重卦之象不易者八反易者二十八以三十六變而成六十四也故爻止于六卦盡于八策窮于三十六而重卦極于六十四也卦成于八重于六十四爻成于六策窮于三十六而重于三百八十四也

天有四時一時四月一月四十日四四十六而各去其一是以一時三月一月三十日也四時體數也三月三十日用數也體雖具四而其一常不用也故用者止于三而極于九也體數常偶故有四有十二用數常奇故有三有九

大數不足而小數常盈者何也以其大者不可見而小者
可見也故時止乎四月止乎三而日盈乎十也是以人之
支體有四而指有十也
天見乎南而潛乎北極于六而餘于七是以人知其前昧
其後而略其左右也
天體數四而用三地體數四而用三天剋地地剋天而剋
者在地猶晝之餘分在夜也是以天三而地四天有三辰
地有四行也然地之大且見且隱其餘分之謂耶
天有二正地有二正而共用二變以成八卦也天有四正
地有四正共用二十八變以成六十四卦也是以小成之

卦正者四變者二共六卦也大成之卦正者八變者二十
八共三十六卦也乾坤離坎爲三十六卦之祖也兌震巽
艮爲二十八卦之祖也
乾七子兌六子離五子震四子巽三子坎二子艮一子坤
全陰故無子乾七子坤六子兌五子艮四子離三子坎二
子震一子巽剛故無子
乾坤七變是以晝夜之極不過七分也兌艮六變是以月
止于六共爲十二也離坎五變是以日止于五共爲十也
震巽四變是以體止于四共爲八也
卦之正變共三十六而爻又有二百一十六則用數之策

也三十六去四則三十二也又去四則二十八也又去四則二十四也故卦數三十二位去四而言之也天數二十八位去八而言之也地數二十四位去十二而言之也四者乾坤離坎也八者兼頤孚大小過也十二者兌震泰既濟也

日有八位而用止于七去乾而言之也月有八位用止于六去兌而言之也星有八位用止于五去離而言之也辰有八位用止于四去震而言之也

日有八位而數止于七去泰而言之

月自兌起者月不能及日之數也故十二月常餘十二日也

陽無十故不足于後陰無一故不足于首

乾陽中陽不可變故一年止舉十二月也震陰中陰不可變故一日止十二時不可見也兌陽中陰離陰中陽皆可變故日月之數可分也是陰數以十二起陽數以三十起常存二六也

舉年見月舉月見日舉日見時陽統陰也是天四變含地四變日之變含月與星辰之變也是以一卦含四卦也

日一位月一位星一位辰一位日有四位月有四位星有四位辰有四四位四四有十六位此一變而日月之數窮矣

天有四變地有四變有長也有消也十有六變而天地
之數窮矣
日起於一月起於二星起於三辰起於四引而伸之陽數
常六陰數常一而大小之運窮
三百六十變爲十二萬九千六百十二萬九千六百變爲
一百六十七億九千六百一十六萬一百六十七億九千
六百一十六萬變爲二萬八千二百一十一兆九百九十
萬七千四百五十六億以三百六十爲時以一十二萬九
千六百爲日以一百六十七億九千六百一十六萬爲月
以二萬八千二百一十一兆九百九十萬七千四百五十

六億爲年則大小運之數立矣一萬八千二百一十一兆
九百九十萬七千四百五十六億分而爲十二前六爲長
後六爲消以當一年十二月之數而進退三百六十日矣
一百六十七億九千六百一十六萬分而爲十以當一月
十日之數隨大運之消長而進退六十日矣十二萬九千
六百分而爲十二以當一日十二時之數而進退六日矣
三百六十以當一時之數隨小運之進退以當晝夜之時
也十六變之數去其交數取其用數得一萬八千二百一
十一兆九百九十一萬七千四百五十六億一萬八千二
百一十一兆九百九十一萬七千四百五十六億分而爲

十二限前六限爲長後六限爲消每限得二十億九千九
百六十八萬之一百六十七億九千六百一十六萬每一
百六十七億九千六百一十六萬年開一分進六十日也
六限開六分進三百六十日也猶有餘分之一故開七分
進三百六十六日也其退亦若是矣十二萬九千六百去
其三者交數也取其七者用數也用數三而成于六加餘
分故有七也七之得九萬七百二十年半之得四萬五千
三百六十年以進六日也日有晝夜數有朓朒以成十有
二日也每三千六百年進一日凡四萬三千二百年進十
有二日也餘二千一百六十年以進餘分之六合交數之

二千一百六十年共進十有二分以爲閏也故小運之變
凡六十而成三百六十有六日也
乾爲一乾之五爻分而爲大有以當三百六十之數也乾
之四爻分而爲小畜以當十二萬九千六百之數也乾之
三爻分而爲履以當一百六十七億九千六百一十六萬
之數也乾之二爻分而爲同人以當二萬八千二百一十
一兆九百九十萬七千四百五十六億之數也乾之初爻
分而爲姤以當七秭九千五百八十六萬六千一百一十
垓九千九百四十六萬四千八京八千四百三十九萬一
千九百三十六兆之數也是謂分數也分大爲小皆自上

而下故以陽數當之如一分爲十二。十二分爲三百六十也
天統乎體故八變而終于十六。地分乎用。故六變而終于
十二。天起於一。而終于七秭九千五百八十六萬六千一
百一十垓九千九百四十六萬四千八京八千四百三十
九萬一千九百三十六兆。地起於十二。而終于二百四秭
六千九百八十萬七千三百八十一垓五千四百九十一
萬八千四百九十九兆七百二十萬億也
一生二爲夬。當十二之數也。二生四爲大壯。當四千三百
二十之數也。四生八爲泰。當五億五千九百八十七萬二
千之數也。八生十六爲臨。當九百四十四兆三千六百九

十九萬六千九百一十五億二千萬之數也。十六生三十
二爲復。當二千六百五十二萬八千八百七十垓三千六
百六十四萬八千八百京二千九百四十七萬九千七百
三十一兆二千萬億之數也。三十二生六十四爲坤。當無
極之數也。是謂長數也。長小爲大。皆自下而上。故以陰數
當之
有地然後有二。有二然後有晝夜。二三以變錯綜而成。故
易以二而生。數以十二而變。而一非數也。非數而數以之
成也。天行不急。未嘗有晝夜。人居地上以爲晝夜。故以地
上之數爲人之用也

天自臨以上地自師以上運數也。天自同人以下地自剝以下年數也。運數則在天者也，年數則在地者也。天自賁以上地自艮以上用數也。天自明夷以下地自否以下交數也。天自震以上地自晉以上有數也。天自益以下地自豫以下無數也

天之有數起乾而止震，餘入于無者，天辰不見也。地去一而起十二者，地火常潛也。故天以體爲基而常隱其基，地以用爲本而常藏其用也。一時止于三月，一月止于三十日，皆去其辰數也。是以八八之卦六十四而不變者八，可變者七七八五十六，其義亦由此矣

陽爻晝數也，陰爻夜數也。天地相銜，陰陽相交，故晝夜相離，剛柔相錯。春夏陽也，故晝數多夜數少。秋冬陰也，故晝數少夜數多

體數之策三百八十四，去乾坤離坎之策爲用數三百六十。體數之用二百七十，去乾與離坎之策爲用數之用二百五十二也。體數之用二百七十，其一百五十六爲陽，一百一十四爲陰。去離之策得一百五十二，陽一百一十二，陰爲實用之數也。蓋陽去離而用乾，陰去坤而用坎也。是以天之陽策一百一十二，去其陰也。地之陰策一百一十二，陽策四十，去其南北之陽也。極南大暑，極北大寒，物不

能生是以去之也其四十爲天之餘分也陽侵陰晝侵夜
是以在地也合之爲一百五十二陽一百一十二陰也陽
去乾之策陰去坎之策得一百四十四陽一百八陰爲用
數之用也陽三十六三之爲一百八陰三十六三之爲一
百八三陽三陰陰陽各半也陽有餘分之一爲三十六合
之爲一百四十四陽一百八陰也故體數之用二百七十
而實用者二百六十四用數之用二百五十二也卦有六
十四而用止于三十六爻有三百八十四而用止于二百
一十有六也六十四分而爲二百五十六是以一卦去其
初上之爻亦二百五十六也此生物之數也故離坎爲生

物之主以離四陽坎四陰故生物者必四也陽一百一十
二陰一百一十二去其離坎之爻則二百一十六也陰陽
之四十共爲二百五十六也是以八卦用六爻乾坤主之
也六爻用四位離坎主之也故天之昬曉不生物而日中
生物地之南北不生物而中央生物也體數何爲者也生
物者也用數何爲者也運行者也運行者天也生物者地
也天以獨運故以用數自相乘而以用數之用爲生物之
時也地耦而生故以體數之用陽乘陰爲生物之數也天
數三故六六而又六之是以乾之策二百一十六地數兩
故十二而十二之是以坤之策百四十有四也乾用九故

三其八爲二十四而九之亦二百一十有六兩其八爲十
六而九之亦百四十有四也坤用六故三其十二爲三十
六而六之亦二百一十有六也兩其十二爲二十四而六
之亦百四十有四也坤以十二之二十四六之六之一與
半爲乾之餘分則乾得一百五十二坤得一百八也
陽四卦十二爻八陽四陰以三十六乘其陽以二十四乘
其陰則三百八十四也
卦之反對皆六陽六陰也在易則六陽六陰者十有二對
也去四正者八陽四陰八陰四陽者各六對也十陽二陰
十陰二陽者各三對也

體有三百八十四而用止于三百六十何也以乾坤坎離
之不用也乾坤離坎之不用何也乾坤離坎之不用所以
成三百六十之用也故萬物變易而四者不變也夫惟不
變是以能變也用止于三百六十而有三百六十六何也
數之贏也數之贏則何用也乾之全用也乾坤不用則離
坎用半也乾全用者何也陽主贏也乾坤不用者何也獨
陽不生專陰不成也離坎用半何也離東坎西當陰陽之
半爲春秋晝夜之門也或用乾或用離坎何也主陽而言
之故用乾也主贏分而言之則陽侵陰晝侵夜故用離坎
也陽主贏故乾全用也陰主虛故坤全不用也陽侵陰陰

侵陽故離坎用半也是以天之南全見而北全不見東西各半見也離坎陰陽之限也故離當寅坎當申而數常踰之者蓋陰陽之溢也然用數不過乎寅交數不過乎申(或離當卯坎當酉)乾四十八而四分之一分爲陰所尅坤四十八而四分之一分爲所尅之陽也故乾得三十六而坤得十二也陽主進是以進之爲三百六十日陰主消是以十二月消十二日也順數之乾一兌二離三震四巽五坎六艮七坤八逆數之震一離兌二乾三巽四坎艮五坤六也乾四十八兌三十離二十四震十坤十二艮二十坎三十六巽四十乾三十六坤十二離兌巽二十八坎艮震二十(兌離巽宜)

更思之

圓數有一方數有二奇耦之義也六即一也十二即二也天圓而地方圓之數起一而積六方之數起一而積八變之則起四而積十二也六者常以六變八者常以八變而十二者亦以八變自然之道也八者天地之體也六者天之用也十二者地之用也天變方爲圓而常存其一地分一爲四而常執其方天變其體而不變其用也地變其用而不變其體也六者幷其一而爲七十二者幷其四而爲十六也陽主進故天幷其一而爲七陰主退故地去其四而止於十二也是陽常存一而陰常晦一也故天地之體

爲本。三爲用。十二以三爲本。九爲用。十六以四爲本。十二
爲用 更思之

陽尊而神。尊故役物。神故藏用。是以道生天地萬物而不
自見也。天地萬物亦取法乎道矣

陽者道之用。陰者道之體。陽用陰。陰用陽。以陽爲用則尊
陰。以陰爲用則尊陽也。陰幾於道故以況道也

六變而三十六矣。八變而成六十四矣。十二變而成三百
八十四矣。六六而變之八八六十四。變而成三百八十四
矣。八八而變之七七四十九。變而成三百八十四矣

圓者六變六六而進之故六十變而三百六十矣。方者八
變。故八八而成六十四矣。陽主進。是以進之爲六十也

圓者星也。曆紀之數其肇於此乎。方者土也。畫州井地之
法其倣於此乎。蓋圓者河圖之數。方者洛書之文。故羲文
因之而造易。禹箕敍之而作範也

蓍數不以六而以七。何也。并其餘分也。去其餘分則六。故
策數三十六也。是以五十者六十四卦閏歲之策也。其用
四十有九。六十四卦一歲之策也。歸奇掛一。猶一歲之閏
也。卦直去四者何也。天變而地效之。是以蓍去一則卦去
四也

圓者徑一圍三。重之則六。方者徑一圍四。重之則八也

裁方而爲圓天之所以運行。分大而爲小地之所以生化。
故天用六變地用四變也
一八爲九。裁爲七。八裁爲六。十六裁爲十二。二十四裁爲
十八。三十二裁爲二十四。四十裁爲三十。四十八裁爲三
十六。五十六裁爲四十二。六十四裁爲四十八也。一分爲
四。八分爲三十二。十六分爲六十四。以至九十六分爲三
百八十四也
一生六。六生十二。十二生十八。十八生二十四。二十四生
三十。三十生三十六。引而伸之。六十變而生三百六十矣。
此運行之數也。四生十二。十二生二十。二十生二十八。二

十八生三十六。此生物之數也。故乾之陽策三十六。兌離
巽之陽策二十八。震坎艮之陽策二十。坤之陽策十二
也
圓者一變則生六。去一則五也。二變則生十二。去二則十
也。三變則生十八。去三則十五也。四變則二十四。去四則
二十也。五變則三十。去五則二十五也。六變則三十六。去
六則三十也。是以存之則六六。去之則五五也。五則四而
存一也。四則三而存一也。二則一而存一也。故一生二。去
一則一也。二生三。去一則二也。三生四。去一則三也。四生
五。去一則四也。是故二以一爲本。三以一爲本。四以三爲

本。五以四爲本。六以五爲本也。更思之方者一變而爲四。四生八。并四而爲十二。八生十二。并八而爲二十。十二生十六。并十二而爲二十八。十六生二十。并十六而爲三十六也。一生三。并而爲四也。十二生二十。并而爲三十二也。二十八生三十六。并而爲六十四也。更思之

易之大衍何數也。聖人之倚數也。天數二十五。合之爲五十。地數三十。合之爲六十。故曰五位相得而各有合也。五十者蓍之數也。六十者卦數也。五者蓍之小衍也。故五十爲大衍也。八者卦之小成。則六十四爲大成也。蓍德圓。以況天之數。故七七四十九也。五十者存一而言之也。卦德方。以況地之數。故八八六十四也。六十者去四而言之也。蓍者用數也。卦者體數也。用以體爲基。故存一也。體以用爲本。故去四也。圓者本一。方者本四。故蓍存一而卦去四也。蓍之用數七。并其餘分。亦存一之義也。掛其一。亦去一之義也。蓍之用數掛一以象三。其餘四十八。則一卦之策也。四其十二爲四十八也。十二去三而用九。四三十二。所去之策也。四九三十六。所用之策也。以當乾之三十六陽爻也。十二去五而用七。四五二十。所去之策也。四七二十八。所用之策也。以當兌離之二十八陽爻也。十二去六而用六。四六二十四。所去之策也。四六二十四。所用之策也。

以當坤之半二十四陰爻也。十二去四而用八。四四十六
所去之策也。四八三十二，所用之策也。以當艮坎之二十
四爻并上卦之八陰爲三十二爻也。是故七九爲陽，六八
爲陰也。九者陽之極數。六者陰之極數。數極則反，故爲卦
之變也。震巽無策者，以當不用之數。天以剛爲德，故柔者
不見。地以柔爲體，故剛者不生。是震巽不用也。或先艮離後兌離
乾用九，故其策九也。四之者，以應四時。一時九十日也。坤
用六，故其策亦六也

奇數四，有一有二有三有四也。策數四，有六有七有八有
九。合而爲八數，以應方數之八變也。歸奇合扐之數有六

謂五與四四也。九與八八也。五與四八也。九與四八也。五
與八八也。九與四四也。以應圓數之六變也
奇數極於四而五不用。策數極於九而十不用。亡則一也
十則一也。故去五十而用四十九也。奇不用五，策不用十。
有無之極也。以況自然之數也
卦有六十四而用止六十者何也。六十卦者三百六十爻
也。故甲子止于六十也。六甲而天道窮矣。是以策數應之。
三十六與二十四合之則六十也。三十二與二十八合之
亦六十也
乾四十八，坤十二，震二十，巽四十，離兌三十二，坎艮二十

八合之爲六十。蓍之數全。故陽策三十六。與二十八合之
爲六十四也。卦數去其四。故陰策二十四。與三十二合之
爲五十六也

九進之爲三十六。皆陽數也。故爲陽中之陽。七進之爲二
十八。先陽而後陰也。故爲陽中之陰。六進之爲二十四。皆
陰數也。故爲陰中之陰。八進之爲三十二。先陰而後陽也。
故爲陰中之陽。蓍四進之則百。卦四進之則百二十。百則
十也。百二十則十二也

歸奇合扐之數。得五與四四。則策數四九也。得九與八八。
則策數四六也。得五與八八。得九與四八。則策數皆四七

也。得九與四四。得五與四八。則策數皆四八也。爲九者一
變以應乾也。爲六者一變以應坤也。爲七者二變以應兌
與離也。爲八者二變以應艮與坎也。五與四四去掛一之
數則四八三十二也。九與八八去掛一之數則四六二十
四也。五與八八。九與四八去掛一之數則四五二十也。九
與四四。五與四八去掛一之數則四四十六也。故去其三
四五六之數以成九八七六之策也

天一地二。天三地四。天五地六。天七地八。天九地十。參伍
以變錯綜其數也。如天地之相銜晝夜之相交也。一者數
之始而非數也。故二二爲四。三三爲九。四四爲十六。五五

爲二十五。六六爲三十六。七七爲四十九。八八爲六十四。九九爲八十一。而一不可變也。百則十也。十則一也。亦不可變也。是故數去其一而極于九。皆用其變者也。五五二十五。天數也。六六三十六。乾之策數也。七七四十九。大衍之用數也。八八六十四。卦數也。九九八十一。玄範之數也

大衍之數。其筭法之源乎。是以筭數之起。不過乎方圓曲直也

陰無一。陽無十。

乘數生數也。除數消數也。筭法雖多。不出乎此矣

陽得陰而生。陰得陽而成。故蓍數四而九。卦數四而十也。猶幹支之相錯。幹以六終。而支以五終也

三四十二也。二六亦十二也。二其十二。二十四也。三八亦二十四也。四六亦二十四也。三其十二。三十六也。四九亦三十六也。六六亦三十六也。四其十二。四十八也。三其十六亦四十八也。六八亦四十八也。五其十二。六十也。三其二十亦六十也。六其十亦六十也。皆自然之相符也。此蓋陰數分其陽數耳。是以相因也。如月初一全作十二也。二十四氣七十二候之數。亦可因以明之四九三十六也。六六三十六也。陽六而又兼陰六之半。是以九也。故以數言之。陰陽各三也。以三爻言之。天地人各

三也陰陽之中各有天地人天地人之中各有陰陽故參
天兩地而倚數也
太極既分兩儀立矣陽下交於陰陰上交於陽四象生矣
陽交於陰陰交於陽而生天之四象剛交於柔柔交於剛
而生地之四象於是八卦成矣八卦相錯然後萬物生焉
是故一分爲二二分爲四四分爲八八分爲十六十六分
爲三十二三十二分爲六十四故曰分陰分陽迭用柔剛
易六位而成章也十分爲百百分爲千千分爲萬猶根之
有幹幹之有枝枝之有葉愈大則愈小愈細則愈繁合之
斯爲一衍之斯爲萬是故乾以分之坤以翕之震以長之

巽以消之長則分分則消消則分也
乾坤定位也震巽一交也兌離坎艮再交也故震陽少而
陰尚多也巽陰少而陽尚多也兌離陽浸多也坎艮陰浸
多也是以辰與火不見也
一氣分而爲陰陽判得陽之多者爲天判得陰之多者爲
地是故陰陽半而形質具焉陰陽偏而性情分焉形質又
分則多陽者爲剛也多陰者爲柔也性情又分則多陽者
陽之極也多陰者陰之極也
兌離巽得陽之多者也艮坎震得陰之多者也是以爲天
地用也乾陽極坤陰極是以不用也

乾四分取一以與坤。坤四分取一以奉乾。乾坤合而生六子。三男皆陽也。三女皆陰也。兌分一陽以與艮。坎分一陰以奉離。震巽以二相易。合而言之。陰陽各半。是以水火相生而相尅。然後既成萬物也

乾坤之名位不可易也。坎離名可易而位不可易也。震巽位可易而名不可易也。兌艮名與位皆可易也。離肖乾。坎肖坤。中孚肖乾。頤肖離。小過肖坤。大過肖坎。是以乾坤離坎中孚頤大過小過皆不可易者也。離在天而當夜。故陽中有陰也。坎在地而當晝。故陰中有陽也。震始交陰而陽生。巽始消陽而陰生。兌陽長也。艮陰長也。震兌在天之陰也。巽艮在地之陽也。故震兌上陰而下陽。巽艮上陽而下陰。天以始生言之。故陰上而陽下。交泰之義也。地以既成言之。故陽上而陰下。尊卑之位也

乾坤定上下之位。離坎列左右之門。天地之所闔闢。日月之所出入。是以春夏秋冬。晦朔弦望。晝夜長短。行度盈縮莫不由乎此矣

無極之前。陰含陽也。有象之後。陽分陰也。陰爲陽之母。陽爲陰之父。故母孕長男而爲復。父生長女而爲姤。是以陽始於復。陰始於姤也

性非體不成。體非性不生。陽以陰爲體。陰以陽爲體。動者

性也靜者體也在天則陽動而陰靜在地則陽靜而陰動
性得體而靜體隨性而動是以陽舒而陰疾也兩之詳
陽不能獨立必得陰而後立故陽以陰為基陰不能自見
必待陽而後見故陰以陽為唱陽知其始而享其成陰效
其法而終其勞

陽能知而陰不能知陽能見而陰不能見也能知能見者
為有故陽性有而陰性無也陽有所不徧而陰無所不徧
也陽有去而陰常居也無不徧而常居者為實故陽體虛
而陰體實也

自下而上謂之升自上而下謂之降升者生也降者消也

故陽生於下而陰生於上是以萬物皆反生陰生陽陽生
陰陰復生陽陽復生陰是以循環而無窮也

天地之本其起於中乎是以乾坤交變而不離乎中人居
天地之中心居人之中日中則盛月中則盈故君子貴中
也

本一氣也生則為陽消則為陰故二者一而已矣六者三
而已矣八者四而已矣是以言天而不言地言君而不言
臣言父而不言子言夫而不言婦也然天得地而萬物生
君得臣而萬化行父得子夫得婦而家道成故有一則有
二有二則有四有三則有六有四則有八

陰陽生而分二儀。二儀交而生四象。四象交而成八卦。八
卦交而生萬物。故二儀生天地之類。四象定天地之體。四
象生八卦之類。八卦定日月之體。八卦生萬物之類。重卦
定萬物之體。類者生之序也。體者象之交也。推類者必本
乎生。觀體者必由乎象。生則未來而逆推。象則既成而順
觀。是故日月一類也。同出而異處也。異處而同象也。推此
以往。物焉逃哉
天變時而地應物。時則陰變而陽應。物則陽變而陰應。故
時可逆知。物必順成。是以陽迎而陰隨。陰逆而陽順。語
其體則天分而爲地。地分而爲萬物。而道不可分也。其終

則萬物歸地。地歸天。天歸道。是以君子貴道也
有變則必有應也。故變于內者應于外。變于外者應于內。
變于下者應于上。變于上者應于下也。天變而日應之。故
變者從天而應者法日也。是以日紀乎星。月會於辰。水生
於土。火潛於石。飛者棲木。走者依草。心肺之相聯。肝膽之
相屬。無他。變應之道也
本乎天者親上。本乎地者親下。故變之與應。常反對也
陽交於陰而生蹄角之類也。剛交於柔而生根核之類也。
陰交於陽而生羽翼之類也。柔交於剛而生枝幹之類也。
天交於地。地交於天。故有羽而走者。足而騰者。草中有木。

木中有草也。各以類而推之，則生物之類不逃數矣。走者
便於下，飛者利於上，從其類也。
陸中之物，水中必具者，猶影象也。陸多走，水多飛者，交也。
是故巨于陸者必細于水，巨于水者必細于陸也。
虎豹之毛猶草也，鷹鸇之羽猶木也。
木者星之子，是以果實象之。
葉陰也，華實陽也。枝葉軟而根幹堅也。
人之骨巨而體繁，木之幹巨而葉繁，應天地之數也。
動者體橫，植者體縱，人宜橫而反縱也。
飛者有翅，走者有趾，人之兩手翅也，兩足趾也。

飛者食木，走者食草，人皆兼之，而又食飛走也，故最貴於
萬物也。
體必交而後生，故陽與剛交而生心肺，陰與柔交而生肝
膽，柔與陰交而生腎膀胱，剛與陽交而生脾胃。心生目，
膽生耳，脾生鼻，腎生口，肺生骨，肝生肉，胃生髓，膀胱生血。
故乾為心，兌為脾，離為膽，震為腎，坤為血，艮為肉，坎為髓，
巽為骨。泰為目，中孚為鼻，既濟為耳，頤為口，大過為肺，未
濟為胃，小過為肝，否為膀胱。
天地有八象，人有十六象，何也？合天地而生人，合父母而
生子，故有十六象也。

心居肺膽居肝何也言性者必歸之天言體者必歸之地
地中有天石中有火是以心膽象之也心膽之倒懸何也
草木者地之本體也人與草木反生是以倒懸也口目橫
而鼻縱何也體必交也故動者宜縱而反橫植者宜橫而
反縱皆交也

天有四時地有四方人有四支是以指節可以觀天掌文
可以察地天地之理具乎指掌矣可不貴之哉

神統於心氣統於腎形統於首形氣交而神主乎其中三
才之道也

人之四肢各有脈也一脈三部一部三候以應天數也

心藏神腎藏精脾藏魂膽藏魄胃受物而化之傳氣於肺
傳血於肝而傳水穀於脬腸矣

天圓而地方天南高而北下是以望之如倚蓋焉地東南
下西北高是以東南多水西北多山也天覆地地載天天
地相函故天上有地地上有天

天渾渾於上而不可測也故觀斗數以占天也斗之所建
天之行也魁建子杓建寅星以寅為晝也斗有七星是以
晝不過乎十分也更詳之

天行所以為晝夜日行所以為寒暑夏淺冬深天地之交
也左旋右行天日之交也

日朔在東夕在西隨天之行也夏在北冬在南隨天之交
也天一周而超一星應日之行也春酉正夏午正秋卯正
冬子正應日之交也

日以遲爲進月以疾爲退日月一會而加半日減半日是
以爲閏餘也日一大運而進六日月一大運而退六日是
以爲閏差也

日行陽度則贏行陰度則縮賓主之道也月去日則明生
而遲近日則魄生而疾君臣之義也陽消則生陰故日下
而月西出也陰盛則敵陽故日望而月東出也天爲父日
爲子故天左旋日右行日爲夫月爲婦故日東出月西生

也

日月相食數之交也日望月則月食月掩日則日食猶水
火之相尅也是以君子用智小人用力

日隨天而轉月隨日而行星隨月而見故星法月月法日
日法天天半明半晦日半贏半縮月半盈半虧星半動半
靜陰陽之義也

天晝夜常見日見於晝月見於夜而半不見星半見於夜
貴賤之等也

月晝可見也故爲陽中之陰星夜可見也故爲陰中之陽
天奇而地耦是以占天文者觀星而已察地理者觀山水

而已。觀星而天體見矣。觀山水而地體見矣。天體容物。地體負物。是故體歸於道也

極南大暑。極北大寒。故南融而北結。萬物之死地也。夏則日隨斗而北。冬則日隨斗而南。故天地交而寒暑和。寒暑和而物乃生也

天以剛爲德。故柔者不見。地以柔爲體。故剛者不生。是以震巽。天之陽也。地陰也。有陽而陰效之。故至陰者辰也。至陽者日也。皆在乎天。而地則水火而已。是以地上皆有質之物。陰伏陽而形質生。陽伏陰而性情生。是以陽生陰。陰生陽。陽尅陰。陰尅陽。陽之不可伏者。不見於地。陰之不可尅者。不見於天。伏陽之少者其體必柔。是以畏陽而爲陽所用。伏陽之多者其體必剛。是以禦陽而爲陰所用。故水火動而隨陽。土石靜而隨陰也一說云陰效陽而能伏。是以辰在天而地之四物皆有所主也

陽生陰。故水先成。陰生陽。故火後成。陰陽相生也。體性相須也。是以陽去則陰竭。陰盡則陽滅

金火相守則流。火木相得則然。從其類也

水遇寒則結。遇火則竭。從其所勝也

陽得陰而爲雨。陰得陽而爲風。剛得柔而爲雲。柔得剛而爲雷。無陰則不能爲雨。無陽則不能爲雷。雨柔也而屬陰。

陰不能獨立。故待陽而後興。陽剛也。陽爲體。體不能自用。必待陽而後發也。

有意必有言。有言必有象。有象必有數。數立則象生。象生則言彰。言彰則意顯。象數則筌蹄也。言意則魚兎也。得魚兎而忘筌蹄可也。舍筌蹄而求魚兎則未見其得也。

天變而人效之。故元亨利貞。易之變也。人行而天應之。故吉凶悔吝。易之應也。以元亨爲變則利貞爲應。以吉凶爲應則悔吝爲變。元則吉。吉則利應之。亨則凶。凶則應之以貞。悔則吉。吝則凶。是以變中有應。應中有變也。變中之應天道也。故元爲變則亨應之。利爲變則應之以貞。應中之變人事也。故變則凶應則吉。變則吝應則悔也。悔者吉之先而吝者凶之本。是以君子從天不從人。元者春也。仁也。春者時之始。仁者德之長。時則未盛而德足以長人。故言德而不言時。亨者夏也。禮也。夏者時之盛。禮者德之文。盛則必衰而文不足救之。故言時而不言德。故曰大哉乾元。而上九有悔也。利者秋也。義也。秋者時之成。義者德之方。萬物方成而獲利。義者不通於利。故言時而不言德也。貞者冬也。智也。冬者時之末。智者德之衰。正則吉。不正則凶。故言德而不言時也。故曰利貞者性情也。

至哉文王之作易也。其得天地之用乎。故乾坤交而爲泰

坎離交而爲既濟也乾生於子坤生於午坎終於寅離終
於申以應天之時也置乾於西北退坤於西南長子用事
而長女代母坎離得位兌艮爲耦以應地之方也王者之
法其盡於是矣

乾坤天地之本坎離天地之用是以易始於乾坤中於坎離
終於既未濟而泰否爲上經之中咸恒爲下經之首皆
言乎其用也

坤統三女於西南乾統三男於東北上經起於三下經終
於四皆交泰之義也故易者用也乾用九坤用六大衍用
四十九而潛龍勿用也大哉用乎吾於此見聖人之心

矣

道生天天生地及其功成而身退故子繼父禪是以乾退
一位也

乾坤交而爲泰變而爲雜卦也

乾坤坎離爲上篇之用兌艮巽震爲下篇之用也頤中孚
大過小過爲二篇之正也

易者一陰一陽之謂也震兌始交者也故當朝夕之位離
坎交之極者也故當子午之位巽艮雖不交而陰陽猶雜
也故當用中之偏位乾坤純陰陽也故當不用之位

乾坤縱而六子橫易之本也震兌橫而六卦縱易之用

也

象起於形數起於質名起於言意起於用天下之數出於理違乎理則入於術世人以數而入術故失於理也

天下之事皆以道致之則休戚不能至矣

天之陽在南而陰在北地之陰在南而陽在北人之陽在上而陰在下既交則陽下而陰上

天以理盡而不可以形盡渾天之術以形盡天可乎

辰數十二日月交會謂之辰辰天之體也天之體無物之氣也

精義入神以致用也不精義則不能入神不能入神則不能致用也

爲治之道必通其變不可以膠柱猶春之時不可行冬之令也

陽數一衍之爲十十干之類是也陰數二衍之爲十二十二支十二月之類是也

元亨利貞之德各包吉凶悔吝之事雖行乎德若違于時亦或凶矣

初與上同然上亢不及初之進也二與五同然二之陰中不及五之陽中也三與四同然三處下卦之上不若四之近君也

天之陽在南故日處之地之剛在北故山處之所以地高
西北天高東南也
天之神棲乎日人之神發乎目人之神寤則棲心寐則棲
腎所以象天也晝夜之道也
雲行雨施電發雷震亦各從其類也
吹噓呼吸可以象風雨露雷言相類也
萬物各有太極兩儀四象八卦之次亦有古今之象
雲有水火土石之異他類亦然
二至相去東西之度凡一百八十南北之度凡六十
冬至之月所行如夏至之日夏至之月所行如冬至之日

四正者乾坤坎離也觀其象無反覆之變所以爲正也
陽在陰中陽逆行陰在陽中陰逆行陽在陽中陰在陰中
則皆順行此眞至之理按圖可見之矣
自然而然不得而更者內象內數也他皆外象外數也
草類之細入乎坤
五行之木萬物之類也五行之金出乎石也故火水土石
不及金木金木生其間也
得天氣者動得地氣者靜
陽之類圓成形則方陰之類方成形則圓
天道之變王道之權也

夫卦各有性有體然皆不離乾坤之門如萬物受性于天
而各爲其性也在人則爲人之性在禽獸則爲禽獸之性
在草木則爲草木之性
天以氣爲主體爲次地以體爲主氣爲次在天在地者亦
如之
氣則養性性則乘氣故氣存則性存性動則氣動也
堯之前先天也堯之後後天也後天乃效法耳
天之象數則可得而推如其神用則不可得而測也
木之支幹土石之所成所以不易葉花水火之所成故變
而易也

自然而然者天也唯聖人能索之效法者人也若時行時
止雖人也亦天
生者性天也成者形地也
日入地中搆精之象也
體四而變六兼神與氣也氣變必六故三百六十也
凡事爲之極幾十之七則可止矣蓋夏至之日止于六十
兼之以晨昏分可辨色矣庶幾乎十之七也
東赤南白西黃北黑此正色也驗之于曉午暮夜之時可
見之矣
圖雖無文先天圖也吾終日言而未嘗離乎是蓋天地萬物之

理盡在其中矣
冬至之子中陰之極春分之卯中陽之中夏至之午中陽
之極秋分之酉中陰之中凡三百六十中分之則一百八
十此二至二分相去之數也
陽中有陰陰中有陽天之道也陽中之陽日也暑之道也
陽中之陰月也以其陽之類故能見于晝陰中之陽星也
所以見于夜陰中之陰辰也天壤也
氣一而已主之者乾也神亦一而已乘氣而變化能出入
于有無死生之間無方而不測者也
干者幹之義陽也支者枝之義陰也干十而支十二是陽

數中有陰陰數中有陽也
不知乾無以知性命之理
時然後言乃應變而言言不在我也
仁配天地謂之人唯仁者真可謂之人矣
生而成成而生易之道也
氣者神之宅也體者氣之宅也
魚者水之族也鳥者風之族也
天六地四天以氣爲質而以神爲神地以質爲質而以氣
爲神唯人兼乎萬物而爲萬物之靈如禽獸之聲以其類
而各能得其一無所不能者人也推之他事亦莫不然唯

人得天地日月交之用。他類則不能也。人之生眞可謂之
貴矣。天地與其貴而不自貴。是悖天地之理。不祥莫大焉。
目口舌也凸而耳鼻竅。竅者受臭嗅氣。物或不能閉之。凸者
視色別味。物則能閉之也。四者雖象于一。而各備其四矣。
燈之明暗之境。日月之象也
月者日之影也。情者性之影也。心性而膽情。性神而情鬼。
水者火之地。火者水之氣。黑者白之地。寒者暑之地
心爲太極。又曰道爲太極
形可分。神不可分
草伏之獸。毛如草之莖。林棲之鳥。羽如林之葉。類使之然

也
陰事太半。蓋陽一而陰二也
冬至之後爲呼。夏至之後爲吸。此天地一歲之呼吸也
木結實而種之。又成是木。而結是實。木非舊木也。此木之
神不二也。此實生生之理也

性理大全書卷之十一

性理大全書卷之十二
皇極經世書六
觀物外篇下
以物喜物以物悲物此發而中節者也
石之花鹽消之類是也水之木珊瑚之類是也
水之物無異乎陸之物各有寒熱之性大較則陸為陽中
之陰而水為陰中之陽
日月星辰共為天水火土石共為地耳目鼻口共為首髓
血骨肉共為身此乃五之數
火生於無水生於有

不我物則能物物
辰至日為生日至辰為用蓋順為生而逆為用也
易有三百八十四爻真天文也
鷹鵰之類食生而雞鳧之類不專食生虎豹之類食生而
猫犬之類食生又食穀以類推之從可知矣
馬牛皆陰類細分之則馬為陽而牛為陰
飛之類喜風而敏於飛上走之類喜土而利於走下
禽蟲之卵果穀之類也穀之類多子蟲之類亦然
蠶蟲之類今歲蛾而子來歲則子而蠶蕪菁之類今歲根而
苗來歲則苗而子

天地之氣運北而南則治南而北則亂亂久則復北而南
矣天道人事皆然推之歷代可見消長之理也
任我則情情則蔽蔽則昏矣因物則性性則神神則明矣
潛天潛地不行而至不爲陰陽所攝者神也
在水者不瞑在風者瞑走之類上睫接下飛之類下睫接
上類使之然也
在水而鱗鬣飛之類也龜獺之類走之類也
夫四象若錯綜而用之日月天之陰陽水火地之陰陽星
辰天之剛柔土石地之剛柔
天之學十之一不可違人之學十之九不可違

陽主舒長陰主慘急日入盈度陰從于陽日入縮度陽從
于陰
飛之走雞鳧之類是也走之飛龍馬之屬是也
先天之學心也後天之學迹也出入有無死生者道也
神無所在無所不在至人與他心通者以其本于一也道
與一神之強名也以神爲神者至言也
身地也本乎靜所以能動者氣血使之然也
天地生萬物聖人生萬民
生生長類天地成功別生分類聖人成能
神者人之主將寐在脾熟寐在腎將寤在肝又言膽正寤在

心

以物觀物性也以我觀物情也性公而明情偏而暗

陽主闢而出陰主翕而入

日在于水則生離則死交與不交之謂也

陰對陽爲二然陽來則生陽去則死天地萬物生死主于

陽則歸之于一也

神無方而性有質

發于性則見于情發于情則見于色以類而應也

天地之大寤在夏人之神則存于心

以天地生萬物則以萬物爲萬物以道生天地則天地亦

萬物也

水之族以陰爲主陽次之陸之類以陽爲主陰次之故水

類出水則死風類入水則死然有出入之類者龜蟹鵝鳧

之類是也

天地之交十之三

一變而二二變而四三變而八卦成矣四變而十有六五

變而三十有二六變而六十四卦備矣

天火無體之火也地火有體之火也

人之貴兼乎萬類自重而得其貴所以能用萬類

凡人之善惡形于言發于行人始得而知之但萌諸心發

于慮鬼神已得而知之矣此君子所以愼獨也
氣變而形化
人之類備乎萬物之性
火無體因物以爲體金石之火烈于草木之火者因物而
然也
氣形盛則魂魄盛氣形衰則魂魄亦從而衰矣魂隨氣而
變魄隨形而止故形在則魄存形化則魄散
人之神則天地之神人之自欺所以欺天地可不愼哉
人之畏鬼亦猶鬼之畏人人積善而陽多鬼益畏之矣積
惡而陰多鬼弗畏之矣大人者與鬼神合其吉凶夫何畏

之有
至理之學非至誠則不至
物理之學或有所不通不可以强通强通則有我有我則
失理而入於術矣
星爲日之餘辰爲月之餘
星之至微如塵沙者隕而爲堆阜
心一而不分則能應萬變此君子所以虛心而不動也
藏者天行也府者地行也天地並行則配爲八卦
聖人利物而無我
明則有日月幽則有鬼神

易有具數三而已參天者三三而九兩地者倍三而六
八卦相錯者相交錯而成六十四也
夫易根于乾坤而生于姤復蓋剛交柔而爲復柔交剛而
爲姤自玆而無窮矣
素問陰符七國時書也
夫聖人之六經渾然無跡如天道焉故春秋錄實事而善惡
形于其中矣
中庸之法自中者天也自外者人也
韻法闢翕者律天淸濁者呂地
韻法先閉後開者春也純開者夏也先開後閉者秋也冬

則閉而無聲
素問密語之類於術之理可謂至也
顯諸仁藏諸用孟子善藏其用乎
寂然不動反本復靜坤之時也感而遂通天下之故陽動
于中間不容髮復之義也
莊荀之徒失之辯
東爲春聲陽爲夏聲此見作韻者亦有所至也銜凡冬聲
也
不見動而動妄也動于否之時是也見動而動則爲無妄
然所以有災者陽微而無應也有應而動則爲益矣

精氣爲物形也。遊魂爲變神也。又曰精氣爲物體也。遊魂爲變用也

君子之學以潤身爲本其治人應物皆餘事也

剸割者才力也。明辯者智識也。寬弘者德器也。三者不可闕一

無德者責人怨人易滿滿則止也

龍能大能小。然亦有制之者。受制於陰陽之氣。得時則能變化。變變則不能也

伯夷義不食周粟至餓且死止得爲仁而已

三人行亦有師焉。至于友一鄕之賢天下之賢以天下爲未足又至於上論古人無以加焉

義重則內重利重則外重

兌說也其他說皆有所害。惟朋友講習無說於此故言其極者也

能循天理動者造化在我也

學不際天人不足以謂之學

君子於易玩象玩數玩辭玩意

能醫人能醫之疾不得謂之良醫醫人之所不能醫者天下之良醫也能處人所不能處之事則能爲人所不能爲之事也

人患乎自滿滿則止也故禹不自滿假所以為賢雖學亦
當常若不足不可臨深以爲高也
人苟用心必有所得獨有多寡之異智識之有淺深也
理窮而後知性性盡而後知命命知而後知至
凡處失在得之先則得亦不喜若處得在失之先則失難
處矣必至於隕穫
人必有德器然後喜怒皆不妄爲卿相爲匹夫以至學問
高天下亦若無有也
人必內重內重則外輕苟內輕必外重好利好名無所不
至

得天理者不獨潤身亦能潤心不獨潤心至於性命亦潤
天下言讀書者不少能讀書者少若得天理眞樂何書不
可讀何堅不可破何理不可精
曆不能無差今之學曆者但知曆法不知曆理能布算者
洛下閎也能推步者甘公石公也洛下閎但知曆法揚雄
知曆法又知曆理
一歲之閏六陰六陽三年三十六日故三年一閏五年六
十日故五歲再閏天時地理人事三者知之不易
資性得之天也學問得之人也資性由內出者也學問由
外入者也自誠明性也自明誠學也

遷怒貳過皆情也非性也不至於性命不足以謂之好學
伯夷柳下惠得聖人之一端伯夷得聖人之清柳下惠得聖人之和孔子時清時和時行時止故得聖人之時
太玄九日當兩卦餘一卦當四日半
楊雄作玄可謂見天地之心者也
用兵之道必待人民富倉廩實府庫充兵強名正天時順地利得然後可舉
易無體也曰既有典常則是有體也恐遂以爲有體故曰不可爲典要既有典常常也不可爲典要變也
莊周雄辯數千年一人而已如庖丁解牛曰踟躕四顧孔

子觀吕梁之水曰蹈水之道無私皆至理之言也
老子五千言大抵皆明物理
今有人登兩臺兩臺皆等則不見其高一臺高然後知其卑下者也
學不至於樂不可謂之學
一國一家一身皆同能處一身則能處一家能處一家則能處一國能處一國則能處天下心爲身本家爲國本國爲天下本心能運身苟心所不欲身能行乎
人之精神貴藏而用之苟衒於外則鮮有不敗者如利刃物來則剸之若恃刃之利而求割乎物則刃與物俱傷矣

言發于真誠則心不勞而逸人久而信之作僞任數一時
或可以欺人持久必敗

人貴有德小人有才者有之矣故才不可恃德不可有

天地日月悠久而已故人當存乎遠不可見其近

君子處畎畝則行畎畝之事居廟堂則行廟堂之事故無
入不自得

智數或能施于一朝蓋有時而窮惟至誠與天地同久天
地無則至誠可息苟天地不能無則至誠亦不息也

室中造車天下可行軌轍合故也苟順義理合人情日月
所照皆可行也

中庸非天降地出揆物之理度人之情行其所安是爲得
矣

斂天下之智爲智斂天下之善爲善則廣矣自用則小

漢儒以反經合道爲權得一端者也權所以平物之輕重
聖人行權酌其輕重而行之合其宜而已故執中無權者
猶爲偏也王通言春秋王道之權非王通莫能及此故權
在一身則有一身之權在一鄉則有一鄉之權以至於天
下則有天下之權用雖不同其權一也

夫弓固有强弱然一弓二人張之則有力者以爲弓弱無
力者以爲弓强故有力者不以己之力有餘而以爲弓弱

無力者不以己之力不足而以爲弓强。何不思之甚也。一
弓非有强弱也。一人之力强弱不同也。今有食一杯在前。
二人大饑而見之。若相讓則均得食矣。相奪則爭。非徒爭
之而已。或不得其食矣。此二者皆人之情也。知之者鮮。知
此。則天下之事皆如是也
夫易者。聖人長君子消小人之具也。及其長也。闢之於未
然。及其消也。闔之於未然。一消一長。一闔一闢。渾渾然無
跡。非天下之至神。其孰能與於此
大過。本末弱也。必有大德大位。然後可救。常分有可過者
有不可過者。有大德大位。可過者也。伊周其人也。不可懼

也。有大德無大位。不可過也。孔孟其人也。不可陷也。其位
不勝德邪。大哉位乎。待才用之宅也
復次剝。明治生於亂乎。姤次夬。明亂生於治乎。時哉時哉
未有剝而不復。未有夬而不姤者。防乎其防。邦家其長。子
孫其昌。是以聖人貴未然之防。是謂易之大綱
先天學心法也。故圖皆自中起。萬化萬事生乎心也
先天學主乎誠。至誠可以通神明。不誠則不可以得道
先天圖中環中也
事必量力。量力故能久
所行之路不可不寬。寬則少礙

知易者不必引用講解是爲知易孟子之言未嘗及易其
間易道存焉但人見之者鮮耳人能用易是爲知易如孟
子可謂善用易者也
學以人事爲大今之經典古之人事也
春秋三傳之外陸淳啖助可以兼治
所謂皇帝王霸者非獨謂三皇五帝三王五霸而已但用
無爲則皇也用恩信則帝也用公正則王也用智力則霸
也霸以下則夷狄夷狄而下是禽獸也
季札之才近伯夷
叔向子產晏子之才相等埒

管仲用智數晩識物理大抵才力過人也
五霸者功之首罪之魁也春秋者孔子之刑書也功過不
相掩聖人先褒其功後貶其罪故罪人有功亦必錄之不
可不恕也
始作兩觀始者貶之也誅其舊無也初獻六羽初者褒之
也以其舊僭八佾也
某人受春秋於尹師魯師魯受於穆伯長某人後復攻伯
長曰春秋無褒皆是貶也田述古曰孫復亦云春秋有貶
而無褒曰春秋禮法廢君臣亂其間有能爲小善者安得
不進之也況五霸實有功於天下且五霸固不及於王不

猶愈於夷狄乎安得不與之也治春秋者不辨名實不定五霸之功過則未可言治春秋先定五霸之功過而治春秋則大意立若事事求之則無緒矣

凡人爲學失於自主張太過

平王名雖王實不及一小國之諸侯齊晉雖侯而實僭王此春秋之名實也子貢欲去告朔之餼羊羊名也禮實也名存而實亡猶愈於名實俱亡苟存其名安知後世無王者作是以有所待也

秦繆公有功於周能遷善改過爲霸者之最晉文侯世世勤王遷平王於洛次之齊桓公九合諸侯不以兵車又次之楚莊强大又次之宋襄公雖霸而力微會諸侯而爲楚所執不足論也治春秋者不先定四國之功過則事無統理不得聖人之心矣春秋之間有功者未見大於四國者有過者亦未見大於四國者也故四國功之首罪之魁也人言春秋非性命書非也至于書郊牛之口傷改卜牛又死猶三望此因魯事而貶之也聖人何容心哉無我故也豈非由性命而發言也又曰春秋皆因事而褒貶豈容人特立私意哉人但知春秋聖人之筆削爲天下之至公不知聖人之所以爲公也如因牛傷則知魯之僭郊因初獻六羽則知舊僭八佾因新作雉門則知舊無雉門皆非聖

人有意於其間故曰春秋盡性之書也
春秋爲君弱臣强而作故謂之名分之書
聖人之難在不失仁義忠信而成事業何如則可在於絶

四

有馬者借人乘之舍己以從人也
或問才難何謂也曰臨大事然後見才之難也曰何獨言
才曰才者天之良質也學者所以成其才也曰古人有不
由學問而能立功業者何必曰學曰周勃霍光能成大事
唯其無學故未盡善也人而無學則不能燭理不能燭理
則固執而不通人有出人之才必以剛克中剛則足以立

事業處患難若用於他反爲邪惡故孔子以申棖爲焉得
剛旣有慾心必無剛也
君子喻於義賢人也小人喻於利而已義利兼忘者唯聖
人能之君子畏義而有所不爲小人直不畏耳聖人則動
不踰矩何義之畏乎
顔子不貳過孔子曰有不善未嘗不知知之未嘗復行是
也是一而不再也韓愈以爲將發於心而便能絶去是過
與顔子也過與是爲私意焉能至於道哉或曰與善不亦
愈於與惡乎曰聖人則不如是私心過與善惡同矣
爲學養心患在不由直道去利欲由直道任至誠則無所

不通。天地之道。直而已。當以直求之。若用智數由徑以求
之。是屈天地而徇人欲也。不亦難乎
事無巨細。皆有天人之理。脩身。人也。遇不遇。天也。得失不
動心。所以順天也。行險僥倖。是逆天也。求之者。人也。得之
與否。天也。得失不動心。所以順天也。強取必得。是逆天理
也。逆天理者。患禍必至
魯之兩觀。郊天。大禘。皆非禮也。諸侯若有四時之禘。以爲
常祭可也。至於五年大禘。不可爲也
仲弓可使南面。可使從政也
誰能出不由戶。戶。道也。未有不由道而能濟者也。不由戶

者。闇穴隙之類是也
多聞擇其善者而從之。雖多聞。必擇善而從之。多見而識
之。識。別也。雖多見。必有以別之
或問顯諸仁。藏諸用。曰。若日月之照臨。四時之成歲。是顯
諸仁也。其度數之然而不知其所以然。是藏諸用也
洛下閎改顓頊曆爲太初。子雲準太初而作太玄。凡八
十一卦。九分共二卦。凡一五隔一四。細分之。則四分半當
一卦。氣起於中心。故首中卦
參天兩地而倚數。非天地之正數也。倚者。擬也。擬天地正
數而生也

元亨利貞變易不常天道之變也吉凶悔吝變易不定人道之應也

鬼神者無形而有用其情狀可得而知也於用則可見之矣若人之耳目鼻口手足草木之枝葉華實顏色皆鬼神之所爲也福善禍淫主之者誰邪聰明正直有之者誰邪不疾而速不行而至任之者誰邪皆鬼神之情狀也

易有意象立意皆所以明象統下三者有言象不擬物而直言以明事有像象擬一物以明意有數象七日八月三年十年之類是也

易之數窮天地終始或曰天地亦有終始乎曰既有消長豈無終始天地雖大是亦形器乃二物也

易有內象理致是也有外象指定一物而不變者是也

在人則乾道成男坤道成女在物則乾道成陽坤道成陰

神無方而易無體滯於一方則不能變化非神也有定體則不能變通非易也易雖有體體者象也假象以見體而本無體也

一陰一陽之謂道道無聲無形不可得而見者也故假道路之道而爲名人之有行必由乎道一陰一陽天地之道也物由是而生由是而成者也

事無大小皆有道在其間能安分則謂之道不能安分謂

之非道闕諸仁者天地生萬物之功則人可得而見也所
以造萬物則人不可得而見是藏諸用也

正音律數行至于七而止者以夏至之日出於寅而入於
戌亥子丑三時則日入于地而目無所見此三數不行者
所以比於三時也故生物之數亦然非數之不行也有數
而不見也

月體本黑受日之光而白

水在人之身爲血土在人之身爲肉

經綸天地之謂才遠擧必至之謂志并包含容之謂量

六虛者六位也虛以待變動之事也

有形則有體有性則有情

天主用地主體聖人主用百姓主體故日用而不知

膽與腎同陰心與脾同陽心主目脾主鼻

陽中陽日也陽中陰月也陰中陽星也陰中陰辰也柔中
柔水也柔中剛火也剛中柔土也剛中剛石也

法始乎伏羲成乎堯革於三王極于五覇絶于秦萬世治
亂之迹無以逃此矣

日爲心月爲膽星爲脾辰爲腎藏也石爲肺土爲肝火爲
胃水爲膀胱府也

易之生數一十二萬九千六百總爲四千三百二十世此

消長之大數演三十年之辰數即其數也歲三百六十日
得四千三百二十辰以三十乘之得其數矣凡甲子甲午
爲世首此爲經世之數始于日甲月子星甲辰子又云此
經世日甲之數月子星甲辰子從之也

鼻之氣目見之口之言耳聞之以類應也

倚蓋之說昆崙四垂而爲海推之理則不然夫地直方而
靜豈得如圓動之天乎

海潮者地之喘息也所以應月者從其類也

十干天也十二支地也支干配天地之用也

動物自首生植物自根生自首生命在首自根生命在根

神者易之主也所以無方易者神之用也所以無體

循理則爲常理之外則爲異矣

風類水類小大相反

震爲龍一陽動於二陰之下震也重淵之下有動物者豈
非龍乎

一十百千萬億爲奇天之數二十百二十千二百萬二千
億一萬爲偶地之數也

天之陽在東南日月居之地之陰在西北火石處之

火以性爲主體次之水以體爲主性次之

陽性而陰情性神而情鬼

起震終艮一節明文王八卦也天地定位一節明伏羲八卦也八卦相錯者明交錯而成六十四也

數往者順若順天而行是左旋也皆已生之卦也故云數往也知來者逆若逆天而行是右行也皆未生之卦也故云知來也夫易之數由逆而成矣此一節直解圖意若逆知四時之謂也

堯典朞三百六旬有六日夫日之餘盈也六則月之餘縮也亦六若共日月之餘十二則有三百五十四乃日行之數以十二除之則得二十九日

五十分之則爲十若三天兩之則爲六兩地又兩之則爲四此天地分太極之數也天之變六六其六得三十六爲乾一爻之數也積六爻之策共得二百一十有六爲乾之策六其四得二十四爲坤一爻之策積六爻之數共得一百四十有四爲坤之策積二篇之策乃萬有一千五百二十也

素問肺主皮毛心脉脾肉肝筋腎骨上而下外而內也心血腎骨爻法也爻卽用也

易始于三皇書始于二帝詩始于三王春秋始于五覇

乾爲天之類本象也爲金之類列象也

易之旨于乾坤中于坎離終于水火之交不交皆至理也

天地並行則藏府配四藏天四府地也

自乾坤至坎離以天道也自咸常至既濟未濟以人事也

太極一也不動生二二則神也

火生濕水生燥

神生數數生象象生器

太極不動性也發則神神則數數則象象則器器之變復歸於神也

復至乾凡百有二十陽姤至坤凡八十陽姤至坤凡百有二十陰復至乾凡八十陰

乾奇也健也故天下之健莫如天坤耦也陰也順也故天下之順莫如地所以順天也震起也一陽起也起動也故天下之動莫如雷坎陷也一陽陷於二陰陷下也故天下之下莫如水艮止也一陽於是而止也故天下之止莫如山巽入也一陰入二陽之下故天下之入莫如風離麗也一陰離於二陽其卦錯然成文而華麗也天下之麗莫如火故又爲附麗之麗兌說也一陰出於外而說於物故天下之說莫如澤

火內暗而外明故離陽在外火之用用外也水外暗而內明故坎陽在內水之用用內也

人謀人也鬼謀天也天人同謀而皆可則事成而吉也

湯放桀武王伐紂而不以爲弑者若孟子言男女授受不親禮也嫂溺則援之以手權也故孔子旣尊夷齊亦與湯武夷齊仁也湯武義也唯湯武則可非湯武是簒也

諸卦不交於乾坤者則生於否泰否泰乾坤之交也乾坤起自奇偶奇偶生自太極

自泰至否其間則有蠱矣自否至泰其間則有隨矣

天使我有是之謂命命之在我之謂性性之在物之謂理

變從時而便天下之事不失禮之大經變從時而順天下之理不失義之大權者君子之道也

朔易以陽氣自北方而生至北方而盡謂變易循環也

春陽得權故多旱秋陰得權故多雨

元有二有生天地之始太極也有萬物之中各有始者生之本也

五星之說自甘公石公始也

天地之心者生萬物之本也天地之情者情狀也與鬼神之情狀同

天有五辰日月星辰與天而爲五地有五行金木水火與土而爲五

有温泉而無寒火陰能從陽而陽不能從陰也

有雷則有電有電則有風

木之堅非雷不能震。草之柔非露不能潤
人智强則物智弱
陽數於三百六十上盈。陰數於三百六十上縮
人爲萬物之靈。寄類於走。走陰也。故百有二十
雨生於水。露生於土。雷生於石。電生於火。電與風同爲陽
之極。故有電必有風
莊子與惠子遊於濠梁之上。莊子曰。儵魚出遊從容。是魚
樂也。此盡己之性。能盡物之性也。非魚則然。天下之物皆
然。若莊子者。可謂善通物矣
莊子著盜跖篇。所以明至惡雖至聖亦莫能化。蓋上智與
下愚不移故也
魯國之儒一人者。謂孔子也
老子。知易之體者也
天下之事始過於重。猶卒於輕。始過於厚。猶卒於薄。況始
以輕。始以薄者乎。故鮮失之重。多失之輕。鮮失之厚。多失
之薄。是以君子不患過乎重。常患過乎輕。不患過乎厚。常
患過乎薄也
莊子齊物。未免乎較量。較量則爭。爭則不平。不平則不和。
無思無爲者。神妙致一之地也。所謂一以貫之。聖人以此
洗心。退藏於密

當仁不讓於師者進人之道也

秦穆公伐鄭敗而有悔過自誓之言此非止霸者之事幾於王道能悔則無過矣此聖人所以錄於書末也

劉絢問無爲對曰時然後言人不厭其言樂然後笑人不厭其笑義然後取人不厭其取此所謂無爲也

瞽瞍殺人舜視棄天下猶棄敝屣也竊負而逃遵海濱而處終身訢然樂而忘天下聖人雖天下之大不能易天性之愛

文中子曰易樂者必多哀輕施者必好奪或曰天下皆爭利棄義吾獨若之何子曰舍其所爭取其所棄不亦君子乎若此之類禮義之言也心迹之判久矣若此之類造化之言也

莊子氣豪若呂梁之事言之至者也盜跖言事之無可奈何者雖聖人亦莫如之何漁父言事之不可强者雖聖人亦不可强此言有爲無爲之理順理則無爲强則有爲也

金須百鍊然後精人亦如此

佛氏棄君臣父子夫婦之道豈自然之理哉

志於道者統而言之志者潛心之謂也德者得於己有形故可據德主於仁故曰依

莊子曰庖人雖不治庖尸祝不越樽俎而代之此君子思

不出其位素位而行之意也

晉狐射姑殺陽處父春秋書晉殺其大夫陽處父上漏言也君不密則失臣故書國殺

人得中和之氣則剛柔均陽多則偏剛陰多則偏柔

人之爲道當至於鬼神不能窺處是爲至矣

作易者其知盜乎聖人知天下萬物之理而一以貫之

大羹可和玄酒可漓則是造化亦可和可漓也

有一日之物有一月之物有一時之物有一歲之物有十歲之物至於百千萬皆有之天地亦物也亦有數焉雀三年之物馬三十年之物凡飛走之物皆可以數推人百有二十年之物

太極道之極也太玄道之玄也太素色之本也太一數之始也太初事之初也其成功則一也

易地而處則無我也

陰者陽之影鬼者人之影也

氣以六變體以四分

以尊降卑曰臨以上觀下曰觀

毋意毋必毋固毋我合而言之則一分而言之則二合而言之則二分而言之則四始於有意成於有我有意然後有必必生於意有固然後有我我生於固意有心必先期固不化我有己也

記問之學未足以爲事業

智哉。留侯善藏其用

思慮一萌鬼神得而知之矣。故君子不可不愼獨

時然後言言不在我也

學在不止。故王通云。沒身而已

誠者主性之具。無端無方者也

性理大全書卷之十二

性理大全書卷之十三

皇極經世書七

外書

漁樵問對

嵩山晁氏曰。邵雍堯夫設爲問答以論陰陽化育之端。性命道德之奧云

漁者垂釣于伊水之上。樵者過之。弛檐息肩。坐于磐石之上而問于漁者曰。魚可鉤取乎。曰然。曰鉤非餌可乎。曰否。曰非鉤也。餌也。魚利食而見害。人利魚而蒙利。其利同也。其害異也。敢問何故。漁者曰。子樵者也。與吾異治。安得侵吾事乎。然亦可以爲子試言之。彼之利。猶此之利也。彼之

害亦猶此之害也子知其小未知其大魚之利食吾亦利
乎食也魚之害食吾亦害乎食也子知魚終日得食爲利
又安知魚終日不得食爲害如是則食之害也重而釣
之害也輕子知吾終日得魚爲利又安知吾終日不得魚
不爲害也如是則吾之害也重魚之害也輕以魚之一身
當人之一食則魚之害多矣以人之一身當魚之一食則
人之害亦多矣又安知釣乎大江大海則無易地之患焉
魚利乎水人利乎陸水與陸異其利一也魚害乎餌人害
乎財餌與財異其害一也又何必分乎彼此哉子之言體
也獨不知用爾樵者又問曰魚可生食乎曰烹之可也曰

必吾薪濟子之魚乎曰然曰吾知有用乎子矣曰然則子
知子之薪能濟吾之魚不知子之薪所以能濟吾之魚也
薪之能濟魚久矣不待子而後知苟世未知火之能用薪
則子之薪雖積丘山獨且奈何哉樵者曰願聞其方曰火
生于動水生于靜動靜之相生水火之相息水火用草木
體也用生于利體生于害利害見乎情體用隱乎性一性
一情聖人成能子之薪猶吾之魚微火則皆爲腐臭朽壞
而無所用矣又安能養人七尺之軀哉樵者曰火之功大
於薪固已知之矣敢問善灼物何必待薪而後傳漁者曰
薪火之體也火薪之用也火無體待薪然後爲體薪無用

待火然後爲用是故凡有體之物皆可焚之矣曰水有體乎曰然曰火能焚水乎曰火之性能迎而不能隨故滅水之體能隨而不能迎故熱是故有溫泉而無寒火相息之謂也曰火之道生於用亦有體乎曰火以用爲本以體爲末故動水以體爲本以用爲末故靜是火亦有體水亦有用也故能相濟又能相息非獨水火則然天下之事皆然在乎用之何如爾樵者曰用可得聞乎曰可以意得者物之性也可以言傳者物之情也可以象求者物之形也可以數取者物之體也用也者妙萬物爲言者也可以意得而不可以言傳曰不可以言傳則子惡得而知之乎曰吾所以得而知之者固不能言傳非獨吾不能傳之以言聖人亦不能傳之以言也曰聖人旣不能傳之以言則六經非言也邪曰時然後言何言之有樵者贊曰天地之道備於人萬物之道備於身衆妙之道備於神天下之能事畢矣又何思何慮吾而今而後知事心踐形之爲大不及子之門幾至於殆矣乃析薪烹魚而食之飫而論易

漁者與樵者遊於伊水之上漁者歎曰熙熙乎萬物之多而未始有雜吾知遊乎天地之間萬物皆可以無心而致之矣非子則吾孰與歸焉樵者曰敢問無心致天地萬物之方漁者曰無心者無意之謂也無意之意不我物也不我

物然後能物物曰何謂我何謂物曰以我徇物則我亦物也以物徇我則物亦我也我物皆致意由是明天地亦萬物也何天地之有焉萬物亦天地也何萬物之有焉萬物亦我也何萬物之有焉我亦萬物也何我之有焉何物不我何我不物如是則可以宰天地可以司鬼神而況於人乎況於物乎

樵者問漁者曰天何依曰依乎地地何附曰附乎天曰然則天地何依何附曰自相依附天依形地附氣其形也有涯其氣也無涯有無之相生形氣之相息終則有始終始之間天地之所存乎天以用爲本以體爲末地以體爲本以用爲末利用出入之謂神名體有無之謂聖唯神與聖能參乎天地者也小人則日用而不知故有害生實喪之患也夫名也者實之客也利也者害之主也名生於不足利喪於有餘害生於有餘實喪於不足此理之常也養身者必以利貪夫則以身徇利故有害生焉立身必以名衆人則以身徇名故有實喪焉竊人之財謂之盜其始取之也唯恐其不多也及其敗露也唯恐其多矣夫賄之與贓一物也而兩名者利與害故也竊人之美謂之徼其始取之唯恐其不多也及其敗露也唯恐其多矣夫譽與毁一事也而兩名者名與實故也凡言朝者萃名之所也市者

聚利之地也能不以爭處乎其間雖一日九遷一貨十倍
何害生實喪之有耶是知爭也者取利之端也讓也者趨
名之本也利至則害生名興則實喪利至名興而無害生
實喪之患唯有德者能之天依地地附天豈相遠哉
漁者謂樵者曰天下將治則人必尚行也天下將亂則人
必尚言也尚行則篤實之風行焉尚言則詭譎之風行焉
天下將治則人必尚義也天下將亂則人必尚利也尚義
則謙讓之風行焉尚利則攘奪之風行焉三王尚行者也
五霸尚言者也尚行者必入於義也尚言者必入於利也義
利之相去一何如是之遠耶是知言之於口不若行之於

身行之於身不若盡之於心言之於口人得而聞之行之
於身人得而見之盡之於心神得而知之人之聰明猶不
可欺況神之聰明乎是知無愧於口不若無愧於身無愧
於身不若無愧於心無口過易無身過難無身過易無心
過難既無心過何難之有吁安得無心過之人與之語心
哉
漁者謂樵者曰子知觀天地萬物之道乎樵者曰未也願
聞其方漁者曰夫所以謂之觀物者非以目觀之也非觀
之以目而觀之以心也非觀之以心而觀之以理也天下
之物莫不有理焉莫不有性焉莫不有命焉所以謂之理

者窮之而後可知也所以謂之性者盡之而後可知也所
以謂之命者至之而後可知也此三知者天下之眞知也
雖聖人無以過之也而過之者非所以謂之聖人也夫鑑
之所以能爲明者謂其能不隱萬物之形也雖然鑑之能
不隱萬物之形未若水之能一萬物之形也雖然水之能
一萬物之形又未若聖人之能一萬物之情也聖人之所
以能一萬物之情者謂其聖人之能反觀也所以謂之反
觀者不以我觀物也不以我觀物者以物觀物之謂也既
能以物觀物又安有我於其間哉是知我亦人也人亦我
也我與人皆物也此所以能用天下之目爲己之目其目

無所不觀矣用天下之耳爲己之耳其耳無所不聽矣用
天下之口爲己之口其口無所不言矣用天下之心爲己
之心其心無所不謀矣夫天下之觀其於見也不亦廣乎
天下之聽其於聞也不亦遠乎天下之言其於論也不亦
高乎天下之謀其於樂也不亦大乎夫其見至廣其聞至
遠其論至高其樂至大能爲至廣至遠至高至大之事而
中無一爲焉豈不謂至神至聖者乎非唯吾謂之至神至
聖者乎而天下謂之至神至聖者乎非唯一時之天下謂
之至神至聖者乎而千萬世之天下謂之至神至聖者乎
過此以往未之或知也已

樵者問漁者曰子以何道而得魚曰吾以六物具而得魚
曰六物具也豈由天乎曰具六物而得魚者人也具六物
而所以得魚者非人也樵者未達請問其方漁者曰六物
者竿也綸也浮也沉也鉤也餌也一不具則魚不可得然
而六物具而不得魚者非人也六物具而不得魚者有焉
未有六物不具而得魚者也是知具六物者人也得魚與
不得魚者天也六物不具而不得魚者非天也人也

樵者曰人有禱鬼神而求福者福可禱而求耶求之而可
得耶敢問其所以曰語善惡者人也禍福者天也天道福
善而禍淫鬼神其能違天乎自作之咎固難逃已天降之
災禳之奚益脩德積善君子常分安有餘事於其間哉樵
者曰有爲善而遇禍有爲惡而獲福者何也漁者曰有幸
與不幸也幸不幸命也當不當分也一命一分人其逃乎
曰何謂分何謂命曰小人之遇福非分也有命也當禍
分也非命也君子之遇禍非分也有命也當福分也非命
也

漁者謂樵者曰人之所謂親莫如父子也人之所謂疎莫
如路人也利害在心則父子過路人遠矣父子之道天性
也利害猶或奪之況非天性者乎夫利害之移人如是之
深也可不慎乎路人之相逢則過之固無相害之心焉無

利害在前故也有利害在前則路人與父子又奚擇焉路人之能相交以義又何況父子之親乎夫義者讓之本也利者爭之端也讓則有仁爭則有害仁與害何相去之遠也堯舜亦人也桀紂亦人也人與人同而仁與害異爾仁因義而起害因利而生利不以義則臣弑其君者有焉子弑其父者有焉豈若路人之相逢一日而交袂于中逵者哉

樵者謂漁者曰吾嘗負薪矣舉百斤而無傷吾之身加十斤則遂傷吾之身敢問何故漁者曰樵則吾不知之矣以吾之事觀之則易地皆然吾嘗釣而得大魚與吾交戰欲棄之則不能捨欲取之則未能勝終日而後獲幾有沒溺之患矣非直有身傷之患耶魚與薪則異也其貪而爲傷則一也百斤力分之內者也十斤力分之外者也力分之外雖一毫猶且爲害而況十斤乎吾之貪魚亦何以異子之貪薪乎樵者歎曰吾而今而後知量力而動者智矣哉

樵者謂漁者曰子可謂知易之道矣吾敢問易有太極太極何物也曰無爲之本也太極生兩儀兩儀天地之謂乎曰兩儀天地之祖也非止爲天地而已也太極分而爲二先得一爲一後得一爲二一二謂兩儀曰兩儀生四象四

象何物也曰大象謂陰陽剛柔有陰陽然後可以生天有剛柔然後可以生地立功之本於斯爲極曰四象生八卦八卦何謂也曰謂乾坤離坎兌艮震巽之謂也迭相盛衰終始於其間矣因而重之則六十四由是而生也而易之道始備矣

樵者問漁者曰復何以見天地之心乎曰先陽已盡後陽始生則天地始生之際中則當日月始周之際末則當星辰終始之際萬物死生寒暑代謝晝夜遷變非此無以見之當天地窮極之所必變變則通通則久故象言先王以至日閉關商旅不行后不省方順天故也

樵者謂漁者曰无妄災也敢問其故曰妄則欺也得之必有禍欺有妄也順天而動有禍及者非禍也災也猶農有思豐而不勤稼穡者其荒也不亦禍乎農有勤稼穡而復敗諸水旱者其荒也不亦災乎故象言先王以茂對時育萬物貴不妄也

樵者問曰姤何也曰姤遇也柔遇剛也與夬正反夬始逼壯姤始遇壯陰始遇陽故稱姤焉觀其姤天地之心亦可見矣聖人以德化及此罔有不昌故象言施命誥四方履霜之愼其在此也

漁者謂樵者曰春爲陽始夏爲陽極秋爲陰始冬爲陰極

陽始則溫陽極則熱陰始則涼陰極則寒溫則生物熱則
長物涼則收物寒則殺物皆一氣其別而爲四焉其生萬
物也亦然
樵者問漁者曰人之所以能靈于萬物者何以知其然耶
漁者對曰謂其目能收萬物之色耳能收萬物之聲鼻能
收萬物之氣口能收萬物之味聲色氣味者萬物之體也
目耳鼻口者萬人之用也體無定用惟變是用用無定體
惟化是體體用交而人物之道於是乎備矣然則人亦物
也聖人亦人也有一物之物有十物之物有百物之物有
千物之物有萬物之物有億物之物有兆物之物生一一

之物當兆物之物者豈非人乎有一人之人有十人之人
有百人之人有千人之人有萬人之人有億人之人有兆
人之人生一一之人當兆人之人者豈非聖乎是知人也
者物之至者也聖也者人之至者也物之至者始得謂之
物之物也人之至者始得謂之人之人也夫物之至者至
物之謂也人之至者至人之謂也以一至物而當一至
人則非聖而何人謂之不聖則吾不信也何哉謂其能以
一心觀萬心一身觀萬身一物觀萬物一世觀萬世者焉
又謂其能以心代天意口代天言手代天工身代天事者
焉又謂其能以上識天時下盡地理中盡物情通照人事

者焉。又謂其能以彌綸天地出入造化進退今古表裏人
物者焉。噫。聖人者非世世而效聖焉。吾不得而目見之也。
雖然。吾不得而目見之。察其心觀其跡探其體潛其用。雖
億萬年亦可以理知之也。人或告我曰。天地之外別有天
地萬物異乎此天地萬物則吾不得而知之。非唯吾不得
而知之也。聖人亦不得而知之也。凡言知者謂其心得而
知之也。言言者謂其口得而言之也。既心尙不得而知之。
口又惡得而言之乎。以心不可得知而知之。是謂妄知也。
以口不可得言而言之。是謂妄言也。吾又安能從妄人而
行妄知妄言者乎

漁者謂樵者曰。仲尼有言。曰殷因於夏禮所損益可知也。
周因於殷禮所損益可知也。其或繼周者雖百世可知也。
夫如是則何止千百世而已哉。億千萬世皆可得而知之
也。人皆知仲尼之爲仲尼。不知仲尼之所以爲仲尼。不欲
知仲尼之所以爲仲尼則已。如其必欲知仲尼之所以爲
仲尼則捨天地將奚之焉。人皆知天地之爲天地。不知天
地之所以爲天地。不欲知天地之所以爲天地則已。如其
必欲知天地之所以爲天地則捨動靜將奚之焉。夫一動
一靜者天地之至妙者與。夫一動一靜之間者天地人之
至妙至妙者與。是知仲尼之所以盡三才之道者謂其行

無辯跡也故有言曰予欲無言又曰天何言哉四時行焉
百物生焉其此之謂與
漁者謂樵者曰大哉權之與變乎非聖人無以盡之變然
後知天地之消長權然後知天下之輕重消長時也輕重
事也時有否泰事有損益聖人不知隨時否泰之道奚由
知變之所為乎聖人不知隨時損益之道奚由知權之所
為乎運消長者變也處輕重者權也是知權之與變聖人
之一道耳
樵者謂漁者曰人謂死而有知有諸曰有之曰何以知其
然曰以人知之曰何者謂之人曰目耳鼻口心膽脾腎之

氣全謂之人心之靈曰神膽之靈曰魄脾之靈曰魂腎之
靈曰精心之神發乎目則謂之視腎之精發乎耳則謂之
聽脾之魂發乎鼻則謂之臭膽之魄發乎口則謂之言八
者具備然後謂之人夫人也者天地萬物之秀氣也然而亦
有不中者各求其類也若全得人類則謂之曰全人之人
夫全類者天地萬物之中氣也謂之曰全德之人也全德
之人者人之人者也夫人之人者仁人之謂也唯全人然
後能當之人之生也謂其氣行人之死也謂其形返氣行
則神魂交形返則精魄存神魂行于天精魄返于地行于
天則謂之曰陽行返于地則謂之曰陰返陽行則晝見

而夜伏者也陰返則夜見而晝伏者也是故知日者月之形也月者日之影也陽者陰之形也陰者陽之影也人者鬼之形也鬼者人之影也人謂鬼無形而無知者吾不信也

漁者問樵者曰小人可絶乎曰不可君子稟陽正氣而生小人稟陰邪氣而生無陰則陽不成無小人則君子亦不成唯以盛衰乎其間也陽六分則陰四分陰六分則陽四分陽陰相半則各五分矣由是知君子小人之時有盛衰也治世則君子六分君子六分則小人四分小人固不勝君子矣亂世則反是君君臣臣父父子子兄兄弟弟夫夫婦婦謂各安其分也君不君臣不臣父不父子不子兄不兄弟不弟夫不夫婦不婦謂各失其分也此則由世治世亂使之然也君子常行勝言小人常言勝行故世治則篤實之士多世亂則緣飾之士衆篤實鮮不成事緣飾鮮不敗事成多國興敗多國亡家亦由是而興亡也夫興家與國之人與亡國亡家之人相去一何遠哉

樵者問漁者曰人所謂才者有利焉有害焉者何也漁者曰才一也利害二也有才之正者有才之不正者才之正者利乎人而及乎身者也才之不正者利乎身而害乎人者也曰不正則安得謂之才曰人所不能而能之安得不

謂之才。聖人所以惜乎才之難者謂其能成天下之事而歸之正者寡也。若不能歸之以正才則才矣難乎語其仁也。譬猶藥之療疾也毒藥亦有時而用也可一而不可再也疾愈則速已不已則殺人矣平藥則常日而用之可也重疾非所以能治也能驅重疾而無害人之毒者古今人所謂良藥也。易曰大君有命開國承家小人勿用。如是則小人亦有時而用之時平治定用之則否。詩云它山之石可以攻玉其小人之才乎

樵者謂漁者曰國家之興亡與夫才之邪正則固得聞命矣然則何不擇其人而用之漁者曰擇臣者君也擇君者臣也賢愚各從其類而爲奈何有堯舜之君必有堯舜之臣有桀紂之君必有桀紂之臣堯舜之臣生乎堯舜之世。猶桀紂之臣生乎桀紂之世必非其所用也雖欲爲禍爲福其能行乎。夫上之所好下必好之其若影響豈待驅率而然耶。上好義則下必好義而不義者遠矣上好利則下必好利而不利者遠矣好利者衆則天下日削矣好義者衆則天下日盛矣日盛則昌日削則亡盛之與削昌之與亡豈其遠乎在上之所好耳夫治世何嘗無小人亂世何嘗無君子不用則善惡何由而行也樵者曰善人常寡而不善人常衆治世常少而亂世常多何以知其然耶。曰觀

之於物何物不然譬諸五穀耘之而不苗者有矣蓬莠不
耘而猶生耘之而求其盡也亦未如之何矣由是知君子
小人之道有自來矣君子見善則喜之見不善則遠之小
人見善則疾之見不善則喜之善惡各從其類也君子見
善則就之見不善則違之小人見善則違之見不善則就
之君子見義則遷見利則止小人見義則止見利則遷遷
義則利人遷利則害人利人與害人相去一何遠耶家與
國一也其興也君子常多而小人常鮮其亡也小人常多
而君子常鮮君子多而去之者小人也小人多而去之者
君子也君子好生小人好殺好生則世治好殺則世亂君

子好義小人好利治世則好義亂世則好利其理一也釣
者談已樵者曰吾聞古有伏羲今日如覩其面焉拜而謝
之及旦而去

無名公傳

無名公生于冀方長于冀方老于豫方終于豫方年十歲
求學于里人遂盡里人之情已之滓十去其一二矣年二
十求學于鄉人遂盡鄉人之情已之滓十去其三四矣年
三十求學于國人遂盡國人之情已之滓十去其五六矣
年四十求學于古人遂盡古人(今一作)之情已之滓十去其
七八矣年五十求學于天地遂盡天地之情欲求已之滓

無得而去矣始則里人疑其僻問于鄉人鄉人曰斯人善與人群安得謂之僻既而鄉人疑其泛問于國人國人曰斯人不安與人交安得謂之泛既而國人疑其陋問于四方之人四方之人曰斯人不[一有能字]器安得謂之陋既而四方之人又疑之質之于古今之人古今之人終始無可與同者又問之于天地天地不對當是之時四方之人迷亂不復得知因號爲無名公夫無名者不可得而名也凡物有形則可器可器斯可名然則斯人無體乎曰有體有體而無迹者也斯人無用乎曰有用有用而無心者也夫有迹有心者斯可得而知也無心無跡者雖鬼神亦不可得

而知不可得而名況於人乎故其詩曰思慮未起鬼神莫知不由乎我更由乎誰能造萬物者天地也能造天地者太極也太極者其可得而名乎可得而知乎故强名之曰太極太極者其無名之謂乎故嘗自爲之贊曰借爾面貌假爾形骸弄丸餘暇[丸謂太極]閒往閒來人告之以脩福對曰未嘗爲不善人告之以禳災對曰未嘗妄祭故其詩曰禍如許免人須諂福若待求天可量又曰中孚起信寧須禱无妄生災未易禳性喜飲酒嘗命之曰太和湯所飲不多微醺而罷不喜過醉故其詩曰性喜飲酒飲喜微酡飲未微酡口先吟哦吟哦不足遂及浩歌浩歌不足無可奈何

所寢之室謂之安樂窩不求過美惟求冬燠夏涼遇有睡
思則就枕故其詩曰墻高于肩室大于斗布被暖餘藜羹
飽後氣吐胷中充塞宇宙其與人交雖賤必洽終身無甘
壞未嘗作皺眉事故人皆得其歡心見貴人未嘗曲奉見
不善人未嘗急去見善人未之知也未嘗急合故其詩曰
風月情懷江湖性氣色斯其舉翔而後至無賤無貧無富
無貴無將無迎無拘無忌聞人之謗未嘗怒聞人之譽未
嘗喜聞人言人之惡未嘗和聞人言人之善則就而和之
又從而喜之故其詩曰樂見善人樂聞善事樂道善言樂
行善意聞人之惡如負芒刺聞人之善如佩蘭蕙家貧未

嘗求于人人饋之雖寡必受故其詩曰窘未嘗憂飲不至
醉收天下春歸之肝肺朝廷授之官雖不強免亦不強起
晚有二子敎之以仁義授之以六經舉世尚虛談未嘗掛
一言舉世尚奇事未嘗立異行故其詩曰不佞禪伯不諛
方士不出戶庭直游天地家素業儒口未嘗不道儒言身
未嘗不行儒行故其詩曰心無妄思足無妄走人無妄交
物無妄受炎炎論之甘處其陋綽綽言之無出其右羲軒
之書未嘗去手堯舜之談未嘗離口當中和天同樂易友
吟自在詩飮歡喜酒百年升平不爲不偶七十康强不爲
不壽此其無名公之行乎

附錄

程子曰昔七十子學於仲尼其傳可見者惟曾子所以告子思而子思所以授孟子者耳其餘門人各以其材之所宜者爲學雖同尊聖人所因而入者門戶則衆矣況後此千餘歲師道不立學者莫知適從獨康節先生之學爲有傳也先生得之李挺之挺之得之穆伯長推其源流遠有端緒今穆李之言及其行事槩可見矣而先生淳一不雜汪洋浩大乃其所自得者多矣然而名其學者豈所謂門戶之衆各有所因而入者歟語成德者昔難其居若先生之道就其至而論之可謂安且成矣先生有書六十卷命曰皇極經世

上蔡謝氏曰堯夫易數甚精自來推長曆者至久必差惟堯夫不然指一二近事當面可驗明道云欲要傳與某兄弟某兄弟那得功夫要學須是二十年功夫明道聞說甚熟一日因監試無事以其說推筭之皆合出謂堯夫曰堯夫之數只是加一倍法以此知太玄都不濟事堯夫驚撫其背曰大哥你恁聰明伊川謂堯夫知易數爲知天知易理爲知天堯夫云須還知易理爲知天因說今年雷起甚處伊川云堯夫怎知某便知又問甚處起伊川云起處起堯夫愕然它日伊川問明道曰加倍

之數如何。曰。都忘之矣。因歎其心無偏繫如此

張氏 嶓 曰。康節先生治易書詩春秋之學。窮意言象數之蘊。皇帝王霸之道。著書十餘萬言。研精極思三十年。觀天地之消長。推日月之盈縮。考陰陽之度數。察剛柔之形體。故經之以元。紀之以會。始之以運。終之以世。又斷自唐虞。訖于五代。本諸天道。質以人事。興廢治亂。靡所不載。其辭約。其義廣。其書著。其旨隱。嗚呼美矣至矣。天下之能事畢矣

龜山楊氏曰。皇極之書。皆孔子之所未言者。然其論古今治亂成敗之變。若合符節。故不敢略之。恨未得其門而入耳 ○ 康節先天之學。不傳於世。非妙契天地之心不足以知此。某蓋嘗覛之。而陋識淺聞。未足以叩其關鍵。八卦有定位。而先天以乾巽居南。坤震居北。離兌居東。坎艮居西。又以十數分配八卦。獨艮坎同爲三數。此必有說也。以爻當期。其原出於繫辭。而以星日氣候分布諸爻。易未有也。其流詳於緯書。世傳稽覽圖是也。揚子草玄。蓋用此耳。卦氣起於中孚。冬至卦也。太玄以中準之。其次復卦。太玄以周準之。升大寒卦也。太玄以干準之。今之曆書亦然。則自漢迄今同用此說也。而先生以復爲冬至。噬嗑爲大寒。又謂八卦與文王異。若此類

皆莫能曉也。康節之學。究極天人之蘊。翫味之久。未能窺其端倪。況敢議其是非耶

朱子曰。皇極經世之書。乃一元統十二會。一會統三十運。一運統十二世。一世統三十年。一年統十二月。一月統三十日。一日統十二辰。是十二與三十迭爲用也。故李通以十二萬九千六百之數。爲日分。○問易與經世書同異。曰。易是卜筮。經世是推步。是一分爲二。二分爲四。四分爲八。八分爲十六。十六分爲三十二。又從裏面細推去。○問經世書水火土石。石只是金否。曰。它分天地間物事。皆是四。如日月星辰水火土石。雨風露雷。皆是相配。又問金生水。如石中出水。是否。曰。金是堅凝之物。到這裏堅實後。自拶得水出來。又問伯溫解經世書如何。曰。它也只是說將去。那裏面曲折精微也未必曉得。康節當時只說與王某。不曾說與伯溫。模樣○皇極經世紀年甚有法。史家多言秦廢太后逐穰侯。經世書只言秦奪宣太后權。伯恭極取之。蓋實不曾廢。○康節之書固自是好。而李通推得來又甚縝密。若見於用。不知果如何。恐當絕勝諸家也。○問康節數學。曰。且未須理會數。自是有此理。有生便有死。有盛必有衰。且如一朶花。含蘂時是將開。略放時是正盛。爛熳時是衰謝。又如

看人。即其氣之盛衰。便可以知其生死。蓋其學本於明
理。故明道謂其觀天地之運化。然後頹乎其順。浩然其
歸。若曰渠能知未來事。則與世間占覆之術何異。其去
道遠矣。其知康節者末矣。蓋他玩得此理熟了。事物到
面前便見。更不待思量。○康節以四起數。疊疊推去。自
易以後無人做得一物如此整齊包括得盡。想它每見
一物。便成四片了。但才到二分以上便怕。乾卦方終便
知有箇姤卦來。蓋緣它於起處推將來。至交接處看得
分曉。輔廣云。先生前日說康節之學與周子程子少異
處。莫正在此否。若是聖人則處乾時自有箇處乾底道

理。處姤時自有箇處姤底道理否。曰然。又問先生說邵
堯夫看天下物皆成四片。如此則聖人看天下物皆成
兩片也。曰也是如此。只是陰陽而已。○問康節云道爲
太極。又云心爲太極。道指天地萬物自然之理而言。心
指人得是理以爲一身之主而言。曰固是。但太極只是
箇一而無對者。○康節云一動一靜者天地之妙也。一
動一靜之間者天地人之妙也。蓋天只是動。地只是靜。
到得人便兼動靜。是妙於天地處。故曰人者天地之心。
論人之形雖只是器。言其運用處却是道理。○康節云
無極之前陰含陽也。有象之後陽分陰也。陽占却陰分

數○康節云思慮未起鬼神莫知不由乎我更由乎誰
此間有術者人來問事心下默念則它說相應有人故
意思別事不念及此則其說便不應問姓幾畫口中默
數則它說便著不數者說不著○問康節學到不惑處
否曰康節又別是一般聖人知天命以理它只是以術
然到得術之精處亦非術之所能盡然其初只術耳○
康節數學源流於陳希夷康節天資極高其學只是術
數學後人有聰明能筭亦可以推建陽舊有一村僧宗
元一日走上徑山住得七八十日悟禪而歸其人聰明
能筭法看經世書皆略略領會得○康節看這人須極

會處置事被它神閒氣定不動聲氣須處置得精明它
氣質本來清明又養得來純厚又不曾枉用了心它用
那心時都在緊要上用被它靜極了看得天下之事理
精明嘗於百原深山中闢書齋獨處其中王勝之常乘
月訪之必見其燈下正襟危坐雖夜深亦如之若不是
養得至靜之極如何見得道理如此精明只是它做得
出來須差異季通嘗云康節若做定是四公八辟十六
候三十二卿六十四大夫都是加倍法想得是如此想
見它看見天下之事才上手來便成四截了其先後緩
急莫不有定動中機會事到面前便處置得下矣康節

甚喜張子房以爲子房善藏其用。以老子爲得易之體。以孟子爲得易之用。合二者而用之。想見善處事。問不知眞箇用時如何。曰。先時說了須差異須有些機權術數也。○康節之學似揚子雲。太玄擬易。方州部家皆自三數推之。玄爲之首。一以生三。爲三方。三生九。爲九州。九生二十七。爲二十七部。九九乘之。斯爲八十一家。首之以八十一。所以準六十四卦。贊之以七百二十有九。所以準三百八十四爻。無非以三數推之。康節之數則是加倍之法。○康節其初想只是看得太極生兩儀。兩儀生四象。心只管在那上面轉。久之理透。想得一舉眼

便成四片。其法。四之外又有四焉。凡物才過到二之半時便煩惱了。蓋已漸趨於衰也。謂如見花方蓓蕾則知其將盛。旣開則知其將衰。其理不過如此。謂如今日成時從此推上去至未有天地之始。從此推下去至人消物盡之時。蓋理在數內。數又在理內。康節是它見得一箇盛衰消長之理。故能知之。若只說它知得甚事。如歐陽叔弼定謚之類。此知康節之淺陋者也。程先生有一柬說先天圖甚有理。可試往聽它說看。觀其意甚不把當事。然自有易以來。只有康節說一箇物事如此齊整。如揚子雲太玄便令星補湊得可笑。若不補。又却欠四

分之一。補得來又却多四分之三。如潛虛之數用五只
似如今筭位一般。其直一畫則五也。下橫一畫則爲六。
橫二畫則爲七。蓋亦補湊之書也
鶴山魏氏曰。邵子平生之書。其心術之精微。在皇極經世。
其宣寄情意。在擊壤集。凡歷乎吾前。皇王帝霸之興替
春秋冬夏之代謝。陰陽五行之運化。風雲月露之霽曀
山川草木之榮悴。惟意所驅。周流貫徹。融液擺落。蓋左
右逢源。略無毫髮凝滯倚著之意。嗚呼。眞所謂風流人
豪者與。或曰。揆以聖人之中。若弗合也。天何言哉。四時
行焉。百物生焉。聖人之動靜語默。無非至敎。雖常以示

人。而平易坦明。不若是之多言也。老者安之。朋友信之。
少者懷之。聖人之心。量直與天地萬物上下同流。雖無
時不樂。而寬舒和平。不若是之多言也。曰。是則然矣。宇
宙之間。飛潛動植。晦明流峙。夫孰非吾事。若有以察之。
參前倚衡。造次顚沛。觸處呈露。凡皆精義妙道之發焉
者。脫斯須之不在。則芸芸並驅。日夜雜揉。相代乎前。顧
於吾何有焉。若邵子。使猶得從游於舞雩之下。浴沂
詠歸。毋寧使曾晳獨見稱於聖人也與。洙泗已矣。秦漢
以來。諸儒無此氣象。讀者當自得之
黃氏 瑞節 曰。邵子於揚氏太玄。嘗謂其見天地之心。而其

書遠過太玄之上究而言之皆原於易書中引而不發
邵伯溫云古今之數皆始於一而皇極之數實本於伏
羲之先天得之矣西山先生始終以易疏其說於是微
顯闡幽其說大著學者由蔡氏而知經世由經世而知
易默而通之可也